Wilfried Datler, Urte Finger-Trescher, Johannes Gstach (Hrsg.):

Psychoanalytisch-pädagogisches Können

Vermitteln – Aneignen – Anwenden

Jahrbuch für Psychoanalytische Pädagogik

Die Redaktion:
Wilfried Datler, Wien
Bernd Ahrbeck, Berlin
Margret Dörr, Mainz
Annelinde Eggert-Schmid Noerr, Frankfurt/M.
Urte Finger-Trescher, Frankfurt/M.
Rolf Göppel, Heidelberg
Johannes Gstach, Wien (Schriftleitung)
Dieter Katzenbach, Frankfurt/M.
Heinz Krebs, Frankfurt/M.
Kornelia Steinhardt, Wien

Redaktionssekretariat:
Antonia Funder, Wien

Wilfried Datler,
Urte Finger-Trescher
und Johannes Gstach (Hrsg.)

Psychoanalytisch-pädagogisches Können

Vermitteln – Aneignen – Anwenden

Jahrbuch für Psychoanalytische Pädagogik 20

Begründet von Hans-Georg Trescher und Christian Büttner

Herausgegeben von
Wilfried Datler, Urte Finger-Trescher,
Johannes Gstach und Kornelia Steinhardt

in Kooperation mit dem
Frankfurter Arbeitskreis für Psychoanalytische Pädagogik und der
Wiener Arbeitsgemeinschaft Psychoanalytische Pädagogik

Im Jahrbuch für Psychoanalytische Pädagogik
werden ausschließlich Beiträge veröffentlicht,
die ein Peer-Review-Verfahren durchlaufen haben.

Psychosozial-Verlag

Der Druck wurde durch die »Fakultät für Philosophie und Bildungswissenschaft« sowie durch das »Institut für Bildungswissenschaft« der Universität Wien gefördert.

Bibliografische Information der Deutschen Nationalbibliothek
Die Deutsche Nationalbibliothek verzeichnet diese Publikation in der Deutschen Nationalbibliografie; detaillierte bibliografische Daten sind im Internet über http://dnb.d-nb.de abrufbar.

Originalausgabe
© 2012 Psychosozial-Verlag
Walltorstr. 10, D-35390 Gießen.
Fon: 06 41 - 96 99 78 - 18; Fax: 06 41 - 96 99 78 - 19
E-Mail: info@psychosozial-verlag.de
www.psychosozial-verlag.de

Alle Rechte vorbehalten. Kein Teil des Werkes darf in irgendeiner Form (durch Fotografie, Mikrofilm oder andere Verfahren) ohne schriftliche Genehmigung des Verlages reproduziert oder unter Verwendung elektronischer Systeme verarbeitet, vervielfältigt oder verbreitet werden.

Umschlagabbildung: Robert Delaunay: »Rythme«, 1934

Umschlaggestaltung: Hanspeter Ludwig, Wetzlar
www.imaginary-world.de
Druck: CPI books GmbH, Leck

Printed in Germany
ISBN 978-3-8379-2158-8

Inhalt

Editorial 7

Themenschwerpunkt:
Psychoanalytisch-pädagogisches Können.
Vermitteln – Aneignen – Anwenden

Christian Büttner, Wilfried Datler, Urte Finger-Trescher
Das Jahrbuch für Psychoanalytische Pädagogik wird 20.
Oder: Das Jahrbuch als Ort des Nachdenkens über
psychoanalytisch-pädagogisches Können 9

Urte Finger-Trescher
Psychoanalytisch-pädagogisches Können und die Funktion
gruppenanalytischer Selbsterfahrung 34

Michael Wininger
»Reflection on action« im Dienst pädagogischer Professionalisierung.
Psychoanalytisch-pädagogische Überlegungen zur Vermittlung
sonderpädagogischer Kompetenzen an Hochschulen 53

Manfred Gerspach
Das heimliche Curriculum der Psychoanalytischen Pädagogik 81

Heinz Krebs, Annelinde Eggert-Schmid Noerr
Professionalisierung von Pädagogik und Sozialer Arbeit im
Frankfurter Arbeitskreis für Psychoanalytische Pädagogik 106

Helmuth Figdor
Wie werden aus Pädagogen »Psychoanalytische Pädagogen«? 121

Freie Beiträge

Urte Finger-Trescher
Die Frankfurter Schule der Psychoanalytischen Pädagogik.
Laudatio für Prof. Dr. Aloys Leber zum 90. Geburtstag 157

Catherine Schmidt-Löw-Beer, Wilfried Datler
Das Konzept der projektiven Identifizierung lehren.
Ein interaktives didaktisches Modell 169

Literaturumschau

Barbara Neudecker
Das Jahrbuch für Psychoanalytische Pädagogik im Schnelldurchlauf.
Eine Rückschau auf die ersten 19 Bände 195

Rezensionen

Jürgen Grieser: Architektur des psychischen Raumes.
Die Funktion des Dritten *(Bernd Niedergesäß)* 228

Heiner Hirblinger: Unterrichtskultur *(Manfred Gerspach)* 230

George J. Makari: Revolution der Seele.
Die Geburt der Psychoanalyse *(Andreas Fröhlich)* 233

Judit Barth-Richtarz: Gemeinsame Elternschaft nach der Scheidung.
Auswirkungen der gemeinsamen und alleinigen Obsorge für die
Entwicklungsbedingungen der Kinder *(Barbara Neudecker)* 236

Fitzgerald Crain: »Ich geh ins Heim und komme als Einstein heraus«.
Zur Wirksamkeit der Heimerziehung *(Johannes Gstach)* 239

Abstracts 242
Die Autorinnen und Autoren des Bandes 246
Die Mitglieder der Redaktion 248
Lieferbare Bände des Jahrbuchs für Psychoanalytische Pädagogik 250

Editorial

Die Redaktion des Jahrbuchs für Psychoanalytische Pädagogik nimmt das Erscheinen des 20. Bandes zum Anlass, den inhaltlichen Schwerpunkt dem Thema des psychoanalytisch-pädagogischen Könnens zu widmen. Dies hängt damit zusammen, dass die Auseinandersetzung mit der Frage, was psychoanalytisch-pädagogisches Können auszeichnet, einen wesentlichen Teilaspekt der Diskussion um das Selbstverständnis von Psychoanalytischer Pädagogik darstellt, der in einzelnen Artikeln des Jahrbuchs immer wieder behandelt, in konzentrierter Form aber noch nie in mehreren Artikeln eines Bandes explizit thematisiert wurde. Der Gesamttitel des Jahrbuchs »*Psychoanalytisch-pädagogisches Können: Vermitteln – Aneignen – Anwenden*« bringt darüber hinaus zum Ausdruck, dass die Artikel dieses *Themenschwerpunkts* einen Spannungsbogen behandeln, an dessen einem Ende das Lehren von Psychoanalytischer Pädagogik steht, das sich nicht auf die Weitergabe von verbal wiedergebbaren Wissensbeständen beschränkt, sondern vielmehr vom Bemühen getragen ist, Lernende im Prozess der Entfaltung psychoanalytisch-pädagogischer Kompetenzen zu unterstützen. Verläuft dieser Prozess erfolgreich, so ist eine günstige Voraussetzung dafür geschaffen, dass diese Kompetenzen in der pädagogischen Arbeit auch zum Tragen kommen, womit das andere Ende dieses Spannungsbogens erreicht wäre. Letzteres ist freilich nicht selbstverständlich, denn oft genug bleibt die pädagogische Alltagsarbeit vom Bemühen um die Vermittlung von pädagogischen Kompetenzen im Allgemeinen und vom Bemühen um die Vermittlung von psychoanalytisch-pädagogischen Kompetenzen im Besonderen unberührt.

Eng verwoben mit dem Themenschwerpunkt des Bandes sind die beiden Artikel, die als *Freie Beiträge* in den Band aufgenommen wurden. In dem einen freien Beitrag ist die Laudatio nachzulesen, die von Urte Finger-Trescher anlässlich des 90. Geburtstags von Aloys Leber gehalten wurde und in der auf jene Tradition der Vermittlung psychoanalytisch-pädagogischer Kompetenzen samt deren Institutionalisierung eingegangen wird, die Aloys Leber in Frankfurt begründet hat. In dem anderen freien Beitrag wird das Konzept eines Seminars dargestellt, das in einführender Weise der Vermittlung psychoanalytischer Konzepte dient. An diesem Seminar nehmen auch immer wieder Studierende der Bildungswissenschaft sowie Angehörige verschiedener pädagogischer Berufe teil, die sich durch den Besuch dieses Seminars angeregt fühlen, sich in vertiefender Weise mit Psychoanalyse zu befassen oder gar die Aufnahme in psychoanalytische Aus- und Weiterbildungsgänge anstreben.

In mehreren Beiträgen finden sich Abschnitte, in denen die Entstehung verschiedener Konzepte der Vermittlung psychoanalytisch-pädagogischer Kompetenzen sowie verschiedene Formen der Institutionalisierung der Lehre von Psychoanalytischer Pädagogik behandelt werden. Diese Abschnitte tangieren somit auch den Bereich der Geschichte der Psychoanalytischen Pädagogik. Dies gilt insbesondere auch für den Beitrag, der in den Themenschwerpunkt einführt und anlässlich des Erscheinens des 20. Bandes des Jahrbuchs mit einem Rückblick auf die Entstehung und bisherige Geschichte des Jahrbuchs für Psychoanalytische Pädagogik beginnt. In Abstimmung darauf findet sich im diesjährigen *Umschauartikel* ein thematisch strukturierter Rückblick auf sämtliche Artikel, die in den ersten neunzehn Bänden des Jahrbuchs für Psychoanalytische Pädagogik bislang erschienen sind.

In diesem Zusammenhang möchte sich das Redaktionskollegium auf das Herzlichste bei Luise Winterhager-Schmid und Burkhard Müller bedanken, die beide nach jahrzehntelanger Mitarbeit aus dem Redaktionsteam ausgeschieden sind: Luise Winterhager-Schmid gehörte dem Redaktionsteam seit der konstituierenden Sitzung im Jahre 1988, Burkhard Müller seit dem Jahr 1993 an, in dem Band 6 vorbereitet wurde. Beide Redaktionsmitglieder hatten an der thematischen Ausrichtung und Verbreitung des Jahrbuchs entscheidenden Anteil und waren noch in die Planungsgespräche, welche die Bände 18 und 19 betrafen, eingebunden. Das Redaktionsteam war immer wieder von den kreativen Vorschlägen beeindruckt, die insbesondere in die Vorbereitung vieler Themenschwerpunkte eingingen, sowie von der Beständigkeit und Verlässlichkeit, von der die Realisierung vieler Bände abhängig war. Überdies profitierte das Jahrbuch von der Art und Weise, in der Luise Winterhager-Schmid sowie Burkhard Müller in die Deutsche Gesellschaft für Erziehungswissenschaft (DGfE) im Allgemeinen und ihre Sektionen und Kommissionen im Besonderen eingebunden waren. Ein Gutteil der engen Verschränkung zwischen dem Jahrbuch und der DGfE-Kommission »Psychoanalytische Pädagogik« ist Luise Winterhager-Schmid und Burkhard Müller zu verdanken.

Zugleich freut sich die Redaktion, Dieter Katzenbach als neues Redaktionsmitglied begrüßen zu dürfen. Die Redaktion weiß es zu schätzen, dass sich Dieter Katzenbach trotz der beruflichen Belastungen, die er insbesondere in seiner Funktion als Professor am Institut für Sonderpädagogik der Goethe-Universität in Frankfurt am Main wahrzunehmen hat, bereit erklären konnte, in der Redaktion des Jahrbuchs mitzuwirken. In die Beratungen, welche die Planung der Bände 19 und 20 betrafen, war er bereits eingebunden.

Die Redaktion

Das Jahrbuch für Psychoanalytische Pädagogik wird 20
Oder: Das Jahrbuch als Ort des Nachdenkens über psychoanalytisch-pädagogisches Können

Christian Büttner, Wilfried Datler & Urte Finger-Trescher

1. Vorbemerkung

Es ist nicht selbstverständlich, dass ein Periodikum seinen 20. Geburtstag erreicht. Das rasante Anwachsen einschlägiger Veröffentlichungen, die Konjunkturzyklen, denen die verschiedensten Themengebiete immer wieder ausgesetzt sind, und die Veränderungen im Hochschul-, Aus- und Weiterbildungsbereich, die das Aufbauen eines stabilen Abonnentenkreises erschweren, lassen die Gründung eines jeden Periodikums als ein Abenteuer erscheinen, dessen Ausgang sich als äußerst ungewiss erweist.

Anlässlich des Erscheinens des 20. Bandes des Jahrbuchs für Psychoanalytische Pädagogik dürfte es daher angemessen sein, auf die Entstehung und Geschichte des Jahrbuchs für Psychoanalytische Pädagogik zurückzublicken. Dies wird im 2. und 3. Kapitel des vorliegenden Artikels geschehen. Die Erinnerung an die programmatische Ausrichtung des Jahrbuchs wird zu den nächsten beiden Kapiteln überleiten, die dem Thema des psychoanalytisch-pädagogischen Könnens gewidmet sind: Im 4. Kapitel werden sich einige Bemerkungen zur Geschichte der Vermittlung psychoanalytisch-pädagogischer Kompetenzen finden, ehe im 5. Kapitel ein Ausblick auf die Struktur und die Artikel des vorliegenden Bands nachgelesen werden kann.

2. Die Gründung des Jahrbuchs für Psychoanalytische Pädagogik

2.1 Die Frankfurter Psychoanalytische Pädagogik begegnet dem Matthias-Grünewald-Verlag

Die Anfänge des Jahrbuchs für Psychoanalytische Pädagogik sind eng mit dem Aufschwung verbunden, den die Psychoanalyse im Allgemeinen und die Psychoanalytische Pädagogik im Besonderen nach 1970 in Frankfurt genommen hatte: Die Reputation der Frankfurter Schule mit ihrer Nähe zur Psychoanalyse, die Aktivitäten des

Frankfurter Sigmund Freud Instituts und die Neuentdeckung der Psychoanalyse durch die 68er-Bewegung hatten maßgeblich zur Entstehung eines psychoanalysefreundlichen Umfelds beigetragen, in dem – auch von zahlreichen Verantwortungsträgern in verschiedenen inner- und außeruniversitären Institutionen – die Auffassung vertreten wurde, dass Psychoanalyse nicht nur in ihrer psychotherapeutischen Variante beforscht und betrieben werden soll (vgl. Bareuther 1989; Plänkers, Laier, Otto 1996). Dies begünstigte den Umstand, dass 1972 am Institut für Sonder- und Heilpädagogik der Johann Wolfgang Goethe-Universität zwei Professuren mit Aloys Leber und Helmut Reiser besetzt wurden, die ihre Verbundenheit zur Psychoanalyse gleich im Jahr ihrer Berufung mit der Herausgabe des Bandes »Sozialpädagogik, Psychoanalyse und Sozialkritik« zum Ausdruck brachten. In weiterer Folge war es insbesondere Aloys Leber, der mit seiner Lehre und mit seinen Publikationen wesentlich zum Wiederaufleben der Psychoanalytischen Pädagogik in Frankfurt beitrug (Leber, Gerspach 1996).

Unter den Personen, die mit Aloys Leber in engeren Kontakt kamen, befanden sich auch jene, die schließlich mit seiner Unterstützung den »Frankfurter Arbeitskreis für Psychoanalytische Pädagogik FAPP e.V.«[1] gründeten. Christian Büttner hatte mit Ulrike Köster (später Reich-Büttner) bei Aloys Leber Supervision im Rahmen eines Projekts der »Hessischen Stiftung für Friedens- und Konfliktforschung (HSFK)«, Urte Finger (später Finger-Trescher), Lehrbeauftragte am Institut für Sonder- und Heilpädagogik, und Hans-Georg Trescher hatten bei ihm ihre Diplomarbeiten und ihre Dissertationen geschrieben (Finger 1977; Trescher 1979). Darüber hinaus bestand enger Kontakt zu mehreren weiteren Kolleginnen und Kollegen. Insbesondere ist hier Elise Weiss-Zimmer (später Weiss) zu nennen, die mit Hans-Georg Trescher und Aloys Leber im Forschungsprojekt »Kindergarten und soziale Dienste« arbeitete[2], sowie Thomas Ettl. Diese Personen gründeten 1983 den FAPP. Sie hatten es sich zum Ziel gesetzt, Psychoanalytische Pädagogik nicht nur im erziehungswissenschaftlichen Studiengang der Universitäten, sondern darüber hinaus für praktizierende Pädagoginnen und Pädagogen, aber auch für andere Berufsgruppen zugänglich zu machen. In diesem Sinn bietet der FAPP seit 1984 psychoanalytisch-pädagogische Fort- und Weiterbildungen für Fachkräfte in sozialen und pädagogischen Arbeitsfeldern an. Es handelt sich dabei um postgraduale berufsbegleitende Fort- und Weiterbildungsgänge, die eine breit gefächerte handlungsbezogene Qualifikation für viele Bereiche der Sozialen Arbeit und Pädagogik vermitteln[3].

In den ersten organisatorischen Diskussionen, die im FAPP stattfanden, machte Aloys Leber das Angebot, mit dem damaligen Lektor des Matthias-Grünewald-Verlags in Mainz über Publikationen zur Psychoanalytischen Pädagogik nachzudenken. Hans-Georg Trescher und Christian Büttner griffen die Chance, die sich damit für ihre wissenschaftliche Karriere ergab, gerne auf, und waren maßgeblich am

---

1 Nähere Angaben zur Entstehung des FAPP finden sich bei (Leber, Gerspach 1996, 489ff.; Finger-Trescher, Krebs 2001). Siehe dazu überdies http://www.fapp-frankfurt.de
2 Vgl. dazu Leber, Trescher, Weiss-Zimmer (1989).
3 Vgl. dazu Trescher (1993), Eggert-Schmid Noerr, Krebs (in diesem Band) sowie die Homepage des FAPP: http://www.fapp-frankfurt.de

Entstehen zweier Bände beteiligt, die 1987 im Matthias-Grünewald-Verlag erschienen. Sie boten mehreren, damals noch jungen Frankfurter Kolleginnen und Kollegen die Gelegenheit, mit verschiedenen Beiträgen zur Psychoanalytischen Pädagogik publizistisch in Erscheinung zu treten: Gemeinsam mit Helmut Reiser brachte Hans-Georg Trescher den Band »Wer braucht Erziehung? Impulse der Psychoanalytischen Pädagogik« heraus (Reiser, Trescher 1987). Und kurz darauf erschien der Band »Chancen der Gruppe. Erfahrungen aus dem pädagogischen Alltag«, herausgegeben von Christian Büttner und Hans-Georg Trescher (Büttner, Trescher 1987).

Da sich beide Bände gut verkauften, entstand auf Seiten des Verlags eine gewisse Bereitschaft, kontinuierlich Publikationen zu Themen der Psychoanalytischen Pädagogik herauszubringen. Dies hatte unterschiedliche Überlegungen zur Folge:

- Hans-Georg Trescher hatte sich während seines Studiums intensiv mit der einstigen »Zeitschrift für psychoanalytische Pädagogik« (1926-1937) und mit der Frage auseinandergesetzt, wie sich Psychoanalytische Pädagogik aktuell darstellen und ihre Praxisfelder wissenschaftlich fundieren könnte (vgl. Trescher 1985). Hier bot sich nun mit der Gründung eines Periodikums die Gelegenheit, diese Thematik regelmäßig sowie in einem größeren Kreis zu diskutieren. In diesem Zusammenhang dachte Hans-Georg Trescher an die Gründung einer Zeitschrift – gewissermaßen als Wiederaufleben des psychoanalytisch-pädagogischen Periodikums aus der ersten »Blütezeit« der Psychoanalytischen Pädagogik. Eine eingehende Auseinandersetzung mit dem Verlag führte allerdings dazu, diese Idee zugunsten eines Jahrbuchs fallen zu lassen: Die Vermarktungsmöglichkeiten wissenschaftlich spezialisierter Zeitschriften wurden als wenig aussichtsreich eingeschätzt.
- Christian Büttner war hingegen stärker an der Herausgabe einer psychoanalytisch-pädagogischen Buchreihe interessiert, da er bereits mit der Zeitschrift »Kindheit« zur Publikationsform des Jahrbuchs gewechselt war. Ihm schwebte eine stärkere Praxisorientierung vor, die er mit einer Buchreihe eher realisieren zu können glaubte.

Aloys Leber hingegen wollte – ähnlich wie bei der Gestaltung des FAPP – im Hintergrund bleiben. Der Grünewald-Verlag erklärte sich indes bereit, beide Projekte umzusetzen und 1989 sowohl ein »Jahrbuch für Psychoanalytische Pädagogik« als auch eine Buchreihe zur Psychoanalytischen Pädagogik neu in sein Programm aufzunehmen. So engagierten sich Hans-Georg Trescher und Christian Büttner gemeinsam für zwei unterschiedliche Publikationsplattformen, die beide der Psychoanalytischen Pädagogik gewidmet waren und dennoch mehr oder weniger unabhängig voneinander von beiden gemeinsam vorangetrieben wurden.

2.2 Die Redaktion, der Kontakt zur DGfE und das Erscheinen von Band 1

Nachdem die Verlagszusage gegeben war, bemühten sich die Herausgeber Hans-Georg Trescher und Christian Büttner um die Zusammenstellung eines Redaktionskollegiums. Drei Gesichtspunkte kamen dabei zum Tragen:

- Die Herausgabe des Jahrbuchs erfolgte, so war von Beginn an auf Seite 3 zu lesen,»im Auftrag des Frankfurter Arbeitskreises für Psychoanalytische Pädagogik«. Darin kam nicht nur der Umstand zum Ausdruck, dass die Gründung des Jahrbuchs vom FAPP ausgegangen war, sondern auch die Tatsache, dass der FAPP das Erscheinen des Jahrbuchs finanziell stützte: Die druckfertigen Manuskripte wurden im Sekretariat des FAPP hergestellt; und mit der Mitgliedschaft im FAPP war auch der Bezug des Jahrbuchs verbunden. Deshalb wurde neben den beiden Herausgebern *Hans-Georg Trescher* und *Christian Büttner* mit *Urte Finger-Trescher* ein drittes FAPP-Mitglied gebeten, in der Redaktion des Jahrbuchs mitzuarbeiten.
- Den Herausgebern war es ein Anliegen, dass im Redaktionsteam auch psychoanalytisch orientierte Repräsentanten angrenzender Disziplinen vertreten waren, die der Psychoanalytischen Pädagogik und der Ausrichtung des FAPP nahestanden. In die Redaktion wurden deshalb der Psychologe und Psychoanalytiker *Udo Rauchfleisch* eingeladen, der an der Psychiatrischen Universitätspoliklinik Basel arbeitete und 1981 das vielbeachtete Buch »Dissozial« publiziert hatte, sowie *Hans Füchtner*, der im Fachbereich Sozialwesen des Gesamthochschule Kassel die Professur für Sozialisation bekleidete und bereits 1979 eine »Einführung in die Psychoanalytische Pädagogik« verfasst hatte.
- Neben dem FAPP war es auch innerhalb der Deutschen Gesellschaft für Erziehungswissenschaft (DGfE) zu einer Institutionalisierung der Psychoanalytischen Pädagogik gekommen. Einen entscheidenden Anstoß dafür gab ein überdurchschnittlich gut besuchtes Symposium ab, das von Günther Bittner und Christoph Ertle vorbereitet und 1984 im Rahmen des 9. Kongresses der DGfE in Kiel abgehalten worden war. Im Anschluss an dieses Symposium kam es 1987 auf der Basis eines Antrags von Reinhard Fatke innerhalb der DGfE zur Einrichtung einer Arbeitsgruppe »Pädagogik und Psychoanalyse«, die 1993 in die ständige Kommission »Psychoanalytische Pädagogik« übergeführt werden sollte (Datler, Fatke, Winterhager-Schmid 1994). Der FAPP war daran interessiert, mit dieser Arbeitsgruppe Kontakt zu halten, zumal Aloys Leber und Hans-Georg Trescher bereits am Kieler Symposium mitgewirkt hatten (vgl. Bittner, Ertle 1984). Nachdem die Gründung des Jahrbuchs in einer Sitzung der Arbeitsgruppe vorangekündigt worden war, wurde daher *Luise Wagner-Winterhager* (später: *Luise Winterhager-Schmid*), die dem Vorstand der Arbeitsgruppe angehörte, zur Mitarbeit in der Redaktion eingeladen. Aus dem Kreis der angefragten Wiener Kolleginnen und Kollegen, die in der

Arbeitsgruppe mitwirkten, entschied sich *Wilfried Datler*, an der Arbeit der Redaktion des Jahrbuchs mitzuwirken.

Am 2. Oktober 1988 traten die Mitglieder der Redaktion mit Ausnahme von Udo Rauchfleisch, der an diesem Termin verhindert war, in Frankfurt zur konstituierenden Redaktionssitzung zusammen. Als in weiterer Folge erste Manuskripte eingeworben, gesichtet und redaktionell bearbeitet wurden, konnte 1989 der erste Band erscheinen. Er enthielt

- einen Artikel zur Geschichte der Psychoanalytischen Pädagogik (Göppel 1989),
- Beiträge zu aktuellen Themen wie MCD (»Minimale cerebrale Dysfunktion«), hyperkinetisches Verhalten, Gewaltvideos sowie Gender und Karriere (Diem-Wille 1989; von Lüpke 1989; Mattner 1989; Wagner-Winterhager 1989),
- zwei Artikel, in denen die sozialpädagogische Relevanz von Psychoanalyse behandelt wurde (Datler, Bogyi 1989; Müller 1989),
- einen Grundsatzartikel zum Selbstverständnis von Psychoanalytischer Pädagogik (Figdor 1989)
- sowie einen Literaturumschauartikel (Horvath, Scheidl-Trummer 1989).

Im Klappentext des Bandes war Folgendes zu lesen:

»Das Jahrbuch für Psychoanalytische Pädagogik bietet jetzt ein zentrales Forum für den Dialog zwischen Erziehungswissenschaft, pädagogischer Praxis und Psychoanalyse. Es möchte dazu beitragen, die wissenschaftliche Fundierung und die Geschichte der Psychoanalytischen Pädagogik aufzuarbeiten, die Diskussion psychoanalytischer Sozialisationstheorie und Entwicklungspsychologie zu fördern und die Bedingungen und Methoden professionellen Handelns in den verschiedenen Praxisfeldern der Pädagogik aufzuzeigen.

Der vorliegende erste Band setzt sich neben der Diskussion der aktuellen wissenschaftstheoretischen Entwürfe vor allem mit sozial- und heilpädagogischen Fragestellungen auseinander.«

3. Stabilität und Veränderung in den ersten 20 Jahren

3.1 Herausgeber und Mitglieder der Redaktion

Mit einem ebenso massiven wie erschütternden Einschnitt sah sich die Redaktion des Jahrbuchs 1992 konfrontiert, als sich in Windeseile die Nachricht verbreitete, dass Hans-Georg Trescher völlig unerwartet während eines Lehraufenthalts in Erfurt gestorben war. Als hätte er dies geahnt, war auf Hans-Georg Treschers Vorschlag hin bereits im Jahr zuvor Wilfried Datler eingeladen worden, als dritter Herausgeber zu fungieren. Beginnend mit Band 6 übernahm dieser nun die Schriftleitung, während Urte Finger-Trescher als dritte Person in den Kreis der Herausgeber aufrückte.

Darüber hinaus folgten Annelinde Eggert-Schmid Noerr und Heinz Krebs der Einladung, in der Redaktion des Jahrbuchs mitzuwirken. Beide gehörten dem FAPP an und hatten unter anderem bereits über frühe Bildungsprozesse (Krebs 1988) und Arbeitslosigkeit (Eggert-Schmid Noerr 1991) mit psychoanalytischem Anspruch wissenschaftlich gearbeitet.

Zu weiteren Veränderungen im Herausgeberkreis kam es nach dem Erscheinen des 10. Bandes, als die redaktionelle Arbeit immer weniger auf Schreibmaschinen, sondern immer häufiger auf Computern geleistet wurde. In diesem Zusammenhang sahen sich die Herausgeber des Jahrbuchs alsbald mit der Forderung konfrontiert, druckfertig layoutierte Buchmanuskripte beim Verlag abliefern zu müssen. Diese Arbeit konnte im FAPP-Sekretariat nicht mehr länger geleistet werden und wurde zusehends an das Institut für Bildungswissenschaft der Universität Wien verlagert. In Verbindung damit wurden *Johannes Gstach* und *Kornelia Steinhardt*, die ebenso wie Wilfried Datler in Wien arbeiteten, in den Kreis der Herausgeberinnen und Herausgeber des Jahrbuchs aufgenommen. Eines der drei Wiener Mitglieder des Herausgeberteams war von nun an für die Erstellung der Druckfassung und die Layoutierung des Jahrbuchs verantwortlich.

Angesichts seiner nahenden Pensionierung entschied sich Christian Büttner, mit der Fertigstellung des Bandes 15 im Jahr 2007 aus dem Herausgeberteam auszuscheiden. Mit ihm verließ auch Hans Füchtner die Redaktion. Erfreulicher Weise erklärten sich *Bernd Ahrbeck*, Professor an der Humboldt-Universität zu Berlin, und *Rolf Göppel*, Professor an der PH Heidelberg und Mitglied des damaligen Vorstands der Kommission »Psychoanalytische Pädagogik« der DGfE bereit, zur Redaktion des Jahrbuchs hinzuzustoßen. Antonia Funder, die an der Universität Wien arbeitet, übernahm im selben Jahr die neu eingerichtete Funktion des Sekretariats des Jahrbuchs.

In den darauffolgenden Jahren kam es zu weiteren Veränderungen in der Redaktion: Nach langjähriger Mitarbeit schieden *Burkhard Müller* und *Luise Winterhager-Schmid* mit der Fertigstellung des Bandes 18 (2010) aus der Redaktion aus. Im Gegenzug konnten *Margret Dörr* ab Band 18 (2010) und *Dieter Katzenbach* ab Band 19 (2011) zur Mitarbeit in der Redaktion gewonnen werden. Die zuvor bereits tätig gewesenen Redaktionsmitglieder begrüßten dies sehr, da sie sich dadurch zu Recht eine Stärkung der Verbindungen zur Sozial- und zur Sonderpädagogik erhofften. Überdies unterstrich dies abermals das Bemühen um eine Nähe zur Kommission »Psychoanalytische Pädagogik« der DGfE, deren Vorsitz von 2002 bis 2011 Margret Dörr innehatte, ehe er 2012 an Wilfried Datler überging. 2012 übernahm überdies Johannes Gstach die Schriftleitung des Jahrbuchs.

In eine graphische Übersicht gebracht, stellen sich die personellen Veränderungen in der Redaktion sowie im Kreis der Herausgeber folgendermaßen dar:

	Herausgeberinnen und Herausgeber																			
Trescher	■	■	■	■	■									■	■	■	■	■	■	■
Büttner	■	■				■	■	■	■	■	■	■	■	■	■					
Datler	■	■	■																	
Finger-Trescher	■	■	■	■				■	■	■	■	■	■	■	■	■	■			
Gstach										■	■	■	■	■	■	■	■	■	■	■
Steinhardt																■	■	■	■	■
Band Nummer	1	2	3	4	5	6	7	8	9	10	11	12	13	14	15	16	17	18	19	20

	Weitere Mitglieder der Redaktion																			
Rauchfleisch	■	■																		
Datler	■	■																		
Finger-Trescher	■	■	■																	
Füchtner	■	■	■	■	■	■	■	■	■	■	■	■	■	■	■	■	■	■	■	■
Winterhager-Schmid		■	■																	
Müller	■	■	■	■																
Krebs	■	■	■	■	■	■	■	■	■	■	■	■	■	■	■	■			■	
Eggert-Schmid Noerr	■	■	■	■																
Ahrbeck																	■	■	■	■
Göppel																	■	■	■	■
Funder (Sek.)																	■	■	■	■
Dörr																	■	■	■	■
Katzenbach																	■	■	■	■
Band Nummer	1	2	3	4	5	6	7	8	9	10	11	12	13	14	15	16	17	18	19	20

3.2 Verlage und Themenschwerpunkte

Die Artikel, die zur Veröffentlichung angenommen worden waren, wurden zunächst in loser Reihenfolge publiziert. Mit dem Erscheinen des Bandes 4 entschloss sich die Redaktion, im Inhaltsverzeichnis Themengebiete auszuweisen, denen die einzelnen Beiträge zugeordnet wurden. In diesem Sinn wies Band 4 folgende Binnengliederung auf:

- Editorial
- Pädagogik – Psychoanalyse – Psychotherapie
- Psychoanalytische Aspekte der weiblichen Adoleszenz
- Über Grenzen und Möglichkeiten des psychoanalytisch-pädagogischen Verstehens und Arbeitens in unterschiedlichen Praxisfeldern
- Literaturumschau (mit einem Umschauartikel und Rezensionen)

Manche Schwerpunktthemen verdankten sich einschlägigen Symposien oder Tagungen, auf denen Vorträge gehalten wurden, deren Publikation im Jahrbuch erfolgte. Auf diese Weise begann sich das Jahrbuch zusehends als Periodikum zu etablieren, in dem Beiträge zu aktuellen Themen nachgelesen werden konnten.

Diese Linie konnte allerdings nur bis zum Erscheinen von Band 7 beibehalten werden. Da der Matthias-Grünewald-Verlag von der Mitte der 1990er Jahre an wenig Interesse am weiteren Ausbau des Verlagsschwerpunkts »Psychoanalytische Pädagogik« zeigte, sahen sich die Herausgeber in Absprache mit den Mitgliedern der Redaktion veranlasst, einen Verlagswechsel ins Auge zu fassen. Nach einigen Kontaktgesprächen nahmen Christian Büttner und Urte Finger-Trescher näheren Kontakt zum Psychosozial-Verlag in Gießen auf, der bereits damals auf die Veröffentlichung psychoanalytischer Texte spezialisiert war. Der Verlag hatte begonnen, stark zu expandieren, und war auch von sich aus daran interessiert, das Jahrbuch für Psychoanalytische Pädagogik ebenso wie die Buchreihe »Psychoanalytische Pädagogik« in sein Verlagsprogramm zu übernehmen.

Der Psychosozial-Verlag gab allerdings in der Hoffnung auf eine Steigerung der Verkaufszahlen vor, dass jeder Band *einen* zentralen Themenschwerpunkt behandeln sollte, der auch am Cover auszuweisen war. Dies veränderte nicht nur das äußere Erscheinungsbild des Jahrbuchs, sondern auch die Arbeit der Redaktion, die sich von 1997 an Jahr für Jahr darum bemühen musste, eine angemessene Balance zwischen frei eingereichten Manuskripten und der langfristig vorauszuplanenden Arbeit an jenen Themenschwerpunkten zu finden, die es für jeden Band festzulegen galt. Beginnend mit Band 8 (1997), der dem Themenschwerpunkt »Arbeit in heilpädagogischen Settings« gewidmet war [4], erhielten die Bände des Jahrbuchs die folgende inhaltliche Struktur:

- Editorial
- Themenschwerpunkt (meist mit einem Artikel, der in den Themenschwerpunkt einführt)
- Optional: Frei eingereichte Beiträge oder Beiträge zu einem zweiten Themenbereich, der einen vergleichsweise geringen Umfang aufweist
- Literaturumschau [5]

---

4 Eine Übersicht über alle Themenschwerpunkte findet sich im Literaturumschauartikel von Barbara Neudecker (in diesem Band). Vgl. dazu auch die Hinweise in Kapitel 3.4 dieses Artikels.
5 Die Bände 6 (1994) bis 14 (2004) enthielten jeweils zwei Literaturumschauartikel: In einem allgemein gehaltenen Umschauartikel wurden ohne eine spezielle thematische

- Rezensionen
- Angaben zu den Herausgebern und Redaktionsmitgliedern sowie eine Auflistung der Inhalte der Bände, die im Psychosozial-Verlag erschienen sind

Ein Team von drei bis vier Redaktionsmitgliedern fungiert seit dem Erscheinen des Bandes 8 (1997) jeweils als Herausgeber eines Bandes. Überdies entschloss sich die Redaktion zur Einführung eines Peer-Review-Verfahrens, das sicherstellt, dass die Artikel, die im Jahrbuch publiziert werden, zuvor von zumindest drei Expertinnen und Experten begutachtet und zur Publikation empfohlen wurden.

3.3 Die Bindung an Wien wird stärker

Angesichts der wachsenden Produktionskosten, mit denen sich der Psychosozial-Verlag konfrontiert sah, war es von Vorteil, dass es in Wien 1997 zur Gründung der »Arbeitsgemeinschaft Psychoanalytische Pädagogik (APP)« kam (vgl. Figdor 2008). Diese begriff sich von Beginn an als ein Pendant zum »Frankfurter Arbeitskreis für Psychoanalytische Pädagogik (FAPP)« und beschloss einen jährlichen Mitgliedsbeitrag, der das Abonnement des Jahrbuchs inkludiert. Beginnend mit Band 18 wird in diesem Sinn auf Seite 3 ausgewiesen, dass das Jahrbuch in Kooperation mit dem FAPP und der APP herausgegeben wird. Dazu kam, dass im österreichischen Bundesministerium für Wissenschaft (für die Bände 11 bis 19) und in der Fakultät für Philosophie und Bildungswissenschaft der Universität Wien (für Band 20) Ansuchen um Druckkostenzuschüsse eingebracht und positiv entschieden wurden.

Diese Entwicklungen waren – in Verbindung mit der Zusammensetzung des Herausgebergremiums, der Einrichtung des Sekretariats des Jahrbuchs und dem damit verbundenen Umstand, dass die Erstellung der Druckvorlagen in Wien erfolgt – ausschlaggebend dafür, dass im Vergleich zu den Gründungsjahren die Bedeutung des Standorts Wien für das Erscheinen des Jahrbuchs an Gewicht gewann. Umso wichtiger ist es dem Herausgeberteam, dass die Mehrzahl der Redaktionsmitglieder – gleichsam als Gegengewicht – weiterhin aus Frankfurt stammen[6] und dass in der Redaktion darüber hinaus auch Repräsentanten der Psychoanalytischen Pädagogik

---

Schwerpunktsetzung möglichst viele psychoanalytisch-pädagogische Beiträge vorgestellt, die innerhalb des letzten Jahres erschienen waren. In einem zweiten Umschauartikel wurden Hinweise auf psychoanalytisch-pädagogischen Veröffentlichungen versammelt, die zu einem speziellen Thema publiziert wurden. Als die Zahl psychoanalytisch-pädagogischer Veröffentlichungen spürbar anwuchs, war es kaum mehr möglich, jährlich die Abfassung von zwei Umschauartikeln in die Wege zu leiten. Beginnend mit Band 16 (2008) finden sich im Jahrbuch nur mehr thematisch gebundene Umschauarbeiten.

6 Dem FAPP gehören *Urte Finger-Trescher* (Mitglied des Herausgebergremiums), die Redaktionsmitglieder *Anne Eggert-Schmid Noerr* und *Heinz Krebs*, die zurzeit die Funktion der 1. und des 2. Vorsitzenden des FAPP bekleiden, sowie *Dieter Katzenbach* an.

mitarbeiten, welche die Standorte Würzburg/Heidelberg [7], Mainz [8] und Berlin [9] vertreten.

3.4 Die Internet-Auftritte des Jahrbuchs

Die Verankerung des Jahrbuchs im FAPP, im Psychosozial-Verlag und am Institut für Bildungswissenschaft der Universität Wien hat dazu geführt, dass Informationen über das Jahrbuch auf drei Homepages gefunden werden können:

a) Auf der Homepage des *FAPP* findet man eine sehr übersichtliche Auflistung von allen bisher erschienenen Bänden und deren Themenschwerpunkten:

http://www.fapp-frankfurt.de/publik_jahrbuch.html

b) Die Homepage des *Psychosozial-Verlags* enthält eine Aufstellung der Bände, die ab dem Band 8 im Psychosozial-Verlag erschienen sind. In dieser Aufstellung finden sich auch die einzelnen Cover und die Inhaltsverzeichnisse der Bände:

http://web.psychosozial-verlag.de/psychosozial/openjunixx.php?catp=4000_4920

c) Die umfassendsten Informationen sind auf der Homepage des *Arbeitsbereichs Psychoanalytische Pädagogik* des Instituts für Bildungswissenschaft der Universität Wien zu finden:

http://bildungswissenschaft.univie.ac.at/psychoanalytischepaedagogik/arbeitsbereich/publikationen

Die Informationen, die auf dieser Homepage nachgelesen werden können, sind nach folgenden Gesichtspunkten gegliedert:

- Bände 8-19
[Hier findet man eine Auflistung aller Bände, die im Psychosozial-Verlag erschienen sind, sowie das Cover, die Namen der Autorinnen und Autoren, die Titel und die Abstracts der Artikel eines jeden Bandes.]
- Bände 1–7
[Hier findet man eine Auflistung aller Bände, die im Matthias-Grünewald-Verlag erschienen sind, sowie das Cover, den Themenschwerpunkt, die Namen

---

[7] *Rolf Göppel* war lange Zeit über als enger Mitarbeiter von Günther Bittner an der Universität Würzburg tätig und lehrt als Professor für Allgemeine Pädagogik an der PH Heidelberg.
[8] *Margret Dörr* und *Anne Eggert-Schmid Noerr* lehren als Professorinnen an der Katholischen Hochschule Mainz.
[9] Mit *Bernd Ahrbeck* ist die Professur für Verhaltensgestörtenpädagogik am Institut für Rehabilitationswissenschaften der Humboldt-Universität zu Berlin besetzt.

der Autorinnen und Autoren, die Titel und die Abstracts eines jeden Bandes. Überdies können alle Artikel der Bände 1 bis 7 heruntergeladen werden.]
- Alle Artikel
  [Hier sind, geordnet nach den Namen der Autorinnen und Autoren, die Titel und Abstracts aller Artikel zu finden, die im Jahrbuch je erschienen sind.]
- Vorschau
- Manuskriptrichtlinien
- Schriftleitung
- Herausgebergremium
- Redaktion
- Ausrichtung

3.5 Die inhaltliche Ausrichtung

Vergleicht man die Ausführungen zur inhaltlichen Ausrichtung des Jahrbuchs, die auf der eben erwähnten Homepage nachgelesen werden können, mit den Ausführungen, die sich im Editorial des Bandes 1 finden, so fällt auf, dass sich die Programmatik des Jahrbuchs kaum verändert hat. In Verbindung mit einigen historischen Anmerkungen und formalen Hinweisen ist zu lesen:

»Das Jahrbuch für Psychoanalytische Pädagogik ist ein peer-reviewtes deutschsprachiges Periodikum, das der wissenschaftlichen Auseinandersetzung zwischen Pädagogik und Psychoanalyse dient. Es trägt dazu bei,
- die wissenschaftliche Fundierung und die Geschichte der Psychoanalytischen Pädagogik aufzuarbeiten,
- die Diskussion von psychoanalytischen Sozialisations- und Entwicklungstheorien zu fördern und
- die Entwicklung von Methoden des tiefenpsychologisch orientierten Handelns in verschiedenen pädagogischen Praxisfeldern zu unterstützen.«

Das Interesse an der »Entwicklung von Methoden des tiefenpsychologisch orientierten Handelns in verschiedenen pädagogischen Praxisfeldern« entspringt der Überzeugung, dass dem Anspruch des Psychoanalytischen nicht nur in klinischen, sondern auch in pädagogischen Kontexten gefolgt werden kann, die sich von jenen der Psychotherapie unterscheiden. Dies verweist auf die Frage, über welche Kompetenzen Pädagoginnen und Pädagogen verfügen, wenn sie diesem Anspruch genügen, und wie diese Kompetenzen vermittelt werden können. Verzichtet man auf den – etwas inflationär gewordenen – Begriff der Kompetenz, so ist demnach zu fragen, welche Art von Könnerschaft zum Tragen kommt, wenn mit pädagogischem Anspruch psychoanalytisch gehandelt wird, und welcher Unterstützung es in Gestalt von Aus- und Weiterbildung bedarf, wenn es zur Entwicklung dieser Könnerschaft kommen soll.

4. Psychoanalytisch-pädagogisches Können als Thema der Psychoanalytischen Pädagogik

Diese Fragen der Entwicklung und Vermittlung psychoanalytisch-pädagogischer Könnerschaft beschäftigen die Vertreterinnen und Vertreter der Psychoanalytischen Pädagogik seit geraumer Zeit.

4.1 Frühe Bemühungen zur Vermittlung psychoanalytisch-pädagogischer Kompetenzen

Am Beginn dieser Entwicklung stand der Umstand, dass sich Psychoanalytikerinnen und Psychoanalytiker in den ersten Jahrzehnten des 20. Jahrhunderts in zunehmendem Ausmaß mit dem Seelenleben von Kindern und Jugendlichen und deren psychischer Entwicklung befassten. In diesem Zusammenhang war von Bedeutung, dass sich bereits unter den Mitgliedern von Freuds Mittwochgesellschaft pädagogisch tätige Personen befanden. Einige verließen zwar 1911 gemeinsam mit Alfred Adler die Wiener Psychoanalytische Vereinigung (WPV), doch wurde dieser Verlust an pädagogischer Kompetenz bald dadurch kompensiert, dass pädagogisch qualifizierte Personen wie Anna Freud, August Aichhorn, Siegfried Bernfeld und Willi Hoffer in die WPV aufgenommen wurden. Da diese Personen über reichhaltige Erfahrungen verfügten, die den Bereichen der Sozialpädagogik, Erziehungsberatung und Kinderpsychoanalyse entstammten, und darüber hinaus auch in Vorträgen, Kursen und Fallbesprechungen zu begeistern vermochten, wuchs das Interesse von Lehrern, Kindergärtnerinnen, Fürsorgerinnen und Erziehern an der Psychoanalyse sehr stark. Dies hatte zur Folge, dass Vertreterinnen und Vertreter verschiedener pädagogischer Berufe Interesse am Besuch von Veranstaltungen zeigten, die ab 1922 vom Ambulatorium und ab 1924 vom neu gegründeten Lehrinstitut der WPV angeboten wurden (Aichhorn 2004, 15ff.). Dies führte dazu, dass es innerhalb der WPV zur intensiven Auseinandersetzung mit zwei Fragen kam, die auch innerhalb der Internationalen Psychoanalytischen Vereinigung (IPV) verstärkt diskutiert wurden, da auch in der Schweiz sowie an Orten wie Berlin, Frankfurt, Prag oder London das Interesse von Pädagoginnen und Pädagogen an der Psychoanalyse gewachsen war (vgl. Datler 1995, 30ff.; Laier 1996; Schröter 2002, 204ff; Kloocke, Mühlleitner 2004):

a) Die eine Frage war auf das engste mit dem Aufkommen der Debatte um die so genannte »Laienanalyse« verbunden, in der kontrovers diskutiert wurde, ob neben Ärztinnen und Ärzten auch weiterhin Vertreter anderer Berufsgruppen zur psychoanalytischen Ausbildung zugelassen werden sollten, die zur therapeutischen Arbeit im Sessel-Couch-Setting qualifizierte.

b) Die andere Frage war, ob innerhalb der WPV eine verkürzte Ausbildung für Angehörige verschiedener pädagogischer Berufe ausgearbeitet und mit dem Ziel angeboten werden sollte, Kompetenzen zur psychoanalytischen Arbeit in nicht-therapeutischen Feldern zu vermitteln (Aichhorn 2004, 17ff.). Denn manche Pädagoginnen und Pädagogen strebten eine therapeutische Ausbildung gar nicht an, sie wollten vielmehr in ihren pädagogischen Praxisfeldern bleiben und ihre Kompetenzen mit psychoanalytischem Wissen und Können erweitern.

Obgleich beide Fragen innerhalb der WPV kontrovers diskutiert wurden, positionierte sich die WPV in beiden Punkten – nicht zuletzt aufgrund des Einflusses Freuds und des Umstandes, dass August Aichhorn, Anna Freud und Siegfried Bernfeld innerhalb der WPV wichtige Funktionen innehatten – eindeutig:

ad a) Zu jener Ausbildung, die zur Arbeit mit Erwachsenen im Sessel-Couch-Setting qualifizierte, wurden auch künftig Nicht-Ärzte zugelassen.

ad b) Für Angehörige pädagogischer Berufe, die eine solche Ausbildung nicht anstrebten, wurden weiterhin spezielle Kurse und Seminare angeboten (Aichhorn 2004, 20ff.). Darüber hinaus absolvierten manche dieser Pädagoginnen und Pädagogen eine Analyse, die innerhalb der WPV »Pädagogenanalyse« genannt wurde.

Willy Hoffer (1938, 29) beschrieb das Kurs- und Seminarangebot der damaligen Zeit in einem Bericht folgendermaßen:

»Seit der Bildung des Wiener Lehrinstituts im Jahre 1925 war der Lehrausschuss bestrebt, Kurse und Seminare für die in Wien studierenden oder tätigen Pädagogen einzurichten und zu fördern. August Aichhorn hatte seine Vorlesung und sein Seminar für Psychoanalytische Erziehungsberatung in den Räumen des Instituts abgehalten, Anna Freud und Dorothy Burlingham unterhielten mehrere Jahre hindurch eine Arbeitsgemeinschaft mit der Wiener Montessorischule und den städtischen Kindergärtnerinnen; ich selbst habe von 1927 an versucht, die analysierten Pädagogen in einem Seminar zur gemeinsamen Fortbildung zu vereinigen.«[10]

Als das Bestreben wuchs, diese Art der Qualifizierung von Pädagoginnen und Pädagogen durch das Lehrinstitut der WPV stärker zu kontrollieren, zu steuern und zu systematisieren, brachte Bernfeld im Jahr 1933 in einer Sitzung des Lehrinstituts »Vorschläge zur Neuregelung der Ausbildung zum psychoanalytischen Pädagogen ein, die von ihm, Aichhorn, Anna Freud und Hoffer ausgearbeitet worden waren« (Aichhorn 2004, 23). Auf der Basis dieses Vorschlags kam es dazu, dass 1934 ein erster berufsbegleitender »Lehrgang für Pädagogen« startete. Dem Curriculum zufolge erstreckte sich der Lehrgang über zwei Jahre und beinhaltete Kurse bzw. Vorlesungen und Seminare. Darüber hinaus wurden Arbeitsgruppen eingerichtet, die der Besprechung von Fällen dienten, die mitunter allerdings auch im Einzelsetting durchgeführt wurden, sowie Angebote für Absolventen des Lehrgangs und Arbeitsgemeinschaften, zu denen analysierte Pädagoginnen und Pädagogen eingeladen waren (Hoffer 1938, 31f.; Aichhorn 2004, 23ff.).

---

10 In der publizierten Originalfassung sind die Namen der erwähnten Personen kursiv gesetzt.

4.2 Entwicklungen innerhalb der Internationalen Psychoanalytischen Vereinigung (IPV)

Als es 1938 zum Anschluss Österreichs an das nationalsozialistische Deutsche Reich kam, hatten bereits 180 Pädagoginnen und Pädagogen den Lehrgang besucht (Hoffer 1938, 31). Zugleich war allerdings klar, dass an eine unmittelbare Weiterführung dieser Lehrgänge nicht zu denken war. Dass sich aber nicht nur vor 1938, sondern auch nach 1945 keine andere Vereinigung, die der IPV angehörte, dazu entschließen konnte, einen vergleichbaren Lehrgang zur Vermittlung psychoanalytisch-pädagogischer Kompetenzen anzubieten, hing nicht nur mit den erwähnten politischen Ereignissen, sondern auch mit spezifischen Entwicklungen innerhalb der IPV zusammen.

Diese verdichteten sich insbesondere 1925, als Max Eitingon auf dem Kongress der IPV, der in Bad Homburg stattfand, für die Ausarbeitung verbindlicher Richtlinien plädierte, nach denen die psychoanalytischen Ausbildungen aller Zweigvereinigungen der IPV gestaltet werden sollten (Schröter 2002, 175). Zwei Jahre später wurde die Unterrichtskommission der IPV unter der Leitung von Max Eitingon und von 1929 an unter der Leitung von Ernest Jones damit beauftragt, solche Ausbildungsrichtlinien zu entwickeln. In den Diskussionen, die in der Folge einsetzten, ging es primär um die Ausarbeitung von Richtlinien, nach denen die Ausbildung von Ärzten und Nicht-Ärzten zur Arbeit mit Erwachsenen im Sessel-Couch-Setting erfolgen sollte. Von zentraler Bedeutung war dabei die Auffassung, dass die Ausbildung jedenfalls die drei Elemente

- Lehranalyse,
- Theorieseminare und
- Kontrollanalyse

enthalten musste. Darüber hinaus waren nur Personen, die eine solche Ausbildung beendet hatten, aus der Sicht der IPV dazu berechtigt, sich »Psychoanalytiker« zu nennen und zu ordentlichen Mitgliedern von Zweigvereinigungen der IPV zu avancieren.

Die Frage der Vermittlung anderer psychoanalytischer Kompetenzen wurde hingegen gar nicht im Haupttext behandelt. Im ersten Entwurf des Richtlinienpapiers wird lediglich in Gestalt eines Anhangs festgehalten:

»Es wird den Unterrichtsausschüssen (der Zweigvereinigungen der IPV; Anm.d.V.) empfohlen, für Angehörige bestimmter Berufskategorien (wie Pädagogen, Seelsorger, Sozialarbeiter, Juristen, Ärzte), die psychoanalytische Kenntnisse im Rahmen ihrer bisherigen Berufstätigkeit zu verwerten wünschen, besondere Kurse einzurichten.

Aufgrund der dabei gemachten Erfahrungen soll später entschieden werden, in welcher Weise und in welchem Umfang für die besonderen praktischen Berufszwecke dieser Kategorien weitergehende spezifische Bildungsmöglichkeiten zu schaffen wären« (zit. nach Schröter 2002, 185).

In weiterer Folge kam es zur Einrichtung von besonderen Kommissionen, die sich mit der Frage der psychoanalytischen Ausbildung von Pädagogen und Kinderanalytikern beschäftigten (Schröter 2002, 218f.; Aichhorn 2004, 19f.). Darüber hinaus wies die »Schweizerische Gesellschaft für Psychoanalyse« mit ihrer auf Pfister und Zulliger zurückgehenden Tradition darauf hin, dass sich in der Schweiz ein »Ausbildungsgang zum psa. geschulten Pädagogen ... schärfer und in besonderer Weise« abzeichnen würde, ohne dass diesen Hinweisen aber konkretere Ausführungen gefolgt wären (zit. nach Schröter 2002, 204ff.). Letztlich blieb es aber generell dabei, dass die Aussagen über die Vermittlung von psychoanalytischen Kompetenzen, die nicht auf die Arbeit im Sessel-Couch-Setting bezogen waren, unverbindlich und vergleichsweise inhaltsarm ausfielen. Hält man sich in diesem Zusammenhang den Gesamtkontext vor Augen, in denen die Richtliniendiskussion in den späten 1920er und frühen 1930er Jahren innerhalb der IPV geführt wurde, so wird deutlich, dass die IPV in dieser Weise unmissverständlich zum Ausdruck brachte (vgl. Datler 1995, 31),

- dass sich die Zweigvereinigungen der IPV jedenfalls um die Vermittlung jener Kompetenzen zu bemühen haben, deren es zur Arbeit mit Erwachsenen im Sessel-Couch-Setting bedarf;
- dass es den Zweigvereinen freigestellt wurde, ob und in welcher Weise sie sich darüber hinaus auch um die Vermittlung von psychoanalytischen Kompetenzen bemühen möchten, die zu anderen Formen des psychoanalytischen Arbeitens qualifizieren,
- dass Personen, die auf diese Weise ausgebildet wurden, allerdings keine Anerkennung mehr als vollwertig ausgebildete Psychoanalytiker erhalten konnten, was auch darin zum Ausdruck gebracht wurde, dass ihnen die Berufsbezeichnung »Psychoanalytiker« ebenso verwehrt wurde wie eine vollwertige Mitgliedschaft in einer Zweigvereinigung der IPV,
- dass all dies von nun an auf der Basis international gefasster Beschlüsse nur Jenen ermöglicht wurde, die sich über den Besuch von Seminaren sowie über die Absolvierung von Lehr- und Kontrollanalyse zur therapeutischen Arbeit mit Erwachsenen im Sessel-Couch-Setting qualifizierten.

Die damit erfolgte Aufwertung der Arbeit im Sessel-Couch-Setting und die damit verbundene Abwertung anderer Formen des psychoanalytischen Arbeitens veranlasste die Zweigvereine der IPV, sich noch stärker als es bislang ohnehin schon gegeben war, auf die Vermittlung jenes psychoanalytischen Könnens zu konzentrieren, dessen es zur Durchführung von Sessel-Couch-Analysen bedarf. Dazu kam, dass mit dem Aufkommen des Nationalsozialismus und dem Ausbruch des 2. Weltkrigs jene europäischen Zentren zerstört oder zumindest nachhaltig geschwächt wurden, in denen bereits mit hohem Engagement an der Ausbildung von psychoanalytisch qualifizierten Pädagogen gearbeitet wurde, während es für die Analytiker, die in die USA flüchten konnten, nahezu unmöglich war, jene psychoanalytisch-pädagogischen Aus- und Weiterbildungsaktivitäten fortzuführen, die mit unterschiedlicher Intensität in Wien sowie an verschiedenen anderen Orten Europas entstanden waren (Datler 1995, 33f.). Die Vorstellung, dass die Arbeit im Sessel-Couch-Setting eine Form der

»Anwendung« der Psychoanalyse neben anderen darstellt, zu denen auch die »Anwendung« der Psychoanalyse in unterschiedlichen pädagogischen Feldern zu zählen ist, war damit ebenso an ihr Ende gekommen wie die Vorstellung, dass die IPV und ihre Zweigvereine auch für die Vermittlung von psychoanalytischen Kompetenzen Sorge tragen würde, derer es für die Arbeit in diesen pädagogischen Feldern bedarf.

4.3 Das neu aufkommende Bemühen um die curricular geregelte Vermittlung von psychoanalytischen Kompetenzen nach 1945

Die eben skizzierten Entwicklungen konnten in der Zwischenkriegszeit auch nicht durch Aus- und Weiterbildungsaktivitäten abgefedert werden, die außerhalb der IPV und ihren Zweigvereinigungen entstanden waren. Die intensiven Bemühungen der Individualpsychologen um Alfred Adler, die dem Bereich der tiefenpsychologisch orientierten Pädagogik gewidmet waren, erfolgten in dieser Zeit in markanter Abgrenzung zu psychoanalytischen Ansätzen (vgl. Gstach 2005; Datler, Gstach, Wininger 2009). Pädagogische »Praktiker« zeigten zwar ein reges Interesse an Psychoanalyse, waren aber nicht in der Lage, aus eigener Kraft Aus- und Weiterbildungsgänge zu entwickeln (vgl. Göppel 1989). Und innerhalb der »akademischen Pädagogik« kam es zwar zu einer dezent anwachsenden Rezeption von Psychoanalyse, die aber zugleich von wechselseitigen Ressentiments getragen waren, sodass an eine curricular geregelte Vermittlung von psychoanalytischen Kompetenzen nicht einmal ansatzweise gedacht wurde (vgl. Datler 1995, 47; Wininger 2011, 2012). Überdies hätte es an österreichischen oder anderen deutschsprachigen Universitäten auch keine ausreichend ausgebildeten Personen gegeben, die solch eine Ausbildung hätten tragen können (vgl. Tenorth 1992).

Im deutschsprachigen Raum bemühten sich zwar einige Personen bereits bald um eine Wiederbelebung der Psychoanalytischen Pädagogik, doch dauerte es bis zum Erstarken der 1969er-Bewegung, ehe der Psychoanalytischen Pädagogik wiederum größere Aufmerksamkeit geschenkt wurde und Entwicklungen einsetzten, wie sie im 1. Kapitel dieses Artikels am Bespiel von Frankfurt skizziert wurden. Neben Aloys Leber war es insbesondere auch Günther Bittner, der bereits sehr früh Wesentliches dazu beitrug, dass die Psychoanalytische Pädagogik auch innerhalb der akademischen Pädagogik – zumindest an manchen Orten – Fuß fassen konnte (vgl. Schrammel, Wininger 2009). Das damit verbundene Wiederaufleben des Interesses an der Frage, in welcher Weise Psychoanalytische Pädagogik so gelehrt werden kann, dass einschlägige Kompetenzen auch in pädagogischen Praxisfeldern außerhalb therapeutischer Settings zum Tragen kommen können, führte schließlich dazu, dass es nicht nur in Frankfurt, sondern auch in anderen Kontexten zu Bemühungen um die Konzeption entsprechender Lehr-, Aus- und Weiterbildungsangebote kam.

4.4 Die Thematisierung von psychoanalytisch-pädagogischer Kompetenz, ihrer Entfaltung und Vermittlung im Jahrbuch für Psychoanalytische Pädagogik

Auch im Jahrbuch für Psychoanalytische Pädagogik findet man viele dieser Bemühungen in einem Umschauartikel (Datler et al. 2002), aber auch in Einzelartikeln dokumentiert und diskutiert:

- Von der Gestaltung universitärer Lehre, die etwa der Verdeutlichung dessen dient, was mit dem Begriff der »psychoanalytischen Haltung« gemeint sein kann (Bittner 2009), wird im Jahrbuch ebenso berichtet wie von Seminarprozessen, in denen der dezidierte Anspruch verfolgt wird, die Besonderheit des psychoanalytischen Nachdenkens über pädagogische Situationen so zu vermitteln, dass dies in der pädagogischen Arbeit auch zum Tragen kommt (Salzberger-Wittenberg 1993).

- In anderen Arbeiten wird von Studien-, Aus- und Weiterbildungsgängen berichtet, die aufgrund ihrer curricularen Struktur die Möglichkeit eröffnen, Teilnehmerinnen und Teilnehmer in umfassenderer Weise dabei zu unterstützen, sich entsprechende Kompetenzen anzueignen (Trescher 1993; Figdor 2002). Im Umschauartikel von Datler et al. (2002) findet man in diesem Zusammenhang unter anderem die folgenden Lehrgänge erwähnt, die im deutschsprachigen Raum angeboten werden[11]:

> Psychoanalytisch-pädagogische Weiterbildung des Frankfurter Arbeitskreises für Psychoanalytische Pädagogik e.V. (FAPP)
> http://www.fapp-frankfurt.de/fort1.html

> Persönlichkeitsentwicklung und Lernen: Psychoanalytic Observational Studies. Masterlehrgang der Alpen-Adria-Universität Klagenfurt, angeboten am Studienstandort Wien
> http://ius.uni-klu.ac.at/lehre_und_beratung/lehrgaenge/mpos

> Ausbildung zum psychoanalytisch-pädagogischen Erziehungsberater/zur psychoanalytisch-pädagogischen Erziehungsberaterin.
> Lehrgang der Arbeitsgemeinschaft für Psychoanalytische Pädagogik (APP) Wien
> http://www.app-wien.at/Ausbildung.html

---

11 Der Nennung der folgenden Lehrgänge kann der Hinweis auf einen weiteren Lehrgang hinzugefügt werden, der zum Zeitpunkt des Erscheinens des erwähnten Umschauartikels noch nicht existierte: Integration von Kindern und Jugendlichen mit emotionalen und sozialen Problemen im Kontext von Schule. Masterlehrgang der Universität Wien. http://www.postgraduatecenter.at/lehrgaenge/bildung-soziales/integration-von-kindern-und-jugendlichen

Interdisziplinäre Mobile Frühförderung und Familienbegleitung.
Universitätslehrgang der Universität Wien
http://www.univie.ac.at/fruehfoerderung/organisation.htm

- Weiteren Artikeln ist aus der Perspektive von Pädagoginnen und Pädagogen zu entnehmen, in welcher Weise sie in ihrer Arbeit psychoanalytisch-pädagogische Kompetenzen zum Tragen bringen. Wie groß die Anzahl dieser Artikel ist, kann den Kapiteln 4 und 5 des Literaturumschauartikels von Barbara Neudecker (in diesem Band) entnommen werden.
- Schließlich rückt in manchen Arbeiten auch die Auseinandersetzung mit der Frage, was psychoanalytisch-pädagogische Professionalität und somit psychoanalytisch-pädagogisches Können auszeichnet, ins Zentrum (z.B. Müller, Krebs, Finger-Trescher 2002).

Eine Durchsicht dieser Beiträge macht ebenso schnell wie wenig überraschend deutlich, dass sich aus der Perspektive der Autorinnen und Autoren, die im Jahrbuch publizieren, psychoanalytisch-pädagogische Kompetenz durch die Fähigkeit des Wahrnehmens pädagogischer Aufgaben unter Bezug auf unbewusste Prozesse auszeichnet. Dies impliziert zumindest dreierlei: (a) die Fähigkeit von Pädagoginnen und Pädagogen, sich zumindest in spezifischen Situationen ein angemessenes Verständnis davon erschließen zu können, was in ihnen und den Menschen, mit denen sie zu tun haben, sowie in den sich dabei entfaltenden Interaktions- und Beziehungsprozessen auch unbewusst vor sich gehen dürfte[12]; (b) die Fähigkeit, unter Berücksichtigung dieses Aspekts pädagogische Aufgaben so präzisieren und verfolgen zu können, dass dies jenen zugute kommt, für die sie pädagogische Verantwortung tragen; sowie (c) die Fähigkeit, angemessene Vorstellungen von den Rahmen- und Settingbedingungen entwickeln und realisieren zu können, derer es bedarf, wenn Pädagoginnen und Pädagogen in der Wahrnehmung ihrer pädagogischen Aufgaben erfolgreich sein sollen (vgl. Krebs, Müller 1989).

Interessiert man sich in der Auseinandersetzung mit den angesprochenen Veröffentlichungen allerdings für jene Prozesse etwas näher, die am Bemühen um die Vermittlung psychoanalytisch-pädagogischer Kompetenzen ansetzen und bis zu jenen Punkten reichen, an denen solche Kompetenzen mit einer gewissen Routine, Beständigkeit und Qualität auch zum Tragen kommen, so stößt man auf eine Vielzahl offener Fragen und Probleme. Die Redaktion des Jahrbuchs beschloss daher, den Schwerpunkt des vorliegenden Jahrbuchs dem Thema des »Psychoanalytisch-pädagogischen Könnens« zu widmen und durch die Hinzufügung des Untertitels »Vermitteln – Aneignen – Anwenden« zu spezifizieren. Dabei ist sich die Redaktion darüber im Klaren, dass dieser Gesamttitel gewisse begriffliche Unsauberkeiten in sich birgt, da »psychoanalytisch-pädagogisches Können« zwar im Praxisvollzug zum Tragen kommt, im strengsten Sinn des Wortes aber nicht angewandt werden kann, da es keine »toolbox«

---

12 Vgl. dazu die Studie von Margit Datler (2012), die in ihrer Analyse von Jahrbuchartikeln, die auf Schule bezogen sind, zu einem ähnlichen Ergebnis kommt.

darstellt, die, wenn sie einmal ausgebildet ist, wieder und wieder zur Bearbeitung von Praxisproblemen herangezogen werden kann, ohne dabei beständigen Veränderungsprozessen ausgesetzt zu sein. Da es aber in der psychoanalytischen Literatur seit Sigmund Freud weit verbreitet ist, von verschiedenen »Anwendungen« der Psychoanalyse zu sprechen, nahm die Redaktion die angesprochene Unschärfe in Kauf. Ähnliches gilt für die Rede vom »Vermitteln« psychoanalytisch-pädagogischen Könnens, das – streng genommen – ja nicht einfach weitergegeben werden kann, sondern das sich Lernende mit Unterstützung anderer lediglich aneignen können.

5. Die Beiträge des vorliegenden Bandes

In der psychoanalytisch-pädagogischen Literatur, die sich mit der Entfaltung psychoanalytisch-pädagogischer Kompetenzen befasst, steht weitgehend außer Streit, dass es wünschenswert wäre, wenn auch im Prozess der Ausbildung von psychoanalytisch-pädagogischer Professionalität – neben der Aneignung von arbeitsfeldspezifischen pädagogischen Kompetenzen – der Trias von »Theorieaneignung, Praxisreflexion und Selbsterfahrung« breiter Raum gegeben werden könnte. Wie in der Frühzeit der Psychoanalytischen Pädagogik wird in diesem Zusammenhang häufig darauf hingewiesen, dass Pädagoginnen und Pädagogen, die keine therapeutische Ausbildung anstreben, nur in Einzelfällen dazu bereit sind, eine hochfrequente Langzeitanalyse im Sessel-Couch-Setting zu absolvieren. Diese Thematik wird von *Urte Finger-Trescher* aufgegriffen, die in ihrem Artikel »Psychoanalytisch-pädagogisches Können und die Funktion gruppenanalytischer Selbsterfahrung« als Alternative die Optionen thematisiert, welche die Absolvierung einer Gruppenanalyse mit sich bringen. Gruppenanalytische Selbsterfahrung wird dabei nicht als Minusvariante psychoanalytischer Selbsterfahrung dargestellt, sondern vielmehr mit ihren Besonderheiten und Stärken, die für die Entwicklung von psychoanalytisch-pädagogischem Können von spezifischer Bedeutung sind. Dabei nimmt die Autorin auf Theorien der Gruppenpsychoanalyse ebenso Bezug wie auf kasuistisches Material.

In welcher Weise universitäre Projektseminare von Studierenden im Hinblick auf die Entwicklung der Fähigkeit des psychoanalytischen Nachdenkens über pädagogische Beziehungsprozesse genutzt werden können, zeigt *Michael Wininger* unter Bezugnahme auf ein hochschuldidaktisches Modell, das im Schnittfeld von Sonderpädagogik und Psychoanalytischer Pädagogik an der Universität Wien angesiedelt war. In seinem Beitrag »›Reflection on action‹ im Dienst pädagogischer Professionalisierung. Psychoanalytisch-pädagogische Überlegungen zur Vermittlung sonderpädagogischer Kompetenzen an Hochschulen« gibt er Einblicke in ein Wiener Projekt, in dem Studierende als »Therapeutische Begleiter« über längere Zeit hinweg Kindern und Jugendlichen mit erheblichen emotionalen und sozialen Problemen zur Seite standen. Er beschreibt die Arbeit in diesem universitären Projektseminar aus der Perspektive eines ehemaligen studentischen Mitarbeiters und bringt dies mit aktuellen Diskussionen in

Verbindung, die dem Thema der Professionalisierung im Bereich der Sonderpädagogik gewidmet sind.

In welcher Weise es möglich ist, innerhalb bestehender Studienstrukturen ein curricular geregeltes System von Lehrveranstaltungen anzubieten, das Studierenden über mehr als ein Semester hinweg die Gelegenheit eröffnet, psychoanalytisch-pädagogische Kompetenzen auszubilden, ist Gegenstand des Beitrags von *Manfred Gerspach*. Unter dem Titel »Das heimliche Curriculum der Psychoanalytischen Pädagogik« variiert und modifiziert der Autor unter Bezugnahme auf Psychoanalyse die Bedeutung des Begriffs des »heimlichen Lehrplans«, der in der Erziehungswissenschaft weite Verbreitung gefunden hat, und skizziert die Konzeption des psychoanalytischen Lehrangebots, das an der Hochschule Darmstadt entwickelt wurde.

Der dreijährigen postgradualen Fort- und Weiterbildung in Psychoanalytischer Pädagogik, die in Frankfurt angeboten wird, widmen sich *Heinz Krebs* und *Annelinde Eggert-Schmid Noerr* in ihrem Beitrag »Professionalisierung von Pädagogik und Sozialer Arbeit im Frankfurter Arbeitskreis für Psychoanalytische Pädagogik«. Sie stellen den Theoriehintergrund dar, nach dem das Weiterbildungsangebot konzipiert ist, und geben unter Bezugnahme auf Praxiserfahrungen von zwei Teilnehmern, die diese während des Weiterbildungsprozesses dokumentiert und reflektiert haben, Einblicke in den Prozess der Aneignung psychoanalytisch-pädagogischer Kompetenzen. Die Art, in der sie die Abschlussarbeiten der Lehrgangsabsolventen in ihre Ausführungen einbezogen haben, eröffnet zugleich Einblicke in die Möglichkeit, psychoanalytisch-pädagogische Qualifizierungsprozesse zu evaluieren.[13]

Die Beiträge des Themenschwerpunkts schließen mit Helmuth Figdors Artikel, in dem der Autor der Frage nachgeht: »Wie werden aus Pädagogen ›Psychoanalytische Pädagogen‹?« Er vertritt die These, dass Pädagoginnen und Pädagogen über vier Fähigkeiten verfügen müssen, wenn sie in ihrer pädagogischen Alltagsarbeit psychoanalytisch-pädagogischen Ansprüchen gerecht werden wollen: die Fähigkeiten, zwischen Alltags- und Entwicklungsbedürfnissen zu unterscheiden; eine Haltung der verantworteten Schuld einzunehmen; Neugierde auf das sich entwickelnde Kind zu verspüren; und Kinder in ihrem Sosein zu akzeptieren, ohne dabei darauf zu verzichten, ihnen entwicklungsfördernde Erfahrungen zu eröffnen. Die Erläuterung und Begründung dieser Auffassung erfolgt über weite Strecken über das Nachzeichnen eines Seminars, in dem psychoanalytische Perspektiven auf die Gestaltung pädagogischer Alltagspraxis diskutiert wurden, und mündet in die Darstellung von sechs Elementen und Aspekten, die der Autor für die Gestaltung von psychoanalytisch-pädagogischer Aus- und Weiterbildung für konstitutiv erachtet.

Der erste Artikel, der unter der Rubrik »Freie Beiträge« in diesen Band des Jahrbuchs aufgenommen wurde, stammt von *Urte Finger-Trescher* und stellt eine gering überarbeitete Fassung eines Festvortrags dar, der anlässlich des 90. Geburtstags von

---

13 Vgl. dazu bei Turner, Ingrisch (2009) die Bemühungen um die Evaluierung des in Kapitel 4.3 erwähnten Universitätslehrgangs »Persönlichkeitsentwicklung und Lernen: Psychoanalytic Observational Studies« (Diem-Wille, Steinhardt, Reiter 2006; Diem-Wille 2007) der Alpen-Adria-Universität Klagenfurt.

Aloys Leber in der Universität Frankfurt gehalten wurde. Unter dem Titel »Die Frankfurter Schule der Psychoanalytischen Pädagogik. Laudatio für Prof. Dr. Aloys Leber zum 90. Geburtstag« zeichnet die Autorin das Leben und Werk von Aloys Leber nach, skizziert dessen entscheidende Bedeutung für die Entstehung der Frankfurter Psychoanalytischen Pädagogik und ergänzt damit die historischen Ausführungen, die zu Beginn dieses Einführungsartikels in den Themenschwerpunkt des Jahrbuchs, aber auch in den Beiträgen von Manfred Gerspach sowie von Heinz Krebs und Annelinde Eggert-Schmid Noerr in diesem Band nachgelesen werden können. Überdies nimmt Urte Finger-Trescher in kritischer Weise auf die Ausführungen zum Frankfurter Konzept von Psychoanalytischer Pädagogik Bezug, die sich im Beitrag von Helmuth Figdor finden.

Anschließend stellen *Catherine Schmidt-Löw-Beer* und *Wilfried Datler* in ihrem Beitrag »Das Konzept der projektiven Identifizierung lehren« ein »interaktives didaktisches Modell« vor, nach dem bereits mehrfach Seminare in unterschiedlichen Aus- und Weiterbildungskontexten angeboten wurden, die der Einführung in zentrale Theorien, Begriffe und Konzepte der Psychoanalyse dienten. Diese Seminare werden unter anderem auch von (angehenden) Pädagoginnen und Pädagogen besucht, die sich dadurch immer wieder veranlasst sehen, sich in weiter Folge intensiver mit Psychoanalyse und ihrer Relevanz für verschiedene Arbeitsbereiche, pädagogische Arbeitsbereiche mit eingeschlossen, zu befassen.

Literatur

Aichhorn, T. (2004): Bericht über die psychoanalytisch-pädagogische Ausbildung im Rahmen der Wiener Psychoanalytischen Vereinigung bis 1938. Mit Dokumenten. In: Luzifer-Amor. Zeitschrift zur Geschichte der Psychoanalyse 17 (Heft 34), 7-34

Bareuther, H. (Hrsg.) (1989): Forschen und Heilen. Auf dem Weg zu einer psychoanalytischen Hochschule. Beiträge aus Anlass des 25jährigen Bestehens des Sigmund-Freud-Instituts. Suhrkamp: Frankfurt/M.

Bittner, G. (2009): Psychoanalyse an der Universität? Oder: Aschenputtel versus »dogmatische Form« (S. Freud). In: Datler, W., Steinhardt, K., Gstach, J. et al. (Hrsg.): Der pädagogische Fall und das Unbewusste. Psychoanalytische Pädagogik in kasuistischen Berichten. Jahrbuch für Psychoanalytische Pädagogik 17. Psychosozial-Verlag: Gießen, 124-137

Bittner, G., Ertle, C. (Hrsg.) (1984): Psychoanalyse und Pädagogik. Königshausen & Neumann: Würzburg

Büttner, C., Trescher, H.-G. (1987): Chancen der Gruppe. Erfahrungen aus dem pädagogischen Alltag. Grünewald: Mainz

Datler, M. (2012): Die Macht der Emotionen im Unterricht. Eine psychoanalytisch-pädagogische Studie. Psychosozial-Verlag: Gießen

Datler, W. (1995): Bilden und Heilen. Auf dem Weg zu einer pädagogischen Theorie psychoanalytischer Praxis. Zugleich ein Beitrag zur Diskussion um das Verhältnis zwischen Psychotherapie und Pädagogik. Grünewald: Mainz

Datler, W., Bogyi, G. (1989): Zwischen Heim und Familie. Über Arbeitsmöglichkeiten und Arbeitsprobleme in heilpädagogischen und sozialtherapeutischen Wohngemeinschaften. In: Trescher, H.-G., Büttner, C. (Hrsg.): Jahrbuch für Psychoanalytische Pädagogik 1. Grünewald: Mainz, 10-31

Datler, W., Datler, M., Sengschmied, I. et al. (2002): Psychoanalytisch-pädagogische Konzepte der Aus- und Weiterbildung. Eine Literaturübersicht. In: Finger-Trescher, U., Krebs, H., Müller, B. et al. (Hrsg.): Professionalisierung in sozialen und pädagogischen Feldern. Jahrbuch für Psychoanalytische Pädagogik 13. Psychosozial-Verlag: Gießen, 141-171

Datler, W., Fatke, R., Winterhager-Schmid, L. (1994): Zur Institutionalisierung der Psychoanalytischen Pädagogik in den 80er und 90er Jahren: die Einrichtung der Kommission »Psychoanalytische Pädagogik« in der Deutschen Gesellschaft für Erziehungswissenschaft. In: Datler, W., Finger-Trescher, U., Büttner, C. (Hrsg.): Jahrbuch für Psychoanalytische Pädagogik 6. Grünewald: Mainz, 132-161

Datler, W., Gstach, J., Wininger, M. (Hrsg.) (2009): Alfred Adlers Schriften zur Erziehung und Erziehungsberatung. Band IV der Alfred-Adler-Studienausgabe, hrsg. von K.-H. Witte. Vandenhoeck & Ruprecht: Göttingen

Diem-Wille, G. (1989): Karrierefrauen und Karrieremänner im Management. Eine psychoanalytische Untersuchung ihrer Lebensgeschichten. In: Trescher, H.-G., Büttner, C. (Hrsg.): Jahrbuch für Psychoanalytische Pädagogik 1. Grünewald: Mainz, 101-119

Diem-Wille, G. (2007): Lernen durch Beobachten. Der Universitätslehrgang »Persönlichkeitsentwicklung und Lernen«. In: Heinzel, F., Garlichs, A., Pietsch, S. (Hrsg.): Lernbegleitung und Patenschaften. Reflexive Fallarbeit in der universitären Lehrerausbildung. Klinkhardt: Bad Heilbrunn, 208-225

Diem-Wille, G., Steinhardt, K., Reiter, H. (2006): Joys and sorrows of teaching infant observation at university level – implementing psychoanalytic observation in teachers' further education programmes. In: Infant Observation. The International Journal of Infant Observation and its Applications 9 (Heft 3), 233-248

Eggert-Schmid Noerr, A. (1991): Geschlechtsrollenbilder und Arbeitslosigkeit: eine gruppenanalytische Studie. Grünewald: Mainz

Figdor, H. (1989): »Pädagogisch angewandte Psychoanalyse« oder »Psychoanalytische Pädagogik«? In: Trescher, H.-G., Büttner, C. (Hrsg.): Jahrbuch für Psychoanalytische Pädagogik 1. Grünewald: Mainz, 136-172

Figdor, H. (2002): Psychoanalytisch-Pädagogische Erziehungsberatung. Ein Wiener Modell. In: Finger-Trescher, U., Krebs, H., Müller, B. et al. (Hrsg.): Professionalisierung in sozialen und pädagogischen Feldern. Jahrbuch für Psychoanalytische Pädagogik 13. Psychosozial-Verlag: Gießen, 70-90

Figdor, H. (Hrsg.) (2008): »Denn wir können die Kinder nach unserem Sinne nicht formen ...« Festschrift zum 10jährigen Bestehen der Arbeitsgemeinschaft psychoanalytische Pädagogik (APP). Empirie Verlag: Wien

Finger, U. (1977): Narzissmus und Gruppe. Fachbuchhandlung für Psychologie: Frankfurt/M.
Finger-Trescher, U., Krebs, H. (2001): Pädagogische Qualifikation auf psychoanalytischer Grundlage. In: Sozial Extra. Zeitschrift für Soziale Arbeit 25 (Heft 9), 47-51
Füchtner, H. (1979): Einführung in die Psychoanalytische Pädagogik. Campus: Frankfurt/M.
Göppel, R. (1989): Die Rezeption der Psychoanalyse in der Heilpädagogischen Bewegung der Weimarer Republik. In: Trescher, H.-G., Büttner, C. (Hrsg.): Jahrbuch für Psychoanalytische Pädagogik 1. Grünewald: Mainz, 56-73
Gstach, J. (2005): Von der »Bewegung für alle« zum »Verein für psychotherapeutische Spezialisten«? Anmerkungen zur Veränderung des Selbstverständnisses des Österreichischen Vereins für Individualpsychologie. In: Zeitschrift für Individualpsychologie 30 (Heft 2), 151-170
Hoffer, W. (1938): Bericht über den Ausbildungslehrgang für Pädagogen am Lehrinstitut der Wiener Psychoanalytischen Vereinigung. Abgedruckt in: Aichhorn, T. (2004): Bericht über die psychoanalytisch-pädagogische Ausbildung im Rahmen der Wiener Psychoanalytischen Vereinigung bis 1938. Mit Dokumenten. In: Luzifer-Amor. Zeitschrift zur Geschichte der Psychoanalyse 17 (Heft 34), 29-32
Horvath, M., Scheidl-Trummer, E. (1989): Psychoanalytische Pädagogik seit 1983. Eine Literaturübersicht. In: Trescher, H.-G., Büttner, C. (Hrsg.): Jahrbuch für Psychoanalytische Pädagogik 1. Grünewald: Mainz, 173-200
Kloocke, R., Mühlleitner, E. (2004): Lehren oder lernen? Siegfried Bernfeld und die »Pädagogische Arbeitsgemeinschaft« am Berliner Psychoanalytischen Institut. In: Luzifer-Amor. Zeitschrift zur Geschichte der Psychoanalyse 17 (Heft 34), 35-58
Krebs, H. (1988): Die affektiven und kognitiven Strukturen im Bildungsprozess des Subjekts bis zum zweiten Lebensjahr. Dissertation: J.W. Goethe-Universität: Frankfurt/M.
Krebs, H., Müller, B. (1989): Der psychoanalytisch-pädagogische Begriff des Settings und seine Rahmenbedingungen im Kontext der Jugendhilfe. In: Datler, W., Müller, B., Finger-Trescher, U. (Hrsg.): Jugendhilfe und Psychoanalytische Pädagogik. Jahrbuch für Psychoanalytische Pädagogik 9. Psychosozial-Verlag: Gießen, 15-40
Laier, M. (1996): »Sie wissen, dass alles von unserem alten Institut vernichtet wurde«. Das Frankfurter Psychoanalytische Institut (1929-1933). In: Plänkers, T., Laier, M., Otto, H.-H. (Hrsg.): Psychoanalyse in Frankfurt. Zerstörte Anfänge, Wiederannäherung, Entwicklungen. edition diskord: Tübingen, 41-86
Leber, A., Gerspach, M. (1996): Geschichte der Psychoanalytischen Pädagogik in Frankfurt am Main. In: Plänkers, T., Laier, M., Otto, H.-H. (Hrsg.): Psychoanalyse in Frankfurt. Zerstörte Anfänge, Wiederannäherung, Entwicklungen. edition diskord: Tübingen, 489-541
Leber, A., Trescher, H.-G., Weiss-Zimmer, E. (1989): Krisen im Kindergarten. Psychoanalytische Beratung in pädagogischen Institutionen. Fischer: Frankfurt/M.

Mattner, D. (1989): Vom Sinn des Unsinnigen – Überlegungen zum hyperkinetischen Verhalten. In: Trescher, H.-G., Büttner, C. (Hrsg.): Jahrbuch für Psychoanalytische Pädagogik 1. Grünewald: Mainz, 90-100

Müller, B. (1989): Psychoanalytische Pädagogik und Sozialpädagogik. In: Trescher, H.-G., Büttner, C. (Hrsg.): Jahrbuch für Psychoanalytische Pädagogik 1. Grünewald: Mainz, 120-135

Müller, B., Krebs, H., Finger-Trescher, U. (2002): Professionalisierung in sozialen und pädagogischen Feldern. Impulse der Psychoanalytischen Pädagogik. Einleitung in den Themenschwerpunkt. In: Finger-Trescher, U., Krebs, H., Müller, B. et al. (Hrsg.): Professionalisierung in sozialen und pädagogischen Feldern. Jahrbuch für Psychoanalytische Pädagogik 13. Psychosozial-Verlag: Gießen, 9-26

Plänkers, T., Laier, M., Otto, H.-H. (Hrsg.) (1996): Psychoanalyse in Frankfurt am Main – Zerstörte Anfänge, Wiederannäherung, Entwicklungen. edition diskord: Tübingen

Rauchfleisch, U. (1981): Dissozial: Entwicklung, Struktur und Psychodynamik dissozialer Persönlichkeiten. Vandenhoeck & Ruprecht: Göttingen

Reiser, H., Trescher, H.-G. (1987): Wer braucht Erziehung? Impulse der Psychoanalytischen Gruppe. Grünewald: Mainz

Salzberger-Wittenberg, I. (1993): Die emotionale Bedeutung des Lehrens und Lernens. In: Trescher, H.-G., Büttner, C., Datler, W. (Hrsg.): Jahrbuch für Psychoanalytische Pädagogik 5. Grünewald: Mainz, 43-53

Schrammel, S., Wininger, M. (2009): Psychoanalytische Pädagogik in der deutschsprachigen Erziehungswissenschaft. Ausgewählte Ergebnisse einer empirischen Studie zur Situation der Psychoanalytischen Pädagogik als Gegenstand von Lehre und Forschung im Hochschulbereich. In: Datler, W., Steinhardt, K., Gstach, J. et al. (Hrsg.): Der pädagogische Fall und das Unbewusste. Psychoanalytische Pädagogik in kasuistischen Berichten. Jahrbuch für Psychoanalytische Pädagogik 17. Psychosozial-Verlag: Gießen, 157-168

Schröter, M. (2002): Die »Eitingon-Kommission« (1927-1929) und ihr Entwurf einheitlicher Ausbildungsrichtlinien für die IPV. In: Jahrbuch der Psychoanalyse 45, 173-231

Tenorth, H.-E. (1992): »Unnötig« und »unerwünscht« – Siegfried Bernfeld und die Universitätswissenschaft. In: Hörster, R., Müller, B. (Hrsg.): Jugend, Erziehung und Psychoanalyse. Zur Sozialpädagogik Siegfried Bernfelds. Luchterhand: Neuwied, 23-40

Trescher, H.-G. (1979): Sozialisation und beschädigte Subjektivität. Fachbuchhandlung für Psychologie-Verlagsabteilung: Frankfurt/M.

Trescher, H.-G. (1985): Theorie und Praxis der Psychoanalytischen Pädagogik. Campus: Frankfurt/M.

Trescher, H.-G. (1993): Postgraduale Weiterbildung in Psychoanalytischer Pädagogik. Konzept und Erfahrungen mit einem dreijährigen Weiterbildungsgang. In: Trescher, H.-G., Büttner, C., Datler, W. (Hrsg.): Jahrbuch für Psychoanalytische Pädagogik 5. Grünewald: Mainz, 14-28

Turner, A., Ingrisch, D. (2009). Am Weg zu einer neuen Lernkultur? Erfahrungslernen durch die psychoanalytische Beobachtungsmethode: Über das Verstehen der eigenen und der Emotionen von SchülerInnen aus der Perspektive der LehrerInnen. In: Diem-Wille, G., Turner, A. (Hrsg.): Ein-Blicke in die Tiefe. Die Methode der psychoanalytischen Säuglingsbeobachtung und ihre Anwendungen. Klett-Cotta: Stuttgart, 157-181

von Lüpke, H. (1989): Psychodynamische Aspekte bei der »Minimalen cerebralen Dysfunktion« (»MCD«) – dargestellt an einem Fallbeispiel. In: Trescher, H.-G., Büttner, C. (Hrsg.): Jahrbuch für Psychoanalytische Pädagogik 1. Grünewald: Mainz, 74-89

Wagner-Winterhager, L. (1989): Heroische Mythen – Repressive Entsublimierung durch Gewalt-Videos? In: Trescher, H.-G., Büttner, C. (Hrsg.): Jahrbuch für Psychoanalytische Pädagogik 1. Grünewald: Mainz, 32-55

Wininger, M. (2011): Steinbruch Psychoanalyse? Zur Rezeption der Psychoanalyse in der akademischen Pädagogik des deutschen Sprachraums zwischen 1900 und 1945. Budrich: Opladen

Wininger, M. (2012): Zu den Anfängen des schwierigen Dialogs zwischen akademischer Pädagogik, Heilpädagogik und Psychoanalyse – einige Überlegungen im Lichte rezeptionshistorischer Forschung. In: Sonderpädagogische Förderung heute 57 (Heft 1), 61-75

Psychoanalytisch-pädagogisches Können und die Funktion gruppenanalytischer Selbsterfahrung

Urte Finger-Trescher

1. Schwierige Situationen im pädagogischen Alltag

Brauchen Psychoanalytische Pädagogen Selbsterfahrung? Diese Frage wird häufig und sehr schnell mit Ja beantwortet und scheint keiner weiteren Begründung zu bedürfen. Andererseits muss man feststellen, dass z.B. im Hochschulbereich Selbsterfahrung als Bestandteil eines psychoanalytisch-pädagogischen Lehrangebots nur marginal vertreten ist. Das hat natürlich vielfältige, auch institutionelle Gründe. Wer also arbeitet eigentlich psychoanalytisch-pädagogisch? Dürfen dies nur diejenigen für sich beanspruchen, die eine ausgewiesene psychoanalytisch-pädagogische Qualifikation einschließlich psychoanalytischer Selbsterfahrung erworben haben, sei es in der Hochschule, an der Universität oder in postgradualen Weiterbildungsgängen? Dürfen auch diejenigen von sich behaupten, psychoanalytisch-pädagogisch zu arbeiten, die sich mehr oder weniger autodidaktisch Elemente einer entsprechenden Qualifikation angeeignet haben? Und welche Bedeutung hat dabei psychoanalytische Selbsterfahrung, die etwa im Rahmen einer psychoanalytischen Therapie erworben wurde?

All diese Fragen sind offen, und kaum jemand wagt es, sie überhaupt zu stellen, da die Psychoanalytische Pädagogik ja nach wie vor ihr Dasein fristet »zwischen zwei Stühlen«, gleichsam wie ein bescheidenes kleines Gebäude zwischen den ehrwürdigen Gewölben der Erziehungswissenschaft und den sakralen Kultstätten der verschiedensten psychoanalytischen Institute. Vor diesem Hintergrund wird im Folgenden die Position vertreten, dass psychoanalytisch-pädagogisches Können nur dann in professioneller Weise zustande kommen kann, wenn psychoanalytisch-pädagogisches Wissen, in welchem institutionellen Kontext es auch immer erworben wird, mit der kontinuierlichen Reflexion der beruflichen Praxis sowie mit Selbstreflexion und der Aneignung lebensgeschichtlicher Erfahrungen durch Selbsterfahrung verschränkt wird.

Ausgehend von einem Fallbeispiel möchte ich dies im Folgenden erörtern:

> Frau Z. nimmt wegen Javier, ihrem fünf Jahre alten Sohn, Kontakt mit einer Erziehungsberatungsstelle auf. Javier besucht einen Kindergarten und ist dort wegen aggressiven Verhaltens auffällig. Er akzeptiert keine Grenzen, setzt sich über Regeln hinweg und stiftet andere Kinder dazu an, Unfug zu treiben, womit er die Erzieherinnen, manchmal auch andere Kinder ärgert. Der Kindergarten hat der Mutter dringend geraten, für das letzte Jahr vor Schulbeginn eine Integrationsmaßnahme für Kinder mit

seelischer Behinderung zu beantragen, da man ihn sonst nicht mehr in der Einrichtung behalten könne. Gerade die Erzieherin, an die sich Javier am meisten gebunden hat, zeigt deutlich, dass sie ihn am liebsten loswerden würde. Frau Z. versetzt dies in große Konflikte. Einerseits sieht sie, dass der Junge Unterstützung braucht, andererseits will sie nicht, dass er mit dem Stigma der seelischen Behinderung gezeichnet wird. Aus dem Kindergarten abmelden will sie ihn selbstverständlich auch nicht. Zu Hause sei er ruhiger, könne sich aber für nichts interessieren oder begeistern. Außerdem könne er schlecht einschlafen, habe Angst vor der Dunkelheit und vor dem Alleinsein. Sie fürchtet, womöglich zu Recht, dass Javier beim Eintritt in die Schule erhebliche Probleme haben wird.

Da sie Javier wegen seines Verhaltens häufig vorzeitig vom Kindergarten abholen muss, kann sie auch nicht in ihrem geliebten Beruf bei einer deutschen Airline arbeiten. Hierdurch fehlen nicht nur die sozialen Kontakte, sondern auch Geld.

Während des *ersten Gesprächs* in der Erziehungsberatungsstelle, bei dem Javier anwesend ist, wirkt dieser auf der einen Seite sehr aufgeweckt und neugierig, auf der anderen Seite unsicher und orientierungslos. Ziellos läuft er durch das Beratungszimmer, schaut sich sehr interessiert alle möglichen Möbelstücke und Gegenstände an, kann aber mit den vorhandenen Spielsachen wenig anfangen. Javier setzt sich auf meine Aufforderung hin schließlich an einen Tisch und malt. Er malt insgesamt vier Bilder, die dadurch imponieren, dass sie weder Menschen noch Tiere noch Pflanzen darstellen, sondern alle nur Erde und Himmel in den unterschiedlichsten farblichen Schattierungen. Zwischen Erde und Himmel bleiben die Bilder jedoch leer. Eine leere Welt.

In die *zweite Sitzung* kommt Frau Z. alleine und spricht über ihre Einsamkeit. Sie hat kaum Kontakt zu Freunden und zur Herkunftsfamilie. Sie erzählt, dass der Kindsvater acht Monate vor Beginn der Beratung aus Deutschland ausgewiesen worden ist und seither wieder in Costa Rica lebt. Dorthin kann und will sie nicht ziehen, da sie nicht weiß, wovon sie in Costa Rica leben sollte. Die Beziehung zu diesem Mann ist nach wie vor äußerst ambivalent. Solange er mit ihr zusammenlebte, hat sie sich so manches Mal gewünscht, von ihm loszukommen. Sie fühlte sich jedoch emotional so abhängig, dass sie sich eine Trennung aus eigenem Antrieb heraus nicht vorstellen konnte. Seit sie mit Javier allein ist, vermisst sie ihn und kann sich doch nicht vorstellen, mit ihm in seinem Land zu leben.

Im weiteren Verlauf des Gesprächs wird deutlich, dass Frau Z. in einer wohlhabenden konservativen Hamburger Familie aufgewachsen ist. Als sie 14 Jahre alt war, verstarb ihr damals siebenjähriger Bruder nach einem tragischen Treppensturz im Elternhaus. Frau Z. leidet unter quälenden Schuldgefühlen, weil sie zu diesem Zeitpunkt mit ihm allein im Haus war und auf ihn aufpassen sollte. Ihre Mutter hat den Tod des Sohnes nie verarbeiten können.

Mit 19 Jahren, zeitgleich mit dem Abitur, verliebte sich Frau Z. in Javiers Vater, einen damals 40-jährigen lateinamerikanischen Salsalehrer, bei dem sie einen Tanzkurs besucht hatte. Sie wurde daraufhin vom eigenen Vater vor die Wahl gestellt, sich umgehend von diesem unpassenden Freund zu trennen oder aber die Familie zu verlassen. Sie entschied sich für den Freund und hat seither zum Vater keinen Kontakt mehr,

auch zur Mutter nur sehr selten. Sie zog mit dem Freund zusammen und absolvierte ihre Berufsausbildung. Ein Jahr später wurde Javier geboren.
Das Paar hatte viele Konflikte. Der Lebensgefährte betrog Frau Z. immer wieder, und es kam auch häufig zu lautstarken, auch körperlichen Auseinandersetzungen. Dennoch konnte Frau Z. sich nicht vorstellen, diesen Mann, den sie selbst als charmanten Macho bezeichnet, zu verlassen. Als Javier drei Jahre alt war, erkrankte Frau Z. schwer und musste zweieinhalb Monate lang stationär behandelt werden. In dieser Zeit konnte der Vater Javier nur unzureichend versorgen, so dass das Kind in einer Pflegestelle untergebracht werden musste. Javier hörte in dieser Zeit auf zu sprechen und begann, sich selbst Haare auszureißen.

Den Erzählungen der Mutter ist zu entnehmen, dass Javier bereits zwei dramatische Trennungen erlebt hat – einmal durch die Erkrankung der Mutter mit anschließender Unterbringung in eine Pflegestelle, das zweite Mal durch die Ausweisung des Vaters. Dass er während des ersten Gesprächs in Gegenwart der Mutter unsicher und orientierungslos geworden war, deutet auf seine Angst hin, dass die Mutter seine Lebendigkeit nur schwer ertragen könnte. Vermutlich schützt er sich auf diese Weise vor erneutem Verlassenwerden. Im Kindergarten hingegen scheint er dann so richtig zum Leben zu erwachen. Allerdings kann er hier seine Gefühle, aber auch seine intensiven Wünsche nach Zuwendung und seine Wut nur zum Ausdruck bringen, indem er die ihm und der Gruppe gesetzten Grenzen und Regeln bis auf das Äußerste ausreizt und nicht selten auch überschreitet. Dass er auf diese Weise auch über seine sehr belastenden Kindheitserfahrungen in der Familie »spricht«, indem er sie nämlich wiederholt, das ist für diejenigen, die mit ihm arbeiten, schwer zu verstehen. Seine Bilder zeigen eine leere Welt, eine Welt, in der die für das Kind wichtigsten Menschen, seine Eltern, nicht existieren. Dies kann man als Ausdruck des Verlusts interpretieren, aber auch als Schutzmechanismus: Menschen, die nicht existent sind, kann man nicht mehr verlieren, sie können keinen Schmerz mehr zufügen.

2. Belastende Kindheitserfahrungen und ihre Inszenierungen im pädagogischen Alltag

Wie wirken sich also belastende Kindheitserlebnisse auf die Beziehungsgestaltung im sozialen Umfeld aus?
Belastende Erfahrungen, insbesondere in der Kindheit, wirken keineswegs nur nach Innen, sie werden also nicht nur intrapsychisch, sondern auch interpersonal verarbeitet. Herausragend ist hierbei die Wiederholung, besser gesagt die Reinszenierung. Die Wieder-(Her-)Holung soll die aufgrund der Dissoziation und Amnesie unklare, diffuse Erinnerung komplettieren. Das, was geschehen ist, kann nicht wirklich erfasst, eingeordnet, bewertet und begriffen werden. Es fällt aus dem, was erwartungsgemäß im Lebensvollzug geschehen kann, sowie aus allen bisherigen Bedeutungszusammenhängen und Ordnungsbezügen heraus (vgl. Finger-Trescher 2001,

2012). Dieser ursprünglich von Freud als Wiederholungszwang beschriebene Mechanismus ist in der psychoanalytischen Literatur mehrfach aufgegriffen und untersucht worden (vgl. Freud 1914g; Ehlert, Lorke 1988) und erfährt neuerdings eine Entsprechung in der empirischen Psychotherapieforschung. So formuliert Krause aufgrund empirischer Studien über die mimische Mikroaffektivität zwischen Menschen die These, dass es Menschen mit psychischen Problemen immer wieder und unbemerkt gelingt, durchschnittlich empathische und durchschnittlich stabile, also weniger belastete Mitmenschen, in das eigene innere Problemfeld im Sinne einer unbewussten Anpassung an dieses hineinzuziehen (vgl. Krause 2003; Benecke, Krause, Dammann 2003). Die Tendenz zur Reinszenierung ist also keineswegs, wie früher angenommen, nur an Traumatisierungen gebunden. Vielmehr kann aus heutiger Sicht gesagt werden, dass Menschen grundsätzlich dazu neigen, vergangene unverarbeitete belastende Erfahrungen in gegenwärtigen Beziehungen unbewusst wieder in Szene zu setzen.

In der Reinszenierung des Geschehens mit anderen Bezugspersonen, die dem Kind – oder Erwachsenen – verlässlich genug erscheinen und also Hoffnung in ihm aufkeimen lassen, versucht es nun, das wirkliche Geschehen auf seine Art zu rekonstruieren und zu realisieren und auch in gewissem Sinne ungeschehen zu machen (vgl. Freud 1926d). Anderen gegenüber wird das Kindheitsdrama immer wieder inszeniert. Aufgrund der Unmöglichkeit, das belastende Ereignis zu verstehen, zu akzeptieren und zu integrieren, wird es wiederholt, so als ob jene belastenden Erfahrungen der Kindheit noch bevorstünden, als ob sie vermieden werden könnten oder als ob sie durch besonders positive Erfahrungen mit neuen Bezugspersonen gleichsam ungeschehen gemacht bzw. ersetzt werden könnten (vgl. Leber 1988), was natürlich nicht der Fall ist. Die jetzigen Bezugspersonen werden dabei zur Übernahme der Rolle der überfordernden und belastenden Eltern oder der überlasteten Person selbst »gedrängt« bzw. sie identifizieren sich mit diesen – unbewusst an sie delegierten – Rollen.

Um dies zu erreichen, werden Interaktions- und Kommunikationsverläufe so gestaltet, dass der andere (jetzt häufig professionelle Pädagoge) mit vielfältigen Mitteln tatsächlich in die Rolle des überbelasteten Kindes von damals gedrängt wird, während das Kind selbst die Rolle der überbelastenden Mutter oder des überbelastenden Vaters zu übernehmen scheint (vgl. Ogden 1979, 1982). Es handelt sich dabei um Übertragungs- und projektive Identifizierungen. Javier wurde beispielsweise anfangs im Kindergarten sehr positiv aufgenommen. Er hatte eine Erzieherin, die sich um ihn außerordentlich bemühte, und er mochte diese Erzieherin. Sie kannte Javiers Vorgeschichte und – fragmentarisch – auch die seiner Mutter, und sie sah einen Zusammenhang zwischen seinem Verhalten und den schweren Verlusten in der frühen Kindheit. Dieser vermutete Zusammenhang führte indes nicht zur Deeskalation. Vielmehr folgte daraus sehr früh schon die Schlussfolgerung, Javier brauche eigentlich eine Therapie. Das Problem bzw. die Problemlösung wurde also gewissermaßen verschoben: Wenn nämlich Javier eine Therapie braucht und folglich eine seelische Störung von Krankheitswert aufweist, dann haben die Schwierigkeiten in der Kindertagesstätte nur mit Javier selbst zu tun, und die Kindertagesstätte trifft keinerlei Mitwirken oder Verantwortung. Nach und nach also eskalierten die Konflikte mit Javier. Die Erzieherin versuchte, Javier zu einem weniger aggressiven Verhalten zu bewegen, sie führte viele

Gespräche mit der Mutter in der Hoffnung, hierdurch etwas verändern zu können. Aber alle Mühe schien vergeblich: Gerade dieses Kind, dem sie sich so engagiert gewidmet hatte, weist ihre Bemühungen zurück, löst in ihr Gefühle der Wut, der Ohnmacht und der Inkompetenz aus, Gefühle, die sehr schambesetzt sind und die man am liebsten loswerden möchte, denn für den »herkömmlichen Erzieher« bedeutet »jede Verweigerung des Kindes einen Einbruch in seinen narzisstischen Allmachtsglauben« (Bernfeld 1931; zit. nach Kloocke, Mühlleitner 2004, 47).

Unter dem Gesichtspunkt der »projektiven Identifizierung« müssen wir zu dem Schluss kommen, dass sich die Rollen nunmehr umgekehrt haben: Nicht mehr Javier ist das Opfer, ist das überbelastete Kind, sondern die Erzieherin erlebt sich wie ein überfordertes, hilfloses Kind. Javier dagegen erscheint immer mächtiger, immer aggressiver und unerreichbarer. Dies ist so schwer zu ertragen, dass Javier, der Auslöser dieser Gefühle, verschwinden soll oder wenigstens unter dem Label der seelischen Behinderung eindeutig als nicht normal erziehbar zu identifizieren ist.

Schließlich erlebt sich die Erzieherin in einem Zustand von Hilflosigkeit, Ohnmacht, Selbstzweifel, Angst, Wut und quälenden Inkompetenzgefühlen. In der Wiederholung wird ja der andere zum »Opfer«, soll der andere sich ohnmächtig, gedemütigt und hilflos fühlen, soll die Schmerzen und die Angst ertragen, die das überbelastete Kind oder der überbelastete Erwachsene selbst nicht bewältigen konnte. Der Andere (in Gestalt des Erziehers, Sozialpädagogen, Sozialarbeiters oder Lehrers) soll das Scheitern erleben, das dem eigenen Ich bei der erfolglosen Bewältigung und Verarbeitung der belastenden Erfahrung widerfahren ist.

Wie und wodurch aber können Pädagoginnen und Pädagogen eine Qualifikation erwerben, die es ihnen ermöglicht, derart schwierige pädagogische Situationen szenisch zu verstehen, zu reflektieren und professionell angemessen damit umzugehen?

Obwohl es bislang keine verbindlichen Standards gibt für die Qualifikation als Psychoanalytischer Pädagoge oder Pädagogin[1], gab es sowohl in Österreich als auch in Deutschland seit den 20er Jahren des 20. Jahrhunderts vielfältige Konzepte und Versuche, Psychoanalyse für Pädagogen, für die pädagogische Arbeit zugänglich und nutzbar zu machen. Diese wurden allerdings durch den Terror des Nationalsozialismus zunichte gemacht (vgl. Datler et al. 2002; Aichhorn 2004; Kloocke, Mühlberger 2004). Seit den 1980er Jahren sind neue Konzeptionen entstanden, und es haben sich Institutionen entwickelt, die systematisch in Psychoanalytischer Pädagogik qualifizieren. In Österreich ist dies z.B. die Arbeitsgemeinschaft Psychoanalytische Pädagogik (APP) mit Sitz in Wien, die Pädagoginnen und Pädagogen in psychoanalytisch-pädagogischer Erziehungsberatung qualifiziert (vgl. Figdor 2008)[2]. In Deutschland ist

---

1 Vgl. dazu den Artikel von Christian Büttner, Wilfried Datler und Urte Finger-Trescher in diesem Band.
2 Ergänzend dazu sei auf die psychoanalytisch-pädagogische Weiterbildung von Lehrerinnen und Lehrern verwiesen, die im Rahmen eines Master-Studiums an der Universität Wien angeboten wird (Datler, Geiger, Datler 2011), sowie auf den Masterlehrgang »Psychoanalytic Observational Studies« der Universität Klagenfurt, der am Standort Wien

wesentlich der Frankfurter Arbeitskreis für Psychoanalytische Pädagogik e.V. (FAPP) zu nennen, der Pädagoginnen und Pädagogen, aber auch Sozialarbeiterinnen und Sozialarbeiter in Psychoanalytischer Pädagogik für ihre jeweiligen Praxisfelder qualifiziert (vgl. Trescher 1995; Finger-Trescher, Krebs 2001; Krebs, Eggert-Schmid Noerr in diesem Band).

An dieser Stelle nun sind einige Überlegungen zur Notwendigkeit von Selbsterfahrung im Kontext psychoanalytisch-pädagogischer Qualifikation angebracht. Hervorheben möchte ich dabei die besondere Eignung der gruppenanalytischen Selbsterfahrung als substanzieller Bestandteil psychoanalytisch-pädagogischer Qualifikation, der auch im dreijährigen Weiterbildungslehrgang des FAPP fest verankert ist.

3. Gruppenanalytische Selbsterfahrung

Psychoanalytische Selbsterfahrung und speziell auch *gruppen*analytische Selbsterfahrung ist eine substanzielle Ergänzung zum theoretischen Wissen und zur kontinuierlichen Praxisreflexion für angehende Psychoanalytische Pädagoginnen und Pädagogen. Der Gruppenaspekt ist u.a. auch deshalb relevant, weil sich Pädagogik – und soziale Arbeit – vorwiegend in Gruppen vollzieht. Die Teilnehmerinnen und Teilnehmer von gruppenanalytischen Selbsterfahrungsgruppen haben die Möglichkeit, sich selbst mit ihren spezifischen Hemmungen und Konfliktneigungen umfassend in einer Gruppe zu erfahren und ihre Problemlagen zusammen mit anderen nicht nur neu zu inszenieren, sondern auch zu bearbeiten. Dabei ermöglicht erst das Durcharbeiten den Schritt von der Selbsterfahrung zur Einsicht in eigene konflikthafte, belastende und bislang unverstandene Beziehungsformen. Anders können Wiederholungszwänge, Übertragungs- und Abwehrreaktionen nicht bewusst erleb- und reflektierbar gemacht werden. Erst dann lernen die Teilnehmer, die beiden Kinder, mit denen sie es in der pädagogischen Praxis immer zu tun haben, das Kind (oder die Kinder) vor ihnen und das Kind in ihnen, zu unterscheiden (vgl. Bernfeld 1925).

Das ist eine Voraussetzung dafür, mit den zukünftigen Klienten angemessener umgehen zu können. Die Teilnahme an einer gruppenanalytischen Selbsterfahrung schult die Fähigkeit zur Introspektion und Empathie, zur teilnehmenden Beobachtung im psychoanalytischen Sinne und fördert damit die notwendige Differenzierung zwischen Selbst- und Fremdwahrnehmung. Neben der Sachbildung bietet die analytische Selbsterfahrungs-Gruppe also Affektbildung im Sinne der Selbsterkenntnis und der Sozialbildung, da Gruppe ja immer auch ein sozialer Verband, d.h. Öffentlichkeit ist (vgl. Trescher 1990).

Im Weiterbildungscurriculum des FAPP wurde bereits sehr früh (seit 1986) auf der Grundlage dieser Erkenntnisse die gruppenanalytische Selbsterfahrung als eine der drei Säulen – Theorie, Supervision, Selbsterfahrung – etabliert.

---

absolviert werden kann und insbesondere pädagogisch tätige Personen psychoanalytisch weiterqualifiziert (vgl. Diem-Wille, Steinhardt, Reiter 2006; Diem-Wille 2007).

Wie aber und wodurch wirken die Prozesse in der analytischen Selbsterfahrungsgruppe?

3.1 Wirkfaktoren von analytischen Gruppenprozessen

Zunächst unterscheide ich zwischen der horizontalen Ebene des Gruppengeschehens und der vertikalen Ebene. Die horizontale Ebene kennzeichnet die interpersonellen Prozesse der Gruppenmitglieder untereinander. Die vertikale Ebene kennzeichnet das Geschehen zwischen Gruppe und Gruppenanalytiker. Beide Ebenen im Blick zu behalten, ist ein vorrangiges Erfordernis bei der Arbeit mit geleiteten Gruppen.

Wirkfaktoren der analytischen Selbsterfahrungsgruppe stehen in unmittelbarem Zusammenhang mit der Gruppen-Realität, d.h. mit der multipersonalen Situation, die spezifische intrapsychische und interpersonelle Prozesse auslöst. Es entstehen regressive Prozesse, verbunden mit einer drohenden Auflösung von Ich-Grenzen, Identitätsverlust und Zerfallsängsten, die in der Initialphase besonders intensiven Charakter haben. In dieser Initialsituation dienen alle Formen der Kommunikation zunächst der Bewältigung der Gefühle von Unsicherheit, Irritation, Orientierungslosigkeit und Angst. Das Gruppensetting als solches ist für den Einzelnen zunächst eine unüberschaubare multipersonale Situation, deren Gesetzmäßigkeiten ihm unbekannt sind. Minimalstrukturierung, das Fehlen vorgegebener Themen und Strukturen, die neutrale Haltung und Abstinenz des Gruppenanalytikers sind ja bewusst eingesetzte technische Mittel, die eine Regression fördern sollen. In dieser initialen Situation dient die nonverbale und verbale Interaktion und Kommunikation der Gruppenteilnehmer untereinander zunächst der Bewältigung der entstandenen Gefühle von Unsicherheit, Irritation, Orientierungslosigkeit und Angst. Das, was als gemeinsame unbewusste Phantasie der ganzen Gruppe erscheint, setzt sich zusammen aus den unbewussten Phantasien der Einzelnen, die sich in einer gemeinsamen interaktionellen Situation befinden.

Das in Gruppen immer wieder beschriebene Phänomen der spontanen Regression, der »Affektsteigerung und Intelligenzhemmung« (Freud 1921c), der Einschränkung von Ich-Funktionen, der Verschmelzung und Ich-Diffusion wird nun auch verständlich als Reaktion jedes Einzelnen auf eine Situation, die in abgemilderter Form ähnliche Merkmale wie in einer traumatogenen Beziehungskonstellation aufweist:

1. *Ausnahmesituation*: Das gruppenanalytische Setting ist gekennzeichnet durch Minimalstrukturierung und Abstinenz des Gruppenanalytikers, es entspricht einer Art artifiziellen Laborsituation, die die einzelnen Teilnehmerinnen und Teilnehmer nicht verändern können. Solange sie teilnehmen, sind sie diesem Setting in gewissem Sinne ausgeliefert.
2. *Reizüberflutung und Affektsteigerung*: Der Einzelne ist gezwungen, in der multipersonalen Situation auf eine unüberschaubare Fülle von Signalen aus der Gruppe zu reagieren.
3. *Regression*: Gefühle von Hilflosigkeit, Abhängigkeit, Orientierungsverlust, Ohnmacht sowie die Angst vor drohender Auflösung der Ich-Grenzen und vor

Identitätsverlust sind regelmäßige regressive Reaktionen jedes Einzelnen auf diese Situation.

Ich habe diese Initialphase der analytischen Selbsterfahrungsgruppe als »milde Traumatisierung« gekennzeichnet (vgl. Finger-Trescher 1991). Durch den mittlerweile oft inflationären Gebrauch des Traumabegriffs könnte man dies heute vielleicht eher als »temporäre psychische Kollision« bezeichnen, in deren Folge vor allem regressive Prozesse zu beobachten sind.

Freud vergleicht die libidinöse Bindung des Einzelnen an den »Führer« der Masse mit dem Zustand der Hypnose: »Das Ich wird immer anspruchsloser, bescheidener, das Objekt immer großartiger, wertvoller; es gelangt schließlich in den Besitz der gesamten Selbstliebe des Ichs, so daß dessen Selbstaufopferung zur natürlichen Konsequenz wird. Das Objekt hat das Ich sozusagen aufgezehrt« (Freud 1921c, 124). In der analytischen Kleingruppe bezieht sich dieser Vorgang nicht nur auf den Leiter oder die Leiterin der Gruppe, den Gruppenanalytiker bzw. die Gruppenanalytikerin, sondern auch auf die Gruppe als Ganzes. Dieser Vorgang der quasi zwangsläufig eintretenden Durchlässigkeit der Ich-Grenzen, in dem das Ich immer schwächer, die Gruppe dagegen immer stärker und mächtiger empfunden wird, ist charakteristisch zumindest für die Initialphase der Gruppe.

Die professionell garantierte Zuverlässigkeit, Zugewandtheit und Freundlichkeit des Gruppenanalytikers wird im Erleben der Gruppenmitglieder minimiert oder aufgehoben dadurch, dass es eine vergleichbare Garantie auf horizontaler Ebene nicht gibt. Arbeitsvertrag und Arbeitsbündnis werden zunächst zwischen Individuum und Gruppenanalytiker geschlossen, erst später entwickelt sich ein gemeinsames Arbeitsbündnis der Gruppe. Sicherheit kann hier also nur durch das Herstellen von Beziehungen bzw. durch Erfahrung hergestellt werden. Auch durch sorgfältige diagnostische Vorgespräche ist nicht endgültig erkennbar, wie der Einzelne in einer dem bipersonalen Setting so unähnlichen Gruppensituation reagiert, wie massiv die ausgelösten Ängste und die Regression sein werden. Der Einzelne denkt und fühlt in der Gruppe oft völlig anders als außerhalb.

Darüber hinaus ist der Gruppenprozess als solcher ja wesentlich weniger voraussagbar und überschaubar als eine bipersonale Beziehung, bei der es um nur zwei Personen geht. In der Gruppe hat der Einzelne es mit ca. acht – oft auch mehr – realen (und ungezählten phantasierten) Personen zu tun, die sich ja nicht nur auf ihn, sondern auch wechselseitig aufeinander beziehen. Hierdurch potenziert sich der affektive Druck auf jeden Einzelnen, aber auch auf den Gruppenanalytiker enorm.

Im Gruppensetting erfährt der einzelne Teilnehmer, aber auch der Gruppenanalytiker, dass alles, was er tut oder nicht tut, gesehen wird und Konsequenzen hat und dass es ihm nicht gelingen wird, nicht zu kommunizieren. Ob er will oder nicht, er drückt sich zu jedem Zeitpunkt stets mit seiner ganzen Person aus. Dadurch »erscheint Kommunikation als unentrinnbare beziehungsgestaltende Notwendigkeit« (Haubl 1999, 28).

In der analytischen Gruppe werden die normalen Regeln der Alltagskommunikation außer Kraft gesetzt. Durch die Affektsteigerung und Regression kann dies bizarre und sogar bedrohliche Formen annehmen. Gruppenteilnehmer untereinander kommunizieren nicht-reflektiert, sie haben keinen professionellen Auftrag. Sie nehmen keine Rücksicht, und wenn sie es tun, wird ihnen dies möglicherweise von anderen in einer Weise gedeutet, die in bipersonalen Beziehungskontexten kaum vorstellbar ist. Die Regeln der Höflichkeit werden als kontraproduktiv entlarvt.

So kann beispielsweise Herr Meier, der gerade zum zweiten Mal eine Anstellung als Lehrer verloren hat und darüber äußerst wütend ist, ohne weiteres zu Frau Müller, eine durchaus erfolgreiche Hotelmanagerin, sagen, sie erinnere ihn an seine übergewichtige Mutter, die ungepflegt herumlief und nichts auf die Reihe bekommen hat und die ihm bis heute mit ihren Klagen auf die Nerven gehe. Und Frau Müller kann daraufhin offen in Tränen ausbrechen, während Herr Schulze, ein Theologe, zu Herrn Meier sagt, es sei ein Glück, dass das Schulamt so einen wie ihn nicht mehr auf die Kinder loslasse, worauf der Rest der Gruppe lacht oder Partei ergreift für einen der beiden Kontrahenten.

Szenarien wie diese spielen sich in »normalen« Alltagssituationen wohl kaum ab. Und wenn doch, dann mit heftigen Konsequenzen. Und doch können aus solchen Szenen wertvolle Einsichten und affektive Entwicklungen entstehen, vorausgesetzt, das alles bleibt innerhalb des Rahmens und Settings der analytischen Gruppe. Die Gruppe fungiert nämlich auch als eine Art Übergangsraum, der es ermöglicht, lebensgeschichtlich relevante Erfahrungen »spielerisch« in Szene zu setzen, ohne dass die Konsequenzen drohen, die in der Vergangenheit damit verbunden waren. Auf diese Weise wird eine »Umarbeitung« der eigenen Geschichte möglich und neue Entwürfe für die künftige Lebenspraxis können kreiert und erprobt werden (vgl. Winnicott 1974; Garland 1993; Brandes 2009).

Neben der »temporären psychischen Kollision« durch die Existenz der Gruppe wird gleichzeitig die Angst vor ihrer Auflösung mobilisiert. Der Einzelne befindet sich somit in einer paradoxen Situation. Besonders – aber nicht nur – in der Initialphase der Gruppe werden regelmäßig die hier explizierten Reaktionsweisen in milder Form beobachtet. Bion hat ein vergleichbares Phänomen als die »Grundeinstellung der Abhängigkeit« beschrieben (vgl. Bion 1971).

Die Wiederholung oder Wiederinszenierung infantiler, oft auch präödipaler Interaktionsszenen ist nun ebenfalls ein typisches Merkmal der auf horizontaler Ebene stattfindenden Gruppenprozesse. In der Gruppe werden innere Interaktionsmuster zu realen Interaktionen im Hier und Jetzt. Dabei spielen introjektive und projektive Identifizierungen eine besondere Rolle. Im aktuellen Prozess der analytischen Gruppe übernehmen verschiedene Gruppenteilnehmer partiell biographisch bedeutsame Rollen für den Einzelnen, so dass der »Als-ob-Charakter« der klassischen Übertragungsreaktion gänzlich verloren gehen kann, zumindest aber einen anderen Stellenwert hat als beispielsweise in der Einzelanalyse.

»Übertragung erweist sich infolgedessen nicht nur als pure Phantasie, sondern als eine Dramatisierung von realistischen Wahrnehmungen und folglich als Interaktionseffekt« (Haubl 1999, 28).

Solche »Rollenübernahmen« vollziehen sich durch »Senden« und »Empfangen« unbewusster Signale (Sandler 1976). Sogar in der Einzelanalyse ist feststellbar, »dass die Rollenbeziehung des Patienten ... zu jedem beliebigen Zeitpunkt aus einer Rolle, die er sich selbst zuweist, und einer komplementären Rolle, die er dem Analytiker zu diesem Zeitpunkt zuweist, besteht. Die Übertragung würde demnach einen Versuch des Patienten darstellen, von sich aus zwischen sich und dem Analytiker eine Interaktion, eine Wechselbeziehung durchzusetzen« (Sandler 1976, 300). In der Gruppe sind solche Wechselbeziehungen von vornherein gegeben, sie vollziehen sich spontan und zunächst unreflektiert. Die Reflexion und Bearbeitung dieses Prozesses kann zur Einsicht und Korrektur alter bzw. zur Internalisierung neuer Beziehungsmuster führen (Pines 1981, 1983). Dies gilt auch dann, wenn es sich nicht um präödipales Material handelt, wenn nicht Selbst-Anteile, sondern Objekt-Anteile auf andere Gruppenteilnehmer »übertragen« bzw. andere zu einer entsprechenden »Rollenübernahme« gedrängt werden. Auch hier gilt: Was nicht erinnert werden kann, wird wiederholt (Freud 1920g; Cortesâo 1974).

Das in der Wiederbelebung sich manifestierende unbewusste Material ist für die Gruppenanalyse zentral, denn die biographische Rekonstruktion, die an »Erinnerung« gekoppelt ist, spielt im gruppenanalytischen Prozess nur eine untergeordnete Rolle. Wie bei der projektiven Identifizierung, so ist jede Form der »Rollenübernahme« geknüpft an eine bei allen Interaktionsteilnehmern vorhandene Identifizierungsbereitschaft (vgl. Ohlmeier 1976).

Rollenübernahmen sind in der Regel passager und können abwechselnd von verschiedenen Teilnehmern übernommen werden. Die Identifizierungsbereitschaft als solche beruht einerseits auf dem Wunsch nach Aufrechterhaltung der Beziehungen und dem Bestand der Gruppe – die Gruppe ist ständig von Verlusten einzelner Teilnehmer und letztlich von Zerfall bedroht – und andererseits auf der Mobilisierung unbewussten Materials, das dem des »Übertragenden« konkordant oder komplementär entspricht. Man sollte hier also eher von wechselseitigen Übertragungsidentifizierungen sprechen als von Übertragung und Gegenübertragung. Der Begriff »Übertragungsidentifizierung« bezeichnet – wie auch der Begriff der projektiven Identifizierung – klarer den intrapsychischen und interaktionellen Vorgang der Übertragungsreaktionen in der Gruppe. Introjektive, projektive und Übertragungs-Identifizierungen charakterisieren den horizontalen Gruppenprozess. Identifizierungen sind strukturelle Ich-Veränderungen, Eigenschaften der Identifizierungsobjekte werden zu inneren Regulatoren. Tiefgreifende Veränderungen des Ich können durch diese Identifizierungen stattfinden. Das Ich entsteht als »Sediment« intersubjektiver Beziehungen. Die durch die multipersonale Situation ausgelöste Regression setzt die Fähigkeit des Ich zur Trieb- und Realitätskontrolle herab, wodurch große Affektbeträge freigesetzt werden.

Diese für den Gruppenprozess spezifische Affekthöhe ersetzt die in der klassischen Psychoanalyse wesentliche biographische Rekonstruktion, das Erinnern. Die Spiegelung der auf die Gruppe und den Gruppenanalytiker konzentrierten Gruppenphantasien treffen den Kern der wichtigsten unbewussten Phantasien, welche die Gruppe zunächst im Sinne eines therapeutischen Acting out zu bearbeiten sucht, sukzessive aber bewusst bearbeitet, wodurch für die einzelnen Gruppenmitglieder subjektive Veränderungen eigener Persönlichkeitsanteile und interpersonales soziales Lernen möglich werden.

3.2 Die gruppenanalytische Perspektive im pädagogischen Kontext

Die Prozesse in einer Kindergartengruppe – oder einer anderen pädagogischen Gruppe – sind zwar nicht identisch mit den Prozessen in einer analytischen Selbsterfahrungsgruppe insofern sowohl die Rahmenbedingungen als auch die Settings völlig verschieden sind. Auch Zielsetzung und Gruppenzusammensetzung sind selbstverständlich andere. Dennoch sind die oben beschriebenen Gruppenprozesse durchaus auch vergleichbar mit denen in anderen, in pädagogischen Gruppen. Auch in pädagogischen Gruppen ist das Zusammenspiel der Prozesse auf der horizontalen und der vertikalen Ebene zu beobachten. Und auch hier verlaufen hoch affektive und regressive Interaktionen und Inszenierungen, die auf den ersten Blick und ohne die Kenntnisse von – und (Selbst-)Erfahrungen mit – Gruppenprozessen unverständlich erscheinen können. Zwar ist eine Erzieherin keine Gruppenanalytikerin, aber sie ist eine Gruppenleiterin, an die sich besondere Erwartungen der Kinder und ebenso besondere Wünsche und Befürchtungen richten. Erzieherinnen im Kindergarten sind somit keineswegs »bloße« Bezugspersonen. Als Gruppenleiterinnen tragen sie Verantwortung für das, was in der Gruppe geschieht, und sie haben die ausschlaggebende Funktion in Hinblick auf gelingende oder auch misslingende Gruppenprozesse (vgl. Finger-Trescher 1990, 1993, 2001; Finger-Trescher, Trescher 1992).

Für das zuvor genannte Beispiel von Javier würde das bedeuten, das aggressive Verhalten im Kontext des Gruppengeschehens auf horizontaler und vertikaler Ebene zu reflektieren und nicht ausschließlich als individuelles Symptom einer seelischen Störung (die möglicherweise auch vorlag, die zu diagnostizieren jedoch nicht im Kompetenz- und Aufgabenbereich der Kindertagesstätte liegt). Die Erzieherinnen als Gruppenleiterinnen müssten somit nicht nur Javier in das Zentrum ihrer Aufmerksamkeit und Beobachtung stellen, sondern die ganze Gruppe einschließlich sich selbst. Zu hinterfragen wäre somit nicht nur: »Was tut Javier mit der Gruppe? – Er akzeptiert keine Grenzen, ärgert die Erzieherinnen, ist respektlos ...«, sondern in erster Linie: »Was tut die Gruppe, was tut die Gruppe mit Javier, was tun die Gruppenleiterinnen mit der Gruppe und mit Javier?« Oder anders formuliert: Was repräsentiert Javier, welchen Gruppenkonflikt oder welches Gruppenthema wird durch ihn und sein Verhalten deutlich sichtbar? Welche Mitteilung an die Gruppenleiterinnen enthält das Geschehen in der Gruppe auf vertikaler Ebene? Systemisch ausgedrückt könnte Javier auch als »Symptomträger« gesehen werden. Solche Fragestellungen könnten unter Umständen zu der Erkenntnis führen, dass Javier für Gruppe und Erzieherinnen eine bestimmte Rolle und Funktion übernehmen soll bzw. schon übernommen hat, beispielsweise die Rolle des »Sündenbocks«, die es ja in den meisten Gruppen immer wieder einmal zu besetzen gilt. Der Sündenbock entlastet bekanntermaßen die Gruppe ganz real, indem er die sanktionierende Aufmerksamkeit und Beobachtung der Erzieherinnen von der Gruppe weg auf sich lenkt. Und er entlastet auch die Erzieherinnen von möglichen Selbstzweifeln und Inkompetenzgefühlen, wenn er, wie Javier, das Label der Verhaltensauffälligkeit oder seelischen Behinderung an sich zieht.

Den Beobachtungen eines Studenten, der in dieser Einrichtung ein Praktikum absolvierte, waren folgende Informationen zu entnehmen: Javier hatte sich einer kleinen Untergruppe von ca. sechs Jungen angeschlossen. Diese Gruppe zeichnete sich dadurch aus, dass sie häufiger Regeln missachtete, den Erzieherinnen widersprach oder einfach Unfug trieb. Javier hatte in dieser Gruppe offenbar eine eher dominante Rolle inne, er hatte viele Ideen, mit denen er die anderen zu begeistern verstand, und sie führten gerne aus, was er vorschlug. Aber auch die Mädchen mochten Javier und suchten den Kontakt zu ihm. Natürlich gab es auch Streitereien zwischen den Kindern, dann pochte er gelegentlich auch mit Einsatz seiner Körperkräfte auf seinen Standpunkt. Allerdings gab es diesbezüglich in der Gruppe noch wesentlich aktivere Jungen. Javier hatte originelle Einfälle, die allerdings nicht selten im Alltag problematisch waren und von den Erzieherinnen nicht geduldet wurden. So habe er einmal mit anderen Kindern Verstecken gespielt. Dabei sei er unauffindbar gewesen, die Kinder haben lange nach ihm gesucht, und schließlich die Erzieherinnen zu Hilfe geholt. Diese suchten dann zunehmend besorgt das ganze Gebäude und das Freigelände nach Javier ab, ohne Erfolg. Nach mehr als einer Stunde sei Javier unter dem Jubel der Kinder, nicht aber der Erzieherinnen, wieder aufgetaucht: Er hatte während der ganzen Zeit hinter dem Sofa gekauert, auf dem während des Versteckspiels seine Lieblingserzieherin Annika mit einigen Kindern saß und aus einem Bilderbuch vorlas. Er konnte die vorgelesene Geschichte sogar wiederholen, da er sie ja mit angehört hatte. Seine Erzieherinnen waren allerdings außerordentlich verärgert, was ja verständlich ist. Sie fühlten sich von Javier zum Narren gehalten und konnten für sein Verhalten keinerlei Verständnis aufbringen, zu sehr waren sie von der Sorge erfüllt gewesen, er sei weggelaufen, es sei ihm womöglich etwas zugestoßen. Vor dem Hintergrund seiner Biographie wäre natürlich zu fragen, was es für Javier bedeutet hätte, wenn sie ihn nach intensiver Suche freudig hätten begrüßen und willkommen heißen können. Dass sie es aber nicht konnten, ist sicherlich kein Zufall, ebenso wenig wie die Tatsache, dass das verloren geglaubte Kind trotz intensiver Suche nicht gefunden wurde, obwohl es sich in größter Nähe zu seiner Erzieherin verborgen hatte.

Ein anderes Mal habe Javier vom großen Freigelände der Kindertagesstätte mit den anderen Jungen seiner Gruppe Sand, Erde und Kies aufgesammelt und diese Materialien getrennt voneinander in die Waschbecken der Jungentoilette gekippt. Sie wollten schauen, wie schnell oder langsam diese Materialien vom Wasser fortgespült würden. Leider verstopften bei diesem Experiment die Abflussrohre und der lange Weg vom Freigelände durch einen Flur und den Werkraum bis in die Jungentoilette wies beträchtliche Spuren von »Dreck« (Sand, Erde, Kies) auf. Die Erzieherinnen reagierten sehr erbost auf die angerichtete »Schweinerei«. Javier als der »Anführer« sollte dann auf dem so genannten »Strafstuhl« sitzen, bis er abgeholt würde. Das allerdings akzeptierte er nicht, was wiederum zu lautstarken Auseinadersetzungen führte. Schließlich wurde seine Mutter angerufen, weil sie ihn vorzeitig vom Kindergarten abholen sollte. Beim Verlassen der Einrichtung an der Hand seiner sichtlich genervten Mutter beschimpfte er seine Erzieherin mit den Worten: »Du bist die blödeste Annika von der ganzen Welt!« Dieser Satz fand bei anderen Kindern seiner Gruppe offenbar Anklang, da er in der Folgezeit immer wieder aufgegriffen wurde.

Das Bild, das der Praktikant in seinen Beobachtungen vermittelte, war nun ein etwas anderes als das, welches die Mutter durch die Erzieherinnen vermittelt bekam. Plötzlich sehen wir einen aufgeweckten Jungen, der sicherlich auch rebellisch und frech sein kann, der aber auch sehr kreativ, neugierig und phantasievoll ist und der es versteht, die Anerkennung der anderen Jungen und auch der Mädchen zu gewinnen. Andererseits gerät er durch seine »Anführerrolle« sehr schnell in die Position desjenigen, der stellvertretend für die anderen abgestraft wird. Für die anderen »Mitläufer« ist es natürlich leicht, sich hinter Javier zu verstecken, sie können seine Ideen, aber auch seinen Mut, sich über Regeln und Erwartungen der Erzieherinnen hinweg zu setzen, relativ gefahrlos bewundern und daran Anteil nehmen.

In jeder geleiteten Gruppe herrscht ein Thema bzw. eine unbewusste – manchmal auch bewusste – Dynamik auf der horizontalen Ebene vor, die man mit dem Begriff Geschwisterrivalität umschreiben kann, sei es im Kindergarten, in der Schule, in der Lehrstelle oder in Arbeitsteams: Immer ist die Frage virulent, wen der Gruppenleiter bzw. die Gruppenleiterin als Erzieherin, als Lehrer oder Vorgesetzte möglicherweise bevorzugt, wer mehr und wer weniger gemocht, beachtet und geschätzt wird, wer mehr darf und wer mehr als andere sanktioniert wird. Und (fast) jedes Mitglied einer solchen Gruppe wünscht sich für sich selbst »natürlich« die Position des bevorzugten Kindes, Schülers oder Mitarbeiters, also eine besondere Position auf der vertikalen Ebene. Dies und das damit verbundene hohe Kränkungspotential in Gruppen und einzelner Gruppenmitglieder muss in der Reflexion von Gruppenprozessen durch die Leitungskräfte grundsätzlich Beachtung finden und respektiert werden. Jeder, der an einer gruppenanalytischen Selbsterfahrung teilgenommen hat, weiß in der Regel, wie dominant diese Dynamik in der Gruppe sich entfalten kann. Dies könnte auch, den Beobachtungen des Praktikanten zufolge, in der beschriebenen Kindergartengruppe eine Rolle gespielt haben. Javier hat sich ja sehr wahrscheinlich nicht nur von den anderen Kindern, sondern gerade auch von den Erzieherinnen Anerkennung und Bewunderung für seine Ideen und seine Experimente erhofft. Und schließlich sind auch seine Fähigkeiten, eine Führungsrolle bei den Jungen einzunehmen und gar die Bewunderung der Mädchen zu erlangen, durchaus anerkennenswert und hätten allemal positive Beachtung und Bestätigung verdient. Dies war allerdings nicht der Fall, da Angepasstheit und Bravsein, wie in vielen pädagogischen Einrichtungen auch hier, zunächst unhinterfragt einen so hohen Stellenwert einnahm, dass das positive Potential an Eigenständigkeit und Kreativität dahinter kaum sichtbar war, sondern gleichsam verschwand.

3.3 Zur engen Verschränkung zwischen vertikaler und horizontaler Ebene

Alles, was in der Gruppe geschieht, wird aus gruppenanalytischer Perspektive sichtbar und erfahrbar als gemeinsames Produkt aller Beteiligten. Die Anteile der verschiedenen Gruppenmitglieder an der Interaktionsdynamik und -struktur, ob sie lachen oder weinen, aktiv oder passiv sind, schweigen oder sprechen, aggressiv oder freundlich sind, pünktlich oder verspätet erscheinen, werden im Gruppenprozess stets zur gleichen Zeit wirksam und konstituieren das, was im jeweiligen Moment in der Gruppe auf horizontaler und vertikaler Ebene geschieht.

- Auf *horizontaler* Ebene setzen sich die Teilnehmer – hier: die Kinder – miteinander in Beziehung, versuchen, ihre Beziehungen zueinander zu klären, Positionen abzustecken, über ihre Wünsche und Konflikte miteinander zu kommunizieren. Hier werden Kämpfe ausgetragen und Freundschaften geschlossen. Es handelt sich also um einen Prozess auf der Ebene der Peergroup.
- Auf *vertikaler* Ebene setzen sie sich mit ihrer Beziehung zum Gruppenleiter – hier: die Erzieherinnen – auseinander, kommunizieren in einem gemeinsamen Prozess ihre dem Leiter oder der Leiterin geltenden Phantasien, Wünsche und Konflikte.

Daher ist die Beachtung dieser zwei Ebenen eine unverzichtbare Bedingung für gelingende Gruppenarbeit.

Wenn ich von horizontaler und vertikaler Ebene des Gruppenprozesses spreche, meine ich damit nicht, dass die Prozesse der Gruppe linear verlaufen. Im Gegenteil: Diese Prozessebenen müssen als simultan wirksam verstanden werden und zwar auch im Hinblick auf die Erzieherin als ein Gruppenmitglied mit besonderer Funktion: Auf horizontaler Ebene ist die Erzieherin Teil des zirkulären Prozesses, des »Netzwerks«. Gleichzeitig aber erhält sie eine zusätzliche Bedeutung auf vertikaler Ebene. Sie ist also sowohl auf horizontaler als auch auf vertikaler Ebene repräsentiert.

- Auf *horizontaler Ebene* ist sie Teil des Interaktions- und Kommunikationsprozesses, ohne jedoch ihre besondere Funktion dabei aufzugeben; sie ist in der Lage, verschiedene Rollen – z.B. im Spiel – in der Gruppe zu übernehmen oder zurückzuweisen. Ihre Interventionen beziehen sich auf das interaktionelle Geschehen, an dem jeder, auch sie selbst, teilhat.
- Auf *vertikaler Ebene* indes erhält sie eine zusätzliche Bedeutung: Zwischen ihr und der Kindergruppe besteht von Anfang an eine besondere reale Beziehung und gleichzeitig ein Übertragungsverhältnis. Wünsche und Ängste, die sich auf sie beziehen, entsprechen zunächst den frühesten infantilen Erfahrungen zwischen Kind und Mutter. Sie wird als die Verantwortliche für Existenz und Erhalt der Gruppe im Zuge der spontan eintretenden Regression erlebt, sie wird zum Selbst-Objekt der Gruppe. Die intensivsten und am stärksten abgewehrten Beziehungswünsche gelten ihr als Stellvertreterin der primären Objekte.

Die Gruppen-Kinder sind gezwungen, sich miteinander in Beziehung zu setzen. Das einzelne Kind muss auf mehrere Personen gleichzeitig reagieren, es wird in einen Interaktionsprozess mit anderen involviert, dem es sich nicht entziehen kann. Vorausgesetzt, der institutionelle Rahmen und der Gruppenleitungsstil der Erzieherinnen lassen dies zu, versucht die Gruppe, in diesem Interaktionsprozess – auf horizontaler Ebene – ihre entstehenden Konflikte zu bearbeiten und ist dabei bis zu einem gewissen Grad auch erfolgreich. Jedoch lassen sich die auf die Erzieherin konzentrierten Wünsche und Ängste hier nicht vollständig auflösen, sie bedürfen einer besonderen pädagogischen Handhabung durch die Erzieherin.

Letztendlich ist es also für den Einzelnen ganz unmöglich, ausschließlich seine eigene individuelle Geschichte, seine ganz persönlichen Konflikte in der Kommunikation mit anderen rein individuell zu inszenieren. Immer handelt es sich um einen gemeinsamen Prozess, um das Zusammenspiel unterschiedlicher individueller Motive, Lebenserfahrungen, Gefühle, Ängste und Wünsche, um eine Umarbeitung und Neufassung vergangener individueller Interaktionsmuster, um einen von der gesamten Gruppe momentan sinnvoll erarbeiteten Kompromiss. In dem Bericht von Javiers Mutter war kaum ein Hinweis zu finden auf das, was sich in der Kindergartengruppe abgespielt hat. Die Tatsache, dass mit ihr viele Einzelgespräche geführt wurden, und die Empfehlung einer Integrationsmaßnahme legen jedoch den Schluss nahe, dass Javiers Erzieherinnen der individuell-biographischen Perspektive auf das, was sich in ihren Gruppen abspielt, den Vorzug gaben, was ja ein sehr häufiges, um nicht zu sagen ein durchgängiges Phänomen darstellt, weil die gruppenanalytische Perspektive in den einschlägigen Ausbildungsgängen offenbar keine Rolle spielt. Dies ist bedauerlich, denn das Spiel stellt die Hauptaktivität in Kindergruppen dar, und es gestaltet sich in vielfältigster Weise szenisch in der Gruppe als Übergangsraum. Hierauf beruht das wertvolle kommunikative und soziale Potential, welches für Bildung und Entwicklung der Kinder so wesentlich ist. Dieses Potential sollte in der pädagogischen Arbeit – insbesondere wenn es um konfliktive Situationen in der Gruppe geht – nicht einfach außer Acht gelassen, sondern im Gegenteil für das Verständnis der Szenen und für professionelles Handeln genutzt werden. Eine so veränderte und erweiterte Perspektive hätte in unserem Beispiel von Javier mit hoher Wahrscheinlichkeit zumindest den massiven affektiven Druck abgemildert und das destruktive Wechselspiel zwischen ärgerlichem Verhalten von Javier und aussondernden Sanktionen durch die Erzieherinnen unterbrochen, so dass ein Handlungsspielraum hätte entstehen können, der nicht nur Javier, sondern die ganze Gruppe einbezogen hätte.

4. Gruppenanalytische Selbsterfahrung als substanzieller Bestandteil psychoanalytisch-pädagogischer Kompetenz

Die analytische Selbsterfahrungsgruppe ermöglicht es den Teilnehmerinnen und Teilnehmern, konflikthafte, affektiv hoch besetzte und zunächst unbewusste Interaktionen im Netzwerk der Gruppe gleichsam »am eigenen Leib« zu erfahren, die eigenen

Anteile am Geschehen zu erkennen und auch im hic et nunc des Gruppenprozesses zu bearbeiten. Auf dieser Grundlage kann psychoanalytisch-pädagogische Kompetenz im Umgang mit Gruppen und im Umgang mit zunächst unverständlich erscheinenden Interaktionsverläufen im pädagogischen Alltag sich entfalten.

Hierzu gehört auch die Fähigkeit, eigene Verstrickungen, verbunden mit heftigen Affekten wie Wut, Angst, Ohnmachts- und Inkompetenzgefühlen sowie eigene Grenzen zu erkennen und auszuhalten, zu (er-)tragen im Sinne eines Containment (vgl. Bion 1962). Denn hierauf beruht in einer pädagogisch schwierigen, verstrickten Situation mit einem schwierigen Kind – wie z.b. bei Javier in seinem Kindergarten – die Antwort, die »Reprojection«, die das Kind braucht. Sie ist das, was das Kind selbst bisher nicht leisten konnte, und dient ihm als Modell, mit dem es sich identifizieren und das es strukturbildend verinnerlichen kann.

Ein pädagogisch angemessener Umgang kann in pädagogischen Praxisfeldern zumeist nur unter Einbezug des Gruppenprozesses entwickelt werden. Erst durch den Wechsel der Perspektive vom individuellen zum Gruppenkonflikt kann die Bedeutung der Situation im Gesamten erfasst und eine Integration des vom »auffälligen« Einzelnen repräsentierten Konflikts pädagogisch relevant gehandhabt werden. Gerade wenn wir, wie in allen pädagogischen Praxisfeldern, darauf angewiesen sind, mit der unmittelbaren Situation, mit den unmittelbaren Interaktionsverläufen, umzugehen, wenn uns darüber hinaus wesentliche biographische Daten über zurückliegende Ereignisse gar nicht zur Verfügung stehen, gerade dann sind wir in besonderem Maß darauf angewiesen, die verschlüsselten Mitteilungen aus den gruppenspezifischen Prozessen abzulesen und diese zum Verständnis, aber auch zur Förderung kommunikativer Konfliktlösungsstrategien im Hier und Jetzt zu nutzen. Mit anderen Worten: Im konsequenten Einbezug der Gruppe und ihrer spezifischen Dynamik eröffnen sich wesentliche Perspektiven der sozialen und pädagogischen Arbeit überhaupt. Auch insofern ist die gruppenanalytische Selbsterfahrung ein substanzieller Bestandteil psychoanalytisch-pädagogischer Kompetenz.

Literatur

Aichhorn, T. (2004): Bericht über die psychoanalytisch-pädagogische Ausbildung im Rahmen der Wiener Psychoanalytischen Vereinigung bis 1938. Mit Dokumenten. In: Luzifer-Amor, 17 (Heft 4), 7-34

Benecke, C., Krause, R., Dammann, G. (2003): Affektdynamiken bei Panikerkrankungen und Borderline-Persönlichkeitsstörungen. In: PTT-Persönlichkeitsstörungen 7 (Heft 4), 235-244

Bernfeld, S. (1925): Sisyphos oder die Grenzen der Erziehung. Suhrkamp: Frankfurt/M., 1973

Bernfeld, S. (1931): Protokoll 1 der Berliner Pädagogischen Arbeitsgemeinschaft. Zitiert nach Kloocke, R., Mühlleitner, E. (2004): Lehren oder lernen? Siegfried Bernfeld und die »Pädagogische Arbeitsgemeinschaft« am Berliner Psychoanalytischen Institut. In: Luzifer-Amor 17 (Heft 34), 35-58

Bion, W. (1962): Learning from Experience. Heinemann: London

Bion, W. (1971): Erfahrungen in Gruppen und andere Schriften. Klett: Stuttgart

Brandes, H. (2009): Die Kindergruppe als Übergangsraum. In: Psychosozial 32 (Heft 1), 49-60

Cortesâo, E. (1974): Transference Neurosis and the Group-Analytic Process. In: Group Analysis 7 (Heft 1), 1-11

Datler, W., Datler, M., Sengschmied, I., Wininger, M. (2002): Psychoanalytisch-pädagogische Konzepte der Aus- und Weiterbildung. Eine Literaturübersicht. In: Finger-Trescher, U., Krebs, H., Müller, B., Gstach, J. (Hrsg.): Professionalisierung in sozialen und pädagogischen Feldern. Jahrbuch für Psychoanalytische Pädagogik 13. Psychosozial-Verlag: Gießen, 141-171

Datler, W., Geiger, B., Datler, M. (2011): Grundzüge der psychagogischen Ausbildung in Wien – Das Lehrgangskonzept. In: heilpädagogik (Fachzeitschrift der Heilpädagogischen Gesellschaft Österreich) 54 (Heft 4), 2-6

Diem-Wille, G. (2007): Lernen durch Beobachten. Der Universitätslehrgang »Persönlichkeitsentwicklung und Lernen«. In: Heinzel, F., Garlichs, A., Pietsch, S. (Hrsg.): Lernbegleitung und Patenschaften. Reflexive Fallarbeit in der universitären Lehrerausbildung. Klinkhardt: Bad Heilbrunn, 208-225

Diem-Wille, G., Steinhardt, K., Reiter, H. (2006): Joys and sorrows of teaching infant observation at university level – implementing psychoanalytic observation in teachers' further education programmes. In: Infant Observation. The International Journal of Infant Observation and its Applications 9 (Heft 3), 233-248

Ehlert, M., Lorke, B. (1988): Zur Psychodynamik der traumatischen Reaktion. In: Psyche – Z psychoanal 42 (Heft 6), 502-532

Figdor, H. (2008): »Denn wir können die Kinder nach unserem Sinne nicht formen ...« (J.W. von Goethe). Festschrift zum 10jährigen Bestehen der Arbeitsgemeinschaft Psychoanalytische Pädagogik (APP). Empirie Verlag: Wien

Finger-Trescher, U. (1990): Wirkfaktoren der Gruppenanalyse. In: Gruppenpsychotherapie und Gruppendynamik 26, 307-328

Finger-Trescher, U. (1991): Wirkfaktoren der Einzel- und Gruppenanalyse. Frommann-Holzboog: Stuttgart

Finger-Trescher, U. (1993): Grundlagen der Arbeit mit Gruppen – Methodisches Arbeiten im Netzwerk der Gruppe. In: Muck, M., Trescher, H.-G. (Hrsg.): Grundlagen der Psychoanalytischen Pädagogik. Grünewald: Mainz, 205-237

Finger-Trescher, U. (2001): Grundlagen der Arbeit mit Gruppen – Methodisches Arbeiten im Netzwerk der Gruppe. In: Trescher, H.-G., Muck, M. (Hrsg.): Grundlagen der Psychoanalytischen Pädagogik. Psychosozial-Verlag: Gießen, 205-236

Finger-Trescher, U. (2012): Kinder – Gruppe – Leitung. Die horizontale und vertikale Ebene des Gruppenprozesses. In: TPS. Theorie und Praxis der Sozialpädagogik (Heft 2), 22-33

Finger-Trescher, U., Krebs, H. (2001): Pädagogische Qualifikation auf psychoanalytischer Grundlage. In: Sozial Extra. Zeitschrift für Soziale Arbeit 25 (Heft 9), 47-51

Finger-Trescher, U., Trescher, H.-G. (1992): Setting und Holding-Function. Über den Zusammenhang von äußerer Struktur und innerer Strukturbildung. In: Finger-Trescher, U., Trescher, H.-G. (Hrsg.): Aggression und Wachstum – Psychoanalytische Pädagogik mit aggressiven Kindern und Jugendlichen. Grünewald: Mainz, 90-116

Freud, S. (1914g): Erinnern, Wiederholen und Durcharbeiten. In: Freud, S.: Gesammelte Werke (GW). Bd. 10. Fischer: Frankfurt/M., 126-136

Freud, S. (1920g): Jenseits des Lustprinzips. In: Freud, S.: Gesammelte Werke (GW). Bd. 13. Fischer: Frankfurt/M., 1-69

Freud, S. (1921c): Massenpsychologie und Ich-Analyse. In: Freud, S.: Gesammelte Werke (GW). Bd. 13. Fischer: Frankfurt/M., 71-161

Freud, S. (1926d): Hemmung, Symptom und Angst. In: Freud, S.: Gesammelte Werke (GW). Bd. 14. Fischer: Frankfurt/M., 111-205

Garland, C. (1993): Über den Zustand des Spiels in der Gruppenanalyse. In: Arbeitshefte Gruppenanalyse 8 (Heft 1), 10-21

Haubl, R. (1999): Die Hermeneutik des Szenischen in der Einzel- und Gruppenanalyse. In: Gruppenpsychotherapie und Gruppendynamik 35, 17-73

Kloocke, R., Mühlleitner, E. (2004): Lehren oder lernen? Siegfried Bernfeld und die »Pädagogische Arbeitsgemeinschaft« am Berliner Psychoanalytischen Institut. In: Luzifer-Amor 17 (Heft 34), 35-58

Krause, R. (2003): Das Gegenwartsunbewusste als kleinster gemeinsamer Nenner aller Techniken – Integration und Differenzierung als Zukunft der Psychoanalyse. In: Psychotherapie 8 (Heft 2), 316-325

Leber, A. (1988): Zur Begründung eines fördernden Dialogs in der psychoanalytischen Heilpädagogik. In: Iben, G. (Hrsg.): Das Dialogische in der Heilpädagogik. Grünewald: Mainz, 41-61

Ogden, T. (1979): On Projective Identification. In: International Journal of Psychoanalysis 60, 357-373

Ogden, T. (1982): Projective Identification and Psychotherapeutic Technique. Jason Aronson: New York, London

Ohlmeier, D. (1976): Gruppeneigenschaften des psychischen Apparates. In: Psychologie des 20. Jahrhunderts: Tiefenpsychologie. Bd. 2. Kindler: Zürich, 1133-1144

Sandler, J. (1976): Gegenübertragung und Rollenübernahme. In: Psyche – Z psychoanal 30 (Heft 4), 297-305

Pines, M. (1981): The Frame of Reference of Group Psychotherapy. In: International Journal of Group Psychotherapy 31, 275-285

Pines, M. (1983): Psychoanalysis and Group Analysis. In: International Journal of Group Psychotherapy 33, 155-170

Trescher, H.-G. (1990): Gruppenanalyse in der Ausbildung zur sozialen Arbeit. In: Büttner, C., Finger-Trescher, U., Scherpner, M. (Hrsg.): Psychoanalyse und soziale Arbeit. Grünewald: Mainz, 97-109

Trescher, H.-G. (1995): Postgraduale Weiterbildung in Psychoanalytischer Pädagogik. Konzept und Erfahrungen mit einem dreijährigen Weiterbildungsgang. In: Trescher, H.-G., Büttner, C., Datler, W. (Hrsg.): Jahrbuch für Psychoanalytische Pädagogik 5. Grünewald: Mainz, 14-28

Winnicott, D.W. (1974): Vom Spiel zur Kreativität. Klett-Cotta: Stuttgart

»Reflection on action« im Dienst pädagogischer Professionalisierung
Psychoanalytisch-pädagogische Überlegungen zur Vermittlung sonderpädagogischer Kompetenzen an Hochschulen

Michael Wininger

Einleitung

Sind angehende Sonderpädagoginnen und Sonderpädagogen vor besondere Anforderungen gestellt, aus denen sich die Notwendigkeit der Entwicklung spezifisch sonderpädagogischer Kompetenzen ableiten lässt? Wenn ja, welche Konsequenzen erwachsen daraus für die Gestaltung von Lehr- und Lernprozessen im Hochschulbereich? [1]

Ausgehend von dieser doppelten Fragestellung wird im nachfolgenden *ersten Kapitel* des vorliegenden Beitrags der Gedanke entwickelt, dass differenziertes und sorgfältiges Nachdenken über Beziehungsprozesse einen zentralen Aspekt von Pädagogik schlechthin darstellt. Ein kurzer Seitenblick auf die rezente Professionalisierungsdebatte soll deutlich machen, dass dieser Anspruch aus sonderpädagogischer Perspektive mit besonderen Anforderungen und Schwierigkeiten verbunden ist. Insofern scheinen sonderpädagogische Kernkompetenzen kaum über die bloße Aneignung von theoretischem Wissen erwerb- und differenzierbar zu sein. Im Anschluss an Schöns (1983) Konzept der »reflection on action« wird im *zweiten Kapitel* die Position vertreten, dass das Lehrangebot an Hochschulen Reflexionsräume eröffnen muss, die es angehenden Sonderpädagoginnen und Sonderpädagogen ermöglichen, implizites Handlungswissen zu explizieren und mit bestehenden Wissens- und Theoriebeständen in Beziehung zu setzen.

Da es Bildungseinrichtungen vor diesem Hintergrund abverlangt ist, Studierenden wissenschaftsgestützte Zugänge zur Analyse, Reflexion und Gestaltung von pädagogischer Praxis zu eröffnen, wurde an der Universität Wien ein psychodynamisch orientiertes hochschuldidaktisches Modell ins Leben gerufen, in dem angehende Sonderpädagoginnen und Sonderpädagogen längerfristig pädagogische Verantwortung für so genannte verhaltensauffällige Kinder übernehmen konnten. In flankierenden Theorieseminaren und Gruppensupervisionen wurden bei den Studierenden verschiedene Lernprozesse angeregt, die sich wiederum förderlich auf die Beziehungen zu den

---

1 Wenn hier von »Hochschulen« gesprochen wird, so sind damit auch Universitäten gemeint.

betreuten Kindern auswirken sollten. Dieses Konzept wird im *dritten Kapitel* in seinen Grundzügen vorgestellt und hinsichtlich ausgewählter didaktischer Elemente diskutiert. Im Zuge dessen wird unter anderem auch eine Modifikation der Methode der »work discussion« umrissen, die besonders geeignet scheint, um Prozesse der »reflection on action« anzustoßen und zu begleiten. Das *vierte Kapitel* eröffnet anhand einer kurzen Fallvignette Einblicke in die pädagogische Arbeit innerhalb des vorgestellten Lehr-Lern-Konzepts.

Dies wird abschließend die Gelegenheit bieten, im *fünften Kapitel* einige Fragen unter dem Aspekt der sonderpädagogischen Professionalisierung aufzuwerfen.[2]

1. Sonderpädagogische Professionalität – eine Schimäre?

Seit einigen Jahren hat die Professionalisierungsdebatte auch im Bereich der Erziehungswissenschaft verstärkt Einzug gehalten. Unter anderem schlug sich dies in einer Vielzahl von Publikationen nieder, in denen sich Autorinnen und Autoren explizit mit Aspekten pädagogischer Professionalität befassen (vgl. z.B. Hornstein, Lüders 1989; Dewe, Ferchoff, Radtke 1992; Wagner 1998; Apel et al. 1999; Giesecke 1999; Schratz, Paseka, Schrittesser 2010). Demgemäß sind in den letzten Jahren zahlreiche Arbeiten erschienen, die sich z.B. aus schulpädagogischer, erwachsenenbildnerischer oder sozialpädagogischer Perspektive mit Fragen der Professionalität beschäftigen (siehe z.B. die Beiträge im Sammelband von Combe und Helsper 1996). Auch aus psychoanalytisch-pädagogischer Richtung wurden einige Beiträge zur Professionalisierung in verschiedenen pädagogischen Handlungsfeldern publiziert (vgl. z.B. Datler et al. 2002; Finger-Trescher et al. 2002; Dörr, Müller 2007)[3]. Bemerkenswerterweise sind aber Beiträge zur sonderpädagogischen Professionalisierung lange Zeit ausgeblieben. Noch zur Jahrtausendwende kam Lindmeier (2000, 166) nach einer Sichtung von einschlägigen Übersichtsartikeln und Sammelwerken zu der Einschätzung, dass sonderpädagogische Professionalität in der Fachliteratur weitgehend vernachlässigt werde. Erst in der jüngeren Vergangenheit scheinen sich diesbezüglich langsam Veränderungen abzuzeichnen.[4]

---

2 Der vorliegende Artikel greift in einzelnen Passagen auf Überlegungen und Textbausteine zurück, die ich bereits andernorts veröffentlicht habe. Dies betrifft vor allem jene Abschnitte, in denen das Lehr-Lern-Konzept des »Therapeutischen Begleiters« dargestellt wird (siehe Wininger 2006, 2007, 2008).
3 Besondere Aufmerksamkeit erfuhren in den letzten Jahren dabei vor allem der Bereich der Aus- und Weiterbildung von Lehrerinnen und Lehrern (z.B. Würker 2007; Hierdeis 2010; Hirblinger 2011a, 2011b; M. Datler 2012) und der Bereich der Elementarpädagogik (z.B. Gerspach 2006; M. Datler et al. 2011).
4 Beispielsweise haben Horster, Hoyningen-Süess und Liesen (2005) einen Sammelband veröffentlicht, der sich mit der Entwicklung der Sonderpädagogik als Disziplin und Profession beschäftigt. Ellger-Rüttgardt und Wachtel (2010) beleuchten die Professionalisierung im Bereich der Behindertenpädagogik aus historischer und international

Aber ist die Spezifität *sonderpädagogischer* Professionalität überhaupt legitimierbar? Bedarf es denn eines spezifischen sonderpädagogischen Diskurses über Professionalisierungsfragen? Schließlich verlangen Vertreterinnen und Vertreter der Integrationspädagogik doch seit Jahren unablässig eine inhaltliche Annäherung von Allgemeiner Pädagogik und Sonderpädagogik. Nicht zuletzt wird dabei häufig Moors (1974, 273) Satz ins Treffen geführt, dass »Heilpädagogik Pädagogik und nichts anderes« sei. Beispielsweise fordert Eberwein (1998, 50) die Sonderpädagogik auf, ihren »pädagogisch nicht begründbaren Anspruch auf Eigenständigkeit ... aufzugeben und sich für die Reintegration in die Allgemeine Erziehungswissenschaft zu öffnen«. Was kann also die Rede von der »sonderpädagogischen Professionalität« beinhalten? Reicht es im Gefolge von Moor und der Integrationspädagogik nicht aus, die Professionalisierungsdebatte weiterhin unter allgemeinen pädagogischen Gesichtspunkten zu forcieren?

Mit Lindmeier (2000) muss man einer solchen Lesart nachdrücklich widersprechen. Zwar ist die Professionalisierung heilpädagogischen Handelns »immer in erster Linie eine Professionalisierung pädagogischen Handelns«, dennoch droht ein verkürztes Verständnis der Moor'schen Programmatik den Blick auf die Spezifität sonderpädagogischer Professionalität zu verstellen (Wittrock 1982; zit. nach Lindmeier 2000, 168). Worin diese begründet liegt, wird vor dem Hintergrund der strukturtheoretischen Professionalisierungstheorie deutlich.

Professionskonzepte strukturtheoretischer Orientierung versuchen herauszuarbeiten, welche Handlungsprobleme von einer Profession typischerweise zu lösen sind und welche handlungslogischen Notwendigkeiten sich daraus ergeben (vgl. Oevermann 1996). Aus strukturtheoretischer Perspektive misst sich Professionalität demnach am Grad der Ausbildung spezifisch erforderlicher Reflexions-, Handlungs- und Problemlösungskompetenz. Insofern gilt es zu fragen, durch welche spezifischen Ansprüche sonderpädagogisches Nachdenken und Handeln charakterisiert ist.

Unter Berufung auf theoriegeschichtliche Hintergründe nimmt Lindmeier (2000) Bezug auf den heute vielfach kritisierten, aber dennoch in der Praxis weitgehend etablierten Abgrenzungsversuch, der zwischen der Allgemeinen Pädagogik als »Normalpädagogik« und der Heilpädagogik als »Spezial- bzw. Sonderpädagogik« unterscheidet. Folgt man dieser Auffassung, so beginnt der Zuständigkeitsbereich der Heilpädagogik dort, wo Kinder und Jugendliche in pädagogischen Normsituationen nicht mehr führbar oder bildbar sind (ebd.). Ziel eines solchen Ansatzes kann es nicht sein, die Adressaten sonderpädagogischer Bemühungen zu pathologisieren. Vielmehr ist der Fokus auf die pädagogischen Normbedingungen zu legen, die sich unter bestimmten Voraussetzungen als insuffizient erweisen. Nicht das Kind oder der Jugendliche fällt aus der pädagogischen Norm, sondern die »Normpädagogik« scheitert an individuell erhöhten Anforderungen und Erziehungsbedürfnissen. Folgt man diesem Verständnis von Sonderpädagogik, so liegt die spezifische sonderpädagogische

---

vergleichender Perspektive. Vor psychoanalytisch-pädagogischem Theoriehintergrund hat sich nicht zuletzt Gerspach (2009) mit Aspekten heilpädagogischer Professionalität beschäftigt.

Kompetenz in der Auseinandersetzung mit dem Aspekt des Misslingens und Scheiterns von Erziehung unter so genannten »Normbedingungen« (Lindmeier 2000, 171). Sonderpädagogische Kompetenz läge demnach insbesondere in der Erforschung und Etablierung von pädagogischen Bedingungen die individuell erhöhten Anspruchslagen gerecht werden (Biewer 2008). Ein solcher Ansatz soll und kann die Allgemeine Pädagogik aber nicht der Verantwortung entheben, den Aspekt des Scheiterns zu thematisieren und diesen zum Anlass und Ausgangspunkt zu nehmen, pädagogische Normvorstellungen zu reflektieren und gegebenenfalls zu überdenken. Dennoch wird das Vorhandensein einer eigenständigen Sonderpädagogik auch heute noch oft als Rechtfertigung herangezogen, um so genannte »Erziehungsschwierige« aus »normpädagogischen« Einrichtungen zu entfernen und quasi nach außen in den Zuständigkeitsbereich der Sonderpädagogik zu delegieren. Diese problematische Tendenz scheint gleichzeitig von der Sonderpädagogik gestützt, die ihr Tätigkeitsfeld durch die etablierte Aufgabenteilung gesichert sieht. Dabei gerät aus dem Blick, dass das potentielle Scheitern von Erziehung ein originär pädagogisches Problem darstellt, das in erziehungswissenschaftlichen Zusammenhängen immer mitgedacht werden muss. Im Austausch mit der Sonderpädagogik – als Expertin für den Aspekt des Misslingens von Erziehung unter Normalbedingung – liegt für die Allgemeine Pädagogik damit ein Potential, um den eigenen Professionalisierungsprozess voranzutreiben (Lindmeier 2000, 177; Wininger 2012, 73).

Unter dem Aspekt des Scheiterns von Erziehung stehen Sonderpädagoginnen und Sonderpädagogen vor hohen Anforderungen. Sie sind durchwegs mit Menschen konfrontiert, die sich in schwierigen Lebenssituationen befinden und infolgedessen »Gefahr laufen, in ihrer Persönlichkeitsentwicklung in gewichtiger Weise behindert zu werden« (Datler 2000, 71). Der zu erziehende Mensch und sein soziales Umfeld stehen im sonderpädagogischen Kontext zumeist unter erheblichem Leidensdruck. Insofern haben es Sonderpädagoginnen und Sonderpädagogen vielfach mit Beziehungsgeflechten zu tun, in denen sich Kinder, Jugendliche und Erwachsene, für die sie pädagogische Verantwortung tragen, in »besonders intensiver Weise mit beunruhigendbedrohlichen Gefühlen konfrontiert« fühlen, die sie – unter psychodynamischem Gesichtspunkt – abzuwehren versuchen (ebd.). In der Auseinandersetzung mit den psychischen Inhalten ihrer Klientel werden über weite Strecken auch auf Seiten der Sonderpädagoginnen und Sonderpädagogen heftige Gefühle und Gedanken geweckt, die wiederum der innerpsychischen Abwehr anheim zu fallen drohen. Um blindem Agieren möglichst entgegen wirken zu können, müssen angehende Sonderpädagoginnen und Sonderpädagogen daher besondere Kompetenzen im Verstehen von Beziehungsprozessen entwickeln. Dabei teile ich mit Datler (ebd., 59) die Auffassung, dass »das Verstehen von Beziehungsprozessen einen *der* zentralen Aspekte von Pädagogik schlechthin abgibt«. Aus sonderpädagogischer Perspektive ist ein vertieftes Verständnis von Beziehungsdynamiken jedoch mit besonderen Anforderungen und Möglichkeiten verbunden (Datler, Wininger 2010a). Im Hinblick auf die Professionalisierung sonderpädagogischen Handelns muss dem Verstehen von Beziehungsprozessen in der Lehre und Forschung damit besondere Aufmerksamkeit geschenkt werden.

2. »Reflection on action« als unverzichtbares Element hochschuldidaktischer Bemühungen

Erfahrungsgemäß können beziehungsreflexive Kompetenzen nicht über die bloße Aneignung von Theorie *über* Beziehung erworben werden. Abstraktes beziehungstheoretisches Wissen wird vielmehr oft erst dann fruchtbar, wenn es gelingt, erworbene Theorien mit konkreten – im günstigsten Fall eigenen – pädagogischen Erfahrungen zu verschränken. Unter dem Aspekt des Scheiterns oder drohenden Scheiterns von pädagogischen Beziehungen stehen angehende Heilpädagoginnen und Heilpädagogen diesbezüglich vor besonderen Herausforderungen. Diesen gilt es nicht zuletzt auch hochschuldidaktisch Rechnung zu tragen.

In diesem Zusammenhang scheint Schöns Publikation »The reflective Practitioner« (1983) interessant und anschlussfähig zu sein. Er geht von der Überlegung aus, dass »professionelle Praxisgestaltung vom reflexiven Umgang mit Wissen und (den damit in Verbindung stehenden) Handlungsvollzügen abhängig ist« (Steinhardt 2005, 65). Im Zentrum steht für den Autor die Frage, wie es einem Professionisten in einer nicht verallgemeinerbaren Problemsituation gelingen kann, spezifisches (Professions-) Wissen für konkretes Handeln nutzbar zu machen. Über die Untersuchung verschiedener Professionen kam er zu der Auffassung, dass Professionelle in alltäglichen bzw. »unproblematischen« Situationen auf Basis von *»tacit knowing in action«*, also unausgesprochenem Handlungswissen agieren. Gemeint ist damit eine Form von Wissen, die nicht explizit angeeignet oder sprachlich repräsentiert ist[5]. Erst in Situationen, die subjektiv als schwierig eingeschätzt werden, beginnen Professionisten verschiedene Handlungsstrategien bewusst gegeneinander abzuwägen. Sie werden in diesem Sinne »zum Forscher im Rahmen ihres Handelns. ... Das Nachdenken wird nicht vom Handeln getrennt, sondern es ergibt sich ein interagierender Prozess, bei dem Reflektieren und Handeln ineinander fließen« (ebd., 66). Schön nennt diese Reflexionsebene *»reflection in action«*. Gelingt es dem Professionisten nicht mehr, ein anstehendes Problem durch Reflexion in der Handlung zu lösen, ist es ihm möglich, »aus dem Handlungsprozess auszusteigen und über sein Handeln nachzudenken« (Steinhardt 2005, 67). Durch die Unterbrechung des Handlungsflusses entsteht ein Stück weit Distanz, die es ermöglicht, das jeweils zugrunde liegende Handlungswissen zu explizieren bzw. bewusst zu machen. Diese Reflexionsebene der *»reflection on action«* zielt damit primär auf die Reflexion von misslungenen Lösungsstrategien und dient

---

[5] Meines Wissens ist in der Fachliteratur bislang noch nicht diskutiert worden, wie sich Schöns Begriff des »tacit knowing« (dt. »impliziten Wissens«) zum psychoanalytischen Konzept des Unbewussten verhält. Im Sinne Schöns dürfte implizitem Wissen deskriptiv unbewusste Qualität zukommen, während dynamisch unbewusste Aspekte – etwa Abwehr und Widerstand in Situationen des Wissenserwerbs und der Wissensanwendung – in seinem Ansatz weitestgehend unberücksichtigt geblieben sein dürften. Zu diskutieren wäre, ob auch Annahmen, Einschätzungen oder Überzeugungen, die dem dynamischen Unbewussten zuzurechnen sind, im Sinne Schöns der Kategorie »tacit knowing« zugeordnet werden können.

der Erweiterung und Adaption dysfunktionalen Handlungswissens. Die Fähigkeit des Aussteigens aus dem Handlungsfluss und die damit verbundene Distanzierung ist eine Fähigkeit, die angehende Professionisten erst erwerben müssen und die es durch strukturelle Bedingungen zu unterstützen gilt (z.B. durch Supervision).

Begreift man Professionalisierung in Anlehnung an Schön damit als Prozess der Ausbildung der Fähigkeit, über eigenes Handeln und das ihm zugrunde liegende Handlungswissen reflektieren zu können, so erwachsen daraus in mehrfacher Weise Konsequenzen für die Konzeptualisierung von hochschulischen Lehr- und Lernprozessen.

Allem voran scheinen Lehrveranstaltungsmodelle notwendig zu sein, die der wechselseitigen Verwiesenheit von Theorie und Praxis gerecht werden. Studentinnen und Studenten müssen demnach erfahrungsgestützt in theoretische Zusammenhänge eingeführt und in der theoretischen Durchdringung (eigener) pädagogischer Praxis angeleitet werden (vgl. Datler, Garnitschnig, Schmidl 1987). Hierfür scheint es nicht zuletzt auch notwendig, dass Universitäten und Hochschulen ihren Studierenden wissenschaftsgestützte Zugänge zur Erfassung, Analyse und Reflexion pädagogischer Praxis eröffnen.

Vor diesem Hintergrund sind in den letzten Jahren im Bereich der deutschsprachigen Erziehungswissenschaft einige Projekte[6] entstanden, die Studierenden in begleiteter Weise solche Zugänge zu pädagogischem Handeln ermöglichen. Auch am Institut für Bildungswissenschaft der Universität Wien ist auf Initiative von Helga Schaukal-Kappus im Herbst 2002 ein derartiges Lehr-Lern-Konzept ins Leben gerufen worden. Dieses hochschuldidaktische Modell hat sich in vielerlei Hinsicht bewährt und hat bis 2010 insgesamt drei Durchläufe erfahren. Ich möchte dies im folgenden Kapitel zum Anlass nehmen, um das Projekt in seinen Grundzügen vorzustellen. Im Anschluss daran wird ein Stück weit der Frage nachgegangen, inwiefern das Dargestellte Anstoß geben kann, um Konzepte sonderpädagogischen Handelns zu differenzieren, und welche Beiträge für Prozesse der sonderpädagogischen Professionalisierung daraus erwachsen könnten.

---

6 Im Fachbereich Grundschulpädagogik der Universität Kassel fand im Mai 2004 unter dem Titel »Lernbegleitung und Patenschaften« eine zweitägige Konferenz statt, bei der neben dem gegenständlichen Projekt 11 weitere einschlägige Initiativen vorgestellt wurden (Heinzel, Garlichs, Pietsch 2007).

3. Das Lehr-Lern-Projekt »Therapeutischer Begleiter«

3.1 Ausgangslage und Kooperationspartner

Das hochschuldidaktische Konzept »Therapeutischer Begleiter« ist als Kooperationsprojekt zwischen den Wiener Instituten für Erziehungshilfe[7] (Child Guidance Clinicen) und dem Arbeitsbereich Psychoanalytische Pädagogik des Instituts für Bildungswissenschaft der Universität Wien entstanden und lief von 2002 bis 2010 (Child Guidance Clinic 2003, 20; 2010, 11).

Die Institute für Erziehungshilfe bilden seit Jahrzehnten einen wichtigen Bestandteil des psychosozialen Versorgungsnetzwerks der Stadt Wien. An fünf Standorten bieten sie tiefpsychologisch orientierte Psychotherapie, psychologische Diagnostik und psychosoziale Beratung für Kinder und Jugendliche an. Deren Eltern bzw. Erziehungsberechtigte werden darüber hinaus in regelmäßigen Kontakten beraten und betreut. Die Mitarbeiterinnen und Mitarbeiter der Institute sind psychotherapeutisch ausgebildet und kommen aus unterschiedlichen Quellenberufen (Sozialarbeit, Psychologie und Medizin). In ihrer Tätigkeit sind sie immer wieder mit einem spezifischen Problem konfrontiert, das durch die Kooperation mit der Universität ein Stück weit entschärft werden sollte.

So sind aus Sicht der Institute für Erziehungshilfe die Möglichkeiten sonderpädagogischer Beschulung und psychotherapeutischer Behandlung oftmals zu gering, um die zentralen Entwicklungsinteressen von Kindern und Jugendlichen aus problematischen Familien ausreichend abzudecken. Erfahrungsgemäß sind diese Kinder und Jugendlichen außerhalb der Unterrichts- und Therapiezeiten weitgehend auf sich alleine gestellt. Insbesondere mangelt es ihnen an Erwachsenen, die sie in der Auseinandersetzung mit Alltagsanforderungen ich-stärkend und moderierend begleiten. Gerade für diese Kinder wäre ein kontinuierliches psychotherapeutisches Angebot von großer Wichtigkeit. Umso problematischer ist es aber, dass just ihre Therapieplätze nach der Zusage seitens der Institute für Erziehungshilfe zuweilen ungenutzt bleiben, weil die Eltern oder Erziehungsberechtigten infolge eigener Auffälligkeiten oder begrenzter Ressourcen oft außer Stande sind, sie verlässlich zu den vereinbarten Terminen zu bringen. Für die Institute für Erziehungshilfe besteht infolgedessen Bedarf an engagierten Personen, die diese Kinder im Alltag solange fördern, bis sie selbst in der Lage sind, tragfähige Arbeitsbündnisse einzugehen.

Da das Institut für Bildungswissenschaft der Universität Wien aus den eingangs erwähnten Gründen darum bemüht ist, seinen Studierenden wissenschaftsgestützte Zugänge zu pädagogischer Praxis zu ermöglichen, schien eine diesbezügliche Zusammenarbeit sinnvoll. Als interessierte Ansprechpartner erwiesen sich vor allem die

---

7 Zu Projektbeginn unter der ärztlichen Leitung von Dr. Elisabeth Brainin. Ihre Nachfolgerin, Dr. Barbara Burian-Langegger, hat ihr Engagement seit 2002 weitergeführt und entscheidend zur Etablierung und Weiterentwicklung des Projekts beigetragen. Dr. Brainin und Dr. Burian-Langegger sei an dieser Stelle herzlich gedankt.

Mitarbeiterinnen und Mitarbeiter des Arbeitsbereichs Psychoanalytische Pädagogik, die zum Teil jahrelange Arbeitskontakte zu den Instituten für Erziehungshilfe pflegen. Sie stehen regelmäßig vor der Aufgabe, Studierende in psychoanalytisch-pädagogische bzw. sonderpädagogische Konzepte einzuführen und sie im differenzierten Verstehen von Beziehungsprozessen anzuleiten. Da dies erfahrungsgestütztes Vorgehen voraussetzt (vgl. Datler 1991; Trescher 1990a), lag es nahe, ein Lehr-Lern-Konzept zu entwickeln, in dem Studierende in begleiteter Weise Erfahrungen mit entwicklungsbedrohten Kindern sammeln und theoriegeleitet reflektieren konnten.

3.2 Ziele und Intentionen

Die Zielsetzungen des Lehr-Lern-Konzepts »Therapeutischer Begleiter« sind von dem Leitgedanken getragen, sowohl für sozial benachteiligte Kinder als auch für Studierende ein Lernumfeld zu schaffen, in dem beide Seiten durch wechselseitige Erfahrungen profitieren können. Bezogen auf die zu betreuenden Kinder und die ihnen zugeteilten Studierenden lassen sich die festgelegten Ziele wie folgt zusammenfassen: Das Lehr-Lern-Konzept soll den *betreuten Kindern* die Möglichkeit bieten,

- über die Beziehung zu engagierten Erwachsenen Interesse und
- Wertschätzung zu erleben;
- durch langfristige Betreuung Verlässlichkeit und Stabilität zu erfahren;
- Begleitung in der Auseinandersetzung mit Alltagsproblemen zu finden;
- mittels stützender Zuwendung ermutigt und
- zur selbständigen Entscheidungsfindung angeregt zu werden;
- und nicht zuletzt in unbeschwerten Stunden mit positiv besetzten Bezugspersonen Kraft und Zuversicht für künftige Entwicklungsaufgaben zu gewinnen.

Gleichzeitig soll das Lehr-Lern-Konzept den *Studierenden* die Gelegenheit eröffnen,

- ein vertieftes Verständnis für (sonder-)pädagogische Beziehungsprozesse zu entwickeln;
- die Fähigkeit zur kindzentrierten Beobachtung zu entfalten und für kindliches Erleben, Denken und Wahrnehmen sensibilisiert zu werden;
- Methoden der wissenschaftlichen Praxisdokumentation zu erproben;
- zu lernen, eigene pädagogische Praxis zu reflektieren und durch theoretische Durchdringung transparent zu machen;
- in konkreten pädagogischen Situationen die Fähigkeit zur adäquaten Regulierung des Nähe-Distanzverhältnisses zu entwickeln;
- längerfristige Verantwortung für pädagogische Prozesse zu übernehmen;
- Aspekte interdisziplinärer Kommunikation und Zusammenarbeit kennenzulernen;
- und Heranwachsenden als professionell Tätige zu begegnen, ohne in ihrem pädagogischen Handeln von Hochschulangehörigen dafür benotet zu werden.

Ausgehend von diesen Zielsetzungen verfolgt das Lehr-Lern-Projekt einen doppelten Anspruch: Zum einen sollen Studierende über die Reflexion (eigener) pädagogischer Praxis Beziehungen differenzierter verstehen lernen. Zum anderen sollen sozial benachteiligte Kinder kostenlos fachkompetente Entwicklungsförderung erhalten. Das Projekt war damit bewusst am Schnittpunkt von Wissenschaft, Hochschuldidaktik und sozialem Engagement angesiedelt. Welche Rahmenstruktur dem Lehr-Lern-Konzept zur Umsetzung dieses anspruchsvollen Vorhabens gegeben wurde, soll das nächste Unterkapitel deutlich machen.

3.3 Die Projektstruktur – Anforderungen an die Studierenden

Pro Projektdurchlauf wurden am Institut für Bildungswissenschaft der Universität Wien zehn Praktikumsplätze für Studierende mit sonderpädagogischem bzw. psychoanalytisch-pädagogischem Studienschwerpunkt ausgeschrieben. Die künftigen Projektteilnehmerinnen und Projektteilnehmer mussten sich dazu verpflichten,

- mindestens zwei Jahre lang
- ein Mal pro Woche mit einem so genannten »verhaltensauffälligen« Kind
- in Form einer mehrstündigen Einzelbetreuung zu arbeiten,
- diese Arbeit in kontinuierlicher Weise zu dokumentieren
- und die dabei gemachten Erfahrungen in begleitende universitäre Theorieseminare und Arbeitsgruppen einzubringen.

Bereits in den Projektvorlaufphasen wurde für die teilnehmenden Studentinnen und Studenten darüber hinaus eine vierzehntägig stattfindende, verpflichtende Supervision an den Instituten für Erziehungshilfe etabliert. Diese bot zunächst Raum, um Ängste und Erwartungen in Bezug auf die bevorstehende Aufgabe zu thematisieren. Später stellte sie den Rahmen dar, um in schützender Atmosphäre konkrete Situationen und Problemstellungen aus der Betreuungsarbeit zu reflektieren.

Neben den obligatorischen Theorieseminaren an der Universität bestand für die am Projekt teilnehmenden Studierenden darüber hinaus die Möglichkeit, einmal im Monat an den wöchentlichen Fallkonferenzen der Institute für Erziehungshilfe teilzunehmen. Diese eröffneten Einblicke in professionelles Fallmanagement und sollten das psychodynamische Verständnis von Entwicklungs- und Beziehungsprozessen vertiefen. Ferner stand es den Studierenden frei, mehrmals im Semester eigenes Fallmaterial in universitäre Diskussionsgruppen einzubringen. Darüber hinaus war es seitens der Projektleitung erwünscht, dass die Projektteilnehmerinnen und -teilnehmer – nach Zustimmung der Erziehungsberechtigten – Kontakt zum erweiterten HelferInnensystem der betreuten Kinder aufnehmen. Fakultative Gespräche mit Heilpädagogen, Psychotherapeutinnen, Sozialarbeitern, Psychiaterinnen oder Lehrern sollten den Studierenden einen multiperspektivischen Zugang ermöglichen und die Bedeutung interdisziplinärer Zusammenarbeit verdeutlichen.

Trotz der mit diesem Modell verbundenen hohen zeitlichen und persönlichen Anforderungen fanden sich immer rasch Studierende, die bereit waren, sich längerfristig im Projekt zu engagieren. Welche inhaltliche Aufgabe sie in ihrer Rolle als »Therapeutischer Begleiter« zu erfüllen hatten, wird im folgenden Kapitel umrissen.

3.4 Der Projektansatz – inhaltliche Aufgabenstellung und Orientierung

Das Konzept des »Therapeutischen Begleiters« hat konzeptuell und inhaltlich historische Anknüpfungspunkte. In mancherlei Hinsicht schließt es etwa an die »Projektseminare« an, die in den 70er und 80er Jahren des vorigen Jahrhunderts am Institut für Sonderpädagogik der Universität Frankfurt eingerichtet wurden (Leber 1975, 1977; Trescher 1978; Leber, Trescher 1987)[8].

Auch Anni Bergmann, eine amerikanische Psychoanalytikerin, hat in den 1980er Jahren einen ähnlichen Ansatz in ein Doktorandenprogramm für Psychologiestudierende integriert (Bergmann 2001). Die Besonderheit des gegenständlichen Projekts liegt jedoch im spezifischen Auftrag, den die Studierenden erhalten haben.

Ausgestattet mit psychodynamischen Entwicklungstheorien sollten sie für die ihnen zugeteilten Kinder als unaufdringliche Begleiter fungieren und sie in der Auseinandersetzung mit inneren und äußeren Realitäten unterstützen. Dazu hatten sie einen verlässlichen Beziehungsrahmen zu etablieren. Als »Therapeutische Begleiter« sollten sie sich als parteiische, beschützende und moderierende Beziehungspartner für ihre Kinder verstehen. Ihnen war abverlangt, sich selbst zurückzunehmen und »in die Funktion des Kindes zu stellen«. Der Beziehungsprozess zwischen Begleiter und Kind sollte sich daher primär an den Entwicklungsinteressen des Kindes orientieren.

Dies setzt größtmögliche Freiheit in der Gestaltung der Beziehung zwischen Kind und therapeutischem Begleiter voraus. Folglich erhielten die Studierenden von der Projektleitung und den Instituten für Erziehungshilfe keine konkreten Förder- oder Handlungsaufträge. Vielmehr waren sie aufgerufen, sich für ihre Kinder und deren Bedürfnisse und Besonderheiten zu interessieren und sensibilisieren. Sie hatten einen stabilen und sicheren Beziehungsrahmen zu etablieren, innerhalb dessen die Kinder Gestaltungsfreiheit und Raum für neue Erfahrungen finden. Die therapeutischen Begleiter sollten sich als jemand begreifen, *der primär verstehen und nicht unmittelbar verändern möchte.*

Welche Aspekte eine solche Haltung beinhaltet, bringt Bundschuh (2000, 13ff.) treffend zum Ausdruck, indem er formuliert: »Einen Menschen verstehen heißt, seinen bisherigen Weg gedanklich und empathisch nachvollziehen und ihn in seinem So-Sein annehmen – ihn also in seinem Werden und in den Bedingungen des Werdens verstehen. Dabei geht es auch um eine Einstellung, die das Verhalten des Anderen und sein So-Sein achtet und akzeptiert, die unter Beachtung seiner Subjektivität versucht, ihn immer vertiefter zu verstehen« (ebd.).

---

8 Vgl. dazu auch den Beitrag von Manfred Gerspach sowie die beiden Beiträge von Urte Finger-Trescher in diesem Band.

3.5 Universitäre Begleitung und wissenschaftliche Bearbeitung

Die unmittelbare Arbeit mit den Projektkindern warf vielfältige Fragen und Problemstellungen auf, die in flankierenden universitären Veranstaltungen aufgegriffen und weiter verfolgt wurden. Die theoretische Begleitung und wissenschaftliche Bearbeitung fand diesbezüglich in zwei Veranstaltungen statt:

(a) Das projektbegleitende Seminar
Angeboten wurde das zweisemestrige projektbegleitende Seminar von Helga Schaukal-Kappus, der Initiatorin des Projekts. Für die Therapeutischen Begleiter und Begleiterinnen war die aktive und regelmäßige Teilnahme an dieser Lehrveranstaltung verpflichtend. Für 20 weitere (projektbeobachtende) Studierende standen darüber hinaus Seminarplätze offen.

Ausgehend von Berichten und Fallvignetten der Therapeutischen Begleiter wurden im Seminar Rückbindungen an theoretische Konzepte hergestellt. Dieses Vorgehen diente dabei einem dreifachen Zweck: Es sollte (1.) Basiswissen vermitteln, das in der konkreten pädagogischen Arbeit Orientierung und Sicherheit bietet, und (2.) deutlich machen, welchen Beitrag theoretische Konzepte zu einem differenzierten Verständnis kindlichen Denkens, Erlebens und Entwickelns leisten können. Ferner sollten anhand von realen pädagogischen Situationen (3.) die Perspektiven, Stärken und Schwächen einzelner Theorien aufgezeigt und nachvollziehbar gemacht werden.

Es wäre lohnend, im Einzelnen nachzuzeichnen, in welcher Weise sich dieser Prozess gestaltete. Ich muss mich an dieser Stelle aber darauf beschränken, exemplarisch einige Theorien und Konzepte anzuführen, denen im Seminar besondere Beachtung geschenkt wurde: Besonderes Augenmerk lag etwa auf verschiedenen entwicklungstheoretischen Ansätzen. Neben den Konzepten von Piaget, Freud, Mahler, Erikson, Spitz, Klein und Winnicott wurden dabei insbesondere die Ergebnisse der jüngeren Säuglings- und Bindungsforschung diskutiert (Arbeiten von Stern, Fonagy, Target, Dornes etc.). Bezüglich der Entwicklung von Sprache und Kommunikation wurde beispielsweise auf die Arbeiten von Mechthild Papousek Bezug genommen. Überdies wurden Alfred Lorenzers Konzept des »Szenischen Verstehens« (Lorenzer 1970; Trescher 1990b, 139f.) und Fritz Redls »Life-Space-Interview« (Redl, Wineman 1976) vorgestellt. Ergänzend zu den vorwiegend tiefenpsychologisch orientierten Ansätzen wurden ferner Aspekte der System- und Kommunikationstheorie erarbeitet.

Die angeführten Konzepte stehen z.T. in Bezug zu komplexen Theoriegebäuden und konnten im Seminar daher natürlich nicht erschöpfend behandelt werden. Manche wurden bloß in ihren Grundzügen vorgestellt und sollten den Studierenden Anregung für eigenständige Vertiefung bieten. Metaphorisch gesprochen sollten im Seminar »theoretische Pflöcke« eingeschlagen werden, zwischen denen sich der Verstehenshorizont langsam aufspannen und differenzieren konnte. Dabei wurden theoretische Stoßrichtungen und Fragestellungen markiert, welche die Seminarteilnehmerinnen und -teilnehmern in Hausarbeiten weiter zu verfolgen hatten. Aufbauend darauf war es möglich, diese Arbeiten auszuweiten und in universitäre Qualifizierungsvorhaben – etwa Diplomarbeiten oder Dissertationen – überzuführen.

(b) Das Konzeptualisierungsseminar (basierend auf einer Modifikation der »work discussion«)

Das so genannte »Konzeptualisierungsseminar« wurde von Wilfried Datler (gem. mit dem Verfasser dieses Artikels) angeboten und war ebenfalls zweisemestrig angelegt. Es richtete sich vorwiegend an »projektfremde« Studierende. Im Fokus standen die Konzeptualisierung und theoretische Fundierung der spezifischen Tätigkeit eines Therapeutischen Begleiters. Über Prozesse der »reflection on action« (siehe Kapitel 2) sollten ferner die beziehungsreflexiven Kompetenzen der Seminarteilnehmerinnen und Seminarteilnehmer vertieft und differenziert werden. Als wesentliches didaktisches Element wurde hierzu das Konzept der *»work discussion«* modifiziert. Dieses wurde ursprünglich am Londoner Tavistock Center in Anlehnung an eine spezifische Form der »Infant Observation« (vgl. Bick 1964) entwickelt. Einer Kurzdarstellung Datlers (2004, 119ff.) folgend, lässt sich dieses Modell folgendermaßen beschreiben[9]:

An work discussion Seminaren nehmen üblicherweise Personen teil, die in unterschiedlichen psychosozialen Feldern tätig sind. Sie müssen sich dazu verpflichten, »regelmäßig Protokolle zu verfassen, die in ... Ich-Form gehalten sind, in Gestalt einer beschreibenden Erzählung von einer Stunde ihres Arbeitsalltags handeln und das Interaktionsgeschehen mit Kollegen, Klienten, Vorgesetzten etc. wiedergeben« (ebd., 119). Ferner sieht das Konzept vor, dass die Seminarteilnehmer einmal wöchentlich mit einem Seminarleiter zusammentreten, um ihre Protokolle – die so genannten »work paper« – zu bearbeiten. Dabei steht die Frage im Zentrum, »wie die (unbewusste) Dynamik verstanden werden kann, die in den geschilderten Interaktionen jeweils zum Ausdruck und zum Tragen kommt« (ebd.). Die Seminarteilnehmer sind vor die Aufgabe gestellt, sich zu fragen, »wie der Verfasser des Protokolls ..., aber auch die im Protokoll erwähnten Personen die geschilderten Situationen erlebt haben mögen und welchen Einfluss dieses Erleben auf die Entstehung und Entwicklung der jeweils geschilderten Interaktionen und Situationen gehabt haben mag« (ebd.). Dies geschieht unter der Annahme, dass »die Protokolle sowie die Art ihrer Präsentation auf Seiten der einzelnen Seminarteilnehmer unterschiedliche Eindrücke, Gedanken, Bilder, Stimmungen oder Phantasien wecken, die als Reaktion auf die Inhalte dieser Protokolle begriffen werden können« (ebd.). Die sich einstellenden Gedanken und Assoziationen der Gruppenmitglieder können unter diesem Gesichtspunkt »als Hinweise auf latente Beziehungsprozesse begriffen werden, in welche die Protagonisten (des Protokolls) eingebunden waren« (ebd.). Um »wildes Deuten« zu vermeiden, sind die Teilnehmer angehalten, »eng am Papier« zu arbeiten. Zu diesem Zweck »werden die Protokolle Passage für Passage durchgegangen, um im Ringen um ein tieferes Verstehen des Dargestellten ... (kritisch zu fragen), ob die genaue Lektüre der Protokolle (sowie manche ergänzende Bemerkungen des Protokollanten) es tatsächlich erlauben,

---

9 Darstellungen des Aus- und Weiterbildungskonzepts »work discussion« finden sich unter anderem bei Harris (1977), Klauber (1999), Miller (2002), Datler (2003), Rustin, Bradley (2008), Steinhardt, Reiter (2009), Diem-Wille (2012) und Elfer (2012). Vgl. dazu auch Datler und Trunkenpolz (2009).

an diesem oder jenem Gedanken festzuhalten – oder ob weiter nach neuen Gedanken gesucht werden muss, die im jeweils vorgestellten Protokoll eine bessere Abstützung finden und ein zufriedenstellenderes Verständnis des Beschriebenen eröffnen« (Datler 2004, 120).

Die Methode der »work discussion« zielt somit darauf ab, den Gruppenteilnehmerinnen und -teilnehmern einen vertieften Eindruck davon zu vermitteln, wie bedeutsam »bewusste und unbewusste Emotionen sowie emotionale Erfahrungen für ihr eigenes professionelles Wahrnehmen, Erleben, Denken und Handeln sowie für das Wahrnehmen, Erleben, Denken und Handeln all jener Menschen« sind, »mit denen sie es beruflich zu tun haben« (ebd.). Insofern scheint die Methode der »work discussion« besonders geeignet, um angehende Sonderpädagoginnen und Sonderpädagogen in der Entwicklung und Vertiefung von beziehungsreflexiven Kompetenzen zu begleiten und zu unterstützen. Damit wir diese Methode im Rahmen des Konzeptualisierungsseminars zum Einsatz bringen konnten, war es jedoch notwendig, einige Modifikationen und Anpassungen vorzunehmen:

Pro Semester wurde ein Therapeutischer Begleiter eingeladen, mehrere Protokolle aus seiner aktuellen Projekttätigkeit im Konzeptualisierungsseminar vorzustellen. Herangezogen wurde dazu eine Serie von Protokollen, die Einblick in mehrere aufeinanderfolgende Treffen zwischen dem Therapeutischen Begleiter und dem Kind, das er betreut, geben. Dies sollte der Seminargruppe die Gelegenheit eröffnen, den sich entwickelnden Beziehungsprozess zwischen Kind und Begleiter ein Stück weit zu verfolgen und nachzuvollziehen.

Nach dem »Fishbowl-Prinzip« wurden zwei konzentrische Kreise gebildet, wobei im kleineren Innenkreis Studierende gemeinsam mit dem fallvorstellenden Begleiter und einem Gruppenleiter das Protokoll lasen und in der oben dargestellten Weise bearbeiteten. Nach etwa einer Stunde wurde der Kreis geöffnet und die Studierenden aus dem Außenkreis bekamen Gelegenheit, ergänzende Gedanken und Überlegungen zum Papier und der Arbeit des Innkreises zu äußern. Durch ein festgelegtes Rotationsschema bekam jede Teilnehmerin bzw. jeder Teilnehmer im Veranstaltungsverlauf mindestens zweimal die Gelegenheit, im Innenkreis an einem Protokoll zu arbeiten. Darüber hinaus waren die Seminarteilnehmerinnen und -teilnehmer im weiteren Verlauf des Seminars dazu verpflichtet, selbst Protokolle aus ihrem eigenen – im weitesten Sinne pädagogischen – Tätigkeitsbereich anzufertigen und in unterschiedlichen Gruppenkonstellationen (mit und ohne Seminarleiter) zu besprechen. Die Auseinandersetzung mit den Protokollen sollte schließlich in eine wissenschaftliche Seminararbeit einmünden, in der unter bestimmten Gesichtspunkten Verbindungen zwischen dem bearbeiteten kasuistischen Material und theoretischen Überlegungen herzustellen waren.

Die dargestellte Modifikation der Methode der »work discussion« scheint besonders geeignet, um im universitären Kontext Prozesse der »reflection on action« anzustoßen. Durch die diskursive Analyse des Fallmaterials kann es gelingen, das jeweils zugrunde liegende implizite Professionswissen beispielhaft zu explizieren und es mit bestehenden Theoriebeständen in Bezug zu setzen.

Die intensive Arbeit an den Fallmaterialien der Therapeutischen Begleiter brachte überdies immer wieder Fragen auf, die allem Anschein nach über bestehende Konzepte sonderpädagogischen Handelns hinausweisen. Insofern vermögen hochschuldidaktische Konzepte wie das dargestellte möglicherweise auch Ansatzpunkte abzugeben, um Fragen sonderpädagogischer Professionalisierung weiter zu verfolgen. Das fünfte und damit letzte Kapitel wird diesen Gedanken ein Stück weit ausführen. Zunächst soll das nachstehende Kapitel aber anhand einer Fallvignette Einblicke in die konkrete pädagogische Arbeit im Lehr-Lern-Konzept »Therapeutische Begleiter« eröffnen.

4. Einblicke in die Projektarbeit – eine Fallvignette

Nachdem sich die Beziehungsprozesse zwischen den Kindern und ihren Therapeutischen Begleitern nach Maßgabe der individuellen Entwicklungsinteressen des jeweiligen Kindes gestalten sollten, war das Projekt durch unterschiedlichste Arbeitsweisen, Betreuungsverläufe und Settings geprägt. Abhängig von den wechselnden Bedürfnissen und Schwierigkeiten der einzelnen Kinder entstanden in der Beziehung zu ihren Therapeutischen Begleitern jeweils individuelle Aktivitäten, Rituale und thematische Schwerpunkte. Um dies ein Stück weit zu verdeutlichen, sollen die nachstehenden Textpassagen exemplarisch einen solchen Betreuungsverlauf nachzeichnen. Als ehemaliger Projektteilnehmer greife ich dazu auf Material zurück, das meiner eigenen Tätigkeit als Therapeutischer Begleiter entstammt.[10]

4.1 Jan und ich

Gemäß den Projektvorgaben habe auch ich zwei Jahre lang mit einem so genannten »verhaltensauffälligen« Burschen gearbeitet und unsere Treffen kontinuierlich dokumentiert. Zum Zeitpunkt unseres ersten Zusammentreffens war Jan – wie ich ihn im Folgenden nennen möchte – zehn Jahre und sechs Monate alt. Infolge seiner chronischen Traumatisierung durch männliche Gewalt und seiner eigenen heftigen Affektdurchbrüche schien es sinnvoll, ihm eine positiv besetzbare männliche Bezugsperson zur Seite zu stellen.

Den Projektvorgaben entsprechend versuchte ich für Jan ein verlässlicher und wohlwollend interessierter Erwachsener zu sein und stabile Rahmenbedingungen zu etablieren, innerhalb derer er sein Entwicklungspotential spielerisch erkunden konnte. Wie sich dies in der Arbeit mit ihm konkretisierte, soll im Folgenden ein Stück weit Darstellung finden.

Vor unserem ersten Treffen vereinbarte ich mit Jans Mutter einen Termin, um ihr unser Projekt vorzustellen. Gleichzeitig bat ich sie in Bezug auf Jan um einige

---

10 Die folgende Darstellung des Betreuungsverlaufs und dessen Interpretation bauen auf Textpassagen auf, die in einer Erstfassung an anderer Stelle veröffentlicht und für den vorliegenden Text geringfügig überarbeitet wurden (Wininger 2007, 219ff.).

anamnestische Informationen. Sie war offensichtlich sehr besorgt um ihn und nutzte die Gelegenheit, um sich ausführlich zu beklagen. Unter anderem bat sie mich im Zuge unserer Unterhaltung, Jans Psychiater zu kontaktieren. Mein Besuch bei ihm brachte mir einige weitere wichtige Informationen ein, sodass ich zu Projektbeginn von folgender Situation ausgehen konnte:

> Jan lebte gemeinsamen mit seiner Mutter und seinen beiden älteren Schwestern in einer kleinen Wohnung am Stadtrand von Wien. Etwa ein Jahr vor unserem ersten Treffen hatten seine Mutter und seine Schwestern den alkoholkranken und gewalttätigen Vater aus der gemeinsamen Wohnung geworfen. Als daraufhin der Kontakt jäh abbrach, ließen Jans Schulleistungen stark nach. Sowohl in der Schule als auch zu Hause zeigte er sich zunehmend teilnahmslos und dysphorisch. Jan wurde deshalb einem Kinderpsychiater vorgestellt und auf dessen Anraten in eine sonderpädagogisch betreute Kleinklasse überwiesen. Dort saß er dann oft stundenlang in sich versunken an seiner Schulbank und verweigerte jegliche Mitarbeit. Gelegentlich sprang er aber ansatzlos auf, um wie besinnungslos auf den nächstbesten Mitschüler einzuschlagen. Neben der Heftigkeit seiner Impulsdurchbrüche gestaltete sich auch sein Essverhalten zunehmend problematisch. Seine bestehenden Gewichtsprobleme verstärkten sich markant. Weil er deshalb immer häufiger gehänselt wurde, begann er soziale Situationen zu vermeiden.
> Darüber hinaus idealisierte er seinen Vater zusehends, währenddessen er sich gegenüber Frauen (Mutter, Schwestern, Lehrerin etc.) betont aggressiv und entwertend zeigte.
> Zu Hause eskalierte die Situation immer häufiger. Im Zuge von Konflikten zerstörte Jan wiederholt Teile des Mobiliars. Fallweise sperrte er sich ohne erkennbaren Auslöser in sein Zimmer ein, um Löcher in die Wände zu schlagen oder seine Bettwäsche zu zerschneiden. Jans Mutter fühlte sich aufgrund der körperlichen Überlegenheit ihres Sohnes hilflos und bedroht. Gemeinsam mit den anderen Familienmitgliedern schien sie der Verzweiflung nahe. Zu den vereinbarten Psychotherapieterminen konnte sie Jan nur noch selten bewegen.

Die Schilderungen der Mutter und des Psychiaters machten mich einerseits neugierig, andererseits verunsicherten sie mich. So begann ich mich in Überlegungen zu verstricken, wie ich Jan wohl am besten für mein Vorhaben, ihn zu begleiten, gewinnen könnte. Schließlich lud ich ihn zu einem unverbindlichen Treffen ein. Überraschenderweise willigte er sofort begeistert ein und bat mich, das Schachbrett seines Vaters mitbringen zu dürfen. So starteten wir unsere gemeinsame Arbeit mit einer Partie Schach – dem Lieblingsspiel seines Vaters. Doch bereits nach wenigen Zügen brach Jan das Spiel ab. Er hätte keine Lust auf Spielen, meinte er. Vielmehr wolle er mit mir kämpfen, um zu sehen, ob ich stark sei. Etwas überrascht bat ich ihn um eine kurze Bedenkzeit und legte schließlich einige Regeln für einen gemeinsamen spielerischen Ringkampf fest. Entgegen unserer Vereinbahrung ging Jan aber sofort ungebremst auf mich los. Um ihn und mich zu schützen, sah ich keine andere Möglichkeit, als ihn zu Boden zu drücken und festzuhalten. Nachdem ich ihn kurz darauf wieder losließ, begannen seine Attacken erneut. Erst nachdem ich ihn das dritte Mal zu Boden drücken konnte, ließ er sichtlich erleichtert von mir ab. Mit befreitem Lächeln stellte er fest: »Du bist stark – das ist gut!«

Offensichtlich beruhigt, dass ich in der Lage war, ihn (auszu-)halten, wollte er wissen, ob ich ihn auch nächste Woche wieder treffen könnte. Außer Atem, aber ebenfalls erleichtert bot ich ihm an, dass ich nicht nur nächste Woche, sondern zwei Jahre lang einmal pro Woche für zwei Stunden Zeit für ihn finden könnte. Nachdem er sich misstrauisch versicherte, ob ich mein Angebot auch wirklich ernst meinen würde, stimmte er freudig zu. »Das wird super!«, meinte er. »Wir können dann gemeinsam richtige Männersachen unternehmen!«

Wir einigten uns darauf, dass sich Jan von Woche zu Woche überlegen wollte, wie er die gemeinsame Zeit nützen möchte. Bereits nach wenigen Terminen schuf er ein Ritual, das er beinahe ein Jahr lang einforderte: Ich holte ihn zunächst von zu Hause ab. Gemeinsam schlenderten wir zu »unserem« Baum inmitten eines großen, freien Areals. Unterwegs plauderten wir ein wenig über die Geschehnisse der letzten Woche. Beim Baum angekommen, initiierte Jan verschiedene Rollenspiel-Situationen. In erstaunlicher Weise gelang es ihm dabei, seine aktuellen Probleme, Bedürfnisse und Befindlichkeiten auf symbolischer Ebene anklingen zu lassen. Beispielsweise verlangte er anfangs oft, dass ich mich vor ihm verstecke. Sobald ich mich verborgen hatte, begann er dann hektisch nach mir zu suchen. Nachdem er mich gefunden hatte, brach er in freudiges Geschrei aus. Ein anderes seiner Lieblingsspiele war das »Agentenspiel«. Wir beide waren Superagenten, die man im Dschungel ausgesetzt hatte. Ich sollte der erfahrene Lieutenant sein, der seinem Agentenlehrling beibringt, wie man im Urwald überlebt. Jan meinte, dass sich der Agentenlehrling ohne seinen Vorgesetzten im Dschungel sofort verlaufen würde. Daraufhin würden ihn dann die wilden Tiere fressen. In spielerischer Weise thematisierte er vermutlich so seine Angst, ohne Vater orientierungslos und existentiell bedroht zu sein.

Zwischen unseren Spielen rasteten wir unter dem Baum und sprachen über die Inhalte der vorangegangenen Spielsequenzen. Gelegentlich nutzte er die Pausen auch, um mir in der Manier eines Quizmasters diverse Fragen zu stellen. »15.000 Euro, wenn du weißt, wie Frauen schwanger werden!«, bot er mir beispielsweise im Spiel. Oder: »10.000 Euro, wenn du weißt, wie man erkennt, ob ein Mädchen in einen Jungen verliebt ist!«

Mit der Zeit wurden die Spielsequenzen kürzer und die Phasen, in denen wir plaudernd zusammen saßen, länger. Gelegentlich wollte sogar der »Agentenlehrling« den »Lieutenant« ein Stück durch den Dschungel führen. Mit zunehmendem Vertrauen konnte Jan nach und nach auch darauf verzichten, seine Fragen spielerisch zu verpacken. Manchmal erzählte er mir auch von seinem Vater, wobei er diesen anfangs meist als unverwundbaren und grandiosen Heroen darstellte. Zunächst erntete ich heftigen Unmut, als ich es wagte, Elemente seiner Geschichten in Frage zu stellen, später aber versuchten wir gemeinsam, behutsam Wunsch und Wirklichkeit zu trennen.

Nach dem ersten gemeinsamen Jahr vereinbarten wir für den Sommer eine vierwöchige Urlaubspause. Als wir uns im Herbst wieder trafen, freute sich Jan auf den bevorstehenden altersbedingten Schulwechsel. In der neuen Klasse wurde er aber wegen seines mittlerweile beachtlichen Körperumfangs rasch zum Außenseiter. Nachdem ihn zwei ältere Schüler am Nachhauseweg verprügelt hatten, verweigerte er den Schulbesuch gänzlich. Darüber hinaus geriet er immer häufiger in panikartige Zustände, wenn er die Wohnung verlassen sollte. Da er für mehrere Wochen nicht dazu zu bewegen war, vor die Tür zu gehen, sahen wir uns gezwungen, unsere Treffen in Jans Zimmer abzuhalten. Neben dem äußeren Rahmen änderten sich auch die Inhalte, die Jan einbrachte. So kippte er auch in Bezug auf seinen Vater immer öfter in heftige Entwertung, Wut und Enttäuschung. Ebenso konfrontierte er auch mich in zunehmendem Ausmaß mit haltlosen Beschuldigungen und Vorwürfen. Anfangs war ich irritiert und gekränkt, dass mir Jan – nachdem ich ihm soviel an Zeit und Zuwendung geschenkt hatte – plötzlich mit offener Empörung und Ablehnung begegnete. Erst als ich seine Verhaltensänderung in der Supervision unter dem Aspekt der Übertragung verstehen lernte, entspannte sich die Situation zwischen uns wieder langsam.

Mit Hilfe der Supervisionsgruppe wurde deutlich, dass Jans heftige Gefühle weniger mir, als vielmehr seinem Vater galten. Vor dem Hintergrund seiner Verlusterfahrung schien Jan – zunächst unbewusst – mit der Frage beschäftigt zu sein, ob auch ich ihn plötzlich und ohne Vorwarnung verlassen würde. Um sich davor zu schützen, abermals verlassen zu werden, schien er unbewusst bestrebt zu sein, unsere Beziehung zu prüfen oder sogar von sich aus zu zerstören. Diese Gedanken ließen mich wieder ein Stück mehr an emotionaler Distanz gewinnen, wodurch es mir möglich wurde, die Aspekte von Wut und Trennungsangst stellvertretend für Jan zu verbalisieren. Dies führte dazu, dass auch Jan selbst in weiterer Folge zusehends darüber sprechen konnte, wie wütend er auf seinen Vater war und wie sehr es ihn enttäuschte, dass dieser ihn allem Anschein nach einfach vergessen hatte.

Nach einiger Zeit gelang es uns wieder, gemeinsam nach draußen zu gehen. Wir lernten einige Jungen aus der Wohnhausanlage kennen, mit denen sich Jan später auch gelegentlich alleine zum Fußballspielen traf. Über den durch mich gestützten Peerkontakt gewann er merklich an Sicherheit, was sich auch in unseren weiteren Treffen widerspiegelte. So wollte er diese »kindischen Spiele« an unserem Baum nicht mehr spielen. Vielmehr wollte er nur mehr »coole Männersachen« unternehmen. Statt zu unserem Platz gingen wir von nun an beispielsweise ins Billardlokal, ins Freibad oder in den Baumarkt. Auch die neuen »coolen Männersachen« unterbrachen wir in der gewohnten Weise, um uns längeren Gesprächen zu widmen.

Gegen Ende unserer gemeinsamen Zeit wurde Jan wieder einmal von zwei Klassenkollegen mit dem Verprügeln bedroht. Daraufhin rief er mich an und bat mich, ihn tags darauf von der Schule abzuholen. Er bestand darauf, dass ich zur vereinbarten Zeit vor der Schule auf ihn wartete. Außerdem musste ich unbedingt eine dunkle Sonnenbrille tragen. Ohne lange nachzufragen gewährte ich ihm diesen Wunsch und fand mich zur angegebenen Zeit vor der Schule ein. Wie erwartet, stellte er mich den beiden Widersachern stolz als seinen »Bodyguard« und Freund vor. Sein Plan zeigte Wirkung, und er hatte bis zum Schulschluss keinen Ärger mehr mit den beiden Jungen. Obwohl diese Aktion natürlich nicht ganz unproblematisch war, hatte sie in dieser Situation Jans Bedürfnis nach Schutz und konkreter Unterstützung entsprochen. Sein Vorgehen kann demnach als Ausdruck davon verstanden werden, dass er bestehende Beziehungen (wieder) als hilfreich erleben und für seine Zwecke nutzen konnte.

Die letzten Treffen dienten dazu, um das bevorstehende Betreuungsende zu thematisieren und Perspektiven zu entwerfen. Trotz der sorgfältigen Planung und Gestaltung unseres Abschieds zeigte sich Jan bei unserem letzten Treffen, das etwa zwei Jahre nach unserem ersten Kontakt stattfand, gekränkt und verleugnend. Da ein abrupter Beziehungsabbruch vor dem Hintergrund seiner lebensgeschichtlichen Erfahrungen problematisch schien, ließ ich es ihm offen, mich gelegentlich telefonisch oder postalisch zu kontaktieren. Nach unserem letzten Treffen telefonierten wir noch einige Wochen lang regelmäßig miteinander und schrieben einander E-Mails. Mit der Zeit meldete sich Jan jedoch seltener. Nachdem ich fast drei Monate lang keine Nachricht von ihm erhalten hatte, rief er mich ein letztes Mal an. In diesem Gespräch erzählte er mir freudig, dass sich sein Vater wieder bei ihm gemeldet hatte. Dieser sei schwer krank gewesen und hätte angeblich deshalb nichts von sich hören lassen können. Nachdem es ihm jetzt wieder besser gehe, treffen sie einander gelegentlich im Stadion, um gemeinsam die Heimspiele ihrer favorisierten Eishockeymannschaft zu verfolgen. Auch in der Schule klappte es wieder einigermaßen. Zwar gab es weiterhin noch vereinzelt handfeste Auseinandersetzungen mit seinen Mitschülern, aber dennoch ging Jan wieder gerne und regelmäßig zu Schule. Von Jans Sozialarbeiterin hörte ich, dass sich in weiterer Folge auch die Beziehung zu seiner Mutter zunehmend entspannte und er seither eine durchaus zufriedenstellende Entwicklung genommen haben dürfte.

4.2 Ansätze zur Interpretation

Im Anschluss an die Fallvignette möchte ich einige knappe interpretative Überlegungen anstellen und dabei in groben Zügen nachzeichnen, wie sich für mich der begleitende Verstehensprozess *damals* – während der Arbeit mit Jan – vollzog.

Infolge der langjährigen Gewalterfahrungen könnte man Jan als chronisch traumatisiertes Kind verstehen. Traumatische Erfahrungen, wie wiederholte Gewalt im engsten Familienkreis, haben insbesondere für Heranwachsende besonders schwerwiegende Folgen. Meist erschüttern sie das Vertrauen in zwischenmenschliche Beziehungen und in die eigenen Fähigkeiten zutiefst. So schien auch Jan positiv getönte Beziehungen ängstlich zu besetzen und daher zusehends zu verunmöglichen. Vom Wiederholungszwang getrieben reinszenierte er fortwährend Beziehungsabbrüche, die ihn in seiner negativen Erwartungshaltung und Selbstsicht bestätigten. So hatten Regelschule und Großmutter bereits mit ihm abgeschlossen und auch seine Mutter stand unmittelbar davor, verzweifelt das Handtuch zu werfen. Zwischen den väterlichen Alkohol- und Gewaltexzessen gab es aber auch viele positive Dinge, die Jan mit seinem Vater verbunden hatten. Sie pflegten gemeinsame Interessen und hatten sich im Falle innerfamiliärer Streitigkeiten meist gegenseitig unterstützt und gegenüber den anderen (weiblichen) Familienmitgliedern verschworen.

Der jähe Beziehungsabbruch zum Vater schien daher für Jan eine neuerliche Traumatisierung darzustellen, die auf Basis alter Traumatisierungen in mehrfacher Hinsicht eine massive Destabilisierung auslöste. Das plötzliche Verschwinden des

Vaters schien zu einer akuten Überforderung von Jans individuellen Anpassungs- und Kompensationsmöglichkeiten geführt zu haben, wodurch bislang erworbene psychische Strukturen brüchig wurden. Jans negatives Selbstkonzept führte zur unbewussten Einschätzung, dass er ohne Unterstützung des Vaters psychisch nicht überleben würde. Die abrupte Trennung vom Vater löste daher existentielle Ängste aus, die ihn immer wieder panikartig überfielen. Seine Impulsdurchbrüche in der Schule könnten als Versuch interpretiert werden, den drohenden Ich-Zerfall abzuwehren und einen letzten Rest an Koheränzerleben und Selbstwertgefühl aufrecht zu erhalten. Über die Identifikation mit der Aggression des Vaters schien Jan diesen darüber hinaus unbewusst in sich präsent halten zu wollen.

Erschwerend kam hinzu, dass Jan seinen Vater just in jener Zeit verlor, als er sich in besonderer Weise mit Fragen der männlichen Geschlechtsrollenidentität zu beschäftigen begann. Jenseits von männlicher Gewalt und Aggression standen ihm diesbezüglich aber offensichtlich kaum positiv besetzte Identifikationsmodelle zur Verfügung. Insofern sah er sich gezwungen, die Suche nach männlicher Identität über die Negation des vermeintlich Weiblichen zu forcieren. Folglich begegnete er den Frauen in seiner Umgebung mit betonter Entwertung und Ablehnung. Noch dazu schien diese Haltung durch seine subjektive Wahrnehmung begünstigt gewesen zu sein, derzufolge sich seine Mutter und seine Schwestern für das Verschwinden des Vaters verantwortlich zeichneten.

Zu Projektbeginn schien Jans Situation also von einer tiefen Sehnsucht nach männlicher Zuwendung und Identifikation bestimmt. Ausgehend von seinen traumatischen Erfahrungen hatte er aber dennoch gleichzeitig große Angst vor zwischenmenschlicher Nähe und weiteren Beziehungsabbrüchen. Dies würde auch den Umstand ein Stück weit erklären, dass Jan mein Beziehungsangebot begierig angenommen hatte, dieses aber gleichzeitig sofort einer misstrauischen und handfesten Überprüfung unterziehen musste. Erst als er sich davon überzeugt hatte, dass ich bereit und fähig war, ihn und seine Aggression (aus-)zuhalten, erklärte er sich für die Zusammenarbeit mit mir einverstanden.

Im Schaffen gemeinsamer Rituale schien Jan sein Bedürfnis nach Kontinuität und Verlässlichkeit auszudrücken. Gleichzeitig machte er vermutlich die Erfahrung, dass er die Beziehung zu seinem Therapeutischen Begleiter aktiv mitgestalten konnte und dass er seiner erwachsenen Umwelt damit nicht passiv ausgeliefert war. Das Einfordern von ritualhaften Abfolgen könnte man ferner auch als Akt der Sequenzierung im Dienste der Selbstregulation verstehen. Indem Jan die einzelnen thematischen Elemente durch Pausen trennte, konnte er steuern, wie lange und intensiv er sich mit bestimmten Inhalten auseinandersetzen wollte. Er schuf sich sozusagen »verdaubare Portionen«, die ihm die gefahrlose Annäherung an verschiedenste Themen erlaubten. Darüber hinaus boten ihm die ritualisierten Spielsequenzen die Möglichkeit, seine Ängste und Probleme auf spielerischer Ebene zu thematisieren. In der symbolischen Suche nach dem Vater brachte er beispielsweise seine tiefe Hoffnung auf Wiedervereinigung und väterliche Führung zum Ausdruck.

Jan konnte den Therapeutischen Begleiter für sich als »väterlichen Freund« nutzen, indem er seine Unterstützung in der Bewältigung konkreter Alltagsprobleme einforderte. So machte er ihn je nach Bedürfnislage zum Bodyguard, Billardlehrer oder Informationsgeber in Aufklärungsfragen.

Der Umstand, dass ihm ein Erwachsener ohne äußere Verpflichtung derart viel Zeit und Aufmerksamkeit widmete, gab ihm vermutlich neues Selbstvertrauen. Beispielsweise fragte er mich wiederholt lustvoll danach, wie viel Geld ich denn für unsere gemeinsamen Treffen bekäme. Nachdem ich ihm immer zur Antwort gab, dass ich dafür keinen Cent bekäme und auch nichts erwartete, stellte er jedes Mal voller Stolz fest: »Du kommst also gerne zu mir!« Gestärkt durch diese Erfahrung, fiel es ihm anscheinend wieder leichter, Freundschaften mit Gleichaltrigen einzugehen und zu pflegen.

Durch das neu gewonnene Selbstvertrauen wurde Jan deutlich autonomer. Dies nahm ihm ein Stück seiner Trennungs- und Verlustängste. Dadurch wurde es ihm wiederum möglich, sich zusehends vom idealisierten Bild seines Vaters zu lösen und eine realistischere Einschätzung zu gewinnen.

Über das Vorhandensein eines männlichen Vorbilds wurde es für Jan wahrscheinlich überdies weniger notwendig, seine Identitätsfindung vorwiegend über die Negation seiner weiblichen Umgebung voranzutreiben. Damit war der Grundstein dafür gelegt, dass sich auch die innerfamiliären Beziehungen wieder langsam entspannen konnten.

Natürlich sind die beschriebenen Fortschritte nicht nur dem Projekt zu verdanken. Vielmehr hat sich Jan parallel dazu in psychotherapeutischer Behandlung befunden, in der viele der Entwicklungsschritte angebahnt, gestützt und fortgeführt wurden. Insofern ist das Angebot einer Therapeutischen Begleitung immer als ergänzende Maßnahme verstanden worden, die in enger Verzahnung und Abstimmung mit dem psychotherapeutischen Prozess zur Anwendung kam. Damit die beiden Angebote sinnvoll ineinander greifen können, bedarf es aber des kontinuierlichen Austauschs zwischen den Psychotherapeuten und den Therapeutischen Begleitern. Die wöchentlichen Fallkonferenzen in den Instituten für Erziehungshilfe boten dafür den geeigneten Rahmen.

Die intensive Auseinandersetzung mit den einzelnen Beziehungsdynamiken, die sich zwischen den Kindern und ihren Therapeutischen Begleitern entspannten, förderte im Projektverlauf viele Fragen zu Tage, die einige ehemalige Projektmitarbeiterinnen und Projektmitarbeiter auch heute noch diskutieren. Im Rückblick auf die gemeinsame Arbeit mit Jan beschäftigen mich unter anderem die folgenden beiden Aspekte:

(1.) Zum einen frage ich mich, ob sich das Beziehungsgeschehen zwischen Jan und mir im Rückgriff auf andere theoretische Konzepte und Forschungsergebnisse – etwa die Mentalisierungstheorie oder Ergebnisse der psychoanalytischen Männer- bzw. Vaterforschung (Aigner 2002) – anders interpretieren hätte lassen und ob ich meine Beziehung zu Jan auf Basis einer anders gelagerten Interpretation mitunter förderlicher gestalten hätte können. Etwa wäre zu erwägen, ob ich Jans stereotypes Geschlechterrollenverständnis durch unsere gemeinsamen »Männeraktivitäten« mehr stabilisiert als aufgelockert habe und ob es nicht angebracht gewesen wäre, seinen Männlichkeitsentwurf stärker zu problematisieren. Ferner frage ich mich, ob es für Jan hilfreich gewesen wäre, wenn ich mein Nachdenken über unser Beziehungsdynamik im Zusammensein häufiger – im Sinne von Deutungen – verbalisiert hätte, anstatt mich in meiner Arbeit mit ihm weitgehend auf die (symbolische) Handlungsebene zu beschränken.

(2.) Zum anderen beschäftigt mich die Frage, ob sich die Anforderungen eines Therapeutischen Begleiters hinsichtlich Grundhaltung, Wissen und Können im Rahmen jüngerer sonderpädagogischer Professionalitätskonzepte beschreiben lassen, oder ob einzelne der genannten Aspekte nicht vielmehr über diese hinausweisen. Meine bisherigen Ausführungen legen den Schluss nahe, dass letzteres der Fall sein dürfte. Wenn dem so ist, könnten hochschuldidaktische Konzepte wie das hier dargestellte einige Anstöße für weitere Professionalisierungsbemühungen im Bereich der Sonderpädagogik bieten. Im Sinne eines Ausblicks soll das folgende Kapitel diesen Gedanken abschließend kurz erläutern.

5. Hochschuldidaktische Lehr-Lern-Konzepte als Ausgangspunkt für Theorieausweitung und Anstoß für Professionalisierung?

Die Arbeit des Therapeutischen Begleiters ist keine professionelle Berufstätigkeit im engeren Sinn. Vielmehr stellt sie eine ehrenamtliche Tätigkeit im Dienste universitärer Bildungsprozesse dar. Kind und Therapeutischer Begleiter schließen ein informelles Bündnis, das auf beiderseitiger Freiwilligkeit basiert. In gewisser Hinsicht kommt die Relation von Kind und Begleiter damit mehr einer Freundschafts- als einer Arbeitsbeziehung gleich. Die gemachten Projekterfahrungen werfen aber dennoch in mehrfacher Weise Fragen auf, die Anstoß für neue Überlegungen zur Professionalisierungsthematik geben können. Exemplarisch dafür möchte ich folgenden Aspekt benennen:

Aufgabe der Therapeutischen Begleiter ist die Erforschung und Etablierung von pädagogischen Bedingungen, die individuell erhöhten Anspruchslagen gerecht werden. Insofern kann ihre Tätigkeit im engeren Sinn als sonderpädagogische Tätigkeit verstanden werden (siehe Kapitel 1).

Die Auseinandersetzung mit Fallmaterial aus dem Projekt lässt gewisse Nähe und Ähnlichkeiten zu psychotherapeutischem Handeln erkennen. Im Anschluss an die bisherigen Projekterfahrungen könnte man sich daher fragen, inwiefern Überschneidungen, aber auch charakteristische Differenzen zu psychotherapeutischen Handlungskonzepten auszumachen sind. Dies scheint mir nicht zuletzt deshalb sinnvoll zu sein, weil die eigene subdisziplinäre Identität über die Kontrastierung zu angrenzenden Gegenstandsbereichen an Kontur gewinnen kann (vgl. Datler, Wininger 2010b). In diesem Sinn möchte ich zunächst eine Überschneidung markieren, die mir im Hinblick auf die heilpädagogische Professionalisierung besonders relevant erscheint:

Sowohl Psychotherapeuten als auch Therapeutische Begleiter haben einen Beziehungsraum zu etablieren, der primär von den behandelten bzw. begleiteten Kindern inhaltlich und thematisch auszugestalten ist. Dies kann aber nur gelingen, wenn die Therapeutischen Begleiter die unreflektierte Verfolgung eigener Impulse tendenziell zu vermeiden lernen. Insofern müssen Therapeutische Begleiter den schwierigen Spagat vollziehen, sich einerseits emotional involvieren zu lassen und einzubringen, sich aber andererseits in der inhaltlichen Gestaltung der unmittelbaren Begegnung zurückzuhalten. Die Projekterfahrungen haben gezeigt, dass dies für angehende Sonderpädagoginnen und Sonderpädagogen anfangs meist äußerst schwierig ist. Pädagogischer (Über-)Eifer und mangelnde Erfahrung verführen leicht zum vorschnellen Intervenieren und verstellen den differenzierten Blick auf das Kind und die aktuelle Beziehungsdynamik. Je mehr es aber gelingt, weniger unmittelbar verändern, sondern vielmehr beobachtend verstehen zu wollen, desto mehr wächst auch die Fähigkeit und Bereitschaft der Kinder, den angebotenen »Beziehungsraum« auszugestalten und für ihre Weiterentwicklung zu nutzen. Vor dem Hintergrund dieser Erfahrungen stellt die *Fähigkeit zur wohlwollenden Zurückhaltung* (vgl. Datler 2005) meines Erachtens eine wichtige Kompetenz im Schnittfeld von Sonderpädagogik und Psychoanalytischer Pädagogik dar.[11] Dieser Aspekt scheint mir im gegenwärtigen Professionalisierungsdiskurs noch nicht eingehender behandelt zu sein. Im Sinne des Fortschritts sonderpädagogischer Professionalität gälte es daher – in Verbindung mit der Diskussion um »Nähe und Distanz« (Dörr, Müller 2006) – die Frage zu verfolgen, wie man angehende Sonderpädagoginnen und Sonderpädagogen in der Entfaltung dieser Kompetenz anleiten und unterstützen kann.

Neben den beschriebenen Ähnlichkeiten in den Anspruchslagen von Psychotherapeuten und Therapeutischen Begleitern bestehen in den jeweiligen handlungsleitenden Konzepten aber auch markante Differenzen. Während sich der psychotherapeutische Prozess im Rahmen klar begrenzter räumlich-situativer Settings entfaltet, treten Therapeutische Begleiter in verschiedenen kindlichen Lebensbereichen in Erscheinung. In der Absicht, den betreuten Kindern entwicklungsförderliche Beziehungserfahrungen zu ermöglichen, übernehmen sie Aufgaben und Rollen, die sie in konkreten Alltagssituationen agierend ausfüllen. Dem Projektkonzept zufolge, das in

---

11 In diesem Sinn stellte bereits Bernfeld (1921, 42) in dem Bericht über seine Arbeit im »Kinderheim Baumgarten« fest, dass eine psychoanalytisch orientierte Pädagogik weniger durch spezifisches Handeln, als vielmehr durch eine verstehende Haltung charakterisiert sei: »Wenn ich nun schildern soll, wie wir diese sehr wesentlichen Veränderungen, diesen sehr wesentlichen Fortschritt in der Entwicklung unserer Schüler erzielten ... so ist eine sehr beträchtliche Schwierigkeit zu überwinden, denn wir haben im Grunde nur sehr wenig ›getan‹. Dies macht den Vertreter der neuen Erziehung so wehrlos gegenüber den andern, dass es nicht so sehr die einzelnen Maßnahmen sind, die ihn unterscheiden, als vielmehr seine Gesinnung und Einstellung. Er ›tut‹ überhaupt viel weniger, viel später, viel unauffälliger als der andere. Das aber aus einem ehrlichen Gefühl und nicht als pädagogischer Trick, weil er nicht die satte Selbstgewissheit und Selbstsicherheit, weil er nicht die ichverliebte Überschätzung seiner eigenen Person und ihrer Handlungen – weder im Guten noch im Bösen – besitzt, weil ihn vor allem die primäre Affektstellung gegenüber der Kindheit und der Jugend unterscheidet.« Auf diesen Aspekt machte bereits vor geraumer Zeit Müller (1991, 131ff.) aufmerksam.

Wien verfolgt wurde, ist es dabei nicht das Ziel, einen entscheidenden Beitrag zur Selbstaufklärung der Kinder zu leisten. Im Sinne Winnicotts (1971) soll vielmehr ein »intermediärer (Beziehungs-)Raum« entstehen, in dem die Kinder in verschiedenen, von ihnen weitgehend selbst gewählten Bereichen zur spielerisch-lustvollen Auslotung von Realitätskonstrukten und Entwicklungspotentialen ermutigt werden. Die Beziehung zwischen Kind und Therapeutischem Begleiter soll eine Art »psychosoziales Entwicklungs-Moratorium« darstellen, in dem die Kinder ihre Konzeptualisierungen von Selbst und Welt in bewusster und unbewusster Weise gefahrlos erproben und differenzieren können. Therapeutische Begleiter sind dabei in einem hohen Ausmaß gefordert, die Rollenangebote ihrer Kinder aufzugreifen und in bedachter Weise ein Stück weit zu agieren. In loser Anlehnung an die Terminologie Sandlers (1976) müssen Therapeutische Begleiter in diesem Zusammenhang die *Fähigkeit und Bereitschaft zur Rollenübernahme* entwickeln, darüber hinaus aber auch in der Lage sein, dazu *reflexive Distanz* herzustellen[12]. Auch im Hinblick auf das Einlösen dieses Anspruchs bedarf es immer wieder des Bemühens um *Zurückhaltung* als Voraussetzung dafür, dass auch im innerpsychischen Bereich des Therapeutischen Begleiters jener Raum entstehen kann, der es ihm erlaubt, in verstehender Absicht über das nachzudenken, was in bewusster und unbewusster Weise zwischen ihm und dem Kind, zugleich aber auch in ihm und im Kind vor sich geht[13].

Unter den genannten Gesichtspunkten dürften die bisherigen Projekterfahrungen über bestehende Konzeptualisierungen heilpädagogischen Handelns hinausweisen. Konzepte wie das vorgestellte werfen damit Fragen und Probleme auf, die eventuell Anstoß zu neuen Überlegungen geben können.

Wenn das Verstehen von Beziehungsprozessen zu den zentralen Aufgaben von sonderpädagogischer Praxis zählt, so haben Forschung und Lehre (sonder-)pädagogische »Beziehungsprozesse und die damit verbundenen Verstehensleistungen« bzw. offenen Probleme »zu dokumentieren und zu publizieren« (Datler 2000, 74f.). Im Kontext sonderpädagogischer Professionalisierung können derartige hochschuldidaktische Modelle daher von doppeltem Nutzen sein. Sie unterstützen angehende Sonderpädagoginnen und Sonderpädagogen im Erwerb nötiger Kompetenzen und dokumentieren gleichzeitig konkrete (sonder-)pädagogische Begegnungen und Beziehungsprozesse.

---

12 Vgl. dazu Margit Datlers (2012, 121ff.) Ausführungen, in denen im Sinn der Überlegungen, die im vorliegenden Beitrag angestellt werden, Bezüge zwischen dem Konzept der Rollenübernahme, der Neubewertung des Mitagierens in psychotherapeutischen Situationen, dem Konzept des Containments nach Bion und dem Konzept des Szenischen Verstehens im Anschluss an Lorenzer und Trescher hergestellt werden.

13 Steven Briggs (1999) nennt diesen innerpsychischen Raum »mental space« und betont, dass Organisationen bestimmte Formen von »social space« benötigen, damit ihre Mitarbeiterinnen und Mitarbeiter »mental space« ausbilden können. Mit der Einführung von work discussion Seminaren, wie sie oben beschrieben wurden, könnte in diesem Sinn ein solcher »social space« geschaffen werden, welcher der Entwicklung und kontinuierlichen Aktivierung von »mental space« dient.

Literatur

Aigner, J.C. (2002): Der ferne Vater. Zur Psychoanalyse von Vatererfahrung, männlicher Entwicklung und negativem Ödipuskomplex. Psychosozial-Verlag: Gießen
Apel, H.J., Horn, K.-P., Lundgreen, P. et al. (Hrsg.) (1999): Professionalisierung pädagogischer Berufe im historischen Prozess. Klinkhardt: Heilbrunn
Bergmann, A. (2001): Die Anwendung der Erkenntnisse aus der Mutter-Kind-Beobachtung in der Therapie von Vorschulkindern. In: Brainin, E. (Hrsg.): Kinderpsychotherapie. Symposion »50 Jahre Institute für Erziehungshilfe«. Literas Universitätsverlag: Wien, 55-79
Bernfeld, S. (1921): Kinderheim Baumgarten. Bericht über einen ernsthaften Versuch mit neuer Erziehung. Jüdischer Verlag: Berlin
Bick, E. (1964): Notes on infant observation in psychoanalytic training. In: International Journal of Psychoanalysis 45, 558-566
Biewer, G. (2008): Integration und Inklusion im Bildungswesen. Einführung in die Thematik. In: Biewer, G., Luciak, M., Schwinge, M. (Hrsg.): Begegnung und Differenz: Menschen – Länder – Kulturen. Beiträge zur Heil- und Sonderpädagogik. Klinkhardt: Bad Heilbrunn, 291-295
Briggs, S. (1999): Links between infant observation and reflective social work practice. In: Journal of Social Work Practice 13 (Heft 2), 147-156
Bundschuh, K. (Hrsg.) (2000): Wahrnehmen – verstehen – handeln. Perspektiven für Sonder- und Heilpädagogik im 21. Jahrhundert. Klinkhart: Bad Heilbrunn
Child Guidance Clinic (2003): Jahresbericht 2003. Online im Internet: URL: http://www.erziehungshilfe.org/Jahresber03endf.doc (Zugriff 3.8.2012)
Child Guidance Clinic (2010): Jahresbericht 2010. Online im Internet: URL: www.erziehungshilfe.org/JB2010.pdf (Zugriff 3.8.2012)
Combe, A., Helsper, W. (Hrsg.) (1996): Pädagogische Professionalität. Untersuchungen zum Typus pädagogischen Handelns. Suhrkamp: Frankfurt/M.
Datler, M. (2012): Die Macht der Emotion im Unterricht. Eine psychoanalytisch-pädagogische Studie. Psychosozial-Verlag: Gießen
Datler, M., Datler, W., Fürstaller, M. et al. (2011): Hinter verschlossenen Türen. Über Eingewöhnungsprozesse von Kleinkindern in Kindertagesstätten und die Weiterbildung pädagogischer Teams. In: Dörr, M., Göppel, R., Funder, A. (Hrsg.): Reifungsprozesse und Entwicklungsaufgaben im Lebenszyklus. Jahrbuch für Psychoanalytische Pädagogik 19. Psychosozial-Verlag: Gießen, 30-54
Datler, W. (1991): »Ubiquitäre Heilpädagogik« und die Entfaltung psychoanalytisch-pädagogischer Basiskompetenzen an der Universität. In: Vierteljahresschrift für Heilpädagogik und ihre Nachbardisziplinen 60 (Heft 3), 237-247
Datler, W. (2000): Das Verstehen von Beziehungsprozessen. Eine zentrale Aufgabe von heilpädagogischer Praxis, Lehre und Forschung. In: Bundschuh, K. (Hrsg.): Wahrnehmen – Verstehen – Handeln: Perspektiven für die Sonder- und Heilpädagogik im 21. Jahrhundert. Klinkhardt: Bad Heilbrunn, 59-77

Datler, W. (2003): Erleben, Beschreiben und Verstehen: Vom Nachdenken über Gefühle im Dienst der Entfaltung von pädagogischer Professionalität. In: Dörr, M., Göppel, R. (Hrsg.): Bildung der Gefühle. Innovation? Illusion? Intrusion? Psychosozial-Verlag: Gießen, 241-264

Datler, W. (2004): Die heilpädagogische Beziehung als Gegenstand der Reflexion und der Ort der Veränderung. Über das Ringen um Verstehen, die Erarbeitung von Handlungsspielräumen und das Konzept der »work paper discussion«. In: Kannewischer, S., Bundschuh, K. (Hrsg.): Verhalten als subjektiv-sinnhafte Ausdrucksform. Klinkhardt: Bad Heilbrunn, 116-126

Datler, W. (2005): Abstinenz, Zurückhaltung und die Frage nach dem Latenten. Anmerkungen zum Prozess des psychoanalytischen Verstehens. In: Bittner, G. (Hrsg.): Menschen verstehen. Wider die »Spinnweben dogmatischen Denkens«. Königshausen & Neumann: Würzburg, 86-102

Datler, W., Datler, M., Sengschmied, I. et al. (2002): Psychoanalytisch-pädagogische Konzepte der Aus- und Weiterbildung. Eine Literaturübersicht. In: Jahrbuch für Psychoanalytische Pädagogik 13. Psychosozial-Verlag: Gießen, 141-171

Datler, W., Garnitschnig, K., Schmidl, W. (1987): Erfahrungsgestützte Einführung in Theorie. Hochschuldidaktische Reflexionen zu einem kooperativ geleiteten Pädagogikseminar. In: Zeitschrift für Hochschuldidaktik 11 (Heft 4), 441-478

Datler, W., Trunkenpolz, K. (2009): Observation nach dem Tavistock-Konzept: Deutschsprachige Veröffentlichungen über Infant Observation und damit verbundene Varianten des psychoanalytischen Beobachtens. Eine kommentierte Bibliographie. In: Diem-Wille, G., Turner, A. (Hrsg.): Ein-Blicke in die Tiefe. Die psychoananlytische Säuglingsbeobachtung und ihre Anwendungen. Klett-Cotta: Stuttgart, 233-252

Datler, W., Wininger, M. (2010a): Psychoanalytisches Fallverstehen als sonderpädagogische Kompetenz. In: Ahrbeck, B., Willmann, M. (Hrsg.): Pädagogik bei Verhaltensstörungen. Ein Handbuch. Kohlhammer: Stuttgart, 226-235

Datler, W., Wininger, M. (2010b): Gefährdet das Interesse an Empirie die disziplinäre Identität der Bildungswissenschaft? Einige Anmerkungen unter besonderer Bezugnahme auf die Diskussion um das Verhältnis von Psychoanalyse und Pädagogik. In: Pädagogische Rundschau 64 (Heft 6), 705-728

Dewe, B., Ferchoff, W., Radtke, F. (1992): Erziehen als Profession. Zur Logik professionellen Handelns in pädagogischen Feldern. Leske + Budrich: Opladen

Diem-Wille, G. (2012): Denken und Fühlen. Die Bedeutung der inneren Welt für das pädagogische Handeln. Reflexion der pädagogischen Praxis im Work-Discussion-Seminar. In: Diem-Wille, G., Turner, A. (Hrsg.): Die Methode der psychoanalytischen Beobachtung. Über die Bedeutung von Containment, Identifikation, Abwehr und anderen Phänomenen in der psychoanalytischen Beobachtung. Facultas: Wien, 117-139

Dörr, M., Müller, B. (Hrsg.) (2006): Nähe und Distanz. Ein Spannungsfeld pädagogischer Professionalität. Juventa: Weinheim

Eberwein, H. (1998): Integrationspädagogik als Element einer allgemeinen Pädagogik und Lehrerausbildung. In: Hildeschmidt, A., Schnell, I. (Hrsg.): Integrationspädagogik. Juventa: Weinheim, 345-362

Elfer, P. (2012): Emotion in nursery work: Work Discussion as a model of critical professional reflection. In: Early Years: An International Journal of Research and Development 32 (Heft 2), 129-141

Ellger-Rüttgardt, S., Wachtel, G. (2010): Pädagogische Professionalität und Behinderung. Herausforderungen aus historischer, nationaler und internationaler Perspektive. Kohlhammer: Stuttgart

Finger-Trescher, U., Krebs, H., Müller, B. et al. (Hrsg.) (2002): Professionalisierung in sozialen und pädagogischen Feldern. Jahrbuch für Psychoanalytische Pädagogik 13. Psychosozial-Verlag: Gießen

Gerspach, M. (2006): Elementarpädagogik. Eine Einführung. Kohlhammer: Stuttgart

Gerspach, M. (2009): Psychoanalytische Heilpädagogik. Ein systematischer Überblick. Kohlhammer: Stuttgart

Giesecke, H. (1999): Die pädagogische Beziehung. Pädagogische Professionalität und die Emanzipation des Kindes. Juventa: Weinheim, 2. Aufl.

Harris, M. (1977): The Tavistock Training and Philosophy. In: Harris, M., Bick, E. (Eds.): Collected Papers of Martha Harris and Ester Bick. Clunie Press: Perthshire, 259-282

Heinzel, F., Garlichs, A., Pietsch, S. (Hrsg.) (2007): Lernbegleitung und Patenschaften. Reflexive Fallarbeit in der universitären Lehrerbildung. Klinhardt: Bad Heilbrunn

Hierdeis, H. (2010): Selbstreflexive Lehrerbildung. In: Göppel, R., Hirblinger, A., Hirblinger, H. et al. (Hrsg.): Schule als Bildungsort und »emotionaler Raum«. Der Beitrag der Psychoanalytischen Pädagogik zu Unterrichtsgestaltung und Schulkultur. Budrich: Opladen, Farmington Hills, 175-197

Hirblinger, H. (2011a): Unterrichtskultur – Band 1. Emotionale Erfahrungen und Mentalisierung in schulischen Lernprozessen. Psychosozial-Verlag: Gießen

Hirblinger, H. (2011b): Unterrichtskultur – Band 2. Didaktik als Dramaturgie im symbolischen Raum. Psychosozial-Verlag: Gießen

Hornstein, W., Lüders, C. (1989): Professionalisierungstheorie und pädagogische Theorie. Verberuflichung erzieherischer Aufgaben und pädagogischer Professionalität. In: Zeitschrift für Pädagogik 35 (Heft 6), 749-769

Horster, D., Hoyningen-Süess, U., Liesen, C. (Hrsg.) (2005): Sonderpädagogische Professionalität. Beiträge zur Entwicklung der Sonderpädagogik als Disziplin und Profession. VS Verlag für Sozialwissenschaften: Wiesbaden

Klauber, T. (1999): Observation »at work«. In: Infant Observation. The International Journal of Infant Observation and its Applications 2 (Heft 3), 30-41

Leber, A. (1975): Psychoanalytische Projektseminare in der Ausbildung von Heilpädagogen an der Hochschule. In: Iben, G. (Hrsg.): Heil- und Sonderpädagogik. Einführung in Problembereiche und Studium. Scriptor: Kronberg/Ts., 154-162 [Wiederabdruck in: Leber, A. (Hrsg.) (1980): Heilpädagogik. Wiss. Buchgesellschaft: Darmstadt, 391-402]

Leber, A. (1977): Zur Definition von Gruppenverfahren in Hochschule und Kirche. Psychoanalytische Gruppenverfahren im Bildungsbereich – Didaktik oder Therapie? In: Gruppentherapie und Gruppendynamik 12, 242-254

Leber, A., Trescher, H.-G. (1987): Psychoanalyse in der Ausbildung von Pädagogen. In: Büttner, C., Trescher, H.-G. (Hrsg.): Chancen der Gruppe. Grünewald: Mainz, 113-122

Lindmeier, C. (2000): Heilpädagogische Professionalität. In: Sonderpädagogik 30 (Heft 3), 166-180

Lorenzer, A. (1970): Sprachzerstörung und Rekonstruktion. Suhrkamp: Frankfurt/M.

Miller, L. (2002): The relevance of observation skills to the work discussion seminar. In: Infant Observation. The International Journal of Infant Observation and its Applications 5 (Heft 1), 55-72

Moor, P. (1974): Heilpädagogik. Ein pädagogisches Lehrbuch. Huber: Bern, 3. Aufl.

Müller, B. (1991): Die Last der großen Hoffnungen. Methodisches Handeln und Selbstkontrolle in sozialen Berufen. Juventa: Weinheim

Oevermann, U. (1996): Theoretische Skizze einer revidierten Theorie professionalisierten Handelns. In: Combe, A., Helsper, W. (Hrsg.): Pädagogische Professionalität. Untersuchungen zum Typus pädagogischen Handelns. Suhrkamp: Frankfurt/M., 70-182

Redl, F., Wineman, D. (1976): Steuerung des aggressiven Verhaltens beim Kind. Piper: München

Rustin, M., Bradley, J. (Eds.) (2008): Work Discussion. Learning from reflective practice in work with children and families. Karnac: London

Sandler, J. (1976): Gegenübertragung und die Bereitschaft zur Rollenübernahme. In: Psyche – Z psychoanal 30 (Heft 4), 297-305

Schön, D.A. (1983): The reflective Practitioner. How Professionals think in Action. Basic Books: New York

Schratz, M., Paseka, A., Schrittesser, I. (Hrsg.) (2010): Pädagogische Professionalität. Quer denken – umdenken – neu denken. Impulse für next practice im Lehrerberuf. Facultas: Wien

Steinhardt, K. (2005): Psychoanalytisch orientierte Supervision. Auf dem Weg zu einer Profession? Psychosozial-Verlag: Gießen

Steinhardt, K., Reiter, H. (2009): »Work Discussion« – Lernen durch Beobachtung und Reflexion von Arbeitsprozessen. In: Diem-Wille, G., Turner, A. (Hrsg.): Ein-Blicke in die Tiefe. Die Methode der psychoanalytischen Säuglingsbeobachtung und ihre Anwendungen. Klett-Cotta: Stuttgart: 136-156

Trescher, H.-G. (1978): Zur theoretischen Fundierung pädagogisch-psychoanalytischer Gruppenverfahren in der Ausbildung von Heilpädagogen. In: Behindertenpädagogik 3 (Beiheft 6), 240-253

Trescher, H.-G. (1990a): Gruppenanalyse in der Ausbildung zur Sozialen Arbeit. In: Büttner, C., Finger-Trescher, U., Scherpner, M. (Hrsg.): Psychoanalyse und Soziale Arbeit. Grünewald: Mainz, 97-109

Trescher, H.-G. (1990b): Theorie und Praxis der psychoanalytischen Pädagogik. Grünewald: Mainz

Wagner, H.-J. (1998): Eine Theorie pädagogischer Professionalität. Deutscher Studienverlag: Weinheim

Wininger, M. (2006): Therapeutischer Begleiter. Psychodynamische Entwicklungsbegleitung zwischen Hochschuldidaktik und sozialem Engagement. In: Heilpädagogik 49 (Heft 2), 17-26

Wininger, M. (2007): Entwicklungsförderliche Beziehung verstehen und gestalten lernen. Psychodynamisch orientierte Entwicklungsbegleitung als hochschuldidaktisches Modell zum Erwerb heilpädagogischer Kernkompetenzen. In: Vierteljahresschrift für Heilpädagogik und ihre Nachbargebiete (VHN) 76 (Heft 3), 212-227

Wininger, M. (2008): Durch Erfahrung vom Wissen zum Verstehen. Ein hochschuldidaktisches Modell zum Erwerb heilpädagogischer Kernkompetenzen. In: Biewer, G., Luciak, M., Schwinge, M. (Hrsg.): Begegnung und Differenz: Menschen – Länder – Kulturen. Klinkhardt: Bad Heilbrunn, 482-493

Wininger, M. (2012): Zu den Anfängen des schwierigen Dialogs zwischen akademischer Pädagogik, Heilpädagogik und Psychoanalyse – einige Überlegungen im Lichte rezeptionshistorischer Forschung. In: Sonderpädagogische Förderung heute 57 (Heft 1), 61–75

Winnicott, D.W. (1971): Vom Spiel zur Kreativität. Klett-Cotta: Stuttgart, 2002, 10. Aufl.

Würker, A. (2007): Lehrerbildung und Szenisches Verstehen. Professionalisierung durch psychoanalytisch orientierte Selbstreflexion. Schneider Verlag: Hohengehren

Das heimliche Curriculum der Psychoanalytischen Pädagogik

Manfred Gerspach

1. Historische Vorbemerkungen über emanzipative Anstrengungen des Sinnverstehens

1970 nahm ich in Frankfurt ein Studium der Psychologie auf, weil ich die Idee hatte, »Psychagoge« zu werden. Dieser altehrwürdige Begriff verbindet Psychologie und Pädagogik und ist im Grunde später durch jenen der Kinder- und Jugendlichenpsychotherapie ersetzt worden. Allerdings war mir immer daran gelegen gewesen, psychoanalytisches Verstehen nicht genuin psychotherapeutisch, sondern elementar pädagogisch nutzbar zu machen. Mein Interesse galt weniger der klinischen Arbeit mit auffälligen Kindern und Jugendlichen als eher den niederschwelligen erzieherischen Hilfsangeboten, wohlgemerkt aber mit einer dezidiert an der Psychoanalyse angelehnten methodischen Ausrichtung.

Bis hinein in den Umgang mit dem überaus bedeutsamen Phänomen von Übertragungs- und Gegenübertragungsprozessen reicht die Tragweite dieser Unterscheidung. Zunächst handelt es sich hierbei um das Verstehen des emotionalen Zusammenwirkens von Psychoanalytiker und Analysand. Der Analytiker wird quasi mit einem affektiven Lasso in die innere Objektwelt seines Patienten gezerrt und kann gar nicht anders, als partiell mitzuagieren (Treurniet 1996, 17). Erst diese affektive Verstrickung lässt eine analytische Bearbeitung der unbewältigten Lebensthemen zu. Der Analytiker wird zu einem Objekt, mit dem »das Trauma *in einem neuen Kontext*« erlebt wird (Treurniet 1995, 120ff.). Aber auch im pädagogischen Beziehungsfeld, vor allem in der Arbeit mit früh gestörten Kindern und Jugendlichen, werden wir in ein solches Übertragungsgeschehen hineingezogen, was uns oftmals emotional aufs heftigste berührt und in uns selbst viele Affekte und Phantasien auslöst.

Bis ich das alles aber wirklich begreifen und verinnerlichen konnte, musste ich herbe Enttäuschungen und Desillusionierungen durchleiden und durchleben. Obwohl zumindest vom Studienaufbau her die Psychoanalyse – in Person von Alexander Mitscherlich und Alfred Lorenzer – mit ihren Angeboten und einem eigenen Institut vertreten war, so wurde sie doch durch die erdrückende Mehrheit der behavioristisch ausgerichteten akademischen Psychologen an den Rand gedrängt. Und es war nicht gerne gesehen, wenn man dort Scheine erwarb. Dieser Umstand wurde durch die Tatsache begünstigt, dass die gültige Studienordnung inhaltlich jener aus den 1940er

Jahren fast bis aufs Haar glich – man hatte sie nur sprachlich ein wenig entnazifiziert. Jedenfalls regierte bereits damals ein rigider Mess-, Steuerungs- und Planbarkeitswahn, der sich aus heutiger Sicht und mit Blick auf die neoliberale Entwicklung der letzten Jahrzehnte verschärft als unbewusst gewordener gesellschaftlicher Projektions- und Bewältigungsversuch amorpher Beängstigungen lesen lässt. Die Erfahrung, dem Zweifel und innerer wie äußerer Widersprüchlichkeit anheim gegeben zu sein, muss dagegen verleugnet und durch eine zwanghafte Verfahrensrationalität ersetzt werden. Nicht-Wissen als Gegenbegriff gegen Messbarkeit erscheint als das Undenkbare (Krüger 2009, 11ff.; Gerspach 2011, 29). Vor allem phänomenologische und psychoanalytische Konzepte wurden damit aus dem Kanon der nomologischen Erfahrungswissenschaften vom Seelischen ausgegrenzt, weil sie keine messbaren allgemeinen Gesetzesaussagen zu generieren imstande sind (Lorenzer 1974, 85ff.).

Nach Fahrenberg geht diese Attitüde zurück bis auf ein Missverständnis der Auffassung von Immanuel Kant, wonach Psychologie keine Wissenschaft im strengen Sinne sei, da darin keine Mathematik vorkomme. Wenngleich Kant in seiner Vorlesung zur »Anthropologie in pragmatischer Hinsicht« der Psychologie sehr wohl einen wissenschaftlichen Status als Vermittlerin zwischen Natur-, Geistes-, Sozial- und Kulturwissenschaften eingeräumt hat, wurde dieses Moment immer ignoriert, was dazu führte, dass der Vorwurf der mathematischen Unwissenschaftlichkeit tief am Selbstbewusstsein der Gründerväter der Psychologie nagte. Das Zählen und Messen ist bis zum heutigen Tag die Basis der empiristischen Psychologie geblieben und zum Wesensmerkmal ihres Alleinvertretungsanspruchs geworden (vgl. Fahrenberg 2008, 2011). Mit dieser Einengung der Perspektive wurde man im Detail immer weiter fündig, konnte aber das große Ganze nicht mehr erfassen. Wer sich im Detail verliert, dem entgeht die hinter dem manifesten Verhalten waltende Kraft unbewältigter, von gesellschaftlichen Entfremdungsphänomenen gespeister Lebensthemen. Holzkamp kam früh zu dem Urteil, »dass die experimentelle Forschung in immer wachsendem Maße mit exakten Methoden Belanglosigkeiten und Trivialitäten zutage fördert« (Holzkamp 1972, 10). Und Jantzen ergänzt ihn dahingehend, dass die empiristische Psychologie mit einem diagnostischen Grundverständnis operiert, das sich am »Normalfall« des westeuropäischen oder nordamerikanischen Menschen männlichen Geschlechts, weißer Hautfarbe, mittleren Alters und guter Ausbildung orientiert (Jantzen 2003, 88f.).

Gerade das Modell der Psychoanalyse als einer tiefenhermeneutisch-sinnverstehenden Erfahrungswissenschaft weist dagegen weit über jene Selbstbeschränkungen und uneingestandenen normativen Setzungen der reinen Beobachtungs- und Erklärungswissenschaften hinaus, die, siehe Jantzen, so rein gar nicht sind. Schließlich geht es nicht um das oberflächliche Abfragen allgemeiner menschlicher Verhaltensgesetzmäßigkeiten. Das Verhalten ist vielmehr in seiner lebensgeschichtlich-individuellen Eigenart zu identifizieren: »Psychoanalyse ist ›hermeneutisch verfahrende‹ Naturwissenschaft und zugleich Sozialwissenschaft« (Lorenzer 1977, 108ff.).

Das alles wurde uns nicht im offiziellen Lehrbetrieb vermittelt, außer eben durch Repräsentanten der Psychoanalyse, sondern wir erarbeiteten uns unsere Positionen in hartem Selbststudium und in den Diskussionen in unseren kleinen subversiven Studentenzirkeln. Damals begann ich die Bedeutung eines heimlichen Lehrplans zu erahnen: Auf der einen Seite thematisierte die offizielle Lehre nicht die Brechung des Subjekts durch die gesellschaftlich gesetzten Widersprüche, sondern war getragen von einer unkritischen anpasslerischen Haltung, auf die wir heimlich eingeschworen werden sollten. Auf der anderen Seite verspürten wir eben darum ein tiefes Unbehagen, welches immer deutlicher ins Bewusstsein vordrang.

In sehr intensiven Arbeitsgruppen, denen die Aufbereitung des abgefragten kanonisierten Wissens sekundär war, näherten wir uns selbsttätig der Beantwortung all dieser Fragen an. Das heimliche Curriculum fokussiert ja jene Prozesse, die sich unbemerkt und sozusagen hinter dem Rücken von Lehrenden (und Lernenden) abspielen. Es geht dabei um die Einflussfaktoren, die ihre Kraft jenseits der bewusst geplanten und operationalisiert durchgeführten Lernziele entfalten. Das betrifft die Art der Vermittlung wie den Inhalt selbst. Schon Watzlawick hat darauf hingewiesen, dass es neben dem Inhaltsaspekt immer den Beziehungsaspekt gibt und letzterer den ersteren bestimmt (Watzlawick, Beavin, Jackson 1971, 53ff.). So auch hier: Offenkundig sollten wir über die Stoffweitergabe auf unsere zukünftige Rolle vorbereitet werden, wortlos aber wurde ein gewünschter Habitus tradiert. Implizit schloss dieses dichotome Vorgehen nicht die Erlaubnis zum Nachdenken ein. Explizit wurden wir dadurch genau zum Gegenteil, zum Zweifeln an den gesetzten Dogmen bewogen.

In seinem Werk »Sisyphos oder die Grenzen der Erziehung« spricht Bernfeld davon, dass es primäre Aufgabe der Schule als einer der wichtigsten Institutionen der Gesellschaft sei, zu erziehen und Bildung erst an zweiter Stelle rangiere. Diese Erziehung sei konservativ, mache aus jeder Generation das, was sie heute ist, und erhalte bzw. vermehre so die Machtverteilung. Dezidiert ist von den vereinten Bemühungen ihrer geheimen Kräfte die Rede (Bernfeld 1925, 21ff.). Vor allem Zinnecker hat in den 1970er Jahren unter ideologiekritischen Vorzeichen den heimlichen, nichtamtlichen Lehrplan der Schule zur Einmassierung der für den Fortbestand einer Klassengesellschaft notwendigen Charaktermuster der folgenden Generation analysiert (Zinnecker 1974, 167ff.). Vor kurzem hat Weinz auf diese historischen Bezüge noch einmal aufmerksam gemacht (vgl. Weinz 2003). Sinnvollerweise sollte man nicht allein auf Jacksons Untersuchungen über das hidden curriculum, d.h. die Funktion der sozialen Verkehrsformen in der Schule (vgl. Jackson 1966) verweisen, sondern auch Fromms Aufsatz »Die psychoanalytische Charakterologie und ihre Bedeutung für die Sozialpsychologie« erwähnen, in welchem er generell die systemerhaltende Bedeutung eines qua sozialer Prämie erzeugten analen Charakters hervorhebt (Fromm 1932, 267).

Nun erwarb ich glücklicherweise die Einsicht, dass es niemals einfache Wenn-Dann-Beziehungen gibt. Das, was heimlich intendiert sein mag, gerät im Hinblick auf den Rezipienten unversehens in ein dialektisches Kraftfeld, womit die ursprünglich unhinterfragte erzieherische Absicht einem Akt der Reflexion, Bearbeitung und ergo Veränderung anheim gegeben wird. Kurzum: Das diskrete manipulative Moment wird evident und beginnt sich gegen sich selbst zu richten. Das Erleben von Unfreiheit ist schließlich der Motor jeder Befreiungsbewegung. Die Gestalt des heimlichen Curriculums schloss sich dergestalt, dass sich das didaktische Streben, dem akademischen

Nachwuchs die bestehenden Regeln einer skotomisierten Betrachtung menschlichen Seins und Werdens ohne Wenn und Aber einzusozialisieren, unbemerkt in sein Gegenteil verkehrte. Die heimliche Absicht wurde uns unheimlich. Freud hat uns in seiner überaus klugen Arbeit über das »Unheimliche« gezeigt, dass dieses, obwohl es zunächst so scheinen mag, nicht der Gegensatz zu »heimlich, heimisch«, sondern uns wohl vertraut ist. Da, wo das Heimliche Angst macht, wird es zum Unheimlichen: »Unheimlich ist irgendwie eine Art von heimlich« (Freud 1919h, 237). Ich denke, dass unsere damaligen Lehrer eine dunkle Ahnung davon hatten, dass das Subjekt auch ein Nichtidentisches sein eigen nennt und dass ihnen dieses heimliche Wissen, weil zu konflikthaft, unheimlich wurde und es darob verdrängt werden musste. In Adornos Konzept des Nichtidentischen sieht sich das Subjekt in innere wie äußere Widersprüche verstrickt, welche die Gebrochenheit seiner Identität hervorbringen, was ihm aber auch seine Widerständigkeit gegen alle gesellschaftlichen Kolonialisierungsversuche zu bewahren hilft (Adorno 1973, 149ff.). Der Mensch geht eben nicht bruchlos auf in den gesellschaftlichen Verhältnissen (Horn 1974, 162).

In Gestalt einer jungen, unter dem Eindruck des deutschen Faschismus und einer reaktionären Folgeepoche politisierten Studentengeneration kehrte das Verdrängte wieder. Das im Affirmativen latent aufscheinende verdrängte Wissen über die sich vielfältig darstellende gesellschaftlich produzierte Beschädigung des Subjekts trat plötzlich zutage und entlarvte das an uns in der Lehre herangetragene Menschenbild – einschließlich der erstickenden psychologischen Angebote zur blinden Einpassung in systemkonforme Verhaltenskodices – als Teil des großen Dilemmas. Die empiristische Psychologie stand nicht außerhalb, sondern mittendrin im Entfremdungsspektakel des Menschen von sich selbst.

Der Begriff des heimlichen Curriculums wäre also dahingehend zu erweitern, dass ihm eine eigentümliche Dialektik innewohnt. Neben dem geheimen Wunsch, habituelle Riten einzusozialisieren, tritt eben sein Gegenteil: Der sich zunächst verborgen haltende Widerspruch zwischen manifesten Lernzielen und latenter Einflussnahme gerät im Zuge einer bewusstseinsbildenden Reflexion zum aktiven Widerstand.

Als ich nach vier Semestern alle meine Scheine fürs Vordiplom zusammen hatte, was eine Reihe innerer Verbiegungen oder unsinniger, weil nicht begriffener Scharmützel mit bestimmten Lehrenden beinhaltete, kulminierte dieser innere Konflikt. Ich war in Sorge, vielleicht im Fortgang meines Studiums leise und unbemerkt zu einem jener Psychomechaniker zu mutieren, mit denen mich bislang, außer einer komplett diametralen Auffassung von der seelischen Entwicklung des Menschen, so gar nichts verband.

Und dann, es war 1972, kam der Psychoanalytiker Aloys Leber ans soeben begründete Institut für Heil- und Sonderpädagogik am Fachbereich Erziehungswissenschaften der Universität Frankfurt und sprach vor dem Hintergrund seiner reichen und langjährigen Erfahrungen so anschaulich und lebendig davon, wie man mit schwer gestörten und traumatisierten Kindern aus dem nicht-bürgerlichen Milieu unter Zuhilfenahme des szenischem Verstehens einen fördernden Dialog dergestalt beginnen kann, dass deren ins Stocken geratene Entwicklungen unter emanzipativen Vorzeichen in Gang gebracht werden konnten. Das war es, was mir immer vorgeschwebt hatte!

Ohne zu zögern – und den Verzicht auf eine spätere Kassenzulassung billigend in Kauf nehmend – wechselte ich das Fach und wendete mich der Heilpädagogik, wohlgemerkt in ihrer psychoanalytischen Gestalt, zu.

Somit gehörte ich plötzlich zur ersten Generation der so genannten Leber-Schüler. Vor allem eine hochschuldidaktische Erneuerung wurde mir zur bahnbrechenden Erkenntnis: das psychoanalytische Projektseminar. Die Trias aus theoretischer Unterweisung in Psychoanalyse und Psychoanalytischer Pädagogik, umfassender Praxiserfahrung vor Ort und der supervisorischen Begleitung dieser Praxis verfehlte ihre Wirkung auf uns nicht und ließ uns die engen Zusammenhänge zwischen diesen drei Grundpfeilern erkennen, nachfühlen und verinnerlichen.

Leber hat das psychoanalytische Projektseminar für die Ausbildung von Sonderschullehrerinnen und Sonderschullehrern sowie Diplom-Pädagoginnen und Diplom-Pädagogen mit dem Schwerpunkt Heil- und Sonderpädagogik begründet, wobei es ihm vor allem um die Verbindung der Supervision heilpädagogischer Praxis mit der Reflexion des Gruppengeschehens im Seminar selbst ging. Ausgangspunkt war immer die pädagogische Alltagserfahrung der Teilnehmerinnen und Teilnehmer, über die in einer Weise reflektiert wurde, dass ihre pädagogische Identität erhalten blieb, »auch wenn sie selbstverständlich in der psychoanalytischen Durchdringung modifiziert wird« (Leber 1985, 160).

Wir sollten die eigene unbewusste Problematik soweit erkennen und verarbeiten lernen, dass unsere Zöglinge nicht zu unserer (Schein-)Bewältigung herhalten müssen. Wir waren also angehalten, unsere eigene Abwehr anzugehen, um unsere Sperren gegen die Empathie aufzuheben, eine gefühlsmäßige Offenheit zu gewinnen und damit die Neigung zu minimieren, mit eigenen Phantasmen die Wahrnehmung von Interaktionsprozessen zu verzerren. Die Gefahr eines blinden Mitagierens galt es auf diesem Wege zu verringern, und wir sollten fähig werden, unsere Gefühlsreaktionen auf die unbewussten Inszenierungen unserer Klienten so wahrzunehmen, dass wir sie zu ihrem Verstehen nutzen konnten und in die Lage versetzt wurden, unsere eigene Betroffenheit von der Reaktion auf die an uns gebundene Übertragung zu unterscheiden.

Über insgesamt einen Zeitraum von vier Semestern wurde nach diesem Konzept gearbeitet, und neben dem engen Kontakt zu Leber hat nicht zuletzt der zweijährige intensive Zusammenhalt in einer kleinen Lerngruppe meine persönliche und berufliche Reifung befördert. Als Lehrbeauftragter am Institut habe ich später, gemeinsam mit Hans-Georg Trescher und Urte Finger-Trescher, selbst an diesen Projekten Aloys Lebers mitgewirkt.

2. Zum gegenwärtigen Stand der Hochschulausbildung

Mir war völlig selbstverständlich, dass ich nach meiner Berufung an die Hochschule Darmstadt, zuerst zusammen mit meinem geschätzten Kollegen Dieter Mattner – ebenfalls der Frankfurter heilpädagogischen »Schule« entstammend – und jetzt, nach seinem Ausscheiden aus dem aktiven Dienst, mit meinem nicht minder geehrten Kollegen Thilo Naumann, diese Projektidee fortzusetzen gedachte, und das über viele Jahre hinweg. Hatten wir anfangs noch drei Semester Zeit zur Verfügung, so sind es jetzt, nach der aus Kostengründen eingetretenen Beschleunigung im Rahmen des Bologna-Prozesses, nur noch zwei Semester. Am Rande sei erwähnt, dass Bildungsplanern, denen technokratisches und kognitivistisch vollständig vereinseitigtes Lernen über alles geht und die keine Ahnung haben von der Langwierigkeit jener Lern- und Entwicklungsprozesse, die sich erst über das Zulassen und die Bearbeitung von Widerständen zu entfalten wissen, selbst noch jedes mehr als ein Semester umfassendes Modul ein Dorn im Auge ist. Allerdings gelang es mir in meiner fünfjährigen Amtszeit als Dekan Anfang dieses Jahrtausends, bei der Implementierung unseres Bachelor-Studiengangs Soziale Arbeit die Projektidee als zentrales Modul im zweiten Studienjahr zu verankern. Es war selbstredend nicht möglich und von mir auch nicht gewünscht, alle Lehrende auf eine psychoanalytische Ausrichtung ihrer Projekte zu verpflichten, aber es gab eben diese Option, die, worauf ich noch eingehen werde, doch von einer Reihe von Kolleginnen und Kollegen auch in diesem Sinne genutzt wurde und wird. Im Zuge der Reakkreditierung ist unter meinem Einfluss der Umfang des Projektmoduls sogar noch etwas gewachsen. Und auf den Fluren des Fachbereichs ist von den älteren Semestern zu hören:»Erst mal müsst ihr durch die großen Vorlesungen durch, aber dann kommen die Projekte«. Es versteht sich von selbst, dass auf diesen Projekterfahrungen aufbauend eine große Anzahl von Abschlussarbeiten entsteht. Auf die Konzeption unseres Master-Studiengangs komme ich ebenfalls noch zu sprechen.

Leben und Lehren an einer Hochschule hält Höhen und Tiefen bereit. Die Entwicklungen dort sind widerstreitend. Der Psychoanalyse ging es von Anfang an darum, Natur-Phänomene als soziale zu dechiffrieren, um es den »an ihrer Kultur leidenden Menschen leichter zu machen, sich deren Bann ein Stück weit zu entziehen« (Dahmer 2004, 107). Dergestalt nimmt sie es mit »dem Unheimlichen in uns selbst und in unserer Kultur« auf (ebd., 113). In diesem Sinne stand sie stets für ein Paradigma kritischer Humanwissenschaft. Allerdings laufen kritische Theorien, die sich durch neu formulierte Einsichten ursprünglich vom Common sense absetzen, Gefahr, nach und nach wieder angeglichen zu werden. So hat Psychoanalyse auch ihre eigene Geschichte des Vergessens nonkonformistischer Einsichten zu verantworten. Die Verwandlung der psychoanalytischen Bewegung als einer »›Untergrundbewegung‹ (Bernfeld) ... in eine Zunft von Fachärzten« steht dabei für die Regression ihres Potentials als Kritischer Theorie (ebd.). Die ihr vorschwebende Rettung durch Mimikry an den Wissenschaftsbetrieb, ihre Selbstamputation qua Medizinisierung hat nicht verhindern können, dass sie an den klassischen Universitäten verschwindet. Die Lehrstühle werden beinahe einhellig der Neuroforschung in ihrer positivistisch vereinseitigten Lesart zugeschlagen. Die Nutzungsabhängigkeit des Gehirns vom bio-psycho-sozialen Kontinuum, die ja umfassend erschlossen ist, wird allerdings überwiegend mit großer Vehemenz verleugnet.

An den Fachhochschulen dagegen findet man immer mehr Kolleginnen und Kollegen, die eine abgeschlossene psychoanalytische Ausbildung aufweisen, sich in

Ausbildung befinden – was zum Teil leider zu Verwerfungen zwischen den Ausbildungsinstituten und den Hochschulen führen mag (vgl. Weber 2004) – oder, wie etwa in Pädagogik und Sozialer Arbeit, der Psychoanalyse sehr verbunden sind. Allerdings darf nicht übersehen werden, dass es zum Beispiel für Erziehungswissenschaftler, Soziologen oder Sozialarbeiter unmöglich ist, eine psychoanalytische Ausbildung zu absolvieren, was durchaus einer schweren narzisstischen Kränkung gleichkommen mag. Davon unbeirrt fühlen sie sich zu einer Disziplin hingezogen, die sich der einseitigen Kritik ausgesetzt sieht, nicht wissenschaftlich zu sein, sich weder statistisch noch experimentell fassen zu lassen und dem technisch-mathematischen Fortschritt widerspreche, »der ›alles‹ in den Griff kriegt, repariert, kontrolliert« (Parin, Parin-Matthèy 2000, 248).

Das klingt versöhnlich. Sollte ich ein Resümee ziehen, so müsste ich dennoch eher kleinlaut konstatieren, dass sich die Hochschulen mehr und mehr als Mätressen des Kapitals zur Schau stellen. So lesen sich die Zielvereinbarungen mit den Wissenschaftsministerien auf der einen und jenen mit den Fachbereichen und Fakultäten auf der anderen Seite wie ihre zu entlohnenden Liebesdienste. Oft ist schon in der Präambel, so aktuell in Hessen, davon zu lesen, dass die an den Hochschulen gewonnenen Erkenntnisse effektiv in Produkte, Verfahren und Unternehmenskonzepte umzusetzen seien, was den heimischen Wirtschaftsstandort stärke. Darüber hinaus werden dann innovative Strategien gefeiert, die das Verwalten von immer größeren Studierendengruppen unter sich verschlechternden strukturellen Bedingungen ermöglichen sollen, ohne sich um die Studienqualität oder um inhaltliche Fragen *guter* Lehre auch nur einen Deut zu scheren.

Ein Zauberwort ist dabei *E-Learning*, womit primär gemeint ist, eine Vorlesung abzufilmen, in welcher – was nur in bestimmten Fächern möglich, sinnvoll bzw. üblich ist – der Dozent einen 90-minütigen Vortrag hält, der dann ins berühmte Netz gestellt wird. Das bietet dreierlei Vorteile: 1. Studierende müssen gar nicht mehr in die Veranstaltung kommen, sondern können sich das Dargebotene von zu Hause aus ansehen, was 2. die Raumfrage völlig überfüllter Hörsäle geschmeidig zu lösen weiß; 3. kommt man damit der wachsenden Unlust, Fachliteratur zu lesen, entgegen, da sie sich offenbar mühelos – und ohne dem damit zwangsläufig gesetzten inhaltlichen Verlust eine Träne nachzuweinen – durchs ex Cathedra gesprochene Wort ersetzen lässt.

Das mag an der einen oder anderen Stelle richtig oder angebracht erscheinen. Studiengänge, die auf die Arbeit mit Menschen vorbereiten, sollten aber auf das sinnliche Moment der unmittelbaren Begegnung mit dem Anderen nicht verzichten, und das aus mehreren Gründen:

(1.) Sinn begründet sich in der Erfahrung von Sinnlichkeit. Die Anschaulichkeit der unmittelbaren Erfahrung ist kaum, soll sie nachhaltige Wirkung entfalten, durch den Einsatz elektronischer Medien zu ersetzen. Denn der Fähigkeit zur kognitiven Steuerung von Handlungsvollzügen geht die Orientierung über die Affekte voraus. Spitz hat die sensible Art der Wahrnehmung mit dem Begriff der »Tiefenempfindung« umschrieben. Anhand seiner umfangreichen Beobachtungen konnte er nachweisen, wie das ganz junge Kind von der passiven Rezeption allmählich zu aktiven Objektbeziehungen voranschreitet. Auf der ersten Stufe der »coenästhetischen Organisation« liegt der Schwerpunkt der Wahrnehmung in extensiven Empfindungen, sie hat ihr Zentrum im autonomen Nervensystem und manifestiert sich in Affekten. Auf der zweiten Stufe der »diakritischen Organisation« findet die Wahrnehmung vermittels peripherer Sinnesorgane statt. Sie hat ihr Zentrum in der Hirnrinde und manifestiert sich in bewussten Denkprozessen. Je intensiver ein Kind seine coenästhetische Rezeption ausbilden kann, desto günstiger sind die Voraussetzungen für die Ausbildung der diakritischen Perzeption (Spitz 1972, 61ff.).

Die gelingende Affektabstimmung von Mutter und Kind muss einer gelungenen Anpassung an die äußere Welt vorangestellt sein, damit das Kind zu intelligenten Umstrukturierungen befähigt wird (Leber 1995, 171f.). In den ersten Lebensphasen vermitteln sich die affektiven Prozesse hauptsächlich über sinnliche Reize des engen Kontakts der Mutter zu ihrem Kind. Der Sinn aller *Begriffe*, über die der Mensch verfügt, beginnt sich früh und ganz plastisch, aus einer »fassbaren Sinnlichkeit« herauszukristallisieren (Lorenzer 1974, 185). Nach Kant ist uns ohne Sinnlichkeit »kein Gegenstand gegeben und ohne Verstand keiner gedacht« (Kant 1781; Leber 1985, 162). Dennoch übersehen wir gerne diese Tatsche, weil wir als Erwachsene die coenästhetische Organisation der Wahrnehmung fürchten und zu verleugnen oder zu rationalisieren suchen (Spitz 1972, 154ff.). Meist werden jetzt diejenigen Signale, die sensorischer und einfühlender Natur sind, von solchen bewusster und rationaler Art abgelöst. Dabei spielt die tiefensensible Form der Wahrnehmung für unser Denken und Handeln nach wie vor eine große Rolle, gerade weil ihre Nähe zum Unbewussten eines ihrer Wesensmerkmale ist (Gerspach 2009, 101ff.). Deshalb können wir in der humanwissenschaftlichen Lehre auf solche Vermittlungsformen nicht verzichten, die das sinnliche Moment in sich tragen.

(2.) Wie uns die weitreichende Verknüpfung psychoanalytischer Forschung mit jener der Neurobiologie offenbart, erfolgt Lernen in einem Beziehungskontext. Das gewonnene Wissen über das Episodengedächtnis zeigt zum Beispiel, dass schon in der vorsprachlichen Lebensspanne sehr junge Kinder ganze Szenen mit all ihren Gerüchen, Farben, Tönen und Gefühlen in ihrem Gedächtnis aufzubewahren beginnen, die sie dann generalisieren (Stern 1992, 138ff.). Entscheidend ist dabei die Einfärbung durch das Zusammenwirken der jeweiligen Beziehungserfahrungen (von Lüpke 2000, 70).

Eine Fütterungsszene (man beachte die Analogie zur Situation an einer Hochschule, dieser *alma mater*) vereinigt das Moment des Gesättigtwerdens mit jenem der dazugehörigen Affektabstimmung. Das Ganze wird – im Guten wie im Schlechten – zu einer bedeutsamen Situation aggregiert und daraus ein durchschnittlicher Prototyp herausdestilliert, was Stern mit dem Begriff der »generalisierten Interaktionsrepräsentanzen« bzw. den »Schemata des Zusammenseins« umschreibt (Stern 1992, 142ff.; Stern 1998, 28). Über das Erleben der Abfolge solcher und nachfolgender ähnlicher Episoden werden dann zunehmend implizite Erwartungen an die Beziehungspersonen ausgebildet, was sich allmählich in Objekt- und Selbstrepräsentanzen niederschlägt (Muck 1993, 16). Im Übrigen werden in späteren Situationen sogleich Assoziationen zu diesen frühen episodischen Erfahrungen hergestellt, was unter wenig geglückten Vorzeichen schnell zu einem ausagierenden Verhalten führen kann. Bezüglich unserer Fragestellung sei dezidiert unterstrichen, dass auch hier das Gelehrte/das zu Lernende wie besonders die Art seiner vorgetragenen Vermittlung über das, was damit bei Studierenden an Wissensgenerierung und persönlichen Erkenntnisprozessen freigesetzt wird, ganz entscheidend vom klimatischen Beziehungskontext mitbestimmt ist. So heißt es bei Goethe: »Überhaupt lernt man nur von dem, den man liebt« (Eckermann 1827).

(3.) Für mich gibt es zwei entscheidende Lehrinhalte in der Pädagogik. Erstens: Entwicklung findet nicht im einzelnen Menschen, sondern in einem potentiellen Raum, im Dialog statt. Beide Seiten nehmen einander wahr, lernen voneinander und gestalten somit diese Entwicklung. Nach Winnicott repräsentiert dieser Raum die innere psychische Realität und die wirkliche, äußere Welt im selben Moment und dient vor allem der Entwicklung der Symbolisierungsfähigkeit (vgl. Winnicott 1965). Insofern bedürfen wir auch und gerade an den Hochschulen des kreativen Moments, welches für die Selbstbildungsprozesse so eminent wichtig ist.

Zweitens: Jede Gruppe ist anders (konkret; also auch die in der Vorlesung). Sie ist meist nach dem Zufallsprinzip aus ganz unterschiedlichen Subjekten mit ihren je eigenen biographischen Reminiszenzen und aktuellen Bedürfnissen, Wünschen und Ängsten zusammengesetzt. Die Gruppentätigkeit wird behindert, aber auch gefördert durch psychische Aktivitäten, die mächtige emotionale Tendenzen aufweisen. Schließlich ist jede Gruppe durch ein Zusammenspiel von Konfliktdynamik und Abwehrdynamik gekennzeichnet, was schnell zu einer Familiarisierung des Beziehungsgeschehens gereicht.Es gilt nun, diesen Gruppenprozess zu begreifen, das Gewebe intrapsychischer und interpersonaler Beziehungen der Mitglieder untereinander zu erfassen und die gegenseitigen Erwartungen und Befürchtungen zu beleuchten (Stemmer-Lück 2004, 187ff.). Ich muss also halbwegs in der Lage sein, mich mit meiner frei schwebenden Aufmerksamkeit dieser Gruppe und meinem Anteil am gemeinsamen Prozess zuzuwenden. Diese Aufmerksamkeit muss gleichsam im Hintergrund wach gehalten werden. Ich benötige – nicht zuletzt, weil ich es lehre – ein Gespür für das Empfinden in der Gruppe. Atmosphärische Störungen, das Schwinden der Aufmerksamkeit, einsetzendes Gemurmel – es sind ernstzunehmende Zeichen, die anzeigen, dass es wichtige Nachfragen oder auch Widerspruch gibt und an einigen Stellen Vertiefungen und Erläutungen nötig werden.

(4.) Die Geschichte der Hochschule sei eine Geschichte der spekulativen, später der empirischen Welterkenntnis, »aber zu keiner Zeit eine Geschichte intendierter Selbsterkenntnis« beklagt Hierdeis (Hierdeis 2010, 176). Gerade für das in Bildung begriffene berufliche Selbstverständnis von Pädagogen ist aber ein selbstreflexives Wissenschaftsverständnis unabdingbar vorauszusetzen, auch wenn in Studienplänen »aus Versehen« eher von Selbstkritik oder kritischer Selbstwahrnehmung zu lesen ist (Hierdeis 2010, 176ff.). Zugegebenermaßen mutet dem Begriff der Selbstreflexion als Methode der Psychoanalyse etwas Sperriges an. Selbstreflexion ist zum einen »das

Nachdenken des Ich über sich selbst in statu nascendi, soweit es sich bis jetzt entwickelt hat«. Dieses reflexive Ich unterscheidet sich wiederum von den Gegenständlichkeiten der äußeren Welt, als es sich in eine »Szene, in eine Interaktion, in eine symbolische Ordnung« eingebettet sieht. Insofern ist dieses Ich auf ein Anderes verwiesen, »es besitzt ein intersubjektives Moment«. Die innere Erfahrung, die es bei sich macht, ist gleichzeitig »das Instrument zu Empathie gegenüber dem Anderen« (Warsitz 2006, 67f.).

Wer mit psychoanalytischen Einfühlungs- und Verstehensbemühungen anstelle klar vorgegebener behavioristischer Konditionierungstechnologien aufwartet, schafft Verunsicherung, die zunächst wiederum beinahe zwangsläufig einen inneren Widerstand auslösen muss. Zumal dann, wenn qua Aufforderung zur Selbstreflexion die Eigenbeteiligung – als einer persönlichen Markierung an einer Szene –, obgleich auch eher diskret und berufsbezogen, mitthematisiert ist. Die durch diese Verunsicherung ausgelöste Spannung muss ich erkennen, am besten verbalisieren, aber vor allem halten. Durch mich und die Identifikation mit dem, was ich sozusagen als innere Verfasstheit ausstrahle, muss die Gewissheit aufkommen dürfen, dass diese Verunsicherung nichts Beschämendes oder Kränkendes beinhaltet, was sogleich ungeschehen gemacht werden müsste, sondern dass sich mit dem Aushaltenkönnen einer anfänglichen Irritation eine professionelle Haltung andeutet, die es auszubauen gilt. Dies kann nur gelingen, wenn wir uns unmittelbar begegnen.

(5.) Wie gewinnt der Psychoanalytische Pädagoge seine Erkenntnisse?

Vulgärpsychoanalytisch könnte man sagen: Er verbindet sein *Wissen* über biographische *Ereignisse* zu einer Kette einschneidender Erfahrungen, die die *Ursache* der aktuellen *Störung* sind.

Falsch! *Wissen* steht im Sinne der Abwehr, sich auf das dargebotene innere Elend einzulassen, für den Versuch einer zwanghaften Distanzierung von den angestoßenen eigenen Assoziationen, Phantasien und Affekten. Lebensgeschichtliche *Ereignisse*, und das wissen wir aus den vielfältigen Forschungsergebnissen zur Resilienz, können, müssen aber nicht traumatogenen Charakters sein. Entscheidend ist, wie sich das betroffene Subjekt in einer bestimmten Situation gefühlt hat, was diese Ereignisse mit seinem inneren Erleben machte und welche Möglichkeiten zur befreienden Thematisierung bzw. zum aufgenötigten Verschweigen bestanden. Lorenzer wendet sich dezidiert dagegen, Beobachtungsdaten hypothetisch einer Theorie zu subsumieren, »das Verhalten wird hier vielmehr in seiner lebensgeschichtlich-individuellen Eigenart ... identifiziert« (Lorenzer 1977, 112). In diesem Sinne sind unsere Vorannahmen auf diese Lebenspraxis auszurichten, »sie müssen *lebenspraktische Vorannahmen*, Momente der Lebenspraxis sein« (ebd., 112f.).

Desgleichen ist hier ein fundamentaler Unterschied zwischen Ursache und Motiv zu machen. *Ursache* entspringt dem monokausalen Reiz-Reaktions-Denken der Lerntheorie, womit die Komplexität der Wirkmächtigkeit der verschiedenen Zusammenhänge über Gebühr und damit zudem verfälschend reduziert wird. *Motiv* schaut auf die innere Befindlichkeit und schafft einen Reflexionsraum für mögliche Beschädigungen als Ausfluss der unter massivem Druck unbewusst gewordenen Konflikte.

Letztlich gerinnt das Ganze in jenem pathologischen Begriff der *Störung* aus dem Formenkreis der Psychiatrie, über den ich mich jetzt hier nicht ein weiteres Mal auslassen möchte (vgl. Gerspach 1998).

Wir müssen anders vorgehen. Während die akademischen Psychologen persönliches Angerührtsein quasi zum professionellen Kunstfehler erklären und dogmatisch zur affektkontrollierten wie -kontrollierenden Selbstdistanzierung aufrufen, empfehle ich genau den anderen Weg: sich die eigenen körperlichen, emotionalen, kognitiven Reaktionen als Erkenntnisquelle über die Befindlichkeit des Anderen nutzbar zu machen. Also: Keine kognitivistische Hypothesenbildung über krankmachende Ereignisse, die nur im Sinne der Abwehr der aufkommenden eigenen Empfindungen steht. Sondern Hineinhorchen ins Eigene, um dieses als Resonanzboden des Fremden zu nutzen und dennoch imstande zu sein, die Unterscheidung von eigener und fremder Lebenspraxis qua angeleiteter Selbstreflexion zu erkennen wie anzuerkennen.

Damit ist unweigerlich die Melange von Übertragung und Gegenübertragung angesprochen. Die Übertragung stellt eine unbewusst wiederbelebte Objektbeziehung dar, die in der Interaktion mit einem Stellvertreter aktualisiert wird. Weil die Übertragung eine Wiederholung darstellt, ist sie der Realität des aktuellen Beziehungskontextes gegenüber unangemessen. Die durch die Übertragung bedingten Wahrnehmungsverzerrungen – »Du machst mit mir dasselbe wie die primären Objekte« – können entsprechende Abwehrbewegungen auslösen und führen dann zu szenisch sich ergänzenden Gegenübertragungsreaktionen (Trescher 1993, 174; Gerspach 2009, 86ff.). Das Kennzeichen der Übertragung ist immer, dass sie unbewussten frühkindlichen Mustern folgt, die nicht erinnert, sondern in Haltungen und Handlungen umgesetzt werden (Gerspach 2009, 114ff.).

Zwangsläufig müssen wir uns szenisch verwickeln lassen, damit Entwicklung möglich wird. Aber ohne eingehende Reflexion dieses Gefühlswirrwarrs und der damit verbundenen Prozesse von Übertragung und Gegenübertragung würden wir nicht den Abstand wiederfinden, der es uns erst erlaubt, die sich unbewusst gestaltende Beziehungsdynamik zu verstehen.

Die Gegenübertragung manifestiert sich in Phantasien, Stimmungen, Impulsen und Verhaltensweisen, die sich analog zu den Übertragungen verhalten können und so Rückschlüsse auf den Inhalt der Übertragungen zulassen. Für den Umgang mit der Gegenübertragung wird heute das Konzept einer nicht-pathologischen Form der projektiven Identifizierung verwendet. Danach werden zunächst unerwünschte Selbstanteile in eine andere Person projiziert. Über die konkrete Interaktion wird Druck auf diese Person ausgeübt, so zu fühlen und zu handeln, wie es der Projektion entspricht. Die projizierten Phantasien und Gefühle werden durch die andere Person gehalten und verarbeitet, was schließlich zu einer Reintrojektion in modifizierter Form führt (Stemmer-Lück 2004, 101ff.).

Die Verarbeitung der projektiven Identifikation beinhaltet einen Vorgang, durch den der induzierte Gefühlszustand erfahren, gedanklich nachvollzogen und durch das interpretierende Subjekt verstanden werden kann (Ogden 1997, 15). Die Gegenübertragung wird also als Manifestation dessen betrachtet, was bislang nicht verarbeitet werden konnte. Ähnlich der Mutter erhält der Psychoanalytiker – in der Verlängerung die Pädagogin oder der Pädagoge – eine Container-Funktion (vgl. Bion 1962). Im Bionschen Modell »Container-Contained« stellt sich die Mutter zur Verfügung, um all die »noch unintegrierbaren Affekte und Empfindungen des Säuglings ... eine Zeitlang in sich zu bewahren, in sich stellvertretend zu verarbeiten, um so das Kind vor einem Überflutetwerden von seinen Affekten zu schützen« (Trescher, Finger-Trescher 1992, 94). Erst danach werden sie dem Kind entgiftet und dosiert zurückgegeben (Gerspach 2009, 90).

Für Psychotherapie wie Pädagogik ist es wohl gleichermaßen schwer, im Feld gemeinsam aufgebauter Phantasien Übertragung und Gegenübertragung genau zu unterscheiden (Küchenhoff 2010, 92). Wird diese Dynamik nicht verstanden, kann es nur zu weiterhin misslingenden Einigungsversuchen kommen, was wie eine Retraumatisierung wirkt. Allerdings bewegt sich Pädagogik in erster Linie auf einer Realitätsebene, so dass die Übertragung nicht im Zentrum des Interesses steht. Insofern ist Treschers Grenzziehung zu folgen, wonach Psychoanalyse *an* der Übertragung, Pädagogik aber *mit* der Übertragung arbeitet (Trescher 1985, 84ff.).

Die Studierenden sollen also lernen,

1. die Analogie des Dialogs von *dort und damals* zu dem von *hier und jetzt* herzustellen,
2. das Beziehungsgespinst zu durchdringen, in das sie eingewoben sind bzw. werden,
3. um dann als Container zu fungieren
4. und unter emanzipativen Vorzeichen daran mitzuwirken, dass sich ihre Adressatinnen und Adressaten fürderhin aus Beziehungsfallen selbstwirksam zu lösen vermögen.

Folglich sind sie unweigerlich genötigt, sich ihren eigenen Gegenübertragungsreaktionen zuzuwenden. Um davor nicht zu erschrecken noch zu verzagen, benötigen sie selbst die konkrete Gegenwart eines Containers in Gestalt ihres Hochschullehrers. Überdies hängt der Erfolg einer Lehrveranstaltung von positiven Übertragungs- und Gegenübertragungsverläufen ab. Der Lehrende ist nur so gut, wie es die Gruppe zulässt (und umgekehrt). Dies schließt Wahrnehmen, Aushalten, Benennen und Bearbeiten von Störungen und Widerständen ein.

Damit zurück zur Ausgangsfrage: Die dialogische Form des Lehrens ist im Konzept des E-Learnings zunächst nicht vorgesehen. Sie wirft auch technische Fragen auf: Studierende müssen ans Mikro, um sich zu artikulieren. Das geht mit Sicherheit auf Kosten der Spontaneität. Wie folgt ihnen die Kamera? Und zu guter Letzt benötigen wir von jedem seine Einwilligung. Selbst wenn wir für all das in naher Zukunft befriedigende Lösungen finden sollten, so bleibt das Problem der Präsenzpflicht bzw. -zeit. Mein Credo fürs Lernen im Dialog, für die Arbeit am Unbewussten des professionellen Beziehungsgeschehens und des Gruppenprozesses, für die Sensibilisierung für eine berufsbezogene Selbstreflexion setzt die unmittelbare Begegnung voraus. Ich bewege mich sozusagen in *Modellszenen* (Lichtenberg, Lachmann, Fosshage 2000, 21ff.).

Ähnlich der Beziehung von Analytiker und Patient, in der eine unbewusste Phantasie zwischen beiden geschaffen wird, welche weit über das gesprochene Wort hinausgeht, erarbeiten wir auch in einer Vorlesung, besser noch einem Seminar, etwas Gemeinsames, geht es um Affektansteckung und die Weitergabe von Phantasien im Hinblick auf meine pädagogische Idee. Die Herstellung solcher Modellszenen ist mein Handwerk, weil der hier angestoßene Lern- und Entwicklungsprozess nicht einseitig auf kognitive Aneignung setzt. Werden mir die Studierenden in ihrer physischen wie ergo psychischen Präsenz vorenthalten, vermag ich meine Aufgabe nicht mehr zu erfüllen. Schon Buber verlangte danach, dass sich der Pädagoge zeige und sich nicht nur wie ein Phantom vertreten lasse (Buber 1925; Reiser 1987). Buber begründete Verantwortung primär auf einer »Antwort« im Dialogischen: »Echte Verantwortung gibt es nur, wo es wirkliches Antworten gibt. Antworten worauf? Auf das, was einem widerfährt, was man zu sehen, zu hören, zu spüren bekommt« (Buber 1923, 161).

Berthold Simonsohn, einer der Großen der deutschen Sozialpädagogik nach der Niederschlagung des deutschen Faschismus, dem wir übrigens das Wirken von Aloys Leber an der Frankfurter Universität zu verdanken haben, hat einmal gesagt, ein Professor dürfe alles, nur nicht länger als eine Stunde reden. Recht hat er gehabt. Kein Mensch vermag einem anderen länger als nötig zuzuhören. Wer sich passiviert sieht, der rebelliert entweder offen – indem er geht oder das nächste Mal wegbleibt – oder er flieht in seine innere Gedankenwelt – die Kritzeleien auf den Blöcken der Studierenden sprechen da Bände. Der Dialog darf also nicht zu einem Monolog verkommen, sonst wird alles, was ich sage, akademisch, fragwürdig und wahrscheinlich folgenlos sein.

3. Psychoanalytische Pädagogik an der Hochschule Darmstadt

Als ich 1994 am Fachbereich Sozialpädagogik der Fachhochschule Darmstadt (jetzt Fachbereich Gesellschaftswissenschaften und Soziale Arbeit an der Hochschule Darmstadt) nach vielen Jahren praktischen Wirkens auf eine Pädagogik-Stelle berufen wurde, schien mich die Geschichte eingeholt zu haben. Ich fand mich in einer ausgesprochen konservativ geprägten Struktur wieder, die allein an einigen wenigen Stellen durchbrochen war. Allerdings gab es, was mir auf dem Gebiet der wissenschaftlichen Heilpädagogik nicht unbekannt war – so bei Berufungsverfahren –, eine Verbrüderung der progressiven Kräfte mit jenen der alten Schule, wenn es galt, gemeinsam gegen die Psychoanalyse zu Felde zu ziehen. Nun ist die Freiheit von Lehre und Forschung das Privileg eines Hochschullehrers, und diese Unabhängigkeit galt es zu nutzen. Sehr rasch erfuhr ich eine überaus positive Resonanz bei meinen Studierenden, wenn ich ihnen, getragen von meinem recht reichen Erfahrungsschatz, den Nutzen psychoanalytischen Verstehens für pädagogisches Terrain vor Augen zu führen vermochte.

Demgemäß gewährt uns gerade die Erkenntnis der Gegenübertragung als ein innerpsychisches Wahrnehmungsinstrument eine wichtige Hilfestellung, um etwa die verborgenen und massiv abgewehrten Persönlichkeitsanteile von heftig agierenden

Kindern und Jugendlichen zu erfassen und »in ihrer ganzen Dramatik fühlbar werden zu lassen« (Raue 2008, 125). Der Umgang mit den eigenen oft sehr extensiv erlebten Gefühlsantworten stellt eine der Hauptschwierigkeiten dieser Art von Arbeit dar, denn sie lassen immer auch Rückschlüsse auf uns selbst zu. Weil ich nicht wertend oder verurteilend auftrat, sondern unumwunden zu erkennen gab, dies selbst alles erlebt zu haben, gelang es mir, die Wut-, Hass-, aber auch Angstgefühle der Studierenden nach und nach vom anrüchig Heimlichen (!) zu befreien. Obwohl ihnen, vor allem in den Psychologieveranstaltungen, die Psychoanalyse als überholt, spekulativ, szientistisch verfälscht und als für die Praxis unnütz begegnet war, erkannten sie jetzt sehr schnell deren unschätzbaren Wert. Wenn ich »sie« sage, so muss ich wohl einräumen, dass es beileibe nie alle sind. Es sind immer jene, die sich vor der ungeheuerlichen Erkenntnis eines dynamischen Unbewussten nicht allzu sehr fürchten, die sich einem selbstreflexiven Prozess zu öffnen wagen und kaum Empathiesperren gegenüber ihren Adressatinnen und Adressaten aufweisen.

Relativ schnell fanden jene Lehrenden zusammen, die einen ähnlichen Ansatz vertraten. Über dieses Netzwerk spendete man sich gegenseitig Kraft, die Übermacht »der anderen« zu ertragen, aber es gelang auch, sich von paranoiden Phantasien zu befreien, was dem Klima insgesamt gut tat. Vor allem in meiner fünf Jahre dauernden Amtszeit als Dekan konnte ich, indem ich das Haus als Ganzes gut zu versorgen wusste, dazu beitragen, die mehr oder weniger diffusen Ängste gegenüber Psychoanalyse und Psychoanalytischer Pädagogik zu mildern. Nach und nach stießen mehr Kolleginnen und Kollegen zu uns, die an der Psychoanalyse orientiert waren, was eine Art Quantensprung auslöste – Thilo Naumann nannte uns einmal das kleine gallische Dorf –, und damit komme ich zur Frage zurück, ob wir ein heimliches Curriculum praktizieren.

Verstünde man dies so, als handle es sich sozusagen um ein geheimes Kommandounternehmen, in hinterhältiger Absicht entworfen und umgesetzt, so befände man sich vollkommen auf dem Holzweg. Versteht man dies aber so, dass es ein – und zwar unkoordiniertes – Zusammenwirken verschiedener Lehrveranstaltungen gibt, welches sich vom ersten bis zum letzten Semester durchs Studium zieht, dann kommt man der Wahrheit schon näher. Im Hinblick auf die Vermittlung von Inhalten und Methodik der Psychoanalytischen Pädagogik an einer Hochschule wäre dieser Begriff dahingehend zu reflektieren und also zu erweitern, dass damit zum einen die sich unbewusst gestaltenden (Gruppen-)Prozesse verstehend in den Blick genommen und zum anderen die mögliche Wirkmächtigkeit ineinander greifender Lehrveranstaltungen mit dieser Schwerpunktsetzung untersucht werden könnten. Wir tun also weder etwas Heimliches, noch vollzieht es sich heimlich hinter unserem Rücken. Es ist ja gerade ein Wesenszug psychoanalytisch orientierten Denkens, das Heimliche, welches so manchem durchaus unheimlich erscheinen mag, zu reflektieren, um es so seinem unbewusst bleibenden Einfluss zu entziehen. Dezidiert wird die Nähe zur Psychoanalyse formuliert, wobei ich nicht verhehlen möchte, dass es – gerade in der Begegnung mit der Praxis – zuweilen hilfreich ist, diesen Begriff dezidiert zu vermeiden, sich dem Fallverstehen aber mit psychoanalytischen Mitteln anzunähern. Man mag dies subversiv nennen, der Erfolg aber gibt mir recht. In der *neuen* Hochschulsprache könnte man jedenfalls durchaus behaupten, dass es sich bei dem relativ breiten Angebot an psychoanalytisch orientierten Lehrveranstaltungen in Darmstadt im Vergleich mit anderen Standorten um ein Alleinstellungsmerkmal handelt.

Selbst wenn Psychoanalytische Pädagogik nicht ausdrücklich als Studienschwerpunkt im Lehrangebot zur Sozialen Arbeit ausgewiesen ist – und allein auf diesen Umstand lässt sich das Wort vom heimlichen Curriculum münzen –, so lässt sich doch darstellen, wie durch diese Verzahnung auf implizitem Weg ein Kompetenzzuwachs für Studierende zu erreichen ist. Psychoanalyse zu lehren wirft die beinahe unlösbare Frage auf, wie jenseits reiner Theorievermittlung ihr *Geist* zu transportieren sei – ein Geist, der nicht haltmacht vor dem Eigenen. Aber Vorsicht: Wie weit darf dieser Geist die Studierenden affizieren, die ja anders als in einem psychoanalytischen Ausbildungssetting keine tiefergehende persönliche Begleitung erfahren?

Meines Erachtens muss hier dezidiert unterstrichen werden, dass im sozialen und pädagogischen Berufsfeld immer die Konfrontation mit der eigenen Person erfolgt, eben weil es hier unausweichlich zu Übertragungen und Gegenübertragungen kommt. Dabei ist nicht einmal ausgemacht, von wem die Übertragung ausgeht und wer mit Gegenübertragung reagiert. Viele Kinder sind Opfer der rigiden Übertragungsneigung von Lehrern, die meinen, ihre ungelebte infantile Renitenz, projektiv in ihnen bekämpfen zu müssen. Beide Optionen bzw. das zunächst kaum unterscheidbare Gemisch von Übertragung und Gegenübertragung müssen beleuchtet werden. Aber diese Arbeit darf nur soweit gehen, wie sie berufsfeldbezogen zu rechtfertigen ist. Weitergehende Therapiebedürfnisse oder -wünsche gehören an den entsprechenden Ort.

Wir haben keinen Lehrstuhl für Psychoanalyse oder Psychoanalytische Pädagogik, aber es gibt deutliche Hinweise in den Studienordnungen und Modulbeschreibungen, die sich auf diese Denk- und Verstehenstradition beziehen. Der im Jahr 2005 neu akkreditierte Bachelorstudiengang Soziale Arbeit führte unter den zu vermittelnden Kompetenzen unter anderem die folgenden, von mir formulierten auf:

- *Hermeneutisches Wissen* zielt auf das Verstehen der offenen und latenten Aspekte der Lebenswirklichkeit der Adressatinnen und Adressaten Sozialer Arbeit.
- *Selbstreflexives Wissen* legt Zugänge zum Verständnis der professionellen Beziehungsgestaltung, um bewusste wie nicht-bewusste Beziehungsfallen zu erkennen, um sich aus affektiven Verstrickungen zu befreien und den Adressatinnen wie Adressaten zu einer autonomeren Lebensführung zu verhelfen.

Eine erstaunlich große Zahl Lehrender aus den Bereichen Psychologie, Pädagogik, Sozialmedizin, Jugendarbeit und Kulturpädagogik, Kunst, Musik und Psychomotorik sind der Psychoanalyse deutlich verbunden. Insofern lässt sich bei genauerem Hinsehen ein (unabgestimmt-)abgestimmter Aufbau psychoanalytisch orientierter Inhalte im Verlauf des Studiums auffinden. Diesen Aufbau möchte ich nun skizzieren, immer betonend, dass es sich nicht um ein durchstrukturiertes Manöver handelt, zumal wir selbstredend ein heterogenes, aus vielerlei Denktraditionen gespeistes Lehrangebot vorhalten.

Im Bachelor-Studiengang Soziale Arbeit werden in den folgenden Modulen, d.h. etwa der Hälfte aller Module, (unter anderen) psychoanalytisch orientierte Themen behandelt.

1. Studienjahr
Modul »Kunst, Kultur und Medien in der Sozialen Arbeit«
Modul »Pädagogische und ethische Grundlagen der Sozialen Arbeit«

2. Studienjahr
Modul »Handlungsmethoden und Interventionsformen der Sozialen Arbeit«
Modul »Psychologische und sozialmedizinische Grundlagen der Sozialen Arbeit«
Modul »Praxisphase Projekte«

3. Studienjahr
Modul »Forschungsmethoden der Sozialen Arbeit«
Modul »Aktuelle Themen der Sozialen Arbeit«
Modul »Professionelles Handeln: Reflexion und Selbstreflexion in der Sozialen Arbeit«
Modul »Bachelorarbeit«
Modul »Zusatzqualifikation Psychomotorik«

Psychoanalytische Akzentuierungen erfolgen nach Auskunft meiner Kolleginnen und Kollegen in folgenden Schwerpunktsetzungen:

- tiefenhermeneutisches und insbesondere szenisches Verstehen
- Objektbeziehungs- und Selbstpsychologie
- psychoanalytische Entwicklungspsychologie
- Säuglingsforschung, Bindungstheorie
- Adoleszenz
- Übertragung und Gegenübertragung
- Holding und Containing
- Mentalisierung, Affektregulierung
- Behinderung und Störung
- Kleingruppenarbeit am Beispiel von Selbsthilfegruppen
- ästhetische Wahrnehmungs- und Ausdrucksprozesse in Verbindung mit einer Regression im Dienste des Ichs
- musikbiographische Arbeit
- sinnverstehende Psychomotorik
- gruppenanalytische Verfahren
- Supervision, Praxisreflexion und Selbsterfahrung

Exemplarisch möchte ich ein Modul, bestehend aus drei Lehrveranstaltungen, des letzten Studienjahres herausgreifen: Der Schwerpunkt dieses Moduls »Professionelles Handeln: Reflexion und Selbstreflexion in der Sozialen Arbeit« liegt auf der Beachtung der eigenen Identität und der jeweiligen Rollen, die in verschiedenen Kontexten eingenommen werden. Hierzu ein Auszug aus der Modulbeschreibung: Dieses Modul richtet die Aufmerksamkeit auf die Trias von Individuum, Gruppe und Sozialraum in jeweils unterschiedlichen Problemzusammenhängen. Zugleich sind immer auch die institutionellen Rahmenbedingungen mitzureflektieren. Das Balancieren zwischen Autonomie und Abhängigkeit ist ein Indikator für ein erwachsenes Selbst und besonders auf der Seite der Klienten eine Dimension, die sehr leicht durch ungünstige Entwicklungsbedingungen aus dem Gleichgewicht gerät. In diese Dynamik wird auch die professionalisierte Person hineingezogen. Sie braucht deswegen eine selbstreflexive Betrachtung von sich im Kontext mit Anderen.

Inhalte des Moduls sind unterschiedliche Verfahren zur Reflexion und Selbstreflexion, die vor allem multiperspektivisch ausgerichtet sind. Dazu gehören u.a. folgende Verfahren, die konzeptionell begriffen und praktisch erprobt werden sollen:

- Theorien zur Intersubjektivität, Anerkennung und professionellen Beziehung
- Gruppendynamik
- Intervision
- Supervision
- körperorientierte Methoden
- musiktherapeutische Methoden
- künstlerisch-symbolische Methoden
- szenische Verfahren
- Biographiearbeit
- Organisations- und Institutionsanalyse

Nachfolgend möchte ich, und zwar nur ausschnittsweise, einige Beispiele aus dem dazugehörigen Lehrangebot der letzten Semester benennen und dabei die Inhalte ein wenig genauer skizzieren.

Berufsbezogene Selbsterfahrung (zweisemestrig)
Zu den Inhalten zählt die Fähigkeit der (Selbst-)Reflexion als unabdingbarer Bestandteil sozialpädagogischer Professionalität. Sie dient dazu, die biographisch und institutionell gefärbten Formen des Empfindens, Wahrnehmens und Handelns in sozialpädagogischen Settings zu verstehen und zu erweitern. Die Veranstaltung bezieht Elemente der Gruppenanalyse als einer bewährten Methode zum Verstehen von (sozialpädagogischen) Gruppenprozessen, zur Teamsupervision und eben auch zur berufsbezogenen Selbsterfahrung ein, ohne dass folgerichtig ein therapeutisches Ausbildungsziel angestrebt würde. Die Studierenden sollen die Methode kennenlernen, sie aber nicht anwenden, ähnlich, wie es Leber formuliert hat: »Ich selbst halte es für den Lernprozess für wichtig, auf die Entsprechungen zwischen dem ›Fall‹ und der gerade aktuellen gemeinsamen Phantasie der Gruppe einzugehen. Für mich beginnt Therapie erst dort, wo die einzelnen Gruppenmitglieder mit ihrer persönlichen Problematik ins Spiel kommen« (Leber, Gerspach 1996, 516). Auf der Grundlage freier Kommunikation im Netzwerk der Gruppe erfolgt eine Verständigung über biographische Anteile der Berufswahl und -praxis. Lernziel ist der Erwerb von (Selbst-)Reflexionskompetenz.

Persönliche und professionelle Identität im Spiegel bildnerischer Medien
Zu den Inhalten zählt die Lust auf das Ausloten ästhetischer Medien zur Selbstreflexion der eigenen Identität in ihrem Verhältnis zur sozialarbeiterischen Profession. Es erfolgt eine Einführung in persönliche und professionelle Identitätsmodelle sowie die Erkundung und Gewichtung persönlicher und biographischer Anteile der Professionswahl Sozialer Arbeit im Spiegel bildnerischer Medien. Dieses theoriegeleitete, praxisorientierte Methodenseminar mit Selbsterfahrungs- und Selbstreflexionsanteilen hat die reflektierende Einordnung der eigenen professionellen Identitätskonstruktionen im Kontext biographischer Aspekte, die Nutzung ästhetischer Verfahren als Methoden vertiefter Selbsterkenntnis, die Sensibilisierung und Eigenverortung bezüglich der spezifischen Anforderungen in der Sozialen Arbeit als einer Profession zwischen »Hilfe und Kontrolle« zum Ziel.

Selbsterfahrung in Kunst und Bewegung Zu den Inhalten zählt, sich auf selbstreflexive Prozesse einzulassen. In diesem Selbstreflexionsseminar steht die nonverbale Arbeit mit Kunst und Bewegung im Mittelpunkt. Der eigene Ausdruck in Bild und Körper wird zum Medium der Kommunikation mit sich selbst und dem Anderen. Im Rahmen einer kreativen Prozessarbeit sollen die eigenen Ressourcen bewusst gemacht und das originäre Eigene gestärkt werden. Dabei können individuell bedeutsame biographische und selbstregulative Kräfte erfahrbar werden, die auch in der Praxis der Sozialen Arbeit – vor allem in der Burnout-Prophylaxe – wirksam werden können. Lernziel ist die Sensibilisierung für den Umgang mit nonverbaler Selbsterfahrung und Selbstreflexion. Kreative Prozesse sollen als Burnout-Prophylaxe verwendet, biographische Ressourcen im Berufsalltag erkannt und genutzt werden können.

Abschließend möchte ich zwei meiner eigenen, semesterweise alternierenden Angebote aufführen.

Übertragung und Gegenübertragung im pädagogischen Feld
Hierzu der Text aus der Seminarankündigung: Soziale Arbeit verlangt nach intensiver Reflexion und Selbstreflexion in Bezug auf mögliche affektive Verstrickungen mit der jeweiligen Klientel. Diese Verstrickungen folgen meist unbewussten szenischen Mustern, die in unbewältigten Lebensthemen und aktuell belastenden psychosozialen Einflüssen der Adressatinnen und Adressaten wurzeln und auf der Seite der professionell Tätigen entsprechende Gegenreaktionen auszulösen vermögen. Diese Zusammenhänge sollen bewusst gemacht werden, um sich aus den Beziehungsfallen wieder lösen zu können. Die Studierenden sollen Übertragungs- und Gegenübertragungsprozesse erkennen, verstehen und so zu handhaben lernen, dass autonome Entwicklungsprozesse auf Seiten der Adressatinnen und Adressaten unterstützt werden können.

Das Verstehen in der Psychoanalytischen Pädagogik
Hier nun der Text der Seminarankündigung: Soziale Arbeit verlangt nach Interventionen mit einer oft als schwierig erlebten Klientel, was aber ohne ein tieferes Verstehen der zugrundeliegenden und in Szene gesetzten Problematik nicht wirklich kompetenzfördernd gestaltet werden kann. Einzig über eine intensive Reflexion und Selbstreflexion der eigenen affektiven Verstrickung, die unter Umständen nur zu einer

retraumatisierenden Komplettierung der Szene führt, wird dieser Teufelskreis zu durchbrechen sein. Das Seminar möchte einen Einblick in den Wiederholungszwang agierter ungelöster Lebensthemen gewähren und die Fähigkeit, einen fördernden Dialog mit dieser Klientel anzubahnen, ausbauen und vertiefen. Ziel ist es, dass die Studierenden in die Lage versetzt werden, ihr Interaktionsangebot so zu gestalten, dass sie ihre Adressatinnen und Adressaten darin zu unterstützen vermögen, sich von der ständigen Reproduktion von Beziehungsfallen befreien zu können.

Im Folgenden werde ich noch auf die Fortführung des Ganzen in unserem konsekutiven Masterstudiengang Soziale Arbeit eingehen. Hier haben wir eine Schwerpunktsetzung eingerichtet. Die Studierenden entscheiden sich zwischen dem Wahlpflichtfach Sozialpädagogische Fallarbeit und sozialraumorientierte Ansätze der Sozialen Arbeit.

Dazu sogleich ein Einschub: Im Masterstudium sollen ja die im Bachelorstudium erworbenen Kenntnisse vertieft werden. Da Beziehungsarbeit, die von unbewussten Triebkräften ausgeht, notabene von mehr oder minder heftigen Widerstandsregungen begleitet ist, kommt ähnlich der psychoanalytischen Kur der aufsteigenden Linie *erinnern – wiederholen – durcharbeiten* (vgl. Freud 1914g) ein großes Gewicht zu. Dieses Unterfangen (ver-)braucht Zeit. Es ist für nicht psychoanalytisch orientierte Kolleginnen und Kollegen und vor allem für Master-Studierende, die von anderen Studienorten, an denen sie in der Regel nicht oder nur marginal mit Psychoanalyse in Berührung kamen, zu uns stoßen, oftmals unverständlich, warum wir »immer wieder dasselbe machen«. Eben dieser Unterschied innerhalb der Gruppe der Studierenden (»unsere« und die »neuen«) kann zu Spaltungen führen (»das kennen wir alles schon« versus »das ist uns alles vollkommen neu«), was uns häufig didaktisch gesehen vor eine große Aufgabe stellt. Vor allem die Tatsache, dass Psychoanalyse keine Wissenschaft wie jede andere ist, die man sich rein theoretisch aneignen kann, ohne persönlich davon angesprochen zu sein, führt oftmals zu Irritation, Abwehr und Ärger. Da, wo wir mit der nötigen Sensibilität und auch Selbstreflexion diese Spaltung überwinden können, entstehen glücklicherweise in der Gruppe integrierende Prozesse mit erhellenden (Selbst-)Einsichten.

Gerade weil die Gestaltung von Beziehungen zwischen den Professionellen und ihrer Klientel eine Kernaktivität der Sozialen Arbeit ist, müssen diesbezüglich methodische Zugänge zum *Fall* vermittelt werden, die sich nicht als technologische Theorieanwendung, sondern als ein selbstreflexives Arbeitskonzept darstellen. Ausgehend von Burkhard Müllers Begriff der multiperspektivischen Fallarbeit (Müller 1994) wird das Verstehen der offenen und latenten Aspekte der Lebenswirklichkeit der Adressatinnen und Adressaten und des dadurch präformierten professionellen Beziehungskontexts angestrebt. Dies geschieht vor allem über die Aneignung hermeneutischen und insbesondere tiefenhermeneutischen Wissens, über szenisches Verstehen, das Handhaben von Spiegelungsprozessen, Gruppendynamik und Übertragungsphänomenen sowie die Erfassung und Verwendung von Übergangsobjekten. Dies alles soll dazu beitragen,

- die Empathiefähigkeit zu stärken,
- bewusste wie nicht-bewusste Beziehungsfallen zu erkennen,
- mit Übertragungs- und Gegenübertragungsprozessen gekonnt und reflektiert umzugehen sowie
- sich aus affektiven Verstrickungen befreien zu können, um den Dialogpartnerinnen und -partnern zu einer gedeihlichen Entwicklung zu verhelfen.

Soweit ein komprimierter Auszug aus unserer Studienordnung. Zur Unterstützung der Studierenden bei ihrer Schwerpunktwahl habe ich zudem folgende Begründung formuliert:

Insgesamt soll im Schwerpunkt Sozialpädagogische Fallarbeit ein mehrdimensionaler Subjektbegriff erworben und aus einer gesellschaftskritischen Perspektive beleuchtet werden. Dies schließt die Wahrnehmung wie Bearbeitung innerer (psychischer) wie äußerer (politischer) Widerstände ein. Das Wissen um entwicklungsspezifische Beschädigungen auf der subjektiven Ebene ist mit dem Wissen um gesellschaftliche Beschädigungen auf der objektiven Ebene zu legieren. Dieses Wissen beinhaltet,

- die unbewussten Reinszenierungen misslingender lebensgeschichtlicher Autonomiebewegungen im unmittelbaren Praxiszusammenhang zu erkennen und auszuhalten, so dass vor dem Hintergrund emotional korrigierender Erfahrungen im Sinne Alexanders (1949) die Subjekte aus ihren bisherigen Entwicklungsblockaden besser herauszufinden vermögen,
- die Beziehungsgespinste kognitiv zu erkennen wie affektiv zu erfahren, in die man selbst *ver*wickelt wird, um damit zu einer gelingenden *Ent*wicklung beizutragen,
- was einschließt, die dynamische Verbundenheit von Übertragungs- und Gegenübertragungsprozessen zu verstehen und
- voraussetzt, die eigenen psychischen Widerstände zu erkennen und zu bearbeiten, die diesem Wissen entgegenstehen.

Dabei gilt es zwingend, die subjektive Misere der Adressatinnen und Adressaten nicht individualistisch verkürzt als persönliches Defizit, sondern als Ausdruck des vorenthaltenen Zugangs zu den gesellschaftlich geschaffenen Ressourcen zu sehen. In diesem Sinne versteht sich der Schwerpunkt auf den verschiedenen Ebenen als methodische Anleitung zur Selbstreflexion. Zumindest der letzte Aspekt spiegelt sich in der Fachdebatte wieder (Braun, Graßhoff, Schweppe 2011, 31).

Vor dem Hintergrund obiger Ausführungen werden in der überwiegenden Zahl der Module (unter anderen) die nachfolgend aufgeführten psychoanalytisch orientierten Themen behandelt:

1. Studienjahr
Modul »Grundlagen fallorientierter und sozialraumorientierter Perspektiven in der Sozialen Arbeit«
Modul »Forschungsmethoden«
Modul »Wahlpflichtbereich Lehrforschungsprojekt: Praxisforschung I«
Modul »Wahlpflichtbereich Sozialpädagogische Fallarbeit: Subjektorientierte Fallarbeit«

2. Studienjahr
Modul »Wahlpflichtbereich Lehrforschungsprojekt: Praxisforschung II«
Modul »Selbstreflexive Zugänge zur Fallarbeit«
Modul »Masterarbeit«

Ich hoffe, ich konnte den sich durchs Labyrinth unserer Studiengänge ziehenden Ariadnefaden Psychoanalytischer Pädagogik sichtbar machen. Vielleicht könnte man mit Fug und Recht behaupten: Steter Tropfen höhlt den Stein. Der Wiedererkennungseffekt tiefenhermeneutischen Verstehens in Lehrveranstaltungen anderer Kolleginnen und Kollegen trägt sicher im Laufe der Zeit dazu bei, dass eine im Aufbau begriffene (selbst-)reflexive professionelle Haltung nachhaltiger gefestigt wird.

Heute versuche ich das umzusetzen, was mir als Student zunächst gefehlt hat. Und im losen Verbund mit anderen gelingt das offensichtlich leichter. Schließen möchte ich mit einigen Gedanken zu Verlauf, Resonanz und Wirkung dieser Angebotsstruktur, wobei ich mich hier auf meine eigenen Erfahrungen beschränken werde. Es wäre einmal interessant zu erforschen, ob und wie lange unsere Absolventinnen und Absolventen, die sich in ihrem Studium der Psychoanalytischen Pädagogik zugewandt hatten, unter dem oftmals erdrückenden Einfluss der Praxis diesem Ansatz treu bleiben. Vielleicht sollte man dies hochschul- bzw. standortübergreifend evaluieren, um wirklich ehrliche Antworten zu erhalten. Ich persönlich habe jedenfalls noch zu vielen ehemaligen Studierenden Kontakt, sei es über Kontakte zu ihrer Praxisstelle, über Tagungen sowie Fort- und Weiterbildungen, über gemeinsame Projekte und Forschungsvorhaben oder weil sie selbst noch immer auf mich zukommen.

Das, was ich zum jetzigen Zeitpunkt dazu zu sagen habe, ist eher bruchstückhaft und wenig systematisch. Häufig höre ich von Studierenden, die zuvor eine Erzieherinnenausbildung absolviert und auch praktisch in diesem Feld gearbeitet haben, dass sie erst jetzt – etwa über das Kennenlernen des Konzepts vom szenischen Verstehen – begreifen, was ihnen damals widerfuhr und womöglich schief gelaufen ist. In Abschlussarbeiten – etwa zum Thema Verhaltensstörungen, ADHS, Umgang mit Menschen mit Behinderung – begegnet mir in der Regel ein erstaunlich hohes Reflexions- und Verstehensniveau, nicht selten erfolgt eine differenzierte und präzise Anwendung des erworbenen theoretischen Wissens auf Praxisbeispiele. Dabei wird deutlich, dass das Fragen, die Beachtung von Übertragungs- und Gegenübertragungsreaktionen und das daraus resultierende Sich-unaufdringlich-zur-Verfügung-Stellen bereits sehr weit verinnerlicht sind. Jene, die neben ihrem Studium in pädagogischen und sozialen Einrichtungen arbeiten, gehen jetzt häufig anders mit bestimmten

Verhaltensphänomenen um. Sie lassen sich nicht mehr von schlichten hirnphysiologischen Erklärungshypothesen dazu verleiten, Kinder als krank und behandlungsbedürftig zu erachten, sondern wenden sich, mit aller gebotenen Vorsicht, ihren möglicherweise vorhandenen lebensgeschichtlichen Konfliktfeldern und psychosozialen Risikokomponenten zu. Darüber nehmen sie Einfluss auf Kolleginnen und Kollegen, auf Eltern, am wichtigsten wohl auf das Kind selbst.

In und im Anschluss an Veranstaltungen werden sehr viele nachdenkliche Fragen an mich gerichtet. Gerade im Hinblick auf mein Seminar »Übertragung und Gegenübertragung im pädagogischen Feld« ist dies der Fall. Meist beginne ich mit der Geschichte von Breuer und seiner Patientin Anna O., vor deren Liebesandeutungen er erschrocken flüchtete, gefolgt von der Begegnung Freuds mit der jungen Katharina auf einem Almspaziergang, komme auf Jung und Ferenczi zu sprechen und baue Filmsequenzen aus der Serie »In treatment« ein, die die Gefahr von sexuellen Grenzüberschreitungen zum Thema haben. Zum einen lässt sich anhand dieses Materials die Theoriegeschichte von Übertragung und insbesondere Gegenübertragung sehr gut nachzeichnen. Zum anderen erscheinen die genannten Persönlichkeiten als gefährdet und damit menschlich (was Übergriffe in psychotherapeutischen Settings beileibe nicht rechtfertigen soll). Das erleichtert offensichtlich, sich dem Thema unbefangener zu nähern, so dass nach diesem Vorlauf die Hinwendung zur eigenen Praxis nun besser gelingt. Neben der positiven, libidinösen Form der Übertragung ist für uns Pädagogen besonders die negative, aggressive Lesart von Belang, die uns Gefühle von Zurückweisung, Kränkung, Beschämung beschert, mit denen zunächst schwer umzugehen ist. Nicht selten sehen wir uns hier selbst zu einer heftigen aggressiven Gegenwehr herausgefordert, was in der Regel stark tabuiert ist. Im Verlauf der Veranstaltung konnten wir uns auch diesen Empfindungen immer besser stellen. Vor allem, weil es sich bei der Gegenübertragung um ein ubiquitäres Phänomen handelt (vgl. Muck 1978), ist sie nicht auf das psychoanalytische Setting zu begrenzen, sondern taucht in allen Segmenten des Alltagslebens auf. Gerade für eine professionelle Beziehungsgestaltung kommt es darauf an, damit konstruktiv umzugehen.

Auch wenn ich große Vorbehalte gegenüber standardisiert vergröbernden Befragungen hege, die nicht selten in die unsägliche Dummheit einmünden, dem Dozenten eine Schulnote zu geben – anstatt heimlich Rache zu üben, sollte man das möglichst angstfrei im Dialog thematisieren dürfen –, so möchte ich doch abschließend auf einige ausgewählte Aspekte eingehen. Meiner jüngsten Evaluation dieser Veranstaltung entnehme ich, dass die Relevanz, die vermutliche Bedeutung für die spätere Praxis und die Förderung des Interesses am Themenbereich als sehr hoch eingestuft wurden, sowie Schwierigkeitsgrad, Stoffumfang und Tempo als mittig und damit den Bedürfnissen gerecht werden beurteilt wurden. Die Themen seien interessant, es gebe genügend Raum für Diskussion, durch die hohe Beteiligung der Studierenden und den regen Austausch profitiere man sehr. Ähnlich erfreuliche Ergebnisse liegen für meine Veranstaltungen »Das Verstehen in der Psychoanalytischen Pädagogik«, »Theorien und Konzepte interdisziplinärer Fallarbeit« und »Einführung in die fallverstehende Pädagogik« vor.

Literatur

Adorno, T.W. (1973): Negative Dialektik. Suhrkamp: Frankfurt/M., 1990, 6. Aufl.
Alexander, F. (1949): Fundaments of psychoanalysis. Allen & Unwin: London
Bernfeld, S. (1925): Sisyphos oder die Grenzen der Erziehung. Suhrkamp: Frankfurt/M., 1973
Bion, W. (1962): Lernen durch Erfahrung. Suhrkamp Frankfurt/M., 1992
Braun, A., Graßhoff, G., Schweppe, C. (2011): Sozialpädagogische Fallarbeit. Reinhardt: München, Basel
Buber, M. (1923): Ich und Du. In: Buber, M. (1984): Das dialogische Prinzip. Schneider: Heidelberg
Buber, M. (1925): Reden über Erziehung. Schneider: Heidelberg, 1960
Dahmer, H. (2004): Regression einer kritischen Theorie. Schicksale der »Psychoanalytischen Bewegung«. In: Ernst, W., Walter, J. (Hrsg.): Psychoanalyse an der Universität. LIT Verlag: Wien, 107-133
Eckermann, J.P. (1827): Gespräche mit Goethe. Deutscher Klassiker Verlag: Berlin, 2011
Fahrenberg, J. (2008): Die Wissenschaftskonzeption der Psychologie bei Kant und Wundt. In: e-Journal Philosophie der Psychologie. Online im Internet: URL: www.jp/philo.at/texte.FahrenbergJ2.pdf (Zugriff 11.2.2012)
Fahrenberg, J. (2011): Kontroversen enthalten Elemente des Fortschritts. Die Aktualität von Kant und Wundt für die Psychologie. In: Projekt Psychotherapie (Heft 2), 20-23
Freud, S. (1914g): Weitere Ratschläge zur Technik der Psychoanalyse: II Erinnern, Wiederholen, Durcharbeiten. In: Freud, S.: Gesammelte Werke (GW). Bd. 10. Fischer: Frankfurt/M., 126-136
Freud, S. (1919h): Das Unheimliche. In: Freud, S.: Gesammelte Werke (GW). Bd. 12. Fischer: Frankfurt/M., 229-268
Fromm, E. (1932): Die psychoanalytische Charakterologie und ihre Bedeutung für die Sozialpsychologie. In: Zeitschrift für Sozialforschung 1, 253-277
Gerspach, M. (1998): Wohin mit den Störern? Zur Sozialpädagogik der Verhaltensauffälligen. Kohlhammer: Stuttgart
Gerspach, M. (2009): Psychoanalytische Heilpädagogik. Ein systematischer Überblick. Kohlhammer: Stuttgart
Gerspach, M. (2011): Mut zur Lücke. In: Projekt Psychotherapie (Heft 2), 29-31
Hierdeis, H. (2010): Selbstreflexive Lehrerbildung. In: Göppel, R., Hirblinger, A., Hirblinger, H. et al. (Hrsg.): Schule als Bildungsort und »emotionaler Raum«. Budrich: Opladen, Farmington Hills, 175-197
Holzkamp, K. (1972): Kritische Psychologie. Fischer: Frankfurt/M.
Horn, K. (1974): Das psychoanalytische als Teil eines sozialwissenschaftlichen Krankheitskonzepts. In: Muck, M., Schröter, K., Klüwer, R. et al.: Information über Psychoanalyse. Suhrkamp. Frankfurt/M., 137-175
Jackson, P.W. (1966): Life in Classrooms. Teachers College Press: New York

Jantzen, W. (2003): Rehistorisierende Diagnostik: Verstehende Diagnostik braucht Erklärungswissen. In: Ricken, G., Fritz, A., Hofmann, C. (Hrsg.): Diagnose: Sonderpädagogischer Förderbedarf. Pabst: Lengerich, Berlin, Bremen, 83-105
Kant, I. (1781): Kritik der reinen Vernunft. Meiner: Hamburg, 1993
Krüger, C. (2009): Psychoanalytische Sozialarbeit im Spannungsfeld der Forderungen nach ökonomischer Rationalität, Alltagsnähe und Ressourcenorientierung. In: Verein für Psychoanalytische Sozialarbeit (Hrsg.): Verrückte Lebenswelten. Über Ressourcenorientierung in der Psychoanalytischen Sozialarbeit. Brandes & Apsel: Frankfurt/M., 11-29
Küchenhoff, J. (2010): Der Wandel psychoanalytischer Therapiekonzepte. Klinische Herausforderungen und theoretischer Fortschritt. In: Münch, K., Munz, D., Springer, A. (Hrsg.): Die Psychoanalyse im Pluralismus der Wissenschaften. Psychosozial-Verlag: Gießen, 83-108
Leber, A. (1985): Wie wird man psychoanalytischer Pädagoge? In: Bittner, G., Ertle, C. (Hrsg.): Pädagogik und Psychoanalyse. Königshausen & Neumann: Würzburg, 151-165
Leber, A. (1995): Ein Schlüssel zum Verständnis menschlichen Verhaltens. Die Aktualität der Sorbonne-Vorlesung Jean Piagets für Theorie und Praxis. In: Piaget, J: Intelligenz und Affektivität in der Entwicklung des Kindes, herausgegeben von Aloys Leber. Suhrkamp: Frankfurt/M., 152-181
Leber, A., Gerspach, M. (1996): Geschichte der Psychoanalytischen Pädagogik in Frankfurt am Main. In: Plänkers, T., Laier, M., Otto, H.-H. (Hrsg.): Psychoanalyse in Frankfurt. Zerstörte Anfänge, Wiederannäherung, Entwicklungen. edition diskord: Tübingen, 489-541
Lichtenberg, J.D., Lachmann, F.M., Fosshage, J.L. (2000): Das Selbst und die motivationalen Systeme. Brandes & Apsel: Frankfurt/M.
Lorenzer, A. (1974): Die Wahrheit der psychoanalytischen Erkenntnis. Suhrkamp: Frankfurt/M.
Lorenzer, A. (1977): Sprachspiel und Interaktionsformen. Suhrkamp: Frankfurt/M.
Muck, M. (1978): Psychoanalytische Überlegungen zur Struktur menschlicher Beziehungen. In: Psyche – Z psychoanal 32 (Heft 3), 211-228
Muck, M. (1993): Psychoanalytisches Basiswissen. In: Muck, M., Trescher, H.-G. (Hrsg.): Grundlagen der Psychoanalytischen Pädagogik. Grünewald: Mainz, 13-62
Müller, B. (1994): Sozialpädagogisches Können. Ein Lehrbuch zur multiperspektivischen Fallarbeit. Lambertus: Feiburg i.B.
Ogden, T. (1997): Über den potentiellen Raum. In: Forum Psa. 13, 1-18
Parin, P., Parin-Matthèy, G. (2000): Subjekt im Widerspruch. Psychosozial-Verlag: Gießen
Raue, J. (2008): Aggressionen verstehen. Psychosozial-Verlag: Gießen
Reiser, H. (1987): Beziehung und Technik in der psychoanalytisch orientierten themenzentrierten Gruppenarbeit. In: Reiser, H., Trescher, H.-G. (Hrsg.): Wer braucht Erziehung? Grünewald: Mainz, 181-196
Spitz, R. (1972): Vom Säugling zum Kleinkind. Klett-Cotta: Stuttgart

Stemmer-Lück, M. (2004): Beziehungsräume in der Sozialen Arbeit. Kohlhammer: Stuttgart

Stern, D. (1992): Die Lebenserfahrung des Säuglings. Klett: Stuttgart

Stern, D. (1998): Die Mutterschaftskonstellation. Klett: Stuttgart

Trescher, H.-G. (1985): Theorie und Praxis der Psychoanalytischen Pädagogik. Campus: Frankfurt/M., New York

Trescher, H.-G. (1993): Handlungstheoretische Aspekte der Psychoanalytischen Pädagogik. In: Muck, M., Trescher, H.-G. (Hrsg.): Grundlagen der Psychoanalytischen Pädagogik. Grünewald: Mainz, 167-201

Trescher, H.-G., Finger-Trescher, U. (1992): Setting und Holding-Function. In: Finger-Trescher, U., Trescher, H.-G. (Hrsg.): Aggression und Wachstum. Grünewald: Mainz, 90-116

Treurniet, N. (1995): Was ist Psychoanalyse heute? In: Psyche – Z psychoanal 49 (Heft 2), 111-140

Treurniet, N. (1996): Über eine Ethik der psychoanalytischen Technik. In: Psyche – Z psychoanal 50 (Heft 1), 1-31

von Lüpke, H. (2000): Neue Nachbarschaften – Neurobiologie im psychosozialen Kontext. In: Behinderte in Familie, Schule und Gesellschaft 23 (Heft 4/5), 69-76

Warsitz, R.P. (2006): Selbstreflexion als Methode der Psychoanalyse. In: Dauber, H., Zwiebel, R. (Hrsg.): Professionelle Selbstreflexion aus pädagogischer und psychoanalytischer Sicht. Klinkhart: Bad Heilbrunn, 65-86

Watzlawick, P., Beavin, J.H., Jackson, D.D. (1971): Menschliche Kommunikation. Formen, Störungen, Paradoxien. Huber: Bern, Stuttgart, Wien

Weber, B. (2004): Psychoanalyse und Universität: Reminiszenzen eines Grenzgängers. In: Ernst, W., Walter, J. (Hrsg.): Psychoanalyse an der Universität. LIT Verlag: Wien, 251-260

Weinz, R. (2003): Wie Schule erzieht. Der Geheime Lehrplan. Online im Internet: URL: www.weinzweb.de/rw/Lehrplan.html (Zugriff 17.2.2012)

Winnicott, D.W. (1965): Reifungsprozesse und fördernde Umwelt. Kindler: München, 1990

Zinnecker, J. (1974): Der heimliche Lehrplan. Beltz: Weinheim, Basel, 1979

Professionalisierung von Pädagogik und Sozialer Arbeit im Frankfurter Arbeitskreis für Psychoanalytische Pädagogik

Heinz Krebs & Annelinde Eggert-Schmid Noerr

1. Zur Notwendigkeit postgradualer Weiterbildung

Pädagogik und Soziale Arbeit haben unterschiedliche Ursprünge, Entwicklungen und Aufgaben. Jedoch haben sich im Laufe dieser Entwicklungen die Berufs- und Praxisfelder im Sozial-, Erziehungs- und Bildungswesen vervielfältigt und differenziert, wodurch sich auch eine wachsende Zahl an Überschneidungsfeldern herausgebildet hat. Wegen dieser Schnittmengen spricht vieles dafür, Pädagogik und Soziale Arbeit als Disziplinen, die es mit Bildungsprozessen im weitesten Sinne zu tun haben, unter gemeinsamen Perspektiven zu betrachten.

Die Anforderungen an pädagogische und sozialarbeiterische Institutionen sind von gesellschaftlichen Wandlungsprozessen geprägt. Zentrale Sozialisationsaufgaben verlagern sich von der Familie auf öffentliche Bereiche. Diese müssen die Herstellung stabiler und belastbarer psychischer Strukturen mit übernehmen – eine Aufgabe, welche die traditionell strukturierten und ausgestatteten pädagogischen Institutionen wie Kindergarten und Schule in weiten Bereichen überfordert. Womit Pädagogik und Soziale Arbeit zu tun haben, hängt ab von den Veränderungen der Lebensweisen in modernisierten Gesellschaften, von Steuerungen der Politik, von Möglichkeiten und Zwängen der Ökonomie, auch von populistischen Stimmungen in den Massenmedien. Beide Disziplinen werden in diese Dynamiken hineingezogen, ohne dass dies immer unmittelbar wahrnehmbar ist.

Zugleich beanspruchen Pädagogik und Soziale Arbeit aus guten Gründen den Status von Professionen und berufen sich auf fachliche Kriterien und Standards. Traditionelle Arbeitsformen wurden infrage gestellt und neue Zugangsweisen zu beruflichen Problemstellungen wurden entwickelt. Die Verwissenschaftlichung der Methoden festigt die Professionalisierung von Pädagogik und Sozialer Arbeit. Sie unterstreicht die Bedeutung der Förderung von Bildung und gesellschaftlicher Teilhabe.

Diese Entwicklungen haben allerdings einen unerwünschten Nebeneffekt. Sie führen auch mit herbei, was sie eigentlich verhindern sollten: nämlich Ungewissheit im Hinblick auf professionelles Handeln in den jeweiligen Arbeitsbereichen (vgl. Wellendorf 1998). Mit den Professionalisierungsbestrebungen von Pädagogik und Sozialer Arbeit wird von den Praktikerinnen und Praktikern erwartet, dass sie über eine

»Leiter des Schließens« (Altrichter, Posch 1998, 99ff.) wissenschaftliches Wissen mit der durch Erfahrung erworbenen Griffsicherheit ihrer praktischen Entscheidungen und Handlungen verbinden. Das ist ein durchaus angemessener, aber auch hoher Anspruch. Wie kann er eingelöst werden? Selbst wenn man voraussetzt, dass im Studium gelernt wird, wie man die Leiter erklimmt, dann bleibt immer noch fraglich, wie die Einzelnen sich in Anbetracht des schwankenden, sich ständig bewegenden Unterbodens auf den jeweiligen Sprossen halten können.

Folgt man den Ausführungen von Thole und Küster-Schapfl (1997, 217), dann wird das berufliche Handeln sozialpädagogischer Fachkräfte immer noch »wesentlich von biographischen (Alltags-)Erfahrungen und von im Beruf selbst eingeübten Routinen und Konventionen des Handlungsfeldes« bestimmt. Das bedeutet, dass Habitualisierungen in diesem Berufsfeld, dessen Ausgestaltung in hohem Maß vom Einsatz der eigenen Person abhängt, von theoretischen Konzepten weitgehend unabhängig sind. Offenbar hat die seit 30 Jahren währende Professionalisierungsdiskussion eher geringe Spuren im beruflichen Selbstverständnis des beruflichen Feldes hinterlassen. Auch Ackermann (Ackermann 1999; Ackermann, Seeck 1999) ermittelt einen Widerspruch zwischen dem Anspruch des Modells des »wissenschaftlich ausgebildeten Praktikers« und dessen Realität. Er betont, dass das wissenschaftlich fundierte Verstehen nicht nur der Lebensgeschichten und Sinndeutungen anderer, also der Klientinnen und Klienten, sondern auch der jeweils eigenen lebensgeschichtlich erworbenen Deutungsmuster ein notwendiger Teil des professionellen Diskurses sei. Dieser Anspruch kommt aber oft zu kurz.

Um jedoch anstehende Praxisprobleme zu bewältigen, sind die Fachkräfte des Sozial- und Bildungswesens auf ein kontinuierliches postgraduales Fortsetzungslernen angewiesen, das sie zu einem professionellen Umgang mit Wissen und Nicht-Wissen befähigt. Professionelle Handlungskompetenzen beruhen auf einem soliden Fachwissen und der Einordnung dieses Wissens in die kontextuellen Bedingungen der beruflichen Arbeit. Fachkräfte sollen in der Lage sein, politische und ökonomische Dimensionen, institutionelle und systemische Aspekte, soziale und psychische Elemente, Bildung und das Training von Kulturtechniken miteinander zu verbinden, aber auch die Unterschiedlichkeit und das Trennende dieser Bereiche zu erkennen (vgl. Finger-Trescher, Krebs 2001). Das heißt, Fachkräfte müssen zu einem »Grenzmanagement« (Wellendorf 1998) befähigt und multiperspektivisch zu denken in der Lage sein (vgl. Müller 1993).

Wissenschaftliches Wissen und praktisches Können sind im Hinblick auf mindestens drei zentrale Anforderungen hin zu gestalten: Zielsetzung, Methodik und Haltung.

Die *Zielsetzung* beinhaltet die Beantwortung der Fragen: Worum geht es? Was soll erreicht werden? Für wen? Durch wen? Ziele sind allgemeine Vorgaben, die sich an den regulativen Prinzipien der Profession, die auf Emanzipation und Mündigkeit hin ausgerichtet sind, orientieren. Ziele sind in Machtstrukturen eingebettet und nicht unabhängig von den Rahmenbedingungen zu sehen. Die Art der institutionellen Aufträge prägt auch die Formen der Zusammenarbeit mit den jeweiligen Adressaten. Die an den Zielen orientierten Handlungsweisen werden in Arbeitsbündnissen realisiert, ihre Angemessenheit muss stets aufs Neue überprüft und korrigiert werden (vgl. Krebs 2008).

An zweiter Stelle steht die Frage, wie das Angestrebte erreicht werden kann, also die Frage nach der *Methode*. Darunter ist keineswegs nur die abgegrenzte Intervention oder eine reproduzierbare Technik zu verstehen. Der methodische Zugang betrifft Formen der Einbettung und der Zusammenarbeit, innerinstitutionelle Kooperationen ebenso wie externe Vernetzungen. In besonderer Weise aber betrifft er das breite Spektrum der Gestaltung von Interaktionssituationen. Es umfasst die Ausstattung der Orte ebenso wie das partizipative, förderliche Beziehungsangebot, das, um nur einige wenige Aspekte zu nennen, zwischen Nähe und Distanz, Angebot und Eingriff, Druck und Zurückweichen auszuloten ist (vgl. Krebs, Müller 1998).

Eine dritte Anforderung betrifft die professionelle *Haltung*. Darunter ist eine Grundeinstellung zu verstehen, die den konkreten Handlungsabläufen ihre durchgängige Bedeutung gibt. Worin besteht damit verbundene Kernkompetenz? Heiner (2004, 44) bezeichnet in ihrem Versuch, ein konsensfähiges Modell professionellen Handelns zu entwickeln, Reflexivität als das anspruchsvollste und unverzichtbare Merkmal professioneller sozialpädagogischer Arbeit. Sie definiert Reflexivität als »Bereitschaft und Fähigkeit zur systematischen, methodisch kontrollierten und selbstkritischen Analyse des eigenen Tuns und der dazugehörigen Rahmenbedingungen«, also als eine dauernd zu leistende kognitive Integration, die wissenschaftliches Wissen, berufliches Erfahrungswissen und aktuelles Alltagswissen aufgabengemäß kombiniert und auf seine Anwendungstauglichkeit im Einzelfall überprüft. Die eigenen Deutungsmuster, die bevorzugten Interventionen, sollen selbstreflexiv begründbar sein (vgl. auch Heiner 2010).

Die in der Reflexion zutage tretenden Irritationen und Konflikte sind nun nicht nur als Störungsquellen zu sehen, die möglichst schnell beseitigt werden müssen. Sie geben vielmehr wichtige Hinweise auf die manifesten und latenten Selbstauffassungen der am professionellen Geschehen beteiligten Personen und institutionellen Vorgaben. Notwendig ist die Klärung nicht nur rationaler, sondern auch sinnlich-affektiver Verhaltensmuster, nicht nur bewusster, sondern auch unbewusster Strebungen, Motive und Wünsche. Professionell Tätige müssen sich mit der Vielfalt menschlicher Lebensäußerungen auseinandersetzen, um diese in ihrer biographischen und gesellschaftlichen Bestimmtheit verstehen zu können. Das sind Erwartungen, die auch überfrachtet werden können und die Belastung weiter emportreiben. Die Folgen sind dann Erschöpfung und Ausgebrannt-Sein. An dem viel diskutierten Burnout-Syndrom zeigt sich, wie sehr die helfenden Berufe selbst von Phänomenen betroffen sind, für deren Milderung sie mit zuständig sind. Daraus folgt: Wer den gestiegenen Anforderungen gewachsen sein will, braucht entlastende Orte, an denen das professionelle Wissen und Können erweitert bzw. vertieft werden kann.

2. Das Fort- und Weiterbildungskonzept des Frankfurter Arbeitskreises für Psychoanalytische Pädagogik

Der Frankfurter Arbeitskreis für Psychoanalytische Pädagogik (FAPP) bietet seit 1984 Fort- und Weiterbildungen für Fachkräfte in sozialen und pädagogischen Arbeitsfeldern an, die theoretisches Wissen und praktisches Können in Psychoanalytischer Pädagogik vermitteln. Durch die psychoanalytische Perspektive auf die subjektive Erlebniswelt erschließt sich für Pädagogik und Soziale Arbeit die Möglichkeit, intra- und interpersonale Abläufe auch theoretisch präziser zu fassen und professionelle Situationen entsprechend zu gestalten (vgl. FAPP 2012).

Im Fokus der als »Psychoanalytische Pädagogik« spezialisierten Betrachtung steht die face-to-face-Interaktion zwischen Schülerinnen bzw. Schülern, Klientinnen bzw. Klienten, Familien und den jeweiligen professionellen Fachkräften. Sie ist durch bewusste sowie verborgene Motive und Selbstauffassungen der Beteiligten geprägt. Die Fachkräfte bewegen sich innerhalb der professionellen Beziehungen und gestalten diese mit den Adressaten. Sie sind keine Außenstehenden, sondern Teilnehmende bzw. teilnehmende Beobachter.

In dieser Rolle sind die Fachkräfte mit den kognitiven und affektiven Resonanzen des professionellen Geschehens konfrontiert, und es ist ihre Aufgabe, diese Prozesse so zu begleiten, dass für die Adressaten Entwicklung, Bildung und Lernen möglich sind (vgl. Eggert-Schmid Noerr 2009). Im Regelfall mag eine mehr oder weniger routinierte Steuerung in Verbindung mit einer zugewandten Haltung ausreichen, um konstruktive Ergebnisse erzielen zu können. Im Grunde sind aber kaum pädagogische und sozialarbeiterische Tätigkeiten mit relativ hoher Kontaktdichte ohne emotionale Beteiligung denkbar. Auch Routinen sind störanfällig, sie können ermüden, man kann ihrer überdrüssig werden, die Achtsamkeit kann schwinden. Wenn die enge Verzahnung von Handeln, Verstehen und Verständigung unterbrochen ist, kann sie wieder ermöglicht werden, indem in reflexiver Distanz das unbewusste Zusammenspiel erkennbar wird (Trescher 1993a, 173).

In Konfliktphasen kommt der handlungsentlasteten Reflexion eine besondere Bedeutung zu. Ansatzpunkt für eine solche Reflexion sind die Gedanken, Gefühle, Eindrücke, die im Verlauf der Konflikte auftreten. Wenn heftige oder auch diffuse Gefühle, also mehr persönliche als rollenbezogene Affekte und Einstellungen das Feld dominieren, können die funktionalen Aspekte der Berufsrolle in den Hintergrund geraten. In der psychoanalytisch orientierten Reflexion geht es dann darum, diese beiden Seiten von persönlichem Involviertsein und beruflicher Funktion, Nähe und Distanz, wieder in eine konstruktive Balance zu bringen.

Die Fort- und Weiterbildungsangebote des FAPP setzen an den Erfahrungen der Fachkräfte an und vermitteln diesen reflexive Problemlösungs- und Selbstschließungskompetenzen. Diese Schlüsselqualifikationen lassen sich in einem triadischen Netz zwischen den Institutionen, den Subjekten und ihrem sozialem Ort verankern (vgl. Krebs 2002). Sie sollen den Fachkräften folgendes ermöglichen:

- emotionale Bewusstheit als Fähigkeit, die eigenen Emotionen und die der Anderen in individuellen und institutionellen Kontexten zu verstehen;
- kommunikative und interaktive Kompetenzen als Fähigkeit, Gedanken, Wünsche, Aufgabenstellungen und Zielsetzungen sinnvoll im Austausch mit Schülerinnen und Schülern, Klientinnen und Klienten sowie Familien zum Ausdruck zu bringen und in die Verständigung einzufädeln;
- Beziehungsfähigkeit als Befähigung, den Anderen zuzuhören, sich in diese empathisch hineinzuversetzen, um das Erlebte und Gehörte zum Zweck von Konfliktlösungen wieder in die Verständigung einzubringen.

Die dreijährige Weiterbildung in Psychoanalytischer Pädagogik, die diese Qualifikationen vermittelt, ist in drei Bereiche aufgeteilt. Diese bestehen aus 120 Doppelstunden Theorieseminar und 120 Doppelstunden Supervision, die jeweils wöchentlich stattfinden, sowie 120 Doppelstunden gruppenanalytische Selbsterfahrung in Wochenendblöcken (vgl. Trescher 1993b).

Das Kerncurriculum der *Theorieseminare* vermittelt grundlegendes und vertiefendes Fachwissen in Psychoanalytischer Pädagogik. Angeleitet von fachlich ausgewiesenen Dozentinnen und Dozenten werden in 13 thematischen Blöcken beispielsweise Entwicklungsthemen unter bio-psycho-sozialen Gesichtspunkten betrachtet, die Grundlagen in Beratung und Gesprächsführung ausgebaut und Dynamiken in Familie, Gruppe, Team und Institutionen beleuchtet. Dabei nehmen psychoanalytische und psychoanalytisch orientierte Konzepte in ihrer Relevanz für Pädagogik und Soziale Arbeit einen zentralen Stellenwert ein. Hierzu gehört auch der interdisziplinäre Austausch zwischen Psychoanalyse, empirischer Säuglingsforschung und Neurobiologie, der insbesondere in präventiver Hinsicht für die Pädagogik fruchtbar gemacht werden kann. Die Erforschung intersubjektiver Prozesse, wie sie in der Bindungstheorie oder in Arbeiten über Triangulierung realisiert werden, bieten ebenso wie das Mentalisierungskonzept, das sich mit der Fähigkeit befasst, Affekte zu unterscheiden, zu verstehen und zu regulieren, wichtige Orientierungen für die pädagogische Praxis. Psychosomatische und psychosoziale Probleme wie etwa ADHS, Reaktionen auf Armut und Not, soziale Angst und Schulmüdigkeit stellen Herausforderungen für Pädagoginnen und Pädagogen sowie für Sozialarbeiterinnen und Sozialarbeiter dar, die über den Umgang mit Übertragung und Gegenübertragung einen vertieften Zugang finden. Auf diese Weise wirkt psychoanalytisches Wissen über die Strukturen subjektiven Erlebens und deren Folgen für zwischenmenschliche Beziehungen in Zielbestimmungen und Vorgehen der Praxis hinein und erweist sich damit in seiner Anwendung auf Pädagogik und Soziale Arbeit als von hohem Wert.

Ebenso dient die *Supervision* dazu, die Professionalität der Teilnehmerinnen und Teilnehmer zu erhöhen. Hier werden Fälle aus den unterschiedlichen Tätigkeitsfeldern der Sozialen Arbeit und Pädagogik analysiert. Der vom unmittelbaren Handlungsdruck befreite und durch die Gruppe gewissermaßen vervielfältigte Blick auf Situationen und Interaktionen ermöglicht es, neue Perspektiven auf Arbeitszusammenhänge zu entwickeln. Gegenstand der Betrachtungen sind institutionelle, interaktive und psychische Gegebenheiten. Im Schutz der Gruppe können Rahmenbedingungen durchdacht, neue Spielräume entwickelt und somit die mit der Ausübung der beruflichen Rolle einhergehenden Belastungen reduziert werden. Entscheidend ist, dass die gemeinsame theoretische Ausrichtung, das Ernstnehmen der Wirkweise des dynamischen Unbewussten, die Verständigungsbarrieren mindert, so dass Konflikte in ihrer latenten Sinnhaftigkeit entschlüsselt und gelöst werden können.

Häufig kommt es vor, dass sich geschilderte Konstellationen und Stimmungen in Supervisionssitzungen abbildend wiederholen. Szenisches Verstehen ermöglicht es, den Spuren dieser Reinszenierungen nachzugehen und verborgene Aspekte zutage treten zu lassen, wobei das unbewusst Inszenierte gemeinsam als solches verstanden und gedeutet wird. Die Teilnehmerinnen und Teilnehmer intensivieren ihre Deutungskompetenzen im Laufe dieses langfristigen, auf drei Jahre angelegten, Gruppenprozesses – oft bleiben Supervisionsgruppen auch noch darüber hinaus als Gruppen zusammen. Die Gruppe wird im Laufe der Zeit mit den Arbeitsstilen und Arbeitsbedingungen der einzelnen Mitglieder zunehmend vertraut, sie kennt die Fälle, Bewertungs- und Interventionsmuster der jeweiligen Mitglieder und kann intensive Entwicklungsprozesse anstoßen und begleiten.

Der dritte Bereich der psychoanalytisch-pädagogischen Weiterbildung ist die *Selbsterfahrung*. Auch in ihm wird das fördernde Potential von Gruppen genutzt. Hier geht es um die je besonderen, lebensgeschichtlich geprägten Sichtweisen, um vergangene und gegenwärtige persönliche Themen der Einzelnen und die damit verbundenen Motive, Gefühle und Handlungen. Die Selbsterfahrung ist als Gruppenanalyse angelegt. Gruppenanalyse ist keine Analyse der Einzelnen in der Gruppe oder eine Analyse der Gruppe als Ganzes, sondern eine Konfigurationsanalyse, die den Einzelnen von Anbeginn an ein hohes Maß an Gestaltungs- und Deutungsfähigkeit zuspricht (vgl. Foulkes 2007). In ihrem Zentrum steht die angeleitete Analyse des Gruppenprozesses durch die Gruppenmitglieder. Der Gruppenprozess vollzieht sich nach den Regeln der freien Assoziation und entfaltet sich durch die wechselseitige Resonanz auf die unterschiedlichen Beiträge. Dabei sind nicht nur die bewussten, manifesten Themen bedeutsam, sondern ebenso die gemeinsamen Phantasien, die den unbewussten Gehalten entstammen. Innerhalb einer solchen Gruppe entsteht ein Netz von Interaktionen, das als ein gemeinsames Ganzes mehr ist als die Summe der einzelnen Beiträge. Dieses Netz (die »Gruppenmatrix«) ist durch die Veränderung der Beziehungen, durch die geteilten Bedeutungen und Umdeutungen, ständig in Bewegung. Der Prozess schreitet voran, indem sich die Kommunikationskompetenz der Gruppenmitglieder weiter entwickelt und indem so die Resonanzkette unbewusster Reaktionen in differenziertere, bewusste Interpretationen übergeht (vgl. hierzu auch den Beitrag von Finger-Trescher zum Thema der Selbsterfahrung in diesem Band).

Die Supervisorin bzw. der Supervisor und die Selbsterfahrungsleiterin bzw. der Selbsterfahrungsleiter arbeiten nach dem »non-reporting-system«, das bedeutet, sie erfahren ebenso wie die Theoriedozentinnen und -dozenten nichts aus den Bereichen, für die sie nicht zuständig sind. Das heißt, dass nur die Gruppenmitglieder Erfahrungen in allen Bereichen machen und untereinander teilen. Dies dient der Autonomie der Gruppe und dem Schutz der Einzelnen. Für sie fügen sich die drei Aspekte zusammen, die für die Berufsausübung bestimmend sind: der Umgang mit theoretischem Wissen, das durch Erfahrungswissen geleitete praktische Handeln und die lebensgeschichtlichen Hintergrundkonstellationen. Dieser Zusammenhang erhält seinen besonderen Stellenwert dadurch, dass er im beruflichen Alltag normalerweise kaum als ganzer reflektiert werden kann.

Die seit einigen Jahren angebotene einjährige *Inhouse-Fortbildung in »Inklusiver Heilpädagogik«* basiert auf einem etwas anders gelagerten Konzept und wendet sich an Kolleginnen und Kollegen aus einer Einrichtung. Das Angebot umfasst praxisbezogene Theorieseminare und die »emotional-thematische Reflexion«, die berücksichtigt, dass unter Kolleginnen und Kollegen keine akzentuiert personenbezogene Selbsterfahrung möglich ist. Bei dieser Form der Selbsterfahrung stehen zunächst die Themen der Theorieseminare im Vordergrund. Davon ausgehend wird eine Verknüpfung zur Praxis hergestellt und an den thematischen Assoziationen der Teilnehmerinnen und Teilnehmer und ihren berufsorientierten Konkretisierungen gearbeitet. Auf diesem Weg sollen die mehr bewusstseinsnah gelagerten Selbst- und Berufsauffassungen geschult und für den beruflichen Einsatz nutzbar gemacht werden. Fallbezogene Supervision (bzw. »Intervision«) gehört zu diesem Konzept und wird zumeist von den Trägern direkt organisiert.

Andere Fortbildungsangebote des FAPP verzichten auf Selbsterfahrung und Supervision und sind insofern als herkömmliche Fortbildungen anzusehen, die in die Perspektiven der Psychoanalytischen Pädagogik einführen. Bei diesen Fortbildungen wird Wert darauf gelegt, die Methoden und Techniken der Fallanalyse einzuüben, was für pädagogische Berufe eine wichtige Qualifikation darstellt (vgl. FAPP 2012).

Die *dreijährige Weiterbildung* und auch die *einjährige Inhouse-Fortbildung* enden mit einer Abschlussarbeit, in der die Absolventinnen und Absolventen ausgewählte Fälle ihrer Praxis psychoanalytisch-pädagogisch reflektieren. Die Abschlussarbeit wird begutachtet, offene Fragen werden in einem Kolloquium besprochen. In den beiden folgenden Kapiteln soll an ausgewählten Aspekten am Beispiel zweier Abschlussberichte gezeigt werden, wie psychoanalytisch-pädagogische Perspektiven in der Praxis umgesetzt werden können.

3. »Meine Frau schafft das auch ohne mich« – Zur Auslotung von Nähe und Distanz

Ein wertschätzender »ressourcenorientierter« Blick auf die Adressatinnen und Adressaten ist eine unhintergehbare Voraussetzung moderner Pädagogik und Sozialer Arbeit. In der Sozialen Arbeit ist die wertschätzende, auf Entwicklung hin ausgerichtete Sicht mit institutionellen Aufträgen, auch Kontrollaufgaben, zu vermitteln. Dies kann nur gelingen, wenn das eigene methodische Vorgehen und die Beziehungsgestaltung angemessen reflektiert werden. Wie wichtig es für die professionelle Beziehungsgestaltung ist, die latente Dynamik miteinzubeziehen, soll anhand des nachfolgenden Fallberichts gezeigt werden.

Die Weiterbildungsabsolventin arbeitet in der sozialpädagogischen Familienhilfe (SPFH). Dies ist eine häufig eingesetzte Intervention im Rahmen der Jugendhilfe, die seit der Verabschiedung des KJHG zur Pflichtaufgabe der öffentlichen Jugendhilfe geworden ist (vgl. SGB VIII). Der § 31 dieses Gesetzes lautet:

»Sozialpädagogische Familienhilfe soll durch intensive Betreuung und Begleitung Familien in ihren Erziehungsaufgaben, bei der Bewältigung von Alltagsproblemen, bei der Lösung von Konflikten und Krisen sowie im Kontakt mit Ämtern und Institutionen unterstützen und Hilfe zur Selbsthilfe geben. Sie ist in der Regel auf Dauer angelegt und erfordert die Mitarbeit der Familie.«

Die Klientinnen und Klienten der SPFH haben in der Regel vielerlei Probleme. In den so genannten »Multiproblemfamilien« gibt es eine Unzahl von Belastungen. Ihr Leben ist typischerweise von Ämterabhängigkeit, Schulden, erhöhtem Alkoholkonsum, Krankheit, Gewalterfahrung oder Arbeitslosigkeit geprägt. Die Kinder sind oft verhaltensauffällig, Sorgerechtsentzug und Fremdunterbringung drohen (vgl. Eggert-Schmid Noerr 2005, 2010).

So stellt sich die Situation auch bei dem hier beschriebenen Ehepaar mit vielen Kindern aller Altersstufen, vom Baby bis zum Teenager, dar. Die Wohnung der Familie ist beengt, es mangelt an Geld. Die Mutter, die im Zentrum der Familie steht und alle an sich bindet, ist vielfach überfordert. Es gibt eine Neigung zu ungewöhnlichen Unfällen. Ein Kind fällt in den Fluss, eines stürzt aus dem Fenster, eines verletzt sich beim Spielen, ein anderes muss operiert werden. Ständig passieren Katastrophen, reale und in der Phantasie vorweggenommene. Es gibt viel Streit mit den Nachbarn, welche die Fensterscheiben der Wohnung zerstören und das Auto der Familie beschädigen. Die kleinen Kinder bereiten der Mutter Freude, sobald sie aber größer werden und ihre eigenen Wege gehen, kommt Angst auf, das Kind könne sterben.

Die Angst wirkt, angesichts der katastrophischen Tendenzen in der Familie, nicht einmal unrealistisch, zugleich aber auch als Teil einer vor allem von der Mutter ausgehenden psychischen Spaltung. Diese betrifft zum einen die jüngeren und älteren Kinder, zum anderen die Familie und ihr Umfeld. So klagt die Mutter über die großen Kinder, während sie die kleinen idealisiert. Schwierigkeiten unter den Kleineren, etwa, dass ein Kind einem anderen die Haare angezündet hat, werden verschwiegen. Darüber hinaus verschanzt sich die Mutter hinter ihren Kindern und trägt wesentlich dazu bei, dass die Familie auf die Sozialpädagogin wie eine Festung wirkt. Das Böse scheint von außen zu kommen und die Familie zu bedrohen.

Doch es gibt auch eine andere Seite. Schon als der Sozialpädagogin bei ihrem ersten Besuch gut schmeckende Plätzchen angeboten werden, und auch bei vielen späteren Anlässen, nimmt sie immer wieder wahr, dass die Familie, allen Klagen zum Trotz, nicht nur leidet, sondern auch Spaß hat und aufeinander stolz ist. Die Mutter möchte dafür bewundert werden, dass sie so viele sind, wie sie sich durchschlagen, auf welche Weise sie ihre Kinder unterstützt, und tatsächlich leistet sie in dieser Hinsicht ja auch sehr viel.

Der Mutter wird viel aufgelastet, aber sie zieht die Aufgaben auch an sich. Wenn sie ihren Mann um Unterstützung bittet, sagt er: »Ich habe Vertrauen zu meiner Frau. Sie schafft das auch gut ohne mich.« Hier ist die Anerkennung der Leistung zugleich mit der Aufbürdung neuer Aufgaben verbunden. Die Kinder zeigen der Sozialpädagogin unaufgefordert die überfüllte Badewanne mit dreckiger Wäsche, fast, als wäre es vorher abgesprochen worden. Es kommt ihr so vor, als erfolge die Demonstration von Armut und Hilfsbedürftigkeit gezielt, als solle ein bestimmtes Verhalten in ihr wachgerufen werden. Sie fühlt sich aufgefordert, mehr Zeit zu investieren, mehr Aufgaben zu übernehmen, mehr Entlastung zu bieten und reagiert entsprechend mit vermehrter Fürsorge. Das führt dazu, dass sie sich selbst oft wie gerädert fühlt. Sie deutet dies als Spiegel der in dieser Familie vorherrschenden Gefühle. Zugleich spürt sie die manipulativen Aspekte im jeweiligen Verhalten der Familienmitglieder.

Mit einzelnen Kindern kann die Sozialpädagogin sehr gut arbeiten und deutliche Fortschritte verzeichnen. Jedoch hält die Familie insgesamt an der Abschottung nach außen fest, wodurch sich am Arrangement der ständigen Überforderung kaum etwas ändert. Zur Mutter ist kaum durchzudringen. Nur selten gelingt es, mit ihr allein zu sprechen. Ständig ist sie von den Kindern umgeben. Dies gehört nicht nur tagsüber zu ihrer Lebensform, sondern auch nachts, wenn immer wieder ein anderes Kind in ihrem Bett schläft, wobei Mutter und Kind es dann dort sehr gemütlich haben, während der Mann ausgeschlossen wird.

Eines Tages verrät eines der Kinder der Sozialpädagogin ein Geheimnis: Der Vater käme öfter spät und angetrunken nach Hause. Damit hat das Kind ein familiales Schweigegebot verletzt. Zwar kann die Mutter beispielsweise durchaus über die Traumatisierungen ihrer Kindheit sprechen, dass aber ihr Mann, ebenso wie frühere Partner, von denen sie sich getrennt hatte, mitunter zu viel trinkt, sollte ein Geheimnis bleiben. Hier ist offenbar das Gefühl der Scham im Spiel. Die Sozialpädagogin greift die vom Kind eingebrachte Thematik auf und legt sie offen. Dies hat im weiteren Verlauf zur Folge, dass der Vater stärker einbezogen werden und die »Festung Familie« sich ein Stück weit mehr öffnen kann.

In dem Maß, in dem diese aufgelockert wird, wird auch klarer, was sie im Inneren mit zusammenhält. Man kann den hier zentralen psychischen Mechanismus als Kollusion (vgl. Willi 1975) bezeichnen. Kollusionen sind Beziehungsformen zwischen zwei und mehr Menschen, bei denen die Bedürfnisse zusammenpassen wie der Topf zum Deckel. Die Partnerwahl ist wesentlich mitbestimmt durch den unbewussten Wunsch, Ähnlichkeiten mit früheren bedeutsamen Objekten wiederzufinden oder unterdrückte Aspekte des eigenen Selbst zu bekämpfen und gleichzeitig partizipierend zu genießen.

Auch pädagogische Beziehungen können, wie man an dem Fallbeispiel erkennen kann, in die vorhandenen Kollusionen hineingezogen werden und damit selbst kollusive Züge annehmen. Es gibt vielfältige Auslöser für solche Kollusionen, die auf divergierende Rolleninterpretationen, lebensgeschichtlich determinierte Konfliktpotentiale oder schlecht angepasste institutionelle Angebote zurückzuführen sind. Die daraus resultierenden Konflikte können zwischen den Personen nicht mehr verhandelt werden, weil eine brisante affektiv-kognitive Dynamik den Ablauf beherrscht. Im professionellen Feld stellt eine solche Dynamik oft die Selbstgrenzen der beteiligten

Personen in Frage. Es entsteht ein Gefühl des Befremdens über das eigene Verhalten. Man erlebt es als kränkend und beschämend, dass Konflikte ablaufen, deren Ursachen man nicht erkennt und die wie von einer »unsichtbaren Hand« gesteuert erscheinen.

Typische Erlebnisformen dieser Konflikte sind Polarisierungen von Macht und Ohnmacht, Opfer und Täter, Verfolgte und Verfolger, Außenseiter/Sündenbock und Pseudo-Gemeinschaft/Bündnispartner, Autonomie und Abhängigkeit, Einssein und Separation. Diese Konstellationen sind von starken Affekten der Beteiligten geprägt. Diese sind in oft klischeehaften, wechselseitig komplementär gelagerten Ergänzungsrollen befangen, die je nach Konfliktverlauf auch wechseln können, d.h. aus »Opfern« können »Täter« werden usw.

Kollusionen beruhen auf Abwehrformen wie Spaltungen, Verleugnungen, simplifizierenden Zuschreibungen und Mythenbildungen. Ambivalenz, das Nebeneinander von gegensätzlichen Gefühlen, Gedanken und Wünschen, kann nicht zugelassen werden. Stattdessen entstehen Polarisierungen, die eigentlich Zusammengehöriges entzweien. Es fehlt dann die Durchmischung von Fürsorge, Wohlwollen und Abgrenzung bis hin zur Aggression, und es dominieren Schuld- oder Schamgefühle. Idealisierungen können nicht mehr an der Realität geprüft werden, und depressive sowie regressive Reaktionsweisen finden keinen korrigierenden Widerpart durch aktive und selbstbewusste Bewältigungsversuche. Die Einheit von Affekt und Kognition ist zerrissen, diese dienen einander nicht mehr zur Gewinnung von Erkenntnis und Handlungsfähigkeit (vgl. Damasio 1994).

Aber so stark der Sog in die Kollusion hinein auch zu sein scheint, so bietet gerade die informierte und geschulte Funktion der externen Beobachterin und der pädagogischen Intervention die Möglichkeit, den kollusiven Prozess zu verändern und aus den eingeschliffenen Beziehungsmustern herauszutreten. In der beschriebenen Familie sieht sich die Sozialpädagogin mit Mustern konfrontiert, die um Polarisierungen wie Idealisierung und Entwertung und Überforderung, um Freund-Feind-Schemata sowie um Verschmelzung und Differenzierung kreisen. Sie lernt, behutsam mit diesen Handlungsformen umzugehen und diese durch teils geringfügige, aber transparent gemachte Positions- und Stellungswechsel in der interaktiven Konstellation zu modifizieren.

4. »Einer von der Sorte ist genug« – Zur Verknüpfung von Verstehen und Handeln

In dieser Arbeit berichtet eine Weiterbildungsteilnehmerin aus der Jugendberufshilfe, die von einem freien Träger organisiert wird. Die Jugendberufshilfe hat nach § 13 SGB VIII folgende Aufgaben:

> »Jungen Menschen, die zum Ausgleich sozialer Benachteiligungen oder zur Überwindung individueller Beeinträchtigungen in erhöhtem Maße auf Unterstützung angewiesen sind, sollen im Rahmen der Jugendhilfe sozialpädagogische Hilfen angeboten

werden, die ihre schulische und berufliche Ausbildung, Eingliederung in die Arbeitswelt und ihre soziale Integration fördern.«

Im vorliegenden Fall geht es um einen berufsorientierenden Lehrgang für eine Gruppe von Schülerinnen und Schülern aus einer Gesamtschule im Alter von 14 bis 15 Jahren. Die Schülerinnen und Schüler absolvieren einen zweiwöchigen Kurs in den Berufsfeldern Holz, Metall und Elektrotechnik, der von Sozialpädagoginnen und Sozialpädagogen und Handwerksmeistern geleitet wird. Neben theoretischen Einführungen in das Berufsfeld wird in diesen Kursen hauptsächlich praktisch gearbeitet. Die Kursteilnehmerinnen und -teilnehmer können ihre hergestellten Werkstücke behalten.

Die Pädagogin berichtet über einen solchen Kurs und stellt dabei einen besonders aggressiven Jugendlichen, den wir hier Philipp nennen wollen, in den Vordergrund. In ihrer Arbeit betont sie, dass ihr Verstehen immer auch von einer unvermeidlichen Ungewissheit betroffen sei. Nicht zuletzt biographisch bedingte blinde Flecken könnten zu Ausblendungen führen, die es schwer machten, Gegenübertragungen auf die Klienten und eigene Übertragungen zu unterscheiden. Für dieses Problem gibt es keine abschließende Lösung, außer diese Spannung immer wieder kritisch zu hinterfragen.

Im Verlauf der Zusammenarbeit zitiert Philipp einen Ausspruch seiner Mutter: »Einer von der Sorte ist genug.« Dies sei der Grund, weshalb er keine Geschwister habe. Dieser Satz drückt ein Lebensthema des Jugendlichen aus, das von der Autorin in mehrfacher Hinsicht interpretiert wird. Zunächst: »Philipp ist sehr anstrengend«, sodass seine Mutter nicht mehr die Kraft hat, sich noch um ein weiteres Kind zu kümmern. Der Satz könnte auch heißen: »Schon einer von der Sorte ist zu viel.« Weiterhin: »Er ist etwas Besonderes.«, »Er ist einmalig.« Und schließlich: »Einer wie er hat keine Geschwister, mit denen er spielen kann.« Wenn er auf Mitschüler (soziale »Geschwister«) trifft, reagiert er mehr oder weniger aggressiv.

Die Pädagogin schließt, dass Philipp familiär und psychisch belastet, zugleich aber auch aufgeweckt ist, da er vielfältige sportliche und handwerkliche Interessen hat. Im Verlauf des Lehrgangs stilisiert er sich, getreu seinem oben genannten Lebensthema, zum Außenseiter und gerät – wie schon in der Schule – immer wieder in Konflikte mit den anderen Jugendlichen. Besonders mit zwei Mädchen gibt es Streit, wobei er sowohl Opfer als auch Täter ist. In der Folge von Sticheleien seitens der Mädchen spuckt er einer von ihnen auf die Tasche. Das Mädchen ist entsetzt und fordert Genugtuung. Philipp entzieht sich einer Klärung. Aus der Sicht der Weiterbildungsteilnehmerin handelt es sich um einen verqueren, die Scham- und Ekelgrenze deutlich überschreitenden Ausdruck pubertärer Sexualität.

Philipp hatte dann noch einen kleineren Arbeitsunfall, was möglicherweise aufgrund der Häufung der Krisen dazu geführt hätte, dass er den Lehrgang verlässt. Auch von anderer Seite war der Zusammenhalt bedroht. Um dem Zerfall der Gruppe zu begegnen, führte die Weiterbildungsteilnehmerin immer wieder Einzel- und Gruppengespräche mit den Beteiligten. Dabei versuchte sie, Wege aufzuzeigen, wie die Jugendlichen weiter miteinander zurechtkommen könnten. Einerseits legte sie Wert darauf, dass sie ihre Werkstücke konzentriert herstellten, was auch Philipp recht gut gelang, anderseits schenkte sie der Gruppendynamik besondere Aufmerksamkeit. Es war für diesen Lehrgang ein Glücksfall, dass es eine Untergruppe aus drei Jugendlichen (zwei Jungen und ein Mädchen) gab, die unter allen Jugendlichen anerkannt war und integrativ wirkte. Diese Jugendlichen berichteten, dass Philipp sich wegen der Spuck-Attacke bei den betroffenen Mädchen entschuldigt hatte, wodurch sich die Situation entspannte.

Auffällig an dieser Fallgeschichte ist, dass die Weiterbildungsteilnehmerin nur in geringem Maß pädagogisch im Sinne direkter Steuerungen handelte. Konflikte wurden nicht gedeutet und auch nicht ohne Kontextbezug individualisiert. Stattdessen stellte sie sich vor allem als »greifbare« und zugewandte Person zur Verfügung. Sie war als mitdenkende, mitfühlende und handelnde Fachkraft präsent, die in der Lage war, mit modifizierten Haltungen in den jeweils nächsten pädagogischen Arbeitstag zu gehen. Sie zeigte keine Berührungsängste vor der pubertären Sexualität und Aggression und ihren ungeschliffenen Ausdrucksformen. Der Zugang zu dieser Lehrgangsgruppe gelang ihr dadurch, dass sie Philipps Lebensthema des Einsamen, Ausgestoßenen und Opfers mit den durchaus ähnlichen Lebensthemen des attackierten Mädchenpaars zusammenbrachte und die Konfrontation in Gesprächen auflösen konnte. Es gelang ihr, ein ausgeglichenes Verhältnis zwischen Nähe und Distanz zu den Jugendlichen zu halten. Alle Teilnehmerinnen und Teilnehmer beendeten erfolgreich den Kurs.

5. Methodisch-didaktische Prinzipien des Lernens und Lehrens

Die Fort- und Weiterbildungsangebote des FAPP beruhen auf dem Konzept des »Lernens durch Erfahrung« (Bion 1962). Dieses Konzept wird als ein kreativer, emotionaler sowie kognitiver Prozess angesehen, bei dem das jeweilige pädagogische Geschehen als intersubjektiver Vorgang angesehen wird. Es wird in der Supervision wie auch in den Theorieseminaren anhand praktischer Szenen durchgearbeitet. Diese Prozesse des Lernens und Lehrens können nur begrenzt im Einzel- bzw. Literaturstudium vollzogen werden. Das heißt, Lehren und Lernen ist an Austausch gebunden. Etwas voneinander zu lernen und zu erfahren bedeutet, sich wechselseitig voneinander berühren zu lassen. So wird die Erfahrungsnähe des Lernens gewährleistet. Erfahrungen bilden eine Verständigungsgrundlage und tragen zur Bildung einer professionellen Haltung bei, wenn sie von den Teilnehmerinnen und Teilnehmern eines Lehrgangs durchgearbeitet werden.

Entscheidend ist hierbei, Spaltungen, Fixierungen und Projektionen im Denken und Handeln zu überwinden, damit neue Integrationsleistungen möglich werden. Diese basieren darauf, dass das »Aufeinander-Bezogensein« der bewussten und unbewussten Elemente im Lehr-Lern-Prozess deutlich wird. Die Aufrechterhaltung eines damit verbundenen Spannungsbogens stellt für alle Ausdifferenzierungen des Psychischen und Kognitiven einen wichtigen Schritt dar, in dem innere und äußere Erfahrung zusammengeführt, aber auch das Trennende erkannt werden kann. In der fortschreitenden Differenzierung des intrapsychischen und intersubjektiven Erlebens kann gelernt werden, mit den paradoxalen Strukturen in der Pädagogik und der Sozialen Arbeit besser umzugehen.

Das Denken und Sprechen über Erfahrung und über mögliche Veränderungswege wird so zu einer emotional und kognitiv »riskanten« Aktion, die sich zunächst in einem Gewirr erfahrungsnaher, aber disparater Partikel bewegt, bevor daraus kohärente Gedanken werden können (vgl. Schäfer 1992). Es werden Vergleichsmöglichkeiten von Praxissituationen geschaffen, die mit Hilfe theoretischer Modelle durchdrungen werden. Neue Handlungsmöglichkeiten können so in die Horizonte des Denkbaren aufgenommen werden (vgl. Salzberger-Wittenberg 1993).

Auf der Grundlage dieses methodisch-didaktischen Konzepts werden den Teilnehmerinnen und Teilnehmern der Fort- und Weiterbildungskurse psychoanalytisch-pädagogische Qualifikationen vermittelt, die je nach Umfang und Dauer unterschiedlich fundiert sind. Die in jedem Fall vermittelte Kompetenz zur Fallrekonstruktion ist für Pädagogik und Soziale Arbeit arbeitsfeldübergreifend wichtig. Die Teilnehmerinnen und Teilnehmer sollen grundsätzlich befähigt werden, einen funktionierenden Interaktions- und Kommunikationsfluss zwischen den am professionellen Geschehen Beteiligten zu gewährleisten. Voraussetzung für solche an den Erfahrungen von Lehrgangsteilnehmerinnen und -teilnehmern ansetzenden Lehr-Lern-Prozessen ist, dass diese in einem geschützten Raum stattfinden, der vor den unmittelbaren Handlungszwängen des pädagogischen Alltags geschützt ist und in dem ein wertschätzendes Arbeitsklima vorherrscht.

Der Erwerb professioneller Kompetenzen des Schließens im Sinne einer Leiter (vgl. Altrichter, Posch 1998), die wissenschaftliches Wissen und die Griffsicherheit praktischer Entscheidungen und Handlungen miteinander verbindet, ist ein zentraler Fokus der Angebote des FAPP. Diese konzentrieren sich auf die enge Verzahnung von Handeln, Verstehen und Verständigung, einschließlich der unbewusst gelagerten Beziehungsdynamiken, die eine konstruktive Routine erheblich belasten können. In den Abschlussberichten zeigt sich, wie wichtig es ist, befremdliches Erleben, Ungewissheit und das Gespür für manipulative Tendenzen im professionellen Beziehungsgeschehen ernst zu nehmen, um Beziehungsfallen zu vermeiden, die ein Scheitern der angebotenen pädagogischen Hilfen zur Folge haben können. Psychoanalytische Pädagogik bzw. die Fort- und Weiterbildungen des FAPP vermitteln Professionellen dafür ein personenbezogenes Sensorium und ein fundiertes Fachwissen.

Literatur

Ackermann, F. (1999): Soziale Arbeit zwischen Studium und Beruf. Eine qualitativ-empirische Studie zur Berufseinmündung von AbsolventInnen des Fachbereichs Sozialwesen. Lang: Frankfurt/M.

Ackermann, F., Seeck, D. (1999): Der steinige Weg zur Fachlichkeit. Handlungskompetenz in der sozialen Arbeit. Hildesheimer Schriftenreihe zur Sozialpädagogik und Sozialarbeit. Bd 12. Olms: Hildesheim

Altrichter, H., Posch, P. (1998): Lehrer erforschen ihren Unterricht. Eine Einführung in die Methoden der Aktionsforschung. Klinkhardt: Bad Heilbrunn, 3. überarb. und erw. Aufl.

Bion, W. (1962): Lernen durch Erfahrung. Suhrkamp: Frankfurt/M., 1992

Damasio, A.R. (1994): Descartes Irrtum. Fühlen, Denken und das menschliche Gehirn. List-Verlag: Berlin, 2006, 4. Aufl.

Eggert-Schmid Noerr, A. (2005): Neue Formen der Sozialen Arbeit mit Familien. In: Wendt, W.R. (Hrsg.): Innovation in der Sozialen Praxis. Nomos: Baden-Baden, 94-107

Eggert-Schmid Noerr, A. (2009): Psychoanalytische Pädagogik und Bildung. In: Haubl, R., Dammasch, F., Krebs, H. (Hrsg.): Riskante Kindheit. Psychoanalyse und Bildungsprozesse. Vandenhoeck & Ruprecht: Göttingen, 181-195

Eggert-Schmid Noerr, A. (2010): Zwangsvermütterlichung. Vom Nutzen des psychoanalytischen Blicks auf den Fall einer gescheiterten Sozialpädagogischen Familienhilfe. In: Ahrbeck, B., Eggert-Schmid Noerr, A., Finger-Trescher, U. et al. (Hrsg.): Psychoanalyse und Systemtheorie in Jugendhilfe und Pädagogik. Jahrbuch für Psychoanalytische Pädagogik 18. Psychosozial-Verlag: Gießen, 27-50

FAPP (2012): Frankfurter Arbeitskreis für Psychoanalytische Pädagogik. Institut für Weiterbildung und Forschung in Psychoanalytischer Pädagogik und Sozialer Arbeit. Online im Internet: URL: www.fapp-frankfurt.de (Zugriff 26.3.2012)

Finger-Trescher, U., Krebs, H. (2001): Finger-Trescher, U., Krebs, H. (2001): Pädagogische Qualifikation auf psychoanalytischer Grundlage. In: Sozial Extra. Zeitschrift für Soziale Arbeit 25 (Heft 9), 47-51

Foulkes, S.H. (2007): Praxis der Gruppenanalytischen Psychotherapie. Klotz: Eschborn

Heiner, M. (2004): Professionalität in der sozialen Arbeit. Theoretische Konzepte, Modelle und empirische Perspektiven. Kohlhammer: Stuttgart

Heiner, M. (2010): Soziale Arbeit als Beruf: Fälle – Felder – Fähigkeiten. Reinhardt: München

Krebs, H. (2002): Emotionales Lernen in der Schule. Aspekte der Professionalisierung von Lehrerinnen und Lehrern. In: Finger-Trescher, U., Krebs, H., Müller, B. et al. (Hrsg.): Professionalisierung in sozialen und pädagogischen Feldern. Jahrbuch für Psychoanalytische Pädagogik 13. Psychosozial-Verlag: Gießen, 47-69

Krebs, H. (2008): Triangulierung in institutionellen Kontexten am Beispiel der Erziehungsberatung als Teil der Kinder- und Jugendhilfe. In: Dammasch, F., Katzenbach, D., Ruth, J. (Hrsg.): Triangulierung. Lernen, Denken und Handeln aus psychoanalytischer und pädagogischer Sicht. Brandes & Apsel: Frankfurt/M., 195-216

Krebs, H., Müller, B. (1998): Der psychoanalytisch-pädagogische Begriff des Settings und seine Rahmenbedingungen im Kontext der Jugendhilfe. In: Datler, W., Finger-Trescher, U., Bittner, C. (Hrsg.): Jugendhilfe und Psychoanalytische Pädagogik. Jahrbuch für Psychoanalytische Pädagogik 9. Psychosozial-Verlag: Gießen, 15-40

Müller, B. (1993): Sozialpädagogisches Können: Ein Lehrbuch zur multiperspektivischen Fallarbeit. Lambertus: Freiburg i.B., 2009, 6. überarb. Aufl.

Salzberger-Wittenberg, I. (1993): Die emotionale Bedeutung des Lehrens und Lernens. In: Trescher, H.-G., Büttner, C., Datler, W. (Hrsg.): Jahrbuch für Psychoanalytische Pädagogik 5. Grünewald: Mainz, 43-53

Schäfer, G. (1992): Erfahrungen verdauen – W. Bions Theorie des Denkens. In: Schäfer, G. (Hrsg.): Riss im Subjekt. Pädagogisch-psychoanalytische Beiträge zum Bildungsgeschehen. Königshausen & Neumann: Würzburg, 127-138

SGB VIII (2010): Kinder- und Jugendhilfegesetz. Bundesministerium für Familie, Senioren, Frauen und Jugend (Hrsg.). Eigenverlag: Berlin, 3. Aufl.

Thole, W., Küster-Schapfl, E.-U. (Hrsg.) (1997): Sozialpädagogische Profis. Beruflicher Habitus, Wissen und Können von PädagogInnen in der außerschulischen Kinder- und Jugendarbeit. Leske + Budrich: Opladen

Trescher, H.-G. (1993a): Handlungstheoretische Aspekte der Psychoanalytischen Pädagogik. In: Muck, M., Trescher, H.-G. (Hrsg.): Grundlagen der Psychoanalytischen Pädagogik. Psychosozial-Verlag: Gießen, 167-201

Trescher, H.-G. (1993b): Postgraduale Weiterbildung in Psychoanalytischer Pädagogik – Konzept und Erfahrungen mit einem dreijährigen Weiterbildungsgang. In: Trescher, H.-G., Büttner, C., Datler, W. (Hrsg.): Jahrbuch für Psychoanalytische Pädagogik 5. Grünewald: Mainz, 14-28

Wellendorf, F. (1998): Der Psychoanalytiker als Grenzgänger – Oder: Was heißt psychoanalytisches Arbeiten im sozialen Feld? In: Eckes-Lapp, R., Körner, J. (Hrsg.): Psychoanalyse im sozialen Feld: Prävention – Supervision. Psychosozial-Verlag: Gießen, 13-22

Willi, J. (1975): Die Zweierbeziehung. Spannungsursachen/Störungsmuster/Klärungsprozesse/Lösungsmuster. Rowohlt: Hamburg

Wie werden aus Pädagogen »Psychoanalytische Pädagogen«?

Helmuth Figdor

1. Antworten, die Fragen offen lassen

Unter dem Titel »Wie wird man ›Psychoanalytischer Pädagoge‹?« schlug Aloys Leber (1985) ein aus drei Modulen bestehendes Curriculum vor, das bis heute die Fortbildungspraxis des Frankfurter Arbeitskreises für Psychoanalytische Pädagogik auszeichnet[1]: Theorie, Selbsterfahrung und Supervision. Das Konzept spiegelt die Geschichte der Bemühungen wider, die Erkenntnisse der Psychoanalyse in die pädagogische Praxis einzubringen, und versucht, aus den Gründen des Scheiterns dieser Bemühungen zu lernen:

- Die bloße theoretische Aufklärung der Pädagogen[2] als Weg, deren Praxis nachhaltig zu verändern, schien daran zu scheitern, dass das Handeln der Pädagogen sich wesentlich aus unbewussten Quellen speist. Sowohl reagieren sie zwangsläufig auf die Triebnatur der Kinder, und ebenso unvermeidlich bieten sich diese als Objekte von Ehrgeiz, Eitelkeit, Partnerersatz, Ersatz narzisstischer Wunschbilder usw. an (z.B. Wolffheim 1926/27, 287f.; Bornstein 1934, 126f.).
- Als Lösung dieses Problems lag nahe, die Eigenanalyse der Pädagogen zu fordern. Nun war freilich schon in der Zwischenkriegszeit, als Psychoanalysen weit weniger lang dauerten als heute, klar, dass eine mehrjährige Analyse als Standard für alle Angehörigen pädagogischer Berufe nicht einlösbar ist – von Eltern ganz zu schweigen. Leber schlägt stattdessen eine etwa dreijährige Gruppenanalyse vor. Sie hätte nicht nur den Vorteil der kürzeren Dauer und niedrigeren Frequenz, sondern würde auch dem Umstand Rechnung tragen, dass Pädagoginnen und Pädagogen es ja vor allem mit Gruppen und daher auch mit gruppendynamischen Prozessen zu tun haben.
- In den 1950er Jahren war es Anna Freud höchstpersönlich, die das Grundanliegen der klassischen psychoanalytischen Pädagogik, die Neurosenprophylaxe, zu

---

1 Vgl. dazu etwa den Beitrag von Heinz Krebs und Annelinde Eggert-Schmid Noerr in diesem Band.
2 Das klassische Beispiel stellt Anna Freud (1930). Siehe ferner vor allem die Beiträge in der von Meng und Schneider 1926 gegründeten »Zeitschrift für psychoanalytische Pädagogik« (vgl. Schüler 1974).

Grabe trug. Hatte sie 1929 über die Bedeutung der Psychoanalyse für die Neurosenprophylaxe durch Erziehung noch festgestellt, es werde »eine Weile dauern, bis der theoretische Aufbau und das praktische Rezept fertiggestellt ist, das man dann zur allgemeinen Anwendung empfehlen kann« (A. Freud 1930, 133), resümierte sie 25 Jahre später ihre Überlegungen zum Verhältnis von Psychoanalyse und Erziehung mit den Worten: »Obwohl dieser Artikel dem Vorsatz dient, die Suche nach den Wurzeln der Neurose bis zum Lebensanfang zurückzuführen, ist ausdrücklich hervorzuheben, dass jede Schlussfolgerung bezüglich der Prophylaxe vermieden wird ... Unter den hier vorgetragenen Gesichtspunkten erscheint die Anfälligkeit für neurotische Konflikte als der Preis, der für die Komplexität der menschlichen Persönlichkeit zu zahlen ist« (A. Freud 1954, 1319f.) Die Hoffnung, die Wahrscheinlichkeit künftiger psychischer Gesundheit durch die Beeinflussung der Entwicklungsbedingungen im Kindesalter erhöhen zu können, wurde zunehmend an die Kinderanalyse delegiert. Betrachtet man die Kinderanalyse bzw. Kinderpsychotherapie als Teil der psychoanalytischen Pädagogik – was systematisch als legitim erscheint[3] –, bleibt sie auch in dieser Variante ein Minderheitenprogramm Privilegierter, ein »Krümel vom Tisch der Reichen« wie es Fritz Redl treffend formulierte (vgl. Fatke 1985).

Leber und mit ihm Hans-Georg Trescher (z.B. Trescher 1985, 1993) zogen aus dem Scheitern der klassischen Psychoanalytischen Pädagogik einen anderen Schluss. *Der Verzicht auf das Ziel der Neurosenprophylaxe* als zentrales Anliegen der Psychoanalytischen Pädagogik erlaubte ihnen, sich neben Theorie und Gruppenanalyse ganz auf die je *aktuellen Beziehungen* zwischen Kindern und Pädagogen zu konzentrieren.[4] In der praxisbegleitenden *Supervision* sollten typische, sich wiederholende Konfliktszenen zwischen Kindern und Pädagogen im Hinblick auf die ihnen inhärenten Übertragungs- und Gegenübertragungsprozesse verstanden werden, was den Wiederholungszwang auf beiden Seiten zu brechen vermag, wodurch rationale Handlungsfreiheit (wieder-)gewonnen werden kann.

Ist *mehr* wirklich nicht möglich?

- Zwar sind drei Jahre Gruppenanalyse leichter als eine Einzelanalyse zu realisieren, aber sie wird kaum in die Standard-Ausbildung von Pädagogen übernommen werden können und im Regelfall Eltern schon gar nicht erreichen.
- Zwar besteht der Effekt der Supervision nicht bloß in der Lösung eines je individuellen, eigenen Falls, sondern provoziert Lernprozesse, welche die Wahrscheinlichkeit erhöhen, Kinder auch in anderen Situationen besser zu verstehen und auf künftige ähnliche Konflikte besser vorbereitet zu sein. Aber das spezifische »Psychoanalytische« wäre jeweils nur durch nachträgliche Reflexion

---

3 Siehe dazu Datler (1985) und vor allem Datler (1995).
4 Eine kritische Replik auf die folgenden Anmerkungen zur Frankfurter Konzeption von Psychoanalytischer Pädagogik findet sich im 4. Kapitel des Artikels »Die Frankfurter Schule der Psychoanalytischen Pädagogik. Laudatio für Prof. Dr. Aloys Leber zum 90. Geburtstag« von Urte Finger-Trescher (in diesem Band).

realisierbar. Oder anders ausgedrückt: Dem psychoanalytischen Anspruch wird zu entsprechen versucht, indem der »normalen« pädagogischen Praxis ein psychoanalyseähnliches Setting hinzugefügt, angehängt wird.
- Das größte Problem dieses Konzepts liegt meines Erachtens aber darin, dass mit dem erwähnten Verzicht auf Neurosenprophylaxe jegliche normative Orientierung psychoanalytisch-pädagogischer Praxis über Bord geworfen wird. Psychoanalyse als Heilverfahren ist untrennbar mit der Chance der Patienten verknüpft, ein Stück mehr an psychischer Gesundheit zu erlangen, ob diese nun mit Freud als »Arbeits-, Liebes- und Glücksfähigkeit« bezeichnet wird oder – strukturell – mit Hilfe des Diktums »Aus Es soll Ich werden«. Im Hinblick auf die Kinder bleibt von der Psychoanalyse nur der methodische Aspekt, ihnen als Instrument zur Erfassung unbewusster Prozesse zu dienen. Womit – jedenfalls grundsätzlich – die Gefahr der Verwendung des Verstandenen für beliebige Zwecke besteht, insbesondere für persönliche Anliegen von Pädagogen, wie etwa die erfolgreiche Förderung von Anpassung der Kinder an die eigenen Normen und Ziele.[5]

So gesehen zielt das Fortbildungskonzept von Leber auf eine Kompetenz, die zweifellos einen effizienteren Umgang mit (für Pädagogen) schwierigen Beziehungssituationen erlaubt, sich jedoch nicht mehr primär am Entwicklungsprozess der Kinder orientiert.

Natürlich ist ein solches Konzept legitim: Auch Pädagogen verdienen es, dass es ihnen in der täglichen Arbeit besser geht. Aber sollte man dann nicht besser von einer »Psychoanalytischen Fortbildung« oder von einem »Coaching für Pädagogen« sprechen? Handelt es sich da noch um Psychoanalytische *Pädagogik*?

Ist also *mehr* wirklich nicht möglich? Oder, positiv formuliert: Gibt es darüber hinaus so etwas wie *erwerbbare Grundprinzipien psychoanalytisch-pädagogischer Praxis*, und zwar unabhängig vom »szenischen Verstehen« konkreter Beziehungskonstellationen? Worin könnten sie bestehen und wie könnten sie angeeignet werden?

---

5 Zwar schreibt Trescher, dass »die Idee der Neurosenprophylaxe … notwendig immanenter Bestandteil (als Entwicklungsziel jeglicher Erziehungswissenschaft, überhaupt jeglicher Erziehungsabsicht« ist (1985, 146). Als bloße »Idee« und ohne psychoanalytische Analyse, was darunter verstanden werden könnte, fällt Neurosenprophylaxe bzw. psychische Gesundheit jedoch faktisch aus dem psychoanalytisch-pädagogischen Bemühen hinaus.

2. Das Seminar[6]

Um eben diese Fragen ging es in einem Seminar, das ich vor einigen Jahren für fortgeschrittene Studierende der Pädagogik an der Universität Wien hielt. Anhand konkreter Situationen suchten wir nach »prinzipiellen psychoanalytisch-pädagogischen Antworten« auf die Frage »Was tun?« – und zwar hier und jetzt, weil mir als Pädagoge *in der Situation mit dem Kind bzw. der Gruppe* für die Möglichkeit der (psychoanalytischen) Reflexion ja weder Zeit noch Raum zur Verfügung steht, und ich es auch nicht mit einer Beziehung, oft nicht einmal mit der Beziehung zur Gruppe, sondern einem ganzen Beziehungsgeflecht zu tun habe.

Für die Teilnahme am Seminar mussten die Studierenden Lehrveranstaltungen in den Grundlagen der Psychoanalyse und Psychoanalytischen Pädagogik über mindestens vier Semester besucht haben. Sie verfügten also gewissermaßen über das 1. Modul des Leber'schen Konzepts. Würde dieses theoretische Wissen ausreichen, um sich spontan, im Augenblick, gegenüber den anvertrauten Kindern so zu verhalten, dass Entwicklungsschritte in Richtung psychischer Gesundheit gefördert werden? Voraussichtlich nicht! Aber warum nicht? Liegt es tatsächlich nur am Mangel von Selbsterfahrung? Oder eröffnen sich erst darüber hinaus Orientierungsmöglichkeiten? (Vorausgesetzt ist natürlich, dass es grundsätzlich denkbar ist, pädagogisches Handeln im Hinblick auf die Entwicklung psychischer Gesundheit zu bewerten.)

2.1 Spontan formulierte Entwicklungsziele

Die erste Übung im Seminar bestand darin, dass ich die Studenten aufforderte, sich in die Rolle von Eltern zu versetzen. Das war nicht schwer, da einige von ihnen tatsächlich Kinder hatten, andere wohl irgendwann Kinder haben würden, und die meisten dieses Seminar nicht nur aus theoretischem Interesse besuchten, sondern sich neben der Vorbereitung auf ihre berufliche Praxis auch so etwas wie eine wissenschaftlich fundierte Elternschulung erwarteten.

Wir begannen mit der Frage, *worum es ihnen in der Erziehung ihrer Kinder hauptsächlich ginge*. Jeder Student und jede Studentin sollte sich auf die drei, ihm oder ihr wichtigsten Aspekte festlegen. Folgende Liste kam dabei zustande (Auszug):

- Die Bedürfnisse der Kinder sollten sich entfalten können.
- Förderung der intellektuellen Fähigkeiten.
- Impulse und Emotionen dürfen nicht unterdrückt werden.
- Das Kind soll ein ausgeglichener und glücklicher Mensch werden.
- Die Kinder dazu führen, sich an humanistischen Werten zu orientieren.
- Die Kinder in ihren Wünschen und Gedanken ernst nehmen.
- Erziehung zu Toleranz, Kooperationsbereitschaft und Gewaltlosigkeit.

---

6 Das 2. Kapitel dieses Beitrags stellt eine bearbeitete Fassung eines Textes dar, der als Teil des Artikels »Wie viel Erziehung braucht der Mensch?« (Figdor 2007a) im Band »Praxis der Psychoanalytischen Pädagogik II« erschienen ist (Figdor 2007b).

- Entwicklung von Kreativität.
- Förderung des Selbstbewusstseins.
- Förderung von Autonomie und Selbständigkeit im Handeln und Denken.
- Entwicklung von Kritikfähigkeit und der Fähigkeit, Widerstand zu leisten.
- Entwicklung von Leistungsbereitschaft.
- Die Kinder sollen sich am Leben erfreuen.

Natürlich ist diese Liste das Resultat einer zufällig unter dem Dach einer universitären Lehrveranstaltung zusammengekommenen Studentengruppe, zudem einer Studentengruppe mit psychoanalytischer Vorbildung. Allerdings wiederholte ich dieses kleine Experiment ein paar Mal in anderen Zusammenhängen und konnte feststellen, dass – von kleineren Varianten abgesehen – sich die Ergebnisse weitgehend deckten. Und es sind jene durchaus pädagogische Vorstellungen, die auch vom Großteil der Pädagogen und Eltern geteilt werden, die in den letzten Jahren den Weg in meine Praxis fanden, um sich supervidieren bzw. beraten zu lassen. Zwar ist, von einem wissenschaftlich-systematischen Standpunkt aus gesehen, diese Auflistung höchst uneinheitlich: Die Ziele richten sich einmal auf die Gegenwart, dann wieder auf die Zukunft der Kinder, neben Zielen stehen Methoden, und einige Formulierungen postulieren weniger Methoden als eher Haltungen, aber grundsätzlich ist gegen diesen Katalog nichts Entscheidendes einzuwenden. (Natürlich gäbe es da noch das eine oder andere, das hinzufügbar wäre. In meiner persönlichen Zielliste wäre unter anderem noch Mut zum Anderssein, Neugier gegenüber Fremden, Musikalität und Eloquenz, Humor, liebendes Sich-Einlassen-Können auf andere Menschen, Lust am Denken und körperliche Gesundheit gestanden. Aber das sind nur individuelle Akzentuierungen von »Toleranz«, »Kreativität«, »Kooperations- und Kritikfähigkeit«, und »so erzogene« Kinder werden aller Voraussicht nach auch die Fähigkeit zum Lieben entwickeln. Und wenn ich die Studentengruppe gefragt hätte, ob man nicht Gesundheit und Humor in die Liste aufnehmen sollte, hätte sie sicher keinen Einspruch erhoben.)

Nun sind meine Studenten oder die Pädagogen und Eltern, die in meine Praxis kommen, zwar nicht repräsentativ für alle, die als Eltern oder Pädagogen mit Kindern zu tun haben. Bezogen auf Menschen des west- und mitteleuropäischen Kulturraums, die im urbanen Milieu leben und zumindest der mittleren Bildungsschicht angehören, dürfte diesem Katalog pädagogischer Orientierungen aber doch eine gewisse Repräsentativität eigen sein.

2.2 Der Kampf um das Schaukelpferd

Lassen sich nun aus diesen Zielorientierungen auf der Grundlage einiger Kenntnisse über die Psychodynamik und die Entwicklung von Kindern Handlungsorientierungen ableiten?

Wagen wir also den Schritt in die Praxis. Dazu bat ich die Studierenden, sich folgende Situation, die ich der Supervision einer Kindergarten-Erzieherin entnahm, vorzustellen:

Eine Kindergartengruppe. Personen der Handlung: Andrea, vier Jahre alt (reitet inbrünstig auf dem einzigen Schaukelpferd), Peter, fünf Jahre alt, weitere 23 Kinder (die sich unterschiedlich beschäftigen), Erzieherin (sitzt bei einer Gruppe und hilft beim Basteln), eine Helferin (tut dies und das).
Szene: Peter fordert Andrea auf, ihn auf das Schaukelpferd zu lassen. Andrea schaukelt weiter. Peter beginnt zu schimpfen, Andrea schaukelt weiter. Die Erzieherin wird aufmerksam und schaut zu den beiden. Andrea schaukelt immer noch, aber nicht mehr lange: Bevor die Erzieherin eingreifen kann, hat Peter Andrea einen Stoß gegeben, sodass sie vom Schaukelpferd fällt. Andrea liegt am Boden, heulend, Peter reitet triumphierend gen Westen oder sonstwohin.

Ich sagte zu den Studierenden: »Haben Sie das Bild plastisch vor Augen? Gut! Und jetzt kommt die Frage: Was müsste die Erzieherin ›pädagogisch richtigerweise‹ tun?« Wir wandten uns einigen Alternativen zu:

- Peter die Chance geben, »seine Bedürfnisse zu entfalten«, seine »Impulse und Emotionen nicht zu unterdrücken«, seine »Fähigkeit, Widerstand zu leisten«, fördern, sein »Selbstbewusstsein stärken«? Das würde bedeuten, gar nichts zu tun! Was freilich auf Kosten der Bedürfnisse, Impulse und des Selbstbewusstseins Andreas ginge.
- Beide, Peter und Andrea, »zu Toleranz, Gerechtigkeit« auffordern? Angesichts der (entwicklungspsychologisch bedingten) mangelnden Fähigkeit von Vier- bis Fünfjährigen, ihre Impulse zu kontrollieren, käme das aber möglicherweise einer Unterdrückung von Bedürfnissen (hier: schaukeln zu wollen) und von Gefühlen (hier etwa: die Wut Peters über Andreas Ignoranz) gleich.
- Die Kinder im Gespräch eine Kompromisslösung finden lassen (Förderung von »Kooperationsbereitschaft«, »Kreativität«, »Intelligenz«)? Solche Kompromisse können vielleicht einen Teil der Bedürfnisse (Schaukeln) aufnehmen, aber was geschieht mit Peters Ärger, mit Andreas verletztem Stolz und ihrer Wut auf Peter? Für beide ist der andere Schuld, keiner erlebt aber von Seiten der Erzieherin Unterstützung. Das geht wiederum auf Kosten des »Selbstbewusstseins«, ja vielleicht lädt sich die Beziehung zur Pädagogin mit einem Teil der unabführbaren Aggressionen auf.

Usw., usw. Schmerzlich führt uns eine simple, ganz alltägliche Szene wie der »Kampf ums Schaukelpferd« vor Augen, wie wenig Orientierungshilfe theoretische Positionen für die pädagogische Praxis zu leisten imstande sind. Oder ist es eben doch so, dass die Frage, was in dieser Situation »pädagogisch richtig« wäre, falsch gestellt ist, dass es darauf gar keine Antwort gibt? Würde das aber nicht heißen, dass (wissenschaftliche) Pädagogik darauf verzichten müsste, überhaupt Praxiskompetenz zu beanspruchen?

2.3 Interventionen

Bevor wir uns dieser deprimierenden Schlussfolgerung anschließen, wollen wir etwas anderes versuchen. Wenden wir uns der Erzieherin von Peter und Andrea zu. Sie hat es ja noch schwerer als unsere Studierenden, denn sie hat weder die Zeit, über die »pädagogisch richtige« Intervention nachzudenken, noch hat sie die Freiheit zu sagen: »Ich tue gar nichts, weil ich keine Antwort auf die Frage, was richtigerweise zu tun wäre, finde.« Sie *muss* aktiv werden, also tut sie *etwas*, und zwar *ganz spontan*. Aus meiner Erfahrung mit Erzieherinnen bzw. Erziehern und Eltern gibt es 3 Interventionsmuster, die in solchen und ähnlichen alltagspädagogischen Situationen besonders häufig zur Anwendung kommen:

Intervention 1: Erklären und Mahnen
   Nachdem sich unsere Erzieherin davon überzeugt hat, dass Andrea nichts Ernstliches passiert ist, Andrea Peter der Anwendung roher Gewalt (»Er hat mich gestoßen!«) und Peter Andrea der Rücksichtslosigkeit (»Sie schaukelt schon seit drei Stunden!«) angeklagt hat, erklärt sie Peter, dass man Konflikte nicht so (nämlich gewaltsam) lösen dürfe, und er in einem solchen Fall zu ihr kommen solle.

Mit einiger Wahrscheinlichkeit passiert daraufhin Folgendes:

> Als Peter jedoch keine Anstalten macht, auf seinen erbeuteten Thron zu verzichten, um mit Andrea einen Kompromiss zu finden, zieht die Pädagogin Peter von seinem hohen Ross und verbannt ihn an einen der Tische, wo sich andere Kinder mit Zeichnen und Basteln beschäftigen, was dieser nun mit Heulen quittiert. Dass Andrea nach dieser Genugtuung triumphierend wieder das Schaukelpferd besteigen will, kommt ihr allerdings auch nicht ganz gerecht vor, sodass sie dies untersagt, und nun auch Andrea in Peters Heulkonzert einstimmt.

Sieht man von denkbaren Varianten – z.B. eher Andrea als Peter die Hauptschuld zu geben – ab, folgt die Erzieherin einem in der heutigen pädagogischen Praxis häufig anzutreffenden Interventionsmuster: Zunächst versucht sie, den Kindern *zu erklären*, dass sie sich nicht »richtig« verhalten hätten, und greift, als das Erklären nicht fruchtet, zu einer Sanktion. Gleichzeitig erwartet sie sich, die Kinder mögen aus diesem Konflikt etwas »lernen«, d.h., sich in Zukunft anders verhalten. (Tut dies eines der beiden weiterhin nicht, läuft es Gefahr, in den Augen der Erzieherin demnächst als »verhaltensgestört« wahrgenommen zu werden.)

Intervention 2: Vorwürfe machen
Eine andere, in der Praxis häufig zu beobachtende Strategie verfolgen die von mir so genannten »Vorwurfsmütter« bzw. »Vorwurfspädagogen«. Ihre Intervention dreht sich um den Satz:

»Wir haben uns doch ausgemacht ...!« Im vorliegenden Fall: »... dass nicht gestoßen oder gehaut wird«, bzw. – falls eine solche Regel existieren sollte –: »... dass nicht länger als fünf Minuten geschaukelt wird.«

Typischerweise wird das Interventionsmuster »Vorwurf« von emotionalen Sanktionen begleitet: Ernster Blick und gerunzelte Stirn signalisieren dem Kind, dass es etwas sehr Schwerwiegendes verbrochen hat. Andere Mütter oder Pädagoginnen (tatsächlich findet man diesen Typ weit seltener unter Männern) äußern, dass sie vom Kind »sehr enttäuscht seien« (obwohl sie zumeist weniger enttäuscht als hilflos und wütend sind), oder sagen auf der nächsten Steigerungsstufe: »Wenn du so bist, hab ich dich gar nicht lieb!«

Intervention 3: »Jetzt reicht es!«
Als eher »unpädagogisch« gilt ein drittes, nichtsdestoweniger ebenso häufig praktiziertes Interventionsmuster:

»Aus, Schluss jetzt! Gehaut wird nicht! Es reicht! Du setzt Dich jetzt dort an den Tisch!« (Dies wird mit mehr oder weniger erhobener Stimme gesprochen.)

Ich denke, Sie werden mir zustimmen, wenn ich behaupte, dass es sich dabei um eine für unsere Zeit typische Verhaltensweise von Pädagogen und Eltern handelt, wenn es darum geht, mit Kindern um die Einhaltung von Regeln bzw. Grenzen zu kämpfen. Und es würde mich wundern, wenn sich nicht die meisten der Leserinnen und Leser daran erinnern könnten, auch schon das eine oder andere Mal entsprechend gehandelt zu haben. (Ich erinnere mich sehr wohl!)

2.4 Handlungsleitende Theorien

Was ich zunächst vorhabe, ist, *nicht* die Frage zu stellen, ob eine dieser Interventionen pädagogisch »richtig« ist bzw. die eine mehr als die andere, sondern zu fragen, *aus welchen Gründen Erzieherinnen oder Erzieher so handeln, wenn sie handeln.* Als nächstliegende Antwort drängt sich auf: »Aus keinem besonderen Grund, sie handeln eben *spontan*!« Aber Spontaneität ist nicht gleich Zufälligkeit! Ich habe bei einer früheren Gelegenheit[7] zu zeigen versucht, dass jedem noch so spontanen Handeln jeweils bestimmte »Theorien« eingeschrieben sind, auch wenn diese Theorien dem Handelnden im Augenblick nicht bewusst sein sollten: Theorien über das Kind, über die Gründe seines Verhaltens, über die Wirkung meiner Intervention und/oder die Bedeutung für die seelische Entwicklung. Diese *»handlungsleitenden Theorien«* lassen sich unschwer aus der jeweils spontanen Intervention der Pädagogin *schlussfolgern*. In unserem Beispiel lassen sich u.a. folgende Theorien bzw. theoretische Vorstellungen erkennen, die unsere drei fiktiven Erzieherinnen unbewusst leiten:

---

7 Siehe dazu das Kapitel 10 »In der Praxis ist alles ganz anders« in Figdor (2006a). Vgl. dazu auch Datler (2003).

1. Vier- bis Fünfjährige sind fähig, die Befriedigung von Bedürfnissen aufzuschieben, ihre Emotionen, wie z.B. Wut, zu beherrschen, das, was sie bewegt, zu verbalisieren und auf die Entscheidung der Erzieherin zu warten.
2. Erklärungen setzen Kinder dieses Alters in die Lage, in Zukunft ihren Bedürfnissen nicht mehr freien Lauf zu lassen, sondern sich entsprechend den Vorstellungen der Erzieherin zu verhalten.
3. Letztere Theorie setzt voraus, dass vier- bis fünfjährige Kinder im Zustand emotionaler Erregung in der Lage sind, die Erklärungen der Erzieherin aufzunehmen, vernünftig zu verarbeiten, Selbstkritik zu üben und sich vorzunehmen, es das nächste Mal anders zu machen.

Ohne diese drei theoretischen Annahmen wäre nämlich die Intervention unserer ersten (erklärenden und mahnenden) Erzieherin sinnlos. Es sei denn, sie geht davon aus, dass

4. ein psychisch normal entwickeltes Kind gar nicht so »triebgesteuert« sein dürfte, also ein eher lockeres Verhältnis zu seinen aktuellen Bedürfnissen haben müsste, sodass ihm der Verzicht auf sofortige Befriedigung nicht schwer fällt und es daher auch gar nicht in die Situation gerät, sich besonders zu ärgern.

Ich könnte mir vorstellen, dass unsere Erzieherin jetzt ein wenig verunsichert ist und sich – um ihre spontane Reaktion zu rechtfertigen – auf eine weitere Annahme beruft:

5. Selbst wenn es stimmen sollte, dass man Kinder dieses Alters, die etwas sehr gerne wollen oder erregt sind, mit Vernunftgründen nicht zur Einsicht bringen kann, sollte man doch erwarten dürfen, dass sie Regeln und Werte (z.B. Gewaltverzicht) so weit respektieren, dass sie ihre augenblicklichen Impulse im Zaum halten können.

Diese letzte Annahme leitet offenbar auch die zweite (Vorwürfe machende) Erzieherin, sonst würde sie den Kindern die Regelverletzung nicht vorwerfen, und wäre auch nicht so enttäuscht. Bei ihr werden noch zwei weitere theoretische Annahmen sichtbar:

6. Einem Kind Schuldgefühle zu machen, erleichtert ihm die soziale Anpassung.
7. Einem Kind Liebesentzug in Aussicht zu stellen, erleichtert ihm die soziale Anpassung.

Um nicht in den Ruf zu kommen, Angst als Erziehungsmittel einzusetzen, mithin nur eine subtile Variante »schwarzer« Pädagogik zu betreiben, müsste sie freilich außerdem behaupten, dass

8. Schuldgefühle und die Androhung von Liebesentzug Kinder dieses Alters keineswegs ängstigen, vielmehr Selbstreflexion und Einsicht aktivieren und eine gesunde Gewissensbildung fördern.

Noch nicht erwähnt haben wir die dritte Erzieherin. Sie hält sich nicht lange mit Erklärungen und Vorwürfen auf. Ihr Ärger über die Kinder verrät hingegen, dass sie wahrscheinlich von denselben Annahmen wie die erste und/oder zweite Erzieherin ausgeht. Die Bemerkung »*Jetzt reicht es!*« lässt uns vermuten, dass sie nur des Erklärens müde ist, etwa im Sinn der Redewendung: »Wer nicht hören will, muss fühlen!«

In allen drei Fällen folgt der Erstintervention der Erzieherin, als Andrea und Peter sich nicht einsichtig zeigen, eine Sanktion. Diese hat zwei Seiten: erstens besteht sie in der Verhinderung der Befriedigung (Schaukeln bzw. auf den anderen loszugehen), und zweitens im deutlich gezeigten Ärger der Erzieherin auf das Kind bzw. auf beide Kinder. Somit gilt die »Theorie Nr. 8« nicht nur für die »Vorwurfserzieherin«, sondern für alle drei – es sei denn, man träfe die zusätzliche Annahme:

9. Die Beziehung der Kinder zur Kindergarten-Erzieherin ist nicht so eng, dass sie deren Ärger als »Liebesentzug« wahrnehmen oder fürchten würden. Vielmehr lernen die Kinder, dass ihr Verhalten Konsequenzen zeitigt, wodurch sie ein wichtiges Stück sozialer Kompetenz erwerben.

Wahrscheinlich bedarf es gar nicht besonders eingehender entwicklungspsychologischer und psychoanalytischer Kenntnisse, um zu erkennen, dass Kinder dieses Alters nicht so »funktionieren«, wie es diesen neun »Theorien« entspräche:

- Kinder bis zum dritten Lebensjahr sind kaum fähig, auf Bedürfnisse zu verzichten. (Sie lassen sich höchstens ablenken, und auch das nicht immer.) Zumindest bis ins sechste Lebensjahr fällt ihnen jeder Verzicht immer noch überaus schwer und ist von massiven Unlustgefühlen begleitet. Dass Kinder in solchen Situationen emotional reagieren, das heißt, sich unglücklich fühlen, sich kränken, zornig werden, mitunter sogar verzweifelt sind, ist völlig normal.
- In einer solchen Situation aus dem Konflikt »auszusteigen«, das Geschehen und die eigenen Gefühle einem Dritten (hier: der Erzieherin) gegenüber in Worte zu fassen, ist natürlich illusionär. Übrigens: Im Zustand starker emotionaler Erregung sind selbst die meisten Erwachsenen zu einem solchen Umgang mit eigenen Gefühlen kaum imstande. (Und von jenen, die das zuwege bringen, leiden nicht wenige unter einer neurotischen Aggressionsverdrängung und/oder Konfliktscheu.)
- Zustände starker emotionaler Erregung schließen Vernunftsregungen wie Einsicht, (selbst-)kritische Beurteilungen und Vorsätze aus. Und zwar nicht nur bei Kindern, auch bei uns Erwachsenen.
- Dass das eigene Tun von der Umwelt einer Bewertung unterzogen wird, bemerken Kinder schon sehr früh. Von der Wahrnehmung, ob sich die Mama (der Papa, die Oma etc.) über mein Verhalten freut oder nicht, bis hin zu dem, was wir im weitesten Sinn als Gewissen bezeichnen, ist es freilich ein weiter Weg. Unter normalen Entwicklungsbedingungen dürfen wir die Fähigkeit, das eigene Tun nach verinnerlichten Regeln oder Grundsätzen auch dann zu richten, wenn diese im Gegensatz zu aktuellen oder egoistischen Bedürfnissen und Interessen stehen, nicht vor dem sechsten Lebensjahr erwarten. Es mag also durchaus sein,

dass Peter, vielleicht auch Andrea sehr wohl weiß, dass das, was er/sie tut, in den Augen der Erzieherin nicht in Ordnung ist. Aufgrund dessen jedoch anzunehmen, dass sie im Augenblick eines dringenden Bedürfnisses (zu schaukeln) oder eines starken Gefühls (der Empörung, des Zorns) ihr Verhalten nach diesem Wissen (um Regeln) richten könnten, wäre eine Illusion.
- Es sei denn, die Bedürfnisse und Gefühle werden vom Kind als nicht so besonders dringend empfunden. Der von uns erschlossenen »handlungsleitenden Theorie« Nr. 4 entsprechend, sollte man das von vier- bis fünfjährigen Kindern erwarten dürfen. Mit dieser Erwartung setzt sich jedoch »Theorie« Nr. 4 als auch »Theorie« Nr. 5 in Gegensatz zu allem, was uns die Psychoanalyse über die emotionale Entwicklung von Kindern lehrt: dass das Tun von Kleinkindern in hohem Maß triebgesteuert (»sexuell«) ist, »Triebbedürfnisse« aber mit einem unabdingbaren Drang zur Befriedigung versehen sind. Andreas und Peters Verhalten ist also – entwicklungspsychologisch gesehen – völlig normal. Ja noch mehr: Würden sich Andrea und Peter von sich aus tatsächlich so verhalten, wie die Erzieherinnen in unserem Beispiel sich das offenbar vorstellen, müssten wir uns ernsthafte Sorgen um ihre gesunde seelische Entwicklung machen: Große Anpassungsbereitschaft von Kleinkindern (vorzeitiges »Regelbewusstsein« bzw. »Gewissen«) deutet auf eine zu früh einsetzende und zu starke Verdrängung von Gefühlen bzw. Triebbedürfnissen hin. Verdrängungen aber sind stets das Ergebnis von Angst. Zur Verdrängung eines Bedürfnisses oder der starken Gefühle, mit denen es (normalerweise) ausgestattet ist, kommt es dann, wenn die damit verbundene Angst (z.B. vor Strafe und/oder Liebesverlust) die Lust, welche die Befriedigung des Bedürfnisses oder das Ausleben des Gefühls verspricht, überschreitet: Die drohende Aggression der Umwelt wird dann (unbewusst) vom Kind gegen die eigenen Bedürfnisse oder Gefühle gerichtet und diese – komplett oder zum Teil – ins Unbewusste verbannt. Somit ist nicht auszuschließen, dass ein vorzeitig entwickeltes Regelbewusstsein bzw. Gewissen den Beginn einer neurotischen Persönlichkeitsentwicklung markiert.
- Weil ich Menschen, die ich liebe, nichts Böses antun will, aber auch, weil es für jeden Menschen schwer ertragbar ist, ein »Schuldiger« zu sein, gehören Schuldgefühle (Gewissen) zu den wichtigsten Regulatoren unseres Handelns. Das ist in Ordnung, solange ich über mein Handeln die Kontrolle habe, solange ich zwischen gegensätzlichen Handlungsmotiven (z.B. zwischen der Befriedigung eines Bedürfnisses und dem Wunsch, einem anderen zu gefallen) frei entscheiden kann. Wenn ich hingegen ein Kind und als solches meinen Triebbedürfnissen ausgeliefert bin, andererseits aufgrund meiner existentiellen Abhängigkeit fürchten muss, mit meiner Schuld die Liebe des anderen zu verlieren, werden Schuldgefühle zu den mächtigsten »Verdrängern«. Damit aber offenbaren sich auch die »Theorien« 6, 7 und 8 als Illusion.
- »Theorie« 9, wonach »Angst vor Liebesentzug« nicht erlebt würde, wenn gar keine Liebe besteht, ist zwar in sich logisch stimmig, widerspricht aber sowohl der Beziehungsrealität in unseren Kindergärten als auch der derzeitigen Kindergartenpädagogik. Nicht nur, dass (die meisten) Kinder und Erzieherinnen

einander zärtlich zugetan sind, wünschen wir uns das ja auch vom Kindergarten: Ich wäre als Vater, Mutter (wohl auch als Erzieherin) ziemlich besorgt, wenn ich annehmen müsste, dass meine Kinder drei, fünf oder acht Stunden pro Tag mit einem Erwachsenen verbringen, dem sie nicht liebevoll zugeneigt sind und von dem sie – umgekehrt gesehen – nicht auch eine entsprechende Zuneigung erfahren können.

2.5 Das Theorie-Praxis-Dilemma

Halten wir kurz inne. Eine erste Zwischenbilanz sieht nicht allzu erfreulich aus. Die häufigsten Varianten, wie Pädagogen auf Grenzverletzungen reagieren, scheinen auf psychologischen Vorstellungen aufzubauen, die theoretisch nicht haltbar sind. Das allein ginge ja noch: Durch Aufklärung, wie eben geschehen, müsste es doch gelingen, diese Theorien zu entkräften. Nun aber kommt erst das eigentliche Problem: Auch nach dieser Vergegenwärtigung, dass alle drei Interventionen theoretisch nicht nur nicht haltbar, sondern in ihren Auswirkungen möglicherweise sogar pädagogisch bedenklich sind, fielen den Studenten keine praktikablen Alternativen ein. Dabei nahmen wir uns viel Zeit zum Nachdenken und Diskutieren – unseren fiktiven drei Pädagoginnen bleiben kaum zehn Sekunden! Müssen wir uns also doch damit abfinden, dass es trotz aller elaborierter Theorie keine Antwort auf die Frage »Was tun?« gibt?

Nehmen wir das Theorie-Praxis-Problem etwas näher in Augenschein. Meines Erachtens beruht es wesentlich auf einer unseligen Vermischung von *missverstandenen Psychoanalyse-Bausteinen* mit einer (meist uneingestandenen) *behavioristischen Grundhaltung* der meisten Pädagogen und Eltern. Mit »behavioristischen Grundhaltung«[8] meine ich hier, dass in der Praxis Pädagogen in ihrem Denken und Handeln meist nur das *äußere Verhalten* der Kinder im Auge haben, hingegen die psychischen Voraussetzungen, die zu einem bestimmten Verhalten führen, vernachlässigen, ebenso die innerpsychischen, nicht sichtbaren Folgen, die von den Interventionen der Pädagogen ausgehen können. Ich werde versuchen, diesen »Befund« an zwei Beispielen zu erläutern.

---

8 Die behavioristische Psychologie reduziert den Gegenstand wissenschaftlicher psychologischer Forschung auf den Bereich des beobachtbaren Verhaltens und beschäftigt sich mit dem Erlernen von Verhaltensweisen (»Lerntheorie«) und den Möglichkeiten der Veränderung von Verhaltensweisen (»Klassische Verhaltenstherapie«). Die hohe Exaktheit der (statistisch quantifizierbaren) Beobachtungen bezahlt diese Richtung der Psychologie mit einer beträchtlichen Einbuße an möglichen Erkenntnissen: Alles, was nicht exakt beobachtbar und messbar ist, muss aus der wissenschaftlichen Forschung ausgeschlossen werden. Darunter aber fällt so ziemlich alles, was für Pädagogen von substantiellem Interesse ist: Neigungen, Bedürfnisse, Gefühle, innerpsychische Konflikte, das Unbewusste, Haltungen, »Persönlichkeit und Persönlichkeitsentwicklung«, »Selbständigkeit« usw.

Beginnen wir aber bei den »psychoanalytischen Missverständnissen«. Diese finden wir besonders deutlich bei den Studierenden des Seminars vertreten, über das ich ihnen erzählt habe. Erinnern wir uns an das zentrale Dilemma der Studierenden:

Wenn wir wollen, dass aus unseren Kindern kreative Menschen werden; Menschen, die ihre Bedürfnisse und Gefühle spüren können; die selbstbewusst ihre Lebensverhältnisse aktiv zu gestalten fähig sind – dann dürfen wir ihre Impulse, Wünsche und Gefühlsäußerungen nicht unterdrücken, denn die Unterdrückung führt zur Verdrängung und die Verdrängung zu neurotischer Anpassung. (Neurotische Anpassung heißt, dass die Kinder zwar äußerlich »zu funktionieren« scheinen, jedoch um den Preis künftiger neurotischer Symptome: Lebensunzufriedenheit, Depression, psychosomatische Leiden, Beziehungsprobleme, sexuelle Störungen, affektive Labilität wie z.B. Wutausbrüche, Selbstwertprobleme, Konfliktscheu, Zwangssymptome, Lern- und Leistungshemmungen, Phobien [irrationale Ängste], Panikattacken usw.)

Wenn wir aber wollen, dass unsere Kinder den Anforderungen der Gesellschaft entsprechen können, etwa jenen der Schule, um dort erfolgreich sein zu können; wenn wir mit ihnen zu Hause in familiärer Harmonie leben wollen, sodass wir (als Eltern) uns an ihnen erfreuen können; wenn wir wollen, dass sie anderen liebenswert, sympathisch erscheinen, sodass sie Freunde gewinnen können; wenn aus ihnen Menschen werden sollen, die sich durch soziale Gesinnung und Toleranz auszeichnen – dann werden wir nicht umhin können, ihren spontanen Impulsen und Bedürfnissen auch Grenzen zu setzen, ihnen zu erklären, dass es so nicht geht, dass es wünschenswert bis notwendig ist, sich anders zu verhalten als sie selbst es wollen. Und wenn das Gut-Zureden nicht hilft – was leider eher die Regel als die Ausnahme ist – bleibt nur die Alternative, entweder auf die Einhaltung von Grenzen und Regeln immer wieder zu verzichten oder aber ihre Einhaltung mit Hilfe der Androhung bzw. dem Vollzug von Sanktionen durchzusetzen. Dann aber haben wir gerade das getan, was wir gemäß unserem ersten pädagogischen Grundsatz auf keinen Fall wollten: das Kind zu Anpassung zu zwingen.

Diesem scheinbar unauflöslichen Dilemma liegt auf Seiten der Studierenden, vieler Pädagogen (aber auch mancher Psychoanalytiker) eine Art mechanistisches Missverständnis der psychoanalytischen Verdrängungstheorie zugrunde, das sich darin äußert, dass die besondere Art und Weise, wie ein Kind die Versagung eines aktuellen Bedürfnisses erlebt, völlig außer Acht gelassen wird, so als ob jede Versagung quasi automatisch zu einer Verdrängung führen müsse. Um zu verdeutlichen, was ich mit »Erleben der Versagung« meine, gehen wir noch einmal zu Peter zurück.

Er wurde gerade von der (ersten) Erzieherin ermahnt, dass man andere nicht mit Gewalt vom Schaukelpferd stoßen dürfe, und zu anderen Kindern an einen Tisch verbannt. Wir haben gehört, dass er daraufhin zu heulen anfing. Aber *warum* heult er? Was geht durch seinen Kopf? Was fühlt er gerade?

Natürlich können wir das aufgrund bloßer Beobachtung nicht wissen. Wenn wir aber versuchen, uns in Peters Lage zu versetzen, werden wir bemerken, dass es eine Reihe unterschiedlicher Möglichkeiten gibt, wie Peter diese Situation erlebt haben könnte bzw. warum er heulte:

a) »Die anderen schaukeln dauernd, nur ich darf nie, das ist gemein! Wartet nur, das nächste Mal bin ich der erste!«
b) »Die blöde Andrea, wegen ihr ist die Christine (= Erzieherin) jetzt wieder böse auf mich, ich hasse sie. Wenn sie das nächste Mal vorbeikommt, stell ich ihr ein Bein!«
c) »Mit den anderen schimpft die Christine nie so. Warum mag sie mich nicht?!«
d) »Scheiße, verdammt, jetzt ist die Christine schon wieder bös mit mir, dabei wollte ich doch nur schaukeln! Was kann ich tun, damit sie mich wieder mag?«
e) »Ich hab mir so vorgenommen, brav zu sein, und jetzt hab ich es wieder nicht geschafft! Warum muss ich mich immer so ärgern? Warum schaffen es die anderen, dass sie immer gelobt werden?«
f) »Sie (Christine) mag mich nicht, das hat sie gerade wieder bewiesen! Auch egal, ich mag sie ja auch nicht, das werde ich ihr schon zeigen!«
g) »Hoffentlich sagt sie nichts meiner Mama beim Abholen. Dann kann ich mir zu Hause wieder das Theater anhören! Und mit dem Besuch im Park, auf den ich mich schon so gefreut hab', ist es wahrscheinlich auch Essig! Scheißleben! Der nächste, der mir in die Quere kommt, kriegt eine!«
h) »Ich hätte so gern geschaukelt! Ich mag nicht hier sitzen und zeichnen, ich will schaukeln!«

Natürlich kann diese Liste der Befindlichkeiten fortgesetzt werden, auch sind Kombinationen denkbar sowie die Möglichkeit, dass Peter von der einen Befindlichkeit in die andere wechselt. Das spielt aber im Augenblick gar keine Rolle. Es geht mir – anders als in einer Supervision – auch nicht darum, dass die Erzieherin versuchen sollte, Peters augenblickliches Erleben zu erraten, um dann »besser« reagieren zu können: Dazu hat sie weder Zeit, noch ist sie dazu in Stimmung. Und würde sie versuchen, mit Peter zu reden, würde sie wahrscheinlich kein Wort aus ihm herausbringen. Nein, mir geht es um etwas ganz anderes: Vier dieser Varianten, wie Peter die Intervention der Erzieherin erleben könnte, gehen tatsächlich in die von den Studenten befürchtete Richtung, nämlich Verdrängungsprozesse zu fördern:

- In der Variante *c)* fürchtet Peter um die Liebe der Erzieherin. Im Gefolge dieser Angst richtet er seine Wut gegen sich selbst, gegen seinen Ärger, wenn die Dinge nicht so laufen, wie er es gerne hätte. Das aber ist genau die innerpsychische Konfliktsituation, die leicht zur Verdrängung aggressiver Gefühle und in weiterer Folge zu einer inneren Distanzierung von Wünschen und Bedürfnissen führen kann: Je weniger wichtig ihm seine Anliegen sind, desto weniger wird er unangenehm auffallen, desto weniger wird er sich ärgern und desto eher wird er sich die Liebe der Erzieherin erhalten können.
- In den Varianten *e)* und *f)* glaubt er bereits, ihre Liebe verloren zu haben, was ihn an seinem Selbstwert zweifeln lässt (e) bzw. seine Aggressionsbereitschaft erhöht (f), was die Wahrscheinlichkeit künftiger Konflikte natürlich erhöht. Es

steht zu bezweifeln, dass Peter diese Außenseiter-Position durchstehen wird. Wenn doch, erwarten ihn schwere Jahre: sich abgelehnt fühlen, immer im Kampf mit den Anforderungen des Kindergartens, später der Schule, was sich möglicherweise auf die gesamte Schulkarriere auswirken kann.
- Auch in Variante *g)* ist die Beziehung zur Erzieherin schwer beeinträchtigt: Sie koaliert in Peters Vorstellung mit den Eltern und erscheint als Bedrohung nun auch des häuslichen Friedens, sodass sich Peter nirgendwo angenommen und akzeptiert fühlt.

Im Gegensatz dazu besteht keinerlei Grund, sich über Peters künftige Entwicklung Sorgen zu machen, falls er die geschilderte Konfliktsituation in etwa so erleben sollte, wie ich es in den Varianten *a), b), d)* und *h)* auszudrücken versuchte! Zwar ärgert sich Peter auch hier oder ist sogar wütend, aber aus anderen Gründen: nicht, weil man ihn nicht mag, schlechter behandelt, sondern lediglich, weil er nicht schaukeln durfte; und was ihn im Hinblick auf die Erzieherin stört, ist, dass sie jetzt böse ist, was er nicht will, weil er sie mag. Aber er scheint nicht zu fürchten, ihre Zuneigung überhaupt verspielt zu haben. Er sinnt nach Alternativen: das nächste Mal der Erste beim Schaukelpferd zu sein (a), sich an Andrea zu rächen (b), die Erzieherin zu versöhnen (d), um seinen Schaukelwunsch weiter zu kämpfen (h).

Der Hauptunterschied zwischen den beiden Gruppen von Erlebnisweisen besteht darin, dass in den ersten vier (bedenklichen) Fällen Peter die Intervention der Erzieherin *als Symptom einer gefährdeten oder gestörten Beziehung* (»Sie mag mich nicht!«) erlebt, in den anderen vier (unbedenklichen) Fällen hingegen als *bloße Verhinderung eines ganz konkreten Bedürfnisses:* »Ich (als Erzieherin) kann nicht zulassen, dass Du Dein Bedürfnis zu schaukeln befriedigst, indem Du Gewalt anwendest!«

2.6 Alltagsbedürfnisse und Entwicklungsbedürfnisse

Das »mechanistische Missverstehen der psychoanalytischen Theorie der Verdrängung« besteht also darin, anzunehmen, dass die Versagung von Bedürfnissen quasi automatisch zu neurotischen Entwicklungen führe, indem die Kinder beginnen würden, wichtige Bedürfnisse oder Gefühle zu verdrängen. Berücksichtigt man hingegen das konkrete Erleben der Kinder in einer solchen Konfliktsituation, wird uns der Fehler dieser Betrachtungsweise deutlich vor Augen geführt: *Bedürfnis ist natürlich nicht gleich Bedürfnis*. Es scheint Bedürfnisse zu geben, die aufgrund psychoanalytischer Erfahrung tatsächlich eine weitestgehende Befriedigung verlangen, unter anderem:

- die wichtigsten Menschen in meinem Leben lieben und mich von ihnen (bedingungslos) geliebt erleben zu können;
- mich in einem triangulärem Beziehungssystem bewegen zu können[9];
- mich anerkannt und respektiert zu fühlen;
- hilfreiche Identifizierungsobjekte zur Verfügung zu haben;

---

9 Siehe dazu ausführlich: Figdor (2006b).

- meine eigenen Gefühle spüren und ausdrücken zu können;
- zu erfahren, dass es in Ordnung ist, auf meine Wünsche und Bedürfnisse zu hören und sie befriedigen zu wollen und für diese Befriedigung zu kämpfen, auch wenn die Befriedigung eines Teils dieser Alltagsbedürfnisse von den Großen untersagt wird;
- und – gewissermaßen als Resultat – mich selbst mögen zu können.

Es geht dabei also um eine hinreichend gute Befriedigung libidinöser, aggressiver und narzisstischer Bedürfnisse als Voraussetzung zunehmend autonomer Lebensgestaltung und Lebensglück versprechender Übertragungsmodelle. Ich nenne diese Art von Bedürfnissen *Entwicklungsbedürfnisse*. Von ihnen zu unterscheiden sind die hunderttausenden *Alltagsbedürfnisse*: etwas essen oder nicht essen zu wollen, in den Park zu gehen, etwas Bestimmtes zu spielen, anzugreifen, weg- oder hinunterzuwerfen, nicht in die Schule gehen zu wollen, fernzusehen, Freunde zu treffen (statt Hausübungen zu machen), etwas aus Wut kaputtzumachen, nicht ins Bett gehen zu müssen usw. – und natürlich auch: auf das Schaukelpferd hinauf zu wollen bzw. die blöde Andrea hinunterzuschubsen oder sich an ihr zu rächen.

Der herausragende und für die pädagogische Praxis so bedeutsame Unterschied zwischen diesen beiden Arten von Bedürfnissen besteht darin, dass die Befriedigung der Alltagsbedürfnisse eine Sache des Augenblicks ist, während die Befriedigung der so genannten Entwicklungsbedürfnisse sich über längere Zeiträume hinweg entscheidet, nicht unmittelbar davon abhängt, ob eine Mutter, ein Vater, eine Erzieherin »Ja« oder »Nein« sagt, etwas erlaubt oder verbietet, hilft oder nicht, sondern *eine Eigenschaft der Beziehung* ist, oder richtiger ausgedrückt: *eine Eigenschaft davon, wie das Kind diese Beziehung erlebt!*

Freilich dürfen wir diese Unterscheidung zwischen Alltags- und Entwicklungsbedürfnissen nicht so interpretieren, dass es gleichgültig wäre, wie oder was wir als Eltern und Pädagogen tun, weil es lediglich darauf ankäme, dass wir die Kinder lieb haben und wertschätzen. Diese Liebe und Wertschätzung muss natürlich bei den Kindern »ankommen«. Und diesbezüglich gibt es zwischen Alltags- und Entwicklungsbedürfnissen auch Zusammenhänge. Lassen Sie mich das anhand eines Beispiels aus erwachsenen Liebesbeziehungen verdeutlichen:

Stellen Sie sich vor, Sie befinden sich in einer glücklichen Liebesbeziehung. Stellen Sie sich vor, Sie würden gerne am Wochenende etwas unternehmen, z.B. einen Ausflug machen oder abends ins Kino oder Theater gehen. Ihr Partner bzw. Ihre Partnerin hat aber keine Lust dazu, weil er bzw. sie zu müde ist, lieber faulenzen oder fernsehen möchte oder etwas zu arbeiten hat. Sollte sich nun in dieser Meinungsverschiedenheit Ihr Partner bzw. Ihre Partnerin durchsetzen, werden Sie möglicherweise enttäuscht sein, aber wohl kaum gleich an seiner bzw. ihrer Liebe zu zweifeln beginnen. Dass die Sache so harmlos ausgeht, also weder zu einer Beziehungskrise führt noch Sie in Liebeskummer stürzt, hängt allerdings an drei Voraussetzungen:
- Sie müssen erlebt haben, dass sich Ihr Partner bzw. Ihre Partnerin gewöhnlich bemüht, Ihnen Ihre Wünsche zu erfüllen.

- Sie müssen in diesem Gespräch spüren können, das er bzw. sie Ihren Wunsch ernst nimmt und dass es ihm bzw. ihr leidtut, nein sagen zu müssen bzw. heute so gar keine Lust dazu zu haben.
- Sie müssen sich über die augenblickliche Enttäuschung mit der Aussicht trösten können, dass Ausflug, Kino oder Theater eben bei nächster Gelegenheit stattfinden wird können.

Ist es hingegen so, dass sich solche Zurückweisungen häufen; sollte Ihr Partner bzw. Ihre Partnerin auf Ihren Vorschlag antworten: »Also wirklich nicht! Du hast vielleicht Ideen!«; oder sollten Sie, was noch schlimmer ist, darauf etwas entgegnen und als Antwort bekommen: »Würdest Du mich jetzt bitte in Ruhe weiterlesen (oder fernsehen) lassen?!« – würde es Ihnen wohl ziemlich schwer fallen, sich weiterhin ungetrübt geliebt und in dem, was Ihnen wichtig ist, respektiert zu fühlen.

Die von den Kindern kontinuierlich an Eltern und Pädagogen herangetragenen Alltagsbedürfnisse, für deren Befriedigung die Kinder ja meist nicht selbst sorgen können, provozieren naturgemäß die Frage: »Soll ich es erlauben oder nicht?« Und wenn es um die Einhaltung von Grenzen geht, ich mich also für ein »Nein« entschieden habe: Wie kann ich diese Einhaltung gewährleisten? Stellen wir hingegen die Entwicklungsbedürfnisse in den Vordergrund, verliert die Frage, ob bestimmte Alltagsbedürfnisse befriedigt werden sollen oder nicht, an Bedeutung. Oder richtiger: Die Frage tritt hinter eine andere, wesentlichere Frage zurück: Was müssen Eltern oder Pädagogen tun, damit ihre Interventionen *die Befriedigung der Entwicklungsbedürfnisse* des Kindes nicht in Frage stellen, und zwar unabhängig davon, worum es konkret bei dieser Intervention geht (also auch im Fall von Konflikten um Alltagsbedürfnisse).

Auf den ersten Blick handelt es sich dabei um eine Frage, die – genau genommen – angesichts *jedes einzelnen pädagogischen Akts* gestellt und beantwortet werden müsste. Damit freilich hätte ich mich nur theoretisch aus der Affäre gezogen, die ganze Verantwortung jedoch (wieder einmal) auf die »Praktiker« abgeschoben. Zudem wäre es eine in der Praxis nicht einlösbare Verantwortung, weil in der pädagogischen Praxis für das kontinuierliche Analysieren des eigenen Handelns ja überhaupt keine Zeit und kein Raum zur Verfügung stehen. Ich möchte jedoch zeigen, dass sich auf diese veränderte Frage dennoch eine sowohl allgemeine als auch praktizierbare Antwort finden lässt. Eigentlich wird die Antwort auf diese Frage in dem obigen Alltags-Beispiel schon recht deutlich: Sie liegt im Unterschied der Stimmung, Gefühlslage, aus der heraus der Partner bzw. die Partnerin Ihren Wunsch negiert: freundlich, liebevoll, das Nein bedauernd oder unfreundlich, genervt und ärgerlich. Vielleicht kommt es also auch bei Konflikten zwischen Eltern bzw. Pädagoginnen und Pädagogen und Kindern gar nicht so sehr darauf an, *was* zu tun wäre, sondern vielmehr darauf, *wie* es getan wird, wobei dieses Wie aber in erster Linie davon abhängt, in welcher *Stimmung* sich Pädagoginnen bzw. Pädagogen oder Eltern befinden, wie ihre *Gefühlslage* gegenüber dem Kind oder den Kindern *im Augenblick* aussieht.

Bevor wir aus dieser Erkenntnis Schlussfolgerungen für den pädagogischen Alltag ziehen können, muss noch auf die andere Seite des pädagogischen Theorie-Praxis-Dilemmas eingegangen werden. Ich habe ja von einer Vermischung von missverstandenen Psychoanalyse-Bausteinen (davon war gerade die Rede) mit einer – meist uneingestandenen – »behavioristischen Grundhaltung« gesprochen. Was ist also damit gemeint, wie wirkt sich diese im Alltag mit Kindern aus?

2.7 Behaviouristische Grundhaltung versus Haltung der verantworteten Schuld

Diese »behavioristische« Grundhaltung besteht ganz einfach darin, Persönlichkeitseigenschaften und charakteristische Haltungen mit *Verhaltensweisen* gleichzusetzen bzw. zu verwechseln. Beispiele einer solchen Gleichsetzung bzw. Verwechslung sind etwa folgende (regelmäßig anzutreffende) Annahmen vieler Pädagogen:

- dass ein Kind, das immer »bitte« und »danke« sagt, ein freundliches Gemüt hätte;
- dass ein Mensch, der immer zurücksteckt und mit anderen teilt, eine soziale Gesinnung hätte und das, was man für ihn getan hat, schätzt;
- dass ein Kind, das andere Kinder nicht schlägt, keine Aggression in sich trüge, usw.

Daraus wird dann »pädagogisch« gefolgert:

- Wenn man ein Kind anhält, immer »bitte« und »danke« zu sagen, wird es ein freundliches Gemüt und soziale Kompetenz entwickeln.
- Wenn man Kinder konsequent dazu anhält, zurückzustecken und mit anderen zu teilen, wird es eine soziale Gesinnung entwickeln.
- Wenn man Kinder soweit bringt, dass sie nicht auf andere hinhauen, werden sie sich zu friedliebenden Menschen entwickeln.

Oft wird auch in umgekehrter Weise gefolgert: Wenn Kinder *nicht* »bitte« und »danke« sagen, sich egoistisch *verhalten* und ihrem Ärger *Luft machen*, muss befürchtet werden, dass aus ihnen egozentrische, unsoziale und aggressive Menschen werden. Daher meinen viele Eltern und die meisten Pädagoginnen und Pädagogen, dass es ganz wichtig sei, *dass sich schon kleine Kinder so verhalten, wie wir das von Erwachsenen erwarten würden*.

Wohlgemerkt, es geht – bezogen auf unser Beispiel – nicht darum, Peter *zu erlauben*, dass er Andrea vom Schaukelpferd stößt: Natürlich muss das die Erzieherin verhindern, sie trägt ja die Verantwortung dafür, dass die Kinder sich/einander nicht wehtun! Das »behavioristische Missverständnis« besteht darin, dass sie die *Erwartung* hat,

- dass Andrea von sich aus bereit sein müsste, Peter auf das Schaukelpferd zu lassen, bzw. dass Peter von sich aus fähig und bereit sein müsste, den Konflikt anders als körperlich zu lösen,
- und dass sie das gegenteilige Verhalten der beiden als pädagogisch bedenklich, als im weiten Sinn pathologisch *interpretiert*.

Auf den ersten Blick mag diese Unterscheidung als Haarspalterei erscheinen, sie ist jedoch alles andere als das. Obwohl die Erzieherin in jedem Fall einschreiten muss, ist das praktische Resultat, d.h. die Art und Weise, *wie* sie das tut, ein völlig anderes: *Erwarte* ich nämlich von einem Menschen ein bestimmtes Verhalten, etwa das Einhalten einer Regel, wird es mich enttäuscht, gekränkt oder ärgerlich machen, wenn meine Erwartung nicht eintritt. Als Erzieherin von Andrea oder Peter werde ich meine Gesichtszüge entsprechend verändern, die Kinder anfahren, ihnen Vorwürfe machen und den Kindern noch eine ganze Weile für ihr Verhalten böse sein. Ganz spontan beantworte ich die Intoleranz und Aggression der Kinder mit Gegenaggression. Bewerte ich hingegen die von mir aufgestellten Normen und Regeln zwar als notwendig, im Hinblick auf den Entwicklungsstand und die ganz normalen Interessen und Wünsche der Kinder jedoch eigentlich als Zumutung, als beträchtliche Einschränkung, werde ich – ganz im Gegenteil – erstens *sogar erwarten, dass die Kinder die Regeln nicht einhalten können oder wollen*. Zweitens aber führt das bei mir zu einer anderen emotionalen Situation: Ich kann sowohl Andreas als auch Peters Verhalten gut verstehen; ich wünsche, Andrea könnte weiterschaukeln; ich wünsche, ich könnte Peter ein anderes Schaukelpferd bieten; ich spüre, wie schwierig es ist, sich schrecklich zu ärgern, wütend zu sein, den Ärger und die Wut aber nicht ausleben zu können. Die Intoleranz und die Aggressionen von Andrea und Peter rufen dann spontan (!) ganz andere Gefühle hervor: nicht (Gegen-)Aggression, sondern *Verständnis*; die *Zuneigung* zu den Kindern bleibt erhalten; dass ich eingreifen muss, *bedaure* ich; und statt auf die Kinder böse zu sein, verspüre ich das Bedürfnis *zu trösten*, *Ersatzbefriedigung* anzubieten, die Enttäuschung der Kinder *wiedergutzumachen*. (Ganz so wie Ihr Partner oder Ihre Partnerin in der ersten Variante des obigen Beispiels.)

Dadurch verändert sich aber auch die Art und Weise, *wie das Kind die Erzieherin erlebt*. Nichts ändert sich natürlich an der Tatsache, dass Andrea nicht schaukeln kann, solange sie will, und Peter seinen Ärger nicht einfach durch Hinschlagen loswerden kann. Sonst aber ist alles anders, wobei drei Aspekte eine besondere Rolle spielen:

- Erstens erlebt das Kind im ersten Fall, also angesichts der tatsächlich aggressiv gestimmten Erzieherin: »Christine (die Erzieherin) ist böse auf mich.« Von da ist es nur ein kleiner Schritt zu: »Sie mag mich nicht.«
- Zweitens stellt sich das Kind die Frage, *warum* es nicht gemocht wird, und findet die nahe liegende Antwort: »Weil sie nicht mag, was ich will und mache und fühle.« Das ist aber genau der Gedanke, der aus der Frustration eines Alltagsbedürfnisses – schaukeln bzw. Andrea strafen zu wollen – die Frustration eines Entwicklungsbedürfnisses werden lässt, nämlich des Bedürfnisses, geliebt

zu werden, und zwar so, wie ich bin. Damit verknüpft ist ein Angriff auf das narzisstische Gleichgewicht (Selbstwertgefühl), dass ich liebenswert bin.
- Drittens erlebt Peter, aber auch Andrea die Intervention der ärgerlichen, weil in ihren (unangemessenen) Verhaltenserwartungen enttäuschten Erzieherin nicht als bloßes »Nein«, sondern als gegen sich gerichtete *Aggression*. Beide Erlebnismomente – nicht geliebt zu werden und sich aggressiv angegriffen zu fühlen – erschüttern die Kinder in ihrer Sicherheit, sich geborgen zu fühlen. Der Verlust dieser Sicherheit nagt an den Grundfesten ihres Wohlbefindens, indem er existenzielle Ängste aktiviert.

Wir sehen, dass Peter und Andrea durch die aggressive Stimmung der Erzieherin und die daraus resultierende emotionale Färbung ihrer verbietenden Intervention in eine Gefühlslage geraten sind, in der es überhaupt nicht mehr um das Schaukeln oder den Ärger Peters auf Andrea, also um »Alltagsbedürfnisse« geht. Aus den Vier- und Fünfjährigen, die etwas Verbotenes wollten, wurden (was die Gefühlslage betrifft) Zwei- bis Dreijährige, die sich ihrer schützenden Beziehung beraubt sehen. *Angst* aber gebietet allemal, bei Kindern wie bei Erwachsenen, die (bedrohliche) Situation augenblicklich zu verändern: passiv, indem man so lange verzweifelt schreit, bis die »gute Mama, die mich verlassen hat«, wiederkehrt (also die Erzieherin wieder lieb wird); oder aktiv, indem man gegen den Aggressor, die böse Erzieherin, kämpft, bis die gute (die nicht mehr nein- sondern jasagende) Erzieherin wieder »zurückkehrt«. Führen beide Strategien – natürlich handelt es sich hier um unbewusste Prozesse – nicht zu hinreichendem Erfolg, also zu einem Gefühl sicheren Aufgehobenseins, bleibt nur mehr der dritte Weg: die Wendung gegen die eigene Person. Und das heißt, dass ich all das an mir, wovon ich glaube, dass es die unverzichtbare Liebe der wichtigsten Bezugspersonen gefährdet, bekämpfe: Wünsche und Leidenschaften; Gefühle, vor allem aggressive; aber auch Gedanken und Phantasien, die mit diesen Regungen verknüpft sind. Was dann von außen betrachtet vielleicht als Beruhigung erscheint, der Erzieherin und den Eltern den Eindruck vermittelt, das Kind sei »zur Vernunft gekommen« bzw. habe sich »sozial weiterentwickelt«, ist leider alles andere als das: nicht das Ergebnis von Entwicklung, sondern Resultat von Verdrängung. Das heißt aber zugleich, dass das Verdrängte – das leidenschaftliche Wünschen und Fordern, die archaische Wut – keineswegs überwunden ist. Vielmehr lauert es im Unbewussten, um früher oder später wieder hervorzukommen, sei es in Form von abrupten Affektdurchbrüchen, sei es in Form von (verschiedensten) neurotischen Symptomen.

Ganz anders sieht die Sache hingegen aus,

- wenn unsere Erzieherin verstehen kann, wie viel Spaß es Andrea macht, zu schaukeln, aber auch den kleinen Triumph nachempfinden kann, den es für das Mädchen bedeutet, gegenüber dem älteren Buben die Mächtigere zu sein;
- wenn die Erzieherin gleichzeitig Peters wachsende Ungeduld und seinen wachsenden Ärger auf Andrea spüren kann und auch versteht, dass ihm in diesem Augenblick wohl gar keine andere Möglichkeit zu Gebote stand, als Andrea gewaltsam »vom hohen Ross« zu stürzen;

- und wenn sich daher die Erzieherin im Klaren ist, dass sich ihre Intervention, ihr »Nein«, gegen ganz normale Bedürfnisse, gegen altersgemäße Gefühlsregungen lebendiger und liebenswerter Kinder richtet; und dass sie diese Kinder aufgrund ihrer Verantwortung jetzt *leider* (!) ihrer Befriedigung berauben, sie enttäuschen muss, und dass sie damit die daraus entstehende Aggression der Kinder, wenigstens zum Teil, auf sich zieht.

Während die Erzieherin im ersten, eher üblichen Fall die Kinder, von denen sie sich anderes erwartet hat, als Aggressoren erlebt und sich gegen diese Aggressionen zu verteidigen sucht, bleibt diese Erzieherin sowohl mit den Wünschen als auch den Aggressionen der Kinder *identifiziert*, und zwar gleich in dreifacher Hinsicht: mit Andrea gegen Peter, mit Peter gegen Andrea und schließlich mit beiden *gegen sich selbst*. In diesem Identifiziert-Sein mit den Kindern gegen die ordnungsstiftenden Interventionen, zu denen ich als Erzieherin gezwungen bin, nehme ich eine Haltung an, die sich auch so ausdrücken ließe: »Ich verstehe, dass du (dies oder jenes) willst/fühlst/getan hast, aber leider kann ich es nicht zulassen. Klar, dass du jetzt auf mich böse bist, schließlich erwartest du legitimer Weise von mir, Freundlichkeit, Loyalität, Unterstützung und nicht Zurückweisung zu erhalten.« Denkt man als Erzieherin einen solchen Satz, folgt ganz automatisch die Frage: »Was könnte ich tun, damit es euch wieder gut geht? Wie ließe sich Ärger und Frust abreagieren (ohne dass es zu neuerlichen Konflikten mit mir kommt)? Was könnte euch ersatzweise Freude machen?« Mit anderen Worten: An die Stelle des (spontanen) Bedürfnisses der (ersten) Erzieherin, eine (weitere) Sanktion zu setzen, tritt nun ein (ebenso spontanes) Bedürfnis nach Unterstützung, Trost und Wiedergutmachung.

Ich nenne diese Haltung, auch in Konfliktsituationen wie jener mit Andrea und Peter die Identifizierung mit den Kindern nicht zu verlieren und dadurch die gefühlte Zuneigung zu den Kindern aufrechterhalten zu können, *Haltung der verantworteten Schuld*. Von »Schuld« spreche ich, weil in dieser Haltung nicht das Kind als Verursacher des Konflikts erlebt wird, sondern ich mich als Erwachsener als jemand erlebe, der dem Kind die Befriedigung eines legitimen und altersgemäßen Bedürfnisses bzw. das Ausleben eines normalen und natürlichen Gefühls untersage. Dabei spielt es überhaupt keine Rolle, warum ich das tue – etwa, weil ich ein anderes Kind schützen muss; weil ich auf die Einhaltung von Regeln achten muss, ohne die ein Zusammenleben nicht möglich wäre; weil ich mich nach Vorschriften richten muss; weil ich aus gesundheitlichen Gründen oder pädagogischen Erwägungen (Paradebeispiel: Fernsehen) »nein« sage; oder schlicht deshalb, weil ich gerade nicht will und mich für die Befriedigung eines eigenen Bedürfnisses (z.B. in Ruhe zu lesen, statt mit dem Kind zu spielen) entscheide: In allen Fällen *bin ich schuld an der Frustration des Kindes*, mute ihm zu, sich damit abzufinden, dass der Mensch, den es liebt und von dem es sich geliebt fühlen will, ihm einen (im Augenblick großen) Wunsch nicht erfüllt, sondern verweigert, oder ihm in der Auseinandersetzung mit einem anderen nicht hilft, sondern augenscheinlich sogar auf dessen Seite steht.

Und was heißt »verantwortete« Schuld? Damit meine ich, dass ich als Erzieherin, Vater oder Mutter diese Schuld, die Kinder in ihren Alltagsbedürfnissen frustrieren zu müssen, durchaus verantworten kann, weil diese Frustrationen zwar in hohem Maße unlustvoll sind, jedoch die gesunde Entwicklung des Kindes nicht gefährden, *solange* – und das ist die Bedingung dafür, dass ich die Grenzen, die ich setze, auch *verantworten* kann – ich dafür Sorge trage, die Befriedigung der *Entwicklungs*bedürfnisse des Kindes nicht zu gefährden: sich geliebt und geborgen, in seinen Wünschen und Meinungen respektiert zu fühlen, mit sich zufrieden zu sein usw. Manchmal ist es ja sogar die Sorge um die Befriedigung der Entwicklungsbedürfnisse, die von uns verlangt, dem Kind die Erfüllung von Alltagsbedürfnissen zu verweigern: indem die Erzieherin Peter hindert, auf andere Kinder hinzuhauen, verhindert sie zugleich, dass Peter zum Außenseiter der Gruppe wird; indem ich das Fernsehen beschränke, fördere ich das aktive Spielen und damit die Phantasieentwicklung des Kindes; indem ich mir die Freiheit nehme, auch meinen eigenen Wünschen im Zusammenleben mit den Kindern ein Recht auf Befriedigung einzuräumen, verringere ich die Gefahr, mich zu überfordern, gereizt und unzufrieden zu werden, und erhöhe ich die Chance, dass mein Kind erleben kann, dass mir das Zusammenleben mit ihm Freude macht.

Das pädagogisch Bedeutsame an dieser Haltung ist die *Gleichzeitigkeit* des Wissens um die eigene Schuld (an der aktuellen Enttäuschung des Kindes) und des Wissens darum, diese Enttäuschung gegenüber dem Kind verantworten zu können. Es gibt viele Pädagoginnen bzw. Pädagogen und Eltern, die sich angesichts der Grenzen, die sie setzen, schuldig fühlen. Aber ihre Schuld mündet nicht in ein *Bedauern*, sondern in *schlechtem Gewissen*: sie fühlen sich als schlechte Pädagoginnen bzw. Pädagogen oder Eltern. Und es gibt auf der anderen Seite viele Pädagoginnen und Pädagogen, die die Grenzen, die sie setzen, vor sich und den Kindern sehr wohl verantworten, aber sie sind dabei *nicht mit den Kindern identifiziert* und vernachlässigen die Frustration, die sie ihren Kindern antun, oder richtiger: S*ie spüren diese Frustration nicht*.

Beide Haltungen sind einseitig und für die Entwicklung der Kinder nicht unbedenklich. Eltern mit schlechtem Gewissen neigen dazu, die Grenzen so weit zu ziehen, dass sie permanent überfordert sind. Die Kinder solcher Eltern genießen mitunter ein enormes Maß an Freiheit, ihre Alltagsbedürfnisse zu befriedigen, während die für die Entwicklung so wichtige liebevolle Atmosphäre zwischen Erwachsenen und Kindern sukzessive verloren geht. (Denken Sie an den von mir vorher herangezogenen Vergleich: Sie wollen am Samstagabend etwas unternehmen, Ihr Partner oder Ihre Partnerin bliebe jedoch lieber zu Hause. Was haben Sie von diesem Abend, wenn Ihr Partner oder Ihre Partnerin widerwillig nachgibt, aber den ganzen Abend über durch schlechte Laune deutlich zu verstehen gibt, sich [mit Ihnen!] nicht wohl zu fühlen.) Und wenn es dann doch ein »Nein« setzt, dann erfolgt es zwangsläufig in einem Zustand der Gereiztheit, der jenes Identifiziert-Bleiben mit dem Kind unmöglich macht. Wenn andererseits Pädagoginnen bzw. Pädagogen oder Eltern nur mit ihren Grenzen (*gegen* das Kind) identifiziert sind, etwa in dem Sinn »Es ist nur zu deinem Wohl!« (die Interventionen unserer drei fiktiven Erzieherinnen wären dafür ein Beispiel), besteht nicht nur die Gefahr, dass das »Nein« durch die Abwesenheit des Bedauerns vom Kind aggressiv erlebt wird. Darüber hinaus kann es leicht passieren, dass uns das Gefühl abhanden kommt, an welchem Punkt die Frustration von Alltagsbedürfnissen in die Frustration von Entwicklungsbedürfnissen »umschlägt«. Das passiert nämlich nicht alleine dann, wenn uns das Kind aggressiv statt bedauernd-zugeneigt erlebt, sondern auch dann, wenn es zu dem Eindruck gelangt: »*Nie* darf ich ...« oder »Er (oder sie) hilft *nie* zu mir.«

2.8 »Denn wir können die Kinder nach unserem Sinne nicht formen ...« (J.W. Goethe)

Die Haltung der verantworteten Schuld ist Teil einer umfassenderen Haltung, bei welcher es nicht nur um die Identifizierung mit dem Kind in einer bestimmten Situation geht, sondern um die Art und Weise, *wie ich meinem Kind grundsätzlich begegne* bzw. wie ich meine Rolle ihm gegenüber definiere. Sie lässt sich am besten durch folgende Aufforderung, die ich an alle Eltern und Erzieher richten möchte, definieren:

»Denkt im Zusammenleben mit Euren Kindern nicht immer daran, die Kinder erziehen zu sollen! Denn dieses Selbstverständnis, primär Erziehender zu sein, kann leicht dazu führen, dass man den Lebensäußerungen des Kindes vorwiegend wertend begegnet (gut – schlecht, normal – gestört, reif – unreif, überdurchschnittlich – unterdurchschnittlich usw.) und sich demnach ununterbrochen bemüßigt fühlt, das Kind formen zu wollen. Das führt zwangsläufig dazu, dass das, was das Kind zur Zeit ausmacht, nie genug ist, seinen Wert nicht in sich trägt, sondern immer nur im Hinblick auf etwas, das es erst zu erreichen gilt, (also als mehr oder weniger defizitär) bewertet wird. Versucht statt dessen, die Kinder in dem, was sie jetzt sind, fühlen und wünschen, zu verstehen, und seid neugierig auf jedes neue Stück Persönlichkeit, das sich da entwickelt!«

Um zu verdeutlichen, wie ich das meine, möchte ich Sie noch einmal auffordern, sich Ihr eigenes Erleben vor Augen zu führen. Stellen Sie sich einen Partner vor, der Sie dauernd nur bewertet, ermahnt und etwas an Ihnen verändern möchte. Die Botschaft, die bei Ihnen ankommt, kann gar keine andere sein als: »Er wünscht sich eine andere Frau.« bzw. »Sie wünscht sich einen anderen Mann.« Dagegen wird sich das Gefühl »Er bzw. sie liebt mich wirklich.« wohl eher in Grenzen halten. Aber das ist noch nicht alles: Als erwachsener, selbstbewusster Mann oder als erwachsene, selbstbewusste Frau werden Sie sich das nicht bieten lassen, werden dem Ansinnen ein anderer oder andere werden zu sollen, Widerstand entgegensetzen bzw. darauf bestehen, selbst zu entscheiden, was Sie an sich verändern, in welche Richtung Sie sich entwickeln wollen. Ihr Partner oder Ihre Partnerin wird sich damit abfinden müssen, mit Ihnen und nicht mit einem Wunschbild zu leben, oder es wird dazu kommen, dass sich Ihre Wege trennen. Nun stellen Sie sich aber vor, Sie hätten dieses Selbstbewusstsein nicht, stellen Sie sich vor, Sie wären abhängig, und zwar nicht nur existentiell, sondern auch emotional, weil die Ansichten des anderen für Sie allgemeine Gültigkeit haben, Sie an deren Angemessenheit nicht zweifeln. Sie mögen dann zwar unzufrieden und ärgerlich sein, Konflikte vom Zaun brechen, aber tief im Inneren sind Sie überzeugt davon, dass er bzw. sie recht hat. Das führt zwangsläufig dazu, dass Sie sich nicht nur von Ihrem Partner oder Ihrer Partnerin nicht geliebt fühlen, sondern sich selbst nicht lieben und Ihren Widerstand, Ihre Aggression letztlich gegen sich selbst richten.

Die Haltung der verantworteten Schuld und die ihr eng verwandte *Neugier auf das sich entwickelnde Kind* haben etwas von einer »Pädagogik-kritischen Pädagogik« an sich: Ich möchte Eltern und Pädagoginnen und Pädagogen auffordern, sich nicht immer nur als »Erzieher« zu definieren, also nicht immer bewerten, beeinflussen oder verändern zu wollen, sondern davon auszugehen, in jedem Kind eine Persönlichkeit vor sich zu haben, die es *zu entdecken* und *zu akzeptieren* gilt. (Eine Persönlichkeit zu *akzeptieren* bedeutet ja nicht, alles *zu tun*, was er oder sie will, wovon war ja schon ausführlich die Rede war.) Diese Persönlichkeit verändert und entwickelt sich zwar, aber lässt sich *nicht formen*: Sie formt sich selbst – unter dem *Einfluss* der Eltern oder Erzieher, *aber nicht nach ihrem Willen.*

Anders ausgedrückt könne man sagen: Der Psychoanalytischen Pädagogik geht es darum,

- das Kind zu verstehen, wie es ist, indem ich versuche, mich in seine Welt einzufühlen (was gar nicht so schwer ist, weil sich diese von unserer eigenen Gefühlswelt gar nicht so sehr unterscheidet);
- das Kind daher auch akzeptieren und lieben zu können – und zwar unabhängig davon, ob wir das, was es *tun* will, zulassen können, ob es gerade »lieb und brav« ist oder sich weinerlich, trotzig oder aggressiv gegen uns richtet;
- also der Gestaltung *der Beziehung* das Hauptaugenmerk zu widmen – im Gegensatz zur traditionellen, »behavioristischen« pädagogischen Haltung, die sich vorzugsweise um das *Verhalten* kümmert und meint, dieses werten zu müssen.

2.9 Zur Relation von Entwicklungsbedürfnissen und sozialer Gesinnung

Nun ließe sich freilich einwenden: Beziehungsgestaltung gut und schön. Was aber ist mit Persönlichkeitseigenschaften wie soziale Gesinnung, Toleranz etc., von denen wir früher im Rahmen des Seminars sprachen? Dort haben wir diese Persönlichkeitseigenschaften doch als durchaus legitim erachtet! Auch wenn es stimmen mag, dass soziales Verhalten kleiner Kinder noch nichts mit sozialer Gesinnung zu tun hat – bleibt nicht die Frage, wie sie sich denn dann entwickeln kann? Die unter »verantworteter Schuld« beschriebene Haltung mag ja geeignet sein, die sich angesichts äußerer, alltäglicher Konflikte zwischen Kindern und Erwachsenen einstellenden inneren, emotionalen Konflikte zu entschärfen, was der künftigen psychischen Gesundheit der Heranwachsenden zuträglich ist. Aber geht diese Entschärfung nicht doch wieder zu Lasten jener anderen, im weitesten Sinn »sozialen« Erziehungsziele?

Es fehlt mir hier der Platz, um auf alle in dem Seminar geäußerten Ziele eingehen zu können, und ich beschränke mich darauf, die Bedenken anhand dessen, was wir als »Toleranz« zu bezeichnen pflegen, zu diskutieren.

Wir haben vorher festgestellt: Tolerantes *Verhalten* ist nicht gleich *Toleranz* (im Sinne einer inneren Haltung, einer Persönlichkeitseigenschaft). Wenn sich ein Kind in einer bestimmten Situation »tolerant« *verhält,* d.h., die Wünsche oder Ansichten eines anderen gelten lässt, kann das nämlich ganz unterschiedliche Gründe haben:

- Das Kind kann aus einer augenblicklichen Liebesanwandlung, die auf eine bestimmte Person bezogen ist, oder einer besonderen affektiven Stimmung heraus das Bedürfnis haben, *zu geben.* (Einer anderen Person gegenüber oder zehn Minuten später wäre dann von dieser »Toleranz« möglicherweise nichts mehr zu bemerken.)
- Das Kind könnte sich so verhalten, weil es etwas Bestimmtes erreichen will, etwa um für den Verzicht, den es leisten musste, etwas *zurückzubekommen.*
- Eine besondere Variante solcher »strategischer Toleranz« steht im Dienst des Bedürfnisses *zu gefallen.*
- Das Bedürfnis zu gefallen hängt ganz häufig mit der *Angst* zusammen, die Liebe wichtiger Personen zu verlieren, wenn ich (als Kind) auf meinen Wünschen und Ansichten beharre. (Dann wäre, was äußerlich als Toleranz erscheint, nur eine über Angst vollzogene Anpassung.)
- Eher früher als später wird aus einer solchen, aus Anpassungsnot zustande gekommenen »Toleranz« ein *neurotisches Symptom,* d.h., es steht dem Kind gar nicht mehr zu Gebote, sich für oder gegen seine eigenen Neigungen zu entscheiden: Es muss (stets) nachgeben.
- Um eine besonders bedenkliche Ausformung »neurotischer Toleranz« handelt es sich, wenn der Heranwachsende überhaupt *aufhört zu wünschen oder aufhört, eigene Ansichten zu vertreten.* (Nicht wenige »tolerante« Erwachsene leiden unter diesem Symptom, das sowohl im Hinblick auf das eigene Lebensglück als auch in gesellschaftspolitischer Hinsicht fatale Folgen haben kann.)
- Kinder (oder Menschen überhaupt) »tolerieren« Anderes nicht selten aus dem Grund, *Konflikten aus dem Weg zu gehen,* die auszuhalten man sich nicht zutraut. (Diese Art von »Toleranz« ähnelt dem Füttern eines wilden Tieres, dem man nicht deshalb zu Fressen gibt, weil man es mag, also ihm etwas Gutes tun will, sondern um es zu besänftigen, um sich vor ihm zu schützen.)
- Schließlich können die Offenheit und der Respekt vor den Wünschen bzw. Ansichten eines Anderen bloß Ausdruck einer starken Neigung sein, sich mit einer bestimmten Person *zu identifizieren.* Dass es sich auch dabei nur scheinbar um Toleranz handelt, zeigt sich spätestens dann, wenn die Identifizierung vollzogen ist und die auf diese Weise zu eigen gemachten Wünsche und Ansichten gegenüber dritten Personen radikal und untolerant vertreten werden (in Gestalt von Orthodoxie, Fremdenhass, faschistoider Ausgrenzung usw.).

Woraus besteht dann aber »wahre« Toleranz? Die Erfahrungen, welche die Psychoanalyse aus der Arbeit mit erwachsenen Patienten gewonnen hat, gewähren uns einen ganz guten Einblick in Komponenten, aus denen sich eine »tolerante Persönlichkeit« zusammensetzt:

- An erster Stelle ist – in psychoanalytischen Termini ausgedrückt – ein gutes *narzisstisches Gleichgewicht* zu nennen, also das, was wir umgangssprachlich als Selbstwertgefühl, Selbstsicherheit, Selbstbewusstsein bezeichnen würden. Selbstunsichere Menschen brauchen stets Zustimmung und fühlen sich durch abweichende Standpunkte bedroht. Sie neigen dazu, sich ausgenützt zu fühlen, wenn es anderen gut geht, weshalb es ihnen schwer fällt, zugunsten anderer auf Befriedigung zu verzichten.
- Eng mit einem hinreichend guten narzisstischen Gleichgewicht verbunden ist eine Haltung, die man als *vorwiegend libidinöse Grundeinstellung gegenüber der Welt* bezeichnen könnte. Damit meine ich nicht den »naiven Menschenfreund«, der von anderen Menschen immer nur das Beste erwartet: Solche Menschen werden bald enttäuscht, müssen ihre Kränkung entweder verdrängen, um ihr »positives« Menschenbild aufrecht zu erhalten, oder sie kippen früher oder später geradezu ins Gegenteil, werden also misstrauisch und ziehen sich zurück. Mit jener »libidinösen Grundeinstellung« meine ich eher ein *Wissen um die Widersprüchlichkeit aller Menschen*, also die Gewissheit, dass es kaum Menschen gibt, die nur gut oder nur böse sind und die man – dementsprechend – nur lieben *oder* nur hassen kann, die *entweder* Freunde, Verbündete *oder* Feinde sind.
- Jene »libidinöse Grundeinstellung« ist wiederum nur die Kehrseite eines relativ *geringen Potenzials an ungebundener Aggression*. Was ist darunter zu verstehen? Im Gegensatz zu alltäglichem Ärger, alltäglichem Zorn oder alltäglicher Wut, die sich immer auf einen Anlass zurückführen lassen, bei dem das Individuum eine nachvollziehbare Frustration erlebt hat, ist unter »ungebundener Aggression« eine Art permanent bestehender Aggressionsbereitschaft zu verstehen, die nur auf Gelegenheiten wartet, um sich äußern zu können. Solche Menschen *brauchen* die Feinde, von denen sie sich umgeben fühlen, oder sie müssen sie erfinden, um ihre latent brodelnde Aggression abführen zu können. (Unschwer ist hier eine Dynamik zu erkennen, die auch beim Phänomen Fremdenhass oder bei faschistoiden Einstellungen wirksam ist. Auch erkennt man die große Verführung, die von solchen Ideologien für Menschen mit einer solchen Persönlichkeitsstruktur ausgeht.)
- Psychodynamisch aufs engste mit diesen drei Komponenten – narzisstisches Gleichgewicht, libidinöse Grundeinstellung, geringes Potenzial ungebundener Aggression – ist die vierte Komponente von Toleranz verknüpft: eine relativ *geringe Neigung, sich von anderen Menschen bedroht zu fühlen*. Nur dann, wenn diese Neigung gering ist, wird es mir möglich, mich auf das Andere, das Ungewohnte, das Fremde einzulassen bzw. dem anderen mit Freundlichkeit und Rücksichtnahme zu begegnen. (»Tolerantes« bzw. »soziales« *Verhalten*, das aus Angst geboren ist, haben wir ja vorher als Unterwerfung und bloß äußere Anpassung entlarvt.)
- Schließlich ist noch eine inzwischen recht gut bekannte Komponente zu nennen, die sich weniger psychoanalytischer Erfahrung als sozialwissenschaftlicher Forschung verdankt: die Abhängigkeit von Toleranz vom *Bildungsstand* eines Individuums.

Ich habe vorher angemerkt, dass mir die Zeit fehle, auf alle in jenem Seminar mit Studierenden formulierten »sozialen Ziele« einzugehen, weshalb ich mich auf das Ziel der Toleranz beschränken müsse. Aber betrafen diese letzten Überlegungen tatsächlich nur jene Persönlichkeitseigenschaft, die wir »Toleranz« nennen? Im Seminar war neben der Toleranz noch von »Orientierung an humanistischen Werten«, von »Kooperationsbereitschaft«, »Gewaltlosigkeit«, aber auch »Kritikfähigkeit« und der »Fähigkeit, Widerstand zu leisten« die Rede. Aus meiner persönlichen Werte-Sicht habe ich dann noch »Mut zum Anderssein«, »Neugier gegenüber dem Fremden« und »liebendes Sich-Einlassen-Können auf andere Menschen« hinzugefügt. Ohne darauf jetzt näher einzugehen: Spielen nicht die für Toleranz verantwortlichen seelischen Dispositionen auch für diese anderen »sozialen« pädagogischen Zielsetzungen eine entscheidende Rolle? Sind nicht alle diese Ziele bloß Spezifikationen einer allgemeinen psychodynamischen Verfassung?

Wenn die Annahmen, die in diesen Fragen zum Ausdruck kommen, stimmen, hat das für die Gestaltung pädagogischer Praxis bedeutsame Konsequenzen. Betrachten wir nämlich jene angeführten Komponenten »wahrer Toleranz«, wird klar, dass wir die Entwicklung von Heranwachsenden in Richtung auf soziale, humanistisch eingestellte, kritikfähige usw. Menschen nicht dadurch fördern, dass wir ihrer Spontaneität Grenzen setzen, sie belehren und kritisieren, ihnen Schuldgefühle im Hinblick auf verbindliche Normen machen, ihren Ärger und ihre Wut unterbinden, sie zum Verzicht anhalten usw., sondern vielmehr dadurch, dass wir uns bemühen,

- ihr Selbstwertgefühl zu stärken;
- ihr Vertrauen in (die Konstanz ihrer) Liebesbeziehungen zu fördern;
- ihre Affekte und Gefühle nicht zu unterdrücken;
- ihnen dort, wo ihre Alltagsbedürfnisse (aus verschiedensten Gründen) nicht befriedigt werden können, die Sicherheit vermitteln, dass dennoch mit ihnen und mit den relevanten Liebesbeziehungen alles in Ordnung ist;
- ihnen dort, wo das Ausleben von Affekten und Gefühlen (aus verschiedenen Gründen) nicht toleriert werden kann, »Räume« zur Verfügung zu stellen, in welchen eine teilweise Abfuhr und Verarbeitung dieser Affekte bzw. der beteiligten Vorstellungen möglich wird, sodass sie nicht in allzu großem Ausmaß verdrängt werden müssen. (Auf einen dieser »Räume«, die Phantasie, komme ich gleich noch zurück.)

Dass heißt aber nicht weniger, als dass zwischen den im weitesten Sinn auf psychische Gesundheit gerichteten und jenen, bestimmte soziale Persönlichkeits- oder Charaktereigenschaften ins Auge fassenden Erziehungszielen gar kein prinzipieller Widerspruch besteht! Oder anders ausgedrückt: *Der Hauptkonflikt*, mit dem wir es sowohl in der pädagogischen Theorie als auch Praxis zu tun haben, besteht nicht zwischen gegensätzlichen Erziehungszielen, daher auch nicht zwischen gegensätzlichen »pädagogischen Strategien«, sondern *zwischen den Alltagsbedürfnissen und den affektiven Impulsen des Kindes auf der einen und der Welt, die wir Erwachsenen unseren Kindern bieten, auf der anderen Seite.* Als zentrale *Aufgabe* pädagogischer Praxis könnte man daher definieren: dafür zu sorgen, dass angesichts des grundsätzlichen, d.h. letzten Endes unvermeidlichen *Generationenkonflikts* die *Entwicklungsbedürfnisse* des Kindes nicht auf der Strecke bleiben.

Diese Einsicht führt zu einer emotionalen Einstellung gegenüber Kindern, die gleichzeitig eine der wichtigsten Bedingungen dafür ist, dass diese pädagogische Aufgabe gelingen kann. Diese emotionale Einstellung umfasst die von mir so genannte »Haltung der verantworteten Schuld«, die »Neugier auf das sich entwickelnde Kind« und, damit zusammenhängend, das Akzeptieren des individuellen So-Seins des Kindes. Sie bilden gewissermaßen das Fundament dafür, dass diese pädagogische Aufgabe von Seiten der erziehenden Erwachsenen gelingen kann, indem sie die emotionalen Voraussetzungen dafür schaffen, sich gegenüber den Kindern spontan so zu verhalten, dass sie an den Alltagskonflikten wachsen können (statt mit sich selbst in unlösbare Konflikte zu geraten).

3. Entwicklungsfördernde Erfahrungen

Meine Erfahrungen aus der therapeutischen Arbeit mit Kindern, Jugendlichen und Erwachsenen (die aus ihrer Kindheit erzählen), aus Erziehungsberatung und Supervision sowie meiner eigenen pädagogischen Praxis haben mich zur Überzeugung gelangen lassen, dass jene »psychoanalytisch-pädagogischen Haltungen« (verantwortete Schuld, Neugier und Akzeptanz) die unverzichtbare Bedingung dafür sind, dass psychoanalytisch-pädagogische Praxis auch den Bereich des *spontanen Handelns* von Eltern und Pädagoginnen und Pädagogen zu umfassen vermag. Das heißt freilich nicht, dass sich psychoanalytisch-pädagogische Praxis auf die Realisierung solcher Haltungen beschränken sollte. Darüber hinaus ergeben sich für den psychoanalytischen Pädagogen bzw. die psychoanalytische Pädagogin eine Vielzahl von Chancen, das Ausmaß, in welchem das Kind die Befriedigung seiner Entwicklungsbedürfnisse erleben kann, *durch offensive Gestaltung von Erfahrungsmöglichkeiten* zu sichern und zu erhöhen.

Ich habe in den letzen Jahren versucht, für spezifische Praxisbereiche bzw. spezifische Herausforderungen für Eltern und Pädagoginnen und Pädagogen solche hilfreichen Erfahrungen zu formulieren.[10] Darauf näher einzugehen, fehlt hier der Platz. Zur Illustration dessen, was ich mit der »offensiven Schaffung von entwicklungsförderlichen Erfahrungen« meine, beschränke ich mich auf eine exemplarische Aufzählung von Erfahrungen, die Kindern im Kindergarten ermöglicht werden könnten bzw. – von einem psychoanalytisch-pädagogischen Standpunkt aus gesehen – ermöglicht werden müssten:[11]

---

10 Siehe dazu mit Bezug auf Kindergarten Figdor (2006c), mit Bezug auf Schule Figdor (2001, 2007c, 2007d, 2008) und mit Bezug auf das Thema »Scheidung und Trennung« Figdor (1997, 2003, 2012).
11 Ausführlicheres findet sich dazu bei Figdor (2006c).

- Die erste und zentrale Bedeutung des Kindergartens für die meisten Kinder ist die *Trennung von zu Hause*. Der vorbereitete, festliche Empfang neuer Kinder durch die Gruppe und ältere Kinder als Mentoren der neuen Kinder erleichtern die Trennung, weil die getrennte Situation als weniger feindlich erlebt wird. Den Kindern die Begleitung durch Übergangsobjekte zu erlauben und die Einbeziehung von rituellen Übergangsräumen in den Gruppenalltag vermögen einem Abzug libidinöser Besetzung oder gar Spaltung der primären Objekte vorzubeugen. Die dadurch fortgesetzte, nämlich symbolische Präsenz von Mutter und Vater verringert das Ausmaß notwendiger Übertragung primärer Objektbeziehungserwartungen auf die Pädagogin und den Pädagogen, wodurch auch die Häufigkeit und Intensität der Übertragung von Geschwister- und ödipalen Konflikten verringert wird. Erst dadurch können die Kindergartenbeziehungen die Funktion, für die Kinder einen anderen, triadischen und somit entlastenden Raum darzustellen, erfüllen.
- *Die neuen, anderen, dritten Objekte sind heute fast ausschließlich weiblich*[12], damit ist aber zugleich das Angebot an Identifizierungsobjekten und Objekten weiblich, an welchen die alltäglichen Autonomiekonflikte ausgetragen werden können. Diese Einseitigkeit hat gravierende Auswirkungen auf lebenslang wirksame geschlechtsspezifische Selbst- und Fremdbilder von Mädchen und Buben und ist ein wesentlicher Grund für die Verhaltensauffälligkeiten der Buben und die Tendenz zur Konfliktvermeidung von Mädchen. Deshalb müssen Möglichkeiten, das männliche Geschlecht im Gruppenalltag (wenigstens) symbolisch zu repräsentieren, gefunden werden (etwa durch Rollenspiele, Märchen, Zukunftsphantasien der Kinder, sexuelle Aufklärung, Liebesgeschichten).
- *»Kathartische Räume«*, in welchen nicht ausagierbare Affekte, insbesondere Aggressionen, in erlaubter Weise abreagiert werden können (z.B. durch die Schaffung einer Wutecke, gemeinschaftliches Anspringen von aufgehängten Matten, sadistische Quälereien von Knetmasse-Figuren usw.). Das führt nicht nur zur Entspannung, sondern verringert auch die Gefahr, dass das Kind das Verbot, andere oder Gegenstände anzugreifen oder zu beschädigen, auch auf die eigenen Gefühle bezieht – was den Ausgangspunkt der allmählichen Verdrängung von Ärger, Empörung, Eifersucht, Neid und Wut bildet.
- *Ermutigung zum lustvollen Phantasieren*, und zwar ganz besonders in Zusammenhang mit der immer wieder unvermeidlichen Frustration von Alltagsbedürfnissen und archaischen Triebregungen wie Sadismus, Exhibitionismus, sexuelle Neugier, dem Verlangen nach dem Erleben von Grandiosität usw.
- Die (zu einem großen Teil unvermeidlichen) Verbote und Gebote müssen durch lustvolle Reglementierungen des Gruppenlebens ergänzt und entlastet werden: Regeln, denen sich auch die Erzieherin zu fügen hat; Regeln, die Spaß machen; und Regeln, die als hilfreich erlebt werden können. *Rituale und Regeln im Dienste des Ich und Es* sind Wegbereiter eines »freundlichen Über-Ichs«, und dies ist eine der wichtigsten Voraussetzungen dafür, dass sich innerpsychische

---

12 Siehe dazu auch Aigner, Rohrmann (2012).

Konflikte und die mit ihnen verbundenen Affekte (vor allem Angst und Aggression) in Grenzen halten, und somit ein wesentlicher Schutz vor späterer Verwahrlosung, Gewaltbereitschaft und neurotischem Leid.
- *Gruppenselbsterfahrung* durch Spiele und Gespräche darüber, wer ich bin, woher ich komme, was ich mag, was ich gut und nicht gut kann, was mich traurig und wütend macht, wovor ich Angst habe usw., fördert nicht nur die Fähigkeit, Neigungen und Gefühle zu symbolisieren und zu verbalisieren, sondern beugt auch einer hierarchischen Wertung von Persönlichkeitseigenschaften vor, die andernfalls gegen andere (Ausschluss, Spott, Feindseligkeit) oder gegen die eigene Person (Selbstvorwürfe, Selbstunzufriedenheit) gewendet würden.
- Gerade was das *Selbstwertgefühl* der Kinder betrifft, müssten individuell angepasste Erfolgsmöglichkeiten geschaffen werden. Denn nur eine vergleichsweise geringe Zahl von individuellen Besonderheiten, Stärken und Talenten führt im Kindergartenalltag gleichsam von selbst zu sozialer Anerkennung, sei es von Seiten der Erzieherin oder von Seiten der Kinder: etwa Geschicklichkeit im Basteln oder Zeichnen, Freundlichkeit und Hilfsbereitschaft, möglicherweise noch eine schöne Singstimme. Dagegen sind Lebendigkeit, die Fähigkeit, sich zu ärgern oder für eigene Bedürfnisse zu kämpfen, körperliche Kraft, eine laute Stimme, rhythmisches und tänzerisches Talent, das Talent, andere zu imitieren, Phantasie, Schlagfertigkeit, kritische Logik, Mut und Selbstvertrauen, die Fähigkeit zum Nein-Sagen, zum Empfinden von Trauer, zur Wahrnehmung von Ungerechtigkeit, zur Selbstverteidigung usw. entwicklungspsychologisch überaus wertvolle psychische Errungenschaften, die zumeist untergehen, als selbstverständlich angesehen werden oder häufig sogar auf Widerstand und Missbilligung treffen. Dabei geht es keineswegs nur um den Selbstwert des je einzelnen Kindes. Darüber hinaus kann *Individualität* zu einer selbstverständlichen Kategorie der Selbst- und Fremdwahrnehmung werden: »Michi ist groß und stark; Melanie ärgert sich leicht und ist dann schnell wieder lieb; Sabine ist eine tolle Tänzerin; Andi der Beste im Ballfangen, explodiert aber leicht; Manuel ist schüchtern, spricht fast nichts, aber kann schon richtig rechnen und seinen Namen schreiben; ich bin klein, aber geschickt im Klettern und Ausschneiden usw.« Aber auch: »Die Eltern von Gürkan kommen aus der Türkei, dort feiert man dieses und jenes, isst man dies und das, darf man nicht ... usw.« Und schließlich: »Peter lebt mit seinen Eltern; Sarahs Eltern sind geschieden, sie besucht ihren Papa alle 14 Tage; Tommi lebt bei seinem Vater, weil die Mutter nach Amerika ausgewandert ist; Linda lebt bei den Großeltern und ist am Wochenende bei ihren Eltern usw.« So bringt die sich allmählich einstellende Selbstverständlichkeit, sich und andere in ihrer Individualität wahrzunehmen, nicht nur narzisstischen Gewinn und die Verringerung der Gefahr mit sich, sich (als ganze Person) unterlegen oder minderwertig zu fühlen, sondern verringert, wie erwähnt, natürlich auch die Neigung, eigene Defizite oder abgewehrte Aspekte des Selbst aggressiv und ausgrenzend auf andere zu projizieren.

4. Wie also können aus Pädagogen »Psychoanalytische Pädagogen« werden?

4.1 Theorie

Das erste von Aloys Leber vorgeschlagene Modul – *Einführung in die psychoanalytische Theorie* – steht außer Diskussion. Freilich habe ich häufig die Erfahrung gemacht, dass solche Einführungen das Augenmerk vor allem auf den Inhalt richten und die *Beziehung der Lernenden zum Stoff*, ähnlich wie in der heute üblichen Schuldidaktik, außer Acht lassen: Die Theorie der Psychoanalyse vermag nämlich ebenso *Widerstand* wie *Faszination* auszulösen: Als *Psychologie des Unbewussten* handelt sie folgerichtig von Vorgängen, die für die Lernenden erstens nicht greifbar sind und zweitens in hohem Grade abgewehrt werden müssen, was Widerstand provoziert. Anders sieht es dagegen aus, wenn sich Lehrende und Lernende *gemeinsam auf die Suche machen*, Erklärungen für das Unerklärliche und Geheimnisvolle der Psyche zu finden, mit dem sich so gut wie jeder, also auch die Lernenden, immer wieder konfrontiert sehen.

Was die emotionale Beziehung zur *psychoanalytischen Entwicklungspsychologie* betrifft, ginge es darüber hinaus darum, die Lernenden aus der Perspektive der Pädagogin bzw. des Pädagogen in die Identifizierung mit dem Kind zu führen, also die Welt mit den Augen des Kindes (wieder) zu entdecken.

4.2 Haltungen

Für dieses Modul kann unser Seminar als Modell gelten. Die didaktische Grundidee besteht darin, über die Konfrontation mit alltäglichen pädagogischen Situationen die oft gar nicht bewussten, jedoch handlungsleitenden Theorien sichtbar werden zu lassen. Denn dieses Bewusstwerden ist die Voraussetzung dafür, dass diese verinnerlichten Theorien und Wertungen mit den erworbenen und bewusst akzeptierten psychoanalytischen Theorien »kommunizieren« und – ähnlich wie in der psychoanalytischen Therapie biographisch überkommene Übertragungen – aufgegeben werden können. Auf diese Weise vermag aus der im Theorie-Modul provozierten Bewegung von der Pädagogen-Perspektive zur Identifizierung mit dem Kind die selbstverständliche Haltung entstehen, *sich als Pädagoge mit dem Kind (auch gegen sich selbst!) identifizieren zu können, ohne dabei die erwachsene Position aufzugeben.*

4.3 Planung entwicklungsfördernder Erfahrungen

Kindern Erfahrungen zu eröffnen, die an Entwicklungsbedürfnissen orientiert sind, unterscheidet sich nicht nur vom gewohnten Alltag der Gruppe, Klasse oder Familie, sondern steht mit einiger Wahrscheinlichkeit auch zu manchen der bisher geübten Gewohnheiten in Gegensatz, nach denen die Lernenden bislang ihren pädagogischen

Alltag gestalteten. Deshalb muss auch an diesen Gewohnheiten angesetzt werden. Folgende Fragen, Auseinandersetzungen und Erfahrungen sind dabei wichtig:

- Wie gestaltete ich bislang – bewusst oder ohne weiteres Nachdenken – den Alltag der Kinder?
- Durch die inzwischen erworbene theoretische wie praktische Fähigkeit, mich mit den Kindern zu identifizieren, erlange ich eine Vorstellung davon, welche Erfahrungen ich bislang meinen Kindern vermittelte.
- Diese Vorstellung kann nun mit dem Wissen über Entwicklungsbedürfnisse kritisch in Beziehung gesetzt werden (so wie oben die handlungsleitenden Theorien den psychoanalytischen Theorien gegenübergestellt wurden).
- Wo Übereinstimmung entdeckt werden kann, stellen sich ein gutes, zufriedenes Gefühl und die Sicherheit ein, richtig zu liegen. Wo es sich nicht so verhält, wird über die Identifizierung mit den Kindern das Auseinanderklaffen von Alltagserfahrung und Entwicklungsbedürfnissen im wörtlichen Sinn schmerzlich spürbar.

Genau diese schmerzliche Betroffenheit und die durch den Gegensatz erzeugte Spannung bilden die affektive Voraussetzung, nach Neuem, in dem der Gegensatz aufgehoben wird, zu suchen, ja suchen zu wollen. (Im Grunde handelt es sich dabei um das klassische, bis auf die Antike zurückgehende dialektische Prinzip, wie sich neue Erkenntnis ereignen bzw. die Entstehung neuer Erkenntnis angeregt werden kann.)

Sinnvollerweise wäre die Erarbeitung entwicklungsfördernder Erfahrungen in praxisspezifischen Gruppen zu organisieren, in denen Kindergartenerzieher und Kindergartenerzieherinnen, Lehrer und Lehrerinnen, Väter und Mütter, Mitarbeiter und Mitarbeiterinnen der Jugendwohlfahrt usw. zusammentreffen.

Darüber hinaus gibt es zwar entwicklungs*relevante*, jedoch nicht unmittelbar im Dienst der Entwicklungsbedürfnisse stehende Erfahrungsmöglichkeiten, die Pädagoginnen und Pädagogen oder Eltern wichtig sind. Sie haben ihren Ursprung in den eigenen Interessen, dem eigenen Lebensstil, in (kulturellen) Werthaltungen, in den Wünschen an die Zukunft der Kinder etc. und bewirken spezifische Färbungen des pädagogischen Milieus, einen besonderen, individuellen pädagogischen Stil. Das ist sowohl legitim als auch wünschenswert – solange diese besonderen Erfahrungen (ähnlich wie der Umgang mit den kindlichen Alltagsbedürfnissen) nicht in Widerspruch zu Entwicklungsbedürfnissen geraten.

4.4 Selbsterfahrung

Und wo bleibt in diesem Konzept die Selbsterfahrung – üblicherweise ein zentrales Moment psychoanalytischer und psychoanalytisch-pädagogischer Fortbildung? Sie ist in allen »Theorie«-Modulen enthalten:

- im Erfahren der Grenzen des eigenen psychologischen Verstehens (Theoretische Grundlagen der Psychoanalyse);

- im Verspüren des – über die Identifizierung teilweise wiedergewonnenen – Kindes, das ich einmal war, und über die damit zusammenhängende Enttabuisierung psychischer Regungen, die der eigenen oder kulturellen Diskriminierung unterliegen (psychoanalytische Entwicklungspsychologie);
- im Bewusstwerden der Theorien und Werte, die mein (pädagogisches) Handeln leiten;
- im Gewinnen der Erkenntnis, welche Aspekte meines pädagogischen Tuns weniger mit den Entwicklungsinteressen der Kinder, sondern vielmehr mit meinen eigenen Interessen und Wünschen zusammenhängen.

Bei der Verknüpfung von Lehrstoff, affektiver Beziehung zum Stoff und der über Selbstreflexion vollzogenen Konfrontation von Theorie und Praxis geht es darum, die Fortbildung zum psychoanalytischen Pädagogen bzw. zur psychoanalytischen Pädagogin selbst als psychoanalytisch-pädagogischen Lernprozess zu gestalten, als Verbindung von *Forschen und Bilden* – wahrscheinlich die Voraussetzung dafür, dass sich eine solche Fortbildung tatsächlich in veränderter Praxis niederschlägt.

Darüber hinaus ist es natürlich wünschenswert, wenn sich Pädagoginnen und Pädagogen einer psychoanalytischen Selbsterfahrung im engeren Sinn unterziehen. Sie sollte empfohlen werden, ist aber meines Erachtens keine conditio sine qua non für die Ausbildung psychoanalytisch-pädagogischer Kompetenz.

4.5 Supervision

Die lebenslange, berufsbegleitende Supervision für Pädagoginnen und Pädagogen müsste von der Gesellschaft als Recht des Kindes eingefordert werden. Allerdings sehe ich ihre Funktion weniger in der – bis weit in die Intimität der Supervisanden hineinreichende – *Analyse* von Konfliktbeziehungen (»szenisches Verstehen«), als vielmehr

- im Durcharbeiten von typischen Übertragungs- und Gegenübertragungsregungen (in konkreten Situationen, mit bestimmten Kindern usw.), mit denen sich Pädagoginnen und Pädagogen im Zuge der Fortbildung als Teil des normalen Beziehungsgeschehens bereits vertraut gemacht haben und die daher weitgehend enttabuisiert sind, sodass ohne größere Widerstände darüber nachgedacht und gesprochen werden kann,
- sowie in der Eröffnung eines triadischen, weitgehend konfliktfreien, solidarischen und daher emotional entspannten Raumes, der einen kreativen Ort insbesondere im Hinblick auf das Nachdenken über die Gestaltung entwicklungsförderlicher Erfahrungsmöglichkeiten für Kinder darstellt.

4.6 Das Arbeitsbündnis

Was von der Chronologie her eigentlich ganz am Anfang des Fortbildungskonzepts stehen müsste, das Arbeitsbündnis, ist das Um-und-Auf jedes gelingenden Bildungsprozesses. Daher räume ich dem Thema des Arbeitsbündnisses den prominenten, seine

Wichtigkeit unterstreichenden Platz als Schlusswort ein. Die Lernenden müssen das, was sie von ihren Lehrern lernen können, auch lernen wollen. Das heißt, das Bildungsangebot muss nicht nur die Interessen der Lernenden, sondern auch das, was für sie affektiv bedeutsam ist, einschließen.

Handelt es sich bei den Teilnehmerinnen und Teilnehmern einer psychoanalytisch-pädagogischen Bildungsveranstaltung um Schulabgänger oder Studierende, die neugierig sind und in ihrem künftigen Beruf oder als Eltern möglichst gut werden wollen, stellt das kein Problem dar. Bei berufserfahrenen Pädagoginnen und Pädagogen reicht Bildungsmotivation und Neugier oft nicht aus. Denn das, was sie in ihrer psychoanalytisch-pädagogischen Fortbildung erfahren, birgt die Gefahr in sich,

- dass sie einen Großteil ihrer Kompetenz, ihrer bisherigen Praxis abwerten oder gar negieren müssten;
- und sie über diese massive narzisstische Kränkung hinaus noch dazu erkennen müssen, dass sie bisher den ihnen anvertrauten Kindern nicht nur Gutes bereitet haben.

Bleibt dieser innere Konflikt unausgesprochen, ist zu befürchten, dass er als latente Quelle von Widerstand agiert wird. Daher muss dieses Problem zu Beginn der Fortbildung *als strukturell unvermeidliche emotionale Bürde des Fortbildungsprojekts* angesprochen, mithin dieser Konflikt ins Bewusstsein gehoben und die Teilnehmerinnen und Teilnehmer auf diese Belastung vorbereitet werden. Darüber hinaus eröffnet sich im Zuge solcher Gespräche für die Leitung die Chance, Möglichkeiten narzisstischer Kompensation und der Entlastung gegebenenfalls lauernder Schuldgefühle der Pädagoginnen und Pädagogen gegenüber den Kindern zu finden. Steht am Ende dieses Gesprächs der bewusst und explizit gefasste Entschluss, die Kränkung auf sich zu nehmen (was nach meiner Erfahrung so gut wie immer der Fall ist),

- wird der Konflikt ins bewusste Ich geholt und in geringerem Maße blind agiert;
- ist dieser Konflikt, wenn die narzisstischen Regungen doch einmal zu sehr strapaziert werden sollten, enttabuisiert und mithin jederzeit ansprechbar;
- entsteht schließlich ganz häufig eine Art Ehrgeiz, sich über derartige Empfindlichkeiten hinwegzusetzen: Das Ertragen narzisstischer Kränkung wird selbst zu einem narzisstisch besetzten Akt.

So wird die narzisstische Bedrohung vom potenziellen Widerstand zu einem Bestandteil des Arbeitsbündnisses. Gelingt dies nicht, stellt die narzisstische Bedrohung das Zustandekommen des Arbeitsbündnisses in Frage.

Auf diese Weise stehen die Chancen nicht so schlecht, dass aus Pädagogen »Psychoanalytische Pädagogen« werden können – und das mit einem vertretbaren Zeitaufwand und in Settings, die grundsätzlich auch in pädagogische Standardausbildungen integrierbar wären.

Literatur

Aigner, J., Rohrmann, T. (Hrsg.) (2012): Elementar – Männer in der pädagogischen Arbeit mit Kindern. Barbara Budrich: Opladen

Bornstein, S. (1934): Unbewusstes der Eltern in der Erziehung der Kinder. In: Cremerius, J. (Hrsg): Psychoanalyse und Erziehungspraxis. Fischer: Frankfurt/M., 1971, 126-134

Datler, W. (1985): Psychoanalytische Repräsentanzenlehre und pädagogisches Handeln. In: Bittner, G., Ertle, C. (Hrsg.): Pädagogik und Psychoanalyse. Königshausen & Neumann: Würzburg, 67-89

Datler, W. (1995): Bilden und Heilen. Auf dem Weg zu einer pädagogischen Theorie psychoanalytischer Praxis. Zugleich ein Beitrag zur Diskussion um das Verhältnis zwischen Psychotherapie und Pädagogik. Grünewald: Mainz

Datler, W. (2003): Erleben, Beschreiben, Verstehen. Vom Nachdenken über Gefühle im Dienst der Entfaltung von pädagogischer Professionalität. In: Dörr, M., Göppel, R. (Hrsg.): Bildung der Gefühle. Innovation? Illusion? Intrusion? Psychosozial-Verlag: Gießen, 241-265

Fatke, R. (1985): »Krümel vom Tisch der Reichen«. In: Bittner, G., Ertle, C. (Hrsg.): Pädagogik und Psychoanalyse. Königshausen & Neumann: Würzburg, 47-60

Figdor, H. (1997): Scheidungskinder. Wege der Hilfe. Psychosozial-Verlag: Gießen

Figdor, H. (2001): Mythos Verhaltensstörung: Wer stört wen? In: Wiener Psychoanalytische Vereinigung (Hrsg.): Psychoanalyse für Pädagogen. Picus: Wien, 102-118 (Wiederabgedruckt in: Figdor 2006a, 165-178)

Figdor, H. (2003): Wege der Hilfe. 18 Empfehlungen für sich scheidende oder schon geschiedene Eltern und warum es mitunter schwer fällt, diesen Empfehlungen zu folgen. In: Figdor, H. (2007b): Praxis der Psychoanalytischen Pädagogik II. Vorträge und Aufsätze. Bd. 2. Psychosozial-Verlag: Gießen, 111-126. Oder online im Internet: URL: www.familienhandbuch.de/trennung-scheidung/zwischen-trennung-und-gerichtlicher-scheidung/wege-der-hilfe (Zugriff 9.3.2012)

Figdor, H. (2006a): Praxis der Psychoanalytischen Pädagogik I. Vorträge und Aufsätze. Bd. 1. Psychosozial-Verlag: Gießen

Figdor (2006b): Wozu brauchen Kinder Väter? In: Figdor, H. (2007b): Praxis der Psychoanalytischen Pädagogik II. Vorträge und Aufsätze. Bd. 2. Psychosozial-Verlag: Gießen, 87-110 (Wiederabgedruckt in: Figdor 2012)

Figdor, H. (2006c): Psychoanalytische Pädagogik und Kindergarten: Die Arbeit mit der ganzen Gruppe. In: Steinhardt, K., Büttner, C., Müller, B. (Hrsg.): Kinder zwischen drei und sechs. Bildungsprozesse und Psychoanalytische Pädagogik im Vorschulalter. Jahrbuch für Psychoanalytische Pädagogik 15. Psychosozial-Verlag: Gießen, 97-126

Figdor, H. (2007a): Wie viel Erziehung braucht der Mensch? In: Figdor, H. (2007b): Praxis der Psychoanalytischen Pädagogik II. Vorträge und Aufsätze. Bd. 2. Psychosozial-Verlag: Gießen, 17-56

Figdor, H. (2007b): Praxis der Psychoanalytischen Pädagogik II. Vorträge und Aufsätze. Bd. 2. Psychosozial-Verlag: Gießen
Figdor, H. (2007c): »Vielleicht könnte ich ja einmal versuchen ...« Möglichkeiten von Pädagog/inn/en trotz widriger Umstände. Vortrag auf der Fachtagung der APP zum Thema »Die Wiederentdeckung der Freude am Lernen«. DVD, erhältlich über app-wien.sekretariat@gmx.at
Figdor, H. (2007d): »Schulprobleme oder Problemschule?« Kritische Anmerkungen zur gegenwärtigen Situation von Schule und Schulpädagogik. In: Figdor, H. (2007b): Praxis der Psychoanalytischen Pädagogik II. Vorträge und Aufsätze. Bd. 2. Psychosozial-Verlag: Gießen, 197-228
Figdor, H. (2008): Zu wenig Zeit! Zu viele Kinder? Zur Praxis pädagogischer Gespräche mit einzelnen Kindern, der Gruppe oder Klasse trotz widriger Umstände. Vortrag auf der Fachtagung der APP zum Thema »Mit Kindern reden«. DVD, erhältlich über app-wien.sekretariat@gmx.at
Figdor, H. (2012): Patient Scheidungsfamilie. Ein Ratgeber für professionelle Helfer. Psychosozial-Verlag: Gießen (in Druck)
Freud, A. (1930): Vier Vorträge über Psychoanalyse für Lehrer und Eltern. In: Freud, A.: Die Schriften der Anna Freud. Bd. I. Fischer: Frankfurt/M., 1987, 79-183
Freud, A. (1954): Psychoanalyse und Erziehung. In: Freud, A.: Die Schriften der Anna Freud. Bd. V. Fischer: Frankfurt/M., 1987, 1311-1320
Leber, A. (1985): Wie wird man »Psychoanalytischer Pädagoge«? In: Bittner, G., Ertle, C. (Hrsg.): Pädagogik und Psychoanalyse. Königshausen & Neumann: Würzburg, 151-165
Schüler, U. (1974): Die Zeitschrift für psychoanalytische Pädagogik. Eine Untersuchung zum psychoanalytischen Erziehungsdenken. Dissertation: Universität Wien
Trescher, H.-G. (1985): Theorie und Praxis der Psychoanalytischen Pädagogik. Campus: Frankfurt/M.
Trescher, H.-G. (1993): Handlungstheoretische Aspekte der Psychoanalytischen Pädagogik. In: Muck, M., Trescher, H.-G. (Hrsg.): Grundlagen der Psychoanalytischen Pädagogik. Grünewald: Mainz, 167-201
Wolffheim, N. (1926/27): Elternfehler. In: Meng, H. (Hrsg.): Psychoanalytische Pädagogik des Kleinkindes. Reinhardt: München, Basel, 1973, 287-289

Freie Beiträge

Die Frankfurter Schule der Psychoanalytischen Pädagogik
Laudatio für Prof. Dr. Aloys Leber zum 90. Geburtstag[1]

Urte Finger-Trescher

Meine sehr geehrten Damen und Herren,
liebe Kolleginnen und Kollegen, liebe Freunde,

im Wintersemester 1972 wechselte ich nach der wissenschaftlichen Zwischenprüfung von der Georg August Universität in Göttingen zur Universität Frankfurt. Dies hatte verschiedene Gründe. Einer davon – und nicht der unwichtigste – war der Umstand, dass in Frankfurt an der Philosophischen Fakultät – auch durch die 68er Studentenbewegung – sehr viel kritische Lehre stattfand und die konservativen, überkommenen Denkrichtungen und Schulen hierdurch ihren Anspruch an Alleinherrschaft einbüßten. Hierzu zählten neben der renommierten Frankfurter Schule mit Adorno, Horkheimer und Habermas natürlich auch die Psychoanalyse und deren bekannte Vertreter Mitscherlich, Argelander und Lorenzer, um nur einige zu nennen. Ich schrieb mich im Fachbereich Erziehungswissenschaft ein und belegte von Anfang an auch die ersten psychoanalytisch-pädagogischen Lehrveranstaltungen von Aloys Leber, der gerade an der Universität Frankfurt als Professor zu lehren begonnen hatte. Ich war fasziniert von den Inhalten und sehr motiviert, mich in dieser Richtung, also in Psychoanalytischer Pädagogik, wissenschaftlich weiterzuentwickeln, was ich keineswegs bereut habe. Heute hier in der Universität Frankfurt anlässlich des 90. Geburtstags von Prof. Aloys Leber den Festvortrag, also die Laudatio, halten zu dürfen, ist mir daher eine Ehre, eine große Freude und ein persönliches Anliegen.

---

1 Es handelt sich hierbei um eine leicht überarbeitete Version der Laudatio anlässlich des 90. Geburtstags von Aloys Leber. Die Festveranstaltung wurde am 18.3.2012 vom Frankfurter Arbeitskreis für Psychoanalytische Pädagogik (FAPP) in der Universität Frankfurt durchgeführt.

1. Aloys Lebers Weg bis zur Professur an der Universität Frankfurt

Aloys Leber ist 1921 geboren und in der Nähe von Mainz aufgewachsen. Seine Schulzeit und Jugend war überschattet vom Terror des Nationalsozialismus und des Zweiten Weltkriegs. Nach seinem Psychologiestudium in Mainz und Aix en Provence absolvierte er die psychoanalytische Ausbildung in Stuttgart bei Felix Schottländer, der in Wien, u.a. auch bei August Aichhorn, psychoanalytisch ausgebildet worden war. Leber kam 1958 nach Frankfurt und leitete seit 1959 viele Jahre lang ein psychotherapeutisches Heim für verhaltensgestörte Kinder und Jugendliche. Er entwickelte für diese Einrichtung der Jugendhilfe ein Konzept, das auf Theorie und Methode der Psychoanalyse aufbaute, was zum damaligen Zeitpunkt sicherlich einmalig war und auch heute eine große Ausnahme sein dürfte. Man kann wohl zu Recht behaupten, dass hiermit – also 1959 – die Entwicklung der Psychoanalytischen Pädagogik in Frankfurt nach 1945 wieder begann. Prof. Leber selbst hat sich damals und auch heute noch als geistigen Enkel oder »Enkelschüler« von August Aichhorn bezeichnet. 1972 übernahm er im Studiengang Sonder- und Heilpädagogik des Fachbereichs Erziehungswissenschaften der Universität Frankfurt die Professur für »Heilpädagogische Psychologie unter besonderer Berücksichtigung therapeutischer Verfahren«. Er lehrte dort bis zu seiner Emeritierung im Jahr 1987.

2. Psychoanalytische Pädagogik als Gegenstand universitärer Lehre

Leber war auch hier ein Pionier, insofern er der erste war, der dezidiert und offensiv Psychoanalytische Pädagogik für angehende Erziehungswissenschaftler und Pädagogen lehrte. Es war sein deklariertes Ziel, Studierenden der Sonder- und Heilpädagogik, die ja zu einem großen Teil später als Sonderschullehrer tätig wurden, zu vermitteln, »dass weniger das pädagogisch wirksam ist oder die Entwicklung stört, wie wir unter bewussten Zielvorstellungen auf Kinder einwirken, als unsere unbewussten Einstellungen und Reaktionen ihnen gegenüber« (Leber, Gerspach 1996, 492). Er hielt es für wesentlich, dass angehende psychoanalytisch orientierte Pädagoginnen und Pädagogen, die mit mehr oder weniger schwer beeinträchtigten und gestörten Kindern arbeiten, Zuversicht in die positiven und ordnenden Kräfte im Kind sowie Toleranz gegenüber den störenden und belasteten Verhaltensweisen entwickeln. Dies sei die Voraussetzung dafür, dass Pädagoginnen und Pädagogen auch in schwierigen Situationen nicht mit »Rückzug oder Rache« reagieren (vgl. Leber 1976).

Neben den klassischen Lehrmethoden mit Vorlesungen und Seminaren entwickelte er das hochschuldidaktische Projekt »Psychoanalytische Reflexion heilpädagogischer Praxis«. Es handelte sich hierbei um viersemestrige Projektseminare, in welchen mittels eines psychoanalytischen Gruppenverfahrens psychoanalytisch-pädagogische

Kompetenzen für die heilpädagogische Praxis erworben werden konnten. Ich selbst habe nach meinem Diplom als Lehrbeauftragte viele dieser Projektseminare geleitet. Die Projektseminare beinhalteten eine Kombination aus Theorievermittlung, Praxiserfahrung – die Studierenden mussten in diesem Zeitraum Praktika in heilpädagogischen Einrichtungen absolvieren – und Praxisreflexion. Interessierte Studierende mussten sich verpflichten, während der ganzen vier Semester kontinuierlich teilzunehmen, auch – und das war wiederum einmalig – in den Semesterferien! Die Praktika wurden in Einrichtungen absolviert, in welchen zum großen Teil Kinder mit erheblichen Entwicklungsdefiziten bzw. -auffälligkeiten betreut wurden. Insgesamt lag der psychoanalytisch-pädagogische Fokus von Leber sowohl in der Lehre als auch in der Forschung auf frühkindlichen Störungen und war auf Kinder mit sehr gravierenden Entwicklungsstörungen bezogen, die spezifische heilpädagogische Betreuung benötigten. In diesem Kontext wurden von Prof. Leber und seinen Schülern auch die Ergebnisse der Narzissmusforschung, insbesondere die Schriften Kohuts und Balints aus den 1960er und 1970er Jahren intensiv diskutiert (vgl. Balint 1968; Kohut 1966, 1975). Ebenso nahm die Auseinandersetzung mit den Arbeiten von Alfred Lorenzer einen zentralen Stellenwert ein, der zur gleichen Zeit am Fachbereich Gesellschaftswissenschaften an der Universität Frankfurt lehrte. Lorenzers Konzept des »szenischen Verstehens« wurde von Leber für die psychoanalytisch-pädagogische Heilpädagogik herangezogen und nutzbar gemacht (vgl. Lorenzer 1970). Prof. Leber stand auch in regem fachlichen Diskurs mit dem psychoanalytisch orientierten Juristen Bertholdt Simonson, der zur gleichen Zeit einen Lehrstuhl für Sozialpädagogik an der Universität Frankfurt innehatte, und mit dessen Schüler Helmut Reiser, der ab 1973 am Institut für Sonder- und Heilpädagogik eine Professur bekleidete.

Die psychoanalytische Reflexion heilpädagogischer Praxis brachte Leber und seine Mitarbeiterinnen und Mitarbeiter ebenso wie die Studierenden immer wieder zur Frage, wie sich soziale Benachteiligung im Subjekt niederschlägt und wie Pädagogik unter gegebenen gesellschaftlichen Bedingungen am jeweiligen konkreten sozialen Ort wirksam sein kann. Dies war und ist bei Weitem nicht nur im Kontext der Heilpädagogik, sondern auch und in hohem Maße für die Jugendhilfe relevant. Die Verwendung von psychoanalytisch-heilpädagogischer Kompetenz im Dienst der Jugendhilfe war aus meiner Sicht das Außergewöhnliche, das Leber seinen Studierenden vermitteln konnte. Dies ist bis heute gerade deshalb von Bedeutung, weil die hierfür notwendige spezifische Kompetenz nur in wenigen Institutionen erworben werden kann.

3. Die Gründung des Frankfurter Arbeitskreis für Psychoanalytische Pädagogik (FAPP), des Jahrbuchs und der Buchreihe

An dieser Stelle möchte ich kurz auf den Frankfurter Arbeitskreis für Psychoanalytische Pädagogik eingehen. Ich denke, mit der Erprobung und Durchführung der viersemestrigen Projektseminare war die Grundidee geboren, die dann wenige Jahre

später zur Gründung des Frankfurter Arbeitskreises für Psychoanalytische Pädagogik (FAPP) führte.
Diese Grundidee ist in vielen kontinuierlichen Diskussionen in kleineren informellen Arbeitskreisen mit Prof. Leber weiterentwickelt worden. Zur Keimzelle des FAPP gehörten schließlich außer Leber selbst auch Hans-Georg Trescher, Peter Bieniussa, Karlheinz Kreß, Christiane Vogt-Haspel, Klaus Vogt und ich. (Beim Schreiben des Textes kamen mir sehr viele Namen ehemaliger Mit-Studierender bei Prof. Leber in Erinnerung, die ebenfalls im intensiven Diskurs um die Psychoanalytische Pädagogik standen: Dieter Mattner, Manfred Gerspach, Peter Rödler, Bodo Kirchhoff, Regina Clos, Judith Rödel, Maritha Friedrich-Barthel, Peter Scheuermann, Petra Dreyer, später dann auch Heinz Krebs, Volker Hirmke, Ingeborg Böhme, Dodo Maas, Ursula Pforr. Man verzeihe mir, dass ich nicht alle Namen an dieser Stelle anführen kann.)

Bedauerlicherweise kam es zu keiner Einigung zwischen denjenigen, die damals aktiv als Sonderschullehrerinnen und -lehrer tätig waren und für diesen Bereich eine praxisorientierte Arbeitsgruppe suchten, und denjenigen, die nicht im Schuldienst standen und einen postgradualen psychoanalytisch-pädagogischen Weiterbildungsgang auch für andere Pädagoginnen und Pädagogen mit Hochschulabschluss einrichten wollten. Schließlich wurde 1983 der FAPP von Aloys Leber und von seinen ehemaligen Studenten Hans-Georg Trescher und mir, die wir mittlerweile am Institut für Sonder- und Heilpädagogik als Lehrbeauftragte und wissenschaftliche Mitarbeiter tätig waren, sowie von Christian Büttner, Ulrike Koester, Thomas Ettl und Elise Weiß gegründet. Die Gründungsmitglieder setzten es sich zum Ziel, Psychoanalytische Pädagogik nicht nur im erziehungswissenschaftlichen Studiengang der Universitäten, sondern darüber hinaus auch für praktizierende Pädagoginnen und Pädagogen sowie für andere Berufsgruppen zugänglich zu machen. In diesem Sinn begann der FAPP 1984, psychoanalytisch-pädagogische Fort- und Weiterbildungen für Fachkräfte in sozialen und pädagogischen Arbeitsfeldern anzubieten. Es handelte sich dabei von Beginn an um postgraduale berufsbegleitende Fort- und Weiterbildungsgänge, die eine breit gefächerte handlungsbezogene Qualifikation für viele Bereiche der Pädagogik und der Sozialen Arbeit vermitteln (vgl. Finger-Trescher, Krebs 2001).

Prof. Leber machte ebenfalls in den 1980er Jahren das Angebot, mit dem damaligen Lektor des Matthias-Grünewald-Verlags in Mainz über Publikationen zur Psychoanalytischen Pädagogik nachzudenken und vermittelte Hans-Georg Trescher und Christian Büttner den Kontakt zum Verlag. Beide griffen diese Chance gerne auf und begründeten das Jahrbuch für Psychoanalytische Pädagogik und die Buchreihe Psychoanalytische Pädagogik, die beide in diesem Jahr ihr 20-jähriges Jubiläum feiern[2]. Beide Periodika erscheinen mittlerweile, wie Sie wissen, im Psychosozial-Verlag in Gießen. Aloys Leber war somit maßgeblich sowohl an der Gründung des FAPP als auch am Zustandekommen des Jahrbuchs und der Buchreihe beteiligt. Man kann sagen, dass es ohne seine Initiative, seine Reputation, seine Unterstützung und, last

---

2 Vgl. dazu den Artikel von Christian Büttner, Wilfried Datler und Urte Finger-Trescher in diesem Band, in dem die Gründung des Jahrbuchs für Psychoanalytische Pädagogik detailliert nachgezeichnet wird.

but not least, seine Lehre und Vermittlung Psychoanalytischer Pädagogik weder den FAPP noch die genannten wissenschaftlichen Periodika gäbe. Leber selbst zog es allerdings vor, weitgehend im Hintergrund zu bleiben. Er strebte keine herausragende Position im Vorstand des FAPP an, und er schied nach relativ kurzer Zeit auch wieder aus dem FAPP aus. Er bereitete gewissermaßen Wege für jüngere Mitarbeiterinnen und Mitarbeiter, wollte sie aber bei der Gestaltung dieser Wege nicht dominieren.

4. Das Frankfurter Konzept von Psychoanalytischer Pädagogik

Die wissenschaftstheoretischen Grundlagen und die methodische Ausrichtung des Frankfurter Konzepts Psychoanalytischer Pädagogik (vgl. Trescher 1979, 1985; Leber 1985, 1987; Finger-Trescher, Krebs, Müller 2002) sind Bestandteil der Curricula des Frankfurter Arbeitskreises für Psychoanalytische Pädagogik e.V. Dennoch ist das Konzept nicht umstandslos mit diesen gleichzusetzen. Die Frankfurter Psychoanalytische Pädagogik, sofern darunter die o.g. Konzeption verstanden wird, orientiert sich nicht, wie Figdor, an einem wissenschaftstheoretischen Verständnis der Psychoanalyse als Heilverfahren (vgl. Figdor in diesem Band). Vielmehr basiert es auf einem Grundverständnis der Psychoanalyse als kritischer Theorie des Subjekts und als Sozialwissenschaft (Habermas 1968; Lorenzer 1970, 1974; Trescher, Finger-Trescher 1992). Psychoanalytische Pädagogik nach dem Frankfurter Konzept setzt somit »sozialisationstheoretische und zeitdiagnostische Kenntnisse ... (voraus; Anm.d.V.), um im Wissen um die Wechselwirkung von Gesellschaft, Institution, Interaktion und Subjekt sowie deren aktueller Erscheinungsformen vorschnelle infantilistische, familialistische oder pädagogische Verkürzungen zu vermeiden« (Lorenzer 1980, 320). Folgerichtig spielt die normative Orientierung an der Neurosenprophylaxe, wie von Figdor hervorgehoben, im Frankfurter Konzept kaum eine Rolle, zumal normative Orientierungen immer auch Einschränkungen des Blickfelds und damit eine Einschränkung der Erkenntnis- und Reflexionsmöglichkeiten bedeuten können. Neurosenprophylaxe setzt ein spezifisches Verständnis von psychischer Gesundheit bzw. Krankheit voraus, welches sich vom gesellschaftskritischen Selbstverständnis der Frankfurter Schule und der Frankfurter Psychoanalytischen Pädagogik unterscheidet. Dagegen beruht das Frankfurter Konzept auf einer »der Aufklärung verpflichteten Anthropologie, sie setzt Veränderbarkeit, Erziehbarkeit, Emanzipierbarkeit des Menschen voraus« (von Hackewitz 1990, 24). Es orientiert sich an einem emanzipatorischen und kritischen Bildungsbegriff, demzufolge Bildung sich erst in einer »Erziehung zum Widerspruch und zum Widerstand« gegen beschädigende Lebensumstände entfalten kann (Adorno 1971, 145).

Psychische Störung oder psychische Gesundheit wird von unterschiedlichen Kulturen und Gesellschaften unterschiedlich bewertet und toleriert. Allein die Definition dessen, was als gesund oder krank bezeichnet wird, unterliegt vielfältigen gesellschaftlichen und auch ökonomischen Vorgaben und Veränderungen, wie auch die praktizierte Psychoanalyse und die professionelle Pädagogik selbst. Daher ist eine positive Bestimmung dessen, was einen gesunden oder kranken Menschen ausmacht, nur unter alltagspraktischen, nicht aber unter erkenntnistheoretischen Vorannahmen denkbar. »Jedes Menschenbild ist Ideologie, außer dem negativen« (Adorno 1972, 67).

Das Frankfurter Konzept ist zudem ausschließlich ausgerichtet auf professionelle Pädagogik, die sich immer auch mit gesetzlichen Vorgaben und institutionellen Rahmenbedingungen auseinandersetzen muss. Auch hierdurch unterscheidet es sich von der Konzeption Figdors, der – zumindest in diesem Band – nicht zwischen privater Erziehung und professioneller Pädagogik differenziert. Die von ihm beschriebenen Entwicklungsbedürfnisse – sich »geliebt und geborgen, in seinen Wünschen und Meinungen respektiert zu fühlen, mit sich zufrieden zu sein usw.« – sind zweifelsohne basale Grundbedürfnisse von Kindern, von Menschen überhaupt. Jedoch würde professionelle Pädagogik zu kurz greifen und eventuell gar schädigend wirken, würde sie nur dafür Sorge tragen, dass sie diesen Bedürfnissen gerecht wird (vgl. Leber 1988). Professionelle Pädagogen lieben die Kinder und Jugendlichen, mit denen sie arbeiten, nicht. Und wenn sie es täten, müsste die pädagogische Arbeit zwingend beendet werden, denn psychoanalytisch-pädagogische Arbeit nach dem Frankfurter Konzept erfordert die Einhaltung der Abstinenzregel. Diese steht unter der Prämisse, auf eigene Bedürfnisbefriedigung in der Arbeit mit den Klienten nicht angewiesen zu sein, sich zwar verwenden zu lassen, aber den anderen nicht zu verwenden (vgl. Trescher 1988). Gerade in schwierigen pädagogischen Situationen, in denen schwer erträgliche Affekte wie Wut, Widerwille oder Abscheu dem Kind gegenüber dominieren können, ist professionelles psychoanalytisch-pädagogisches Können gefordert, wie Leber in vielen Schriften immer wieder gezeigt hat (vgl. Leber 1972, 1979, 1988). Ein Appell, an die Entwicklungsbedürfnisse des Kindes zu denken – so könnte man Figdors Position in diesem Band verstehen –, dürfte da wenig hilfreich sein (vgl. Leber, Gerspach 1996). Vielmehr benötigen Pädagoginnen und Pädagogen institutionelle Strukturen, die so gestaltet sind, dass auch diese aggressiven Affekte und Impulse im Sinne eines Containments ausgehalten, reflektiert und in einen förderlichen Dialog eingebunden werden können, wobei das szenische Verstehen sicherlich nicht die einzige Methode, aber doch eine sehr wirkungsvolle ist.

Verkürzt formuliert kann man sagen: Eckpfeiler der ursprünglich von Leber maßgeblich geprägten Frankfurter Psychoanalytischen Pädagogik als bildungswissenschaftliche Methode sind Optimalstrukturierung der Institution, Arbeits- und Entwicklungsbündnis zwischen Pädagoge und Kind, Abstinenz und Szenisches Verstehen (vgl. Trescher 1993). Hierin ist das psychoanalytisch-pädagogische Können, die psychoanalytisch-pädagogische Kompetenz gleichsam aufgehoben, was nicht bedeutet, dass handlungsfeldspezifische Kenntnisse oder auch Methoden hierdurch verzichtbar würden.

5. Der Fördernde Dialog

Prof. Leber hat zahlreiche wissenschaftliche Texte publiziert, u.a. die Schriftenreihen »Psychoanalytische Reflexion und therapeutische Verfahren in der Pädagogik« (Frankfurter Fachbuchhandlung für Psychologie – Verlagsabteilung) sowie »Anwendungen der Psychoanalyse« (Asanger Verlag). Er war auch Mitbegründer der Zeitschrift und des späteren Jahrbuchs »Kindheit« (vgl. Leber, Gerspach 1996, 507). Seine Schriften haben das psychoanalytisch-pädagogische Wissen seiner Studentinnen und Studenten und ihre dementsprechende spätere berufliche Orientierung nachhaltig beeinflusst und geprägt. Selbstverständlich kann ich hier nicht auf sein ganzes Werk eingehen, z.b. auch nicht auf seine engagierte Auseinandersetzung mit Jean Piaget (vgl. Leber 1995).

Stattdessen möchte ich mich nun stellvertretend für die Fülle seiner Publikationen auf einen Text näher beziehen, der für mich das charakterisiert, was das Werk und die Lehre Aloys Lebers im doppelten Wortsinn verkörpert: die »Begründung eines fördernden Dialogs in der psychoanalytischen Heilpädagogik« (Leber 1988). Ich glaube, der Begriff des »Fördernden Dialogs« ist einerseits untrennbar mit dem Namen Aloys Leber verbunden. Andererseits begegnet es mir immer wieder, dass in Fachdiskussionen jemand den Begriff des Fördernden Dialogs benutzt, ohne wirklich zu wissen, auf wen und worauf er zurückzuführen ist, vielleicht auch, weil die Lektüre des Textes schon eine Weile zurückliegt, oder weil man diesen Begriff adaptiert wie ein selbstverständlich zur Heilpädagogik gehörendes Konzept, das nicht weiter erläutert werden muss, ähnlich vielleicht wie der Begriff der Übertragung in der Psychoanalyse.

Ich möchte nun diesen 1988 erschienenen Text Lebers etwas näher beleuchten, da er m.E. sehr gut verdeutlicht, wie Leber seine Erkenntnisse generiert. Er tut dies in einer zugleich detaillierten und verdichteten Form, so dass die beiden Fokusse, um die es ihm geht – zum einen der »Fördernde Dialog«, zum anderen aber die Begründung desselben – sehr gut nachvollziehbar sind.

Leber geht zunächst auf einen publizierten Traum von Martin Buber ein, den er dann – unter Bezugnahme auf biographische Daten aus Bubers Leben – deutet. Ich fasse diesen von Buber als immer wiederkehrend beschriebenen Traum zusammen:

»Der Traum vom Doppelruf«: Der Träumer befindet sich in eine Art Höhle. Der Traum beginnt damit, dass dem Träumer etwas sehr Ungewöhnliches passiert, z.B. zerfleischt ihm ein kleines löwenähnliches Tier den Arm, und er hat große Mühe, dieses Tier von sich wegzuhalten. Dieser Teil des Traums spielt sich jedes Mal in rasender Schnelligkeit ab. Dann verlangsamt sich das Tempo und der Träumer beginnt zu rufen, manchmal freudig, manchmal erschrocken, stets jedoch mit sehr lauter Stimme. Während er im Traum also laut ruft, stockt ihm dabei der Herzschlag, und es erregt sich irgendwo in der Ferne ein Widerhall. Dieser Widerhall ist aber keineswegs ein Echo, vielmehr ist es ein Widerhall, der eine Antwort zu sein scheint auf den Ruf des Träumers. Und in diesen Momenten, wenn er den Widerhall, die Antwort also, vernimmt, empfindet er eine tiefe Traumgewissheit, die er mit den Worten »Nun ist es geschehen.« umschreibt.

Nachdem dieser Traum in immer gleicher Abfolge über Jahre hinweg auftauchte, ergab sich eines Tages – besser gesagt nachts – eine Veränderung: Er, der Träumer, wartete nach seinem Rufen, anders als in den Träumen davor, auf den schon bekannten Widerhall, doch dieser blieb aus – zum ersten Mal! Stattdessen empfand er etwas anderes. Es war, als ob ganz nah bei ihm, in der ihn unmittelbar umgebenden Luft, der Widerhall, die Antwort bereits vorhanden war, und zwar schon bevor er gerufen hatte. Die Antwort war einfach da, es bedurfte des Rufs gar nicht mehr. Und wieder überkam ihn die tiefe Gewissheit: »Nun ist es geschehen.«

Leber geht nun zunächst der Frage nach, warum dieser Traum immer wieder auftaucht, und formuliert die These, dass das hinter dem Traum liegende Motiv oder Problem ein sehr lebensbedrängendes, ein nicht gelöstes Problem also, sein müsse. Unter Berücksichtigung von biographischen Daten aus Bubers Leben deutet Leber diesen Traum nun als symbolische Wiederholung des Geburtsvorgangs, wobei der Ruf des Träumers den Schrei des Neugeborenen symbolisiert, der, da ihm keine andere Möglichkeit gegeben ist, mit seinem Schrei auf eine Antwort aus dieser für ihn neuen und fremden Welt wartet, in der er sich nun befindet. Die Symbolisierung des Geburtsvorgangs aber ist nicht zu verstehen als eine Art Erinnerung an diesen, vielmehr steht sie für andere, vom Träumer offenbar nicht bewältigte Erfahrungen seiner Kindheit: für den Verlust der Mutter, des Elternhauses, der Heimatstadt Wien nach der Trennung der Eltern, als er drei Jahre alt war, für eine schmerzliche Trennung also, die ähnlich empfunden wurde wie der Verlust der intrauterinen Sicherheit. Er sollte die Mutter niemals wieder sehen und der damit verbundene ungeheuerliche Schmerz in seinem Herzen blieb haften. Als seine Mutter ihn 20 Jahre später besuchte, habe er nicht in ihre schönen Augen sehen können, ohne ununterbrochen den Begriff *Vergegnung* als ein von ihm unausgesprochenes Wort zu vernehmen. Anhand dieses Traums und der Darstellung und Interpretation durch Martin Buber selbst, der den Dialog im Traum als das Besondere herausstellt, und unter Bezugnahme auf ein Zitat von Spitz (1976, 9), demzufolge »die Erwartung, dass etwas geschieht, ... das wahre Wesen des Dialogs« darstellt, entwickelt Leber sodann seine Hypothesen über den fördernden Dialog.

Der fördernde Dialog in der Psychoanalytischen Pädagogik ist verwandt dem Dialog zwischen der Mutter und dem sehr kleinen Kind, welches erwartet, dass durch die Mutter etwas geschieht, dass sie eine Antwort gibt auf seine Bedürfnisse, diese erfüllt oder die Lösung seiner Probleme parat hat. »Diese Beziehungskonstellation ist asymmetrisch, besser gesagt komplementär. Das Kind lehnt sich an und erwartet die Lösung seines Problems, die Erfüllung seiner Bedürfnisse und Entlastung von bedrängenden überwältigenden Erlebnissen. Die erwachsene Bezugsperson kann dem entsprechen, wenn sie willens und in der Lage ist, die elementaren Belange des Kindes wahrzunehmen bzw. zu erspüren« (Leber 1988, 54).

Im Gegensatz zur frühen Mutter-Kind-Interaktion kann sich ein Fördernder Dialog im professionellen Rahmen aber nicht auf eine einfühlende und haltgebende

Beziehung beschränken. Sie darf es deshalb nicht, weil in der helfenden professionellen Beziehung die ursprüngliche frühe Eltern-Kind-Beziehung wieder inszeniert wird, und zwar gerade dann, wenn diese aus irgendeinem Grund fehlgelaufen ist. Der Fördernde Dialog in der professionellen Psychoanalytischen Pädagogik »ist in einem Wechselspiel begründet, das ich als Halten und Zumuten bezeichne« (ebd., 53).

Ein weiteres Zitat von Leber kann dies erläutern: »Anderen gegenüber wird das Kindheitsdrama immer wieder inszeniert und zwar so, als ob jene belastenden Erlebnisse und Konflikte der Kindheit noch bevorstünden, als ob sie vermeidbar wären oder als ob sie durch besonders befriedigende und glückliche Situationen mit neuen Bezugspersonen jetzt noch ersetzt werden könnten« (Leber 1988, 53). Und genau darum geht es in der professionellen Beziehung: Das, was in der frühen Kindheit fehlgelaufen ist, kann nicht ungeschehen gemacht werden, es kann nicht ausgelöscht oder durch andere Erfahrungen ersetzt werden. In der pädagogischen Situation kommt es darauf an, diese versuchten Wiederinszenierungen in begrenztem Maß zuzulassen, aber selbst nicht zum unreflektierten Mitspieler zu werden, sondern die eigenen emotionalen Reaktionen auf das Übertragungsangebot auszuhalten und zu reflektieren, ohne sofort handelnd zu reagieren.

Die alten schmerzlichen Kindheitserfahrungen können also nicht ausgelöscht oder ungeschehen gemacht werden. Es kommt darauf an, sie als Bestandteile der eigenen Person, der eigenen Biographie zu integrieren und in Erinnerung zu halten. Und das bedeutet, sie als etwas zu erinnern, was gewesen, aber längst vergangen ist. Der Pädagoge soll die Versuche der Wiederinszenierung somit grundsätzlich akzeptieren, gleichzeitig aber abstinent bleiben. Abstinenz meint hier zum einen, dass er »eigene Bedürfnisbefriedigung und Problementlastung nicht in der professionellen Beziehung suchen muss« (ebd., 55), und zum anderen, dass er reflektierend zu verstehen sucht«, was der Interaktionspartner ihm über seine unbewältigten Kindheitserfahrungen szenisch mitzuteilen versucht. Gelingt ihm dies, dann kann und wird er eine entsprechende Antwort bzw. Reaktion in einem fördernden Dialog einbringen.

Um zu verdeutlichen, was mit der Inszenierung gemeint ist, greift Leber nun ein Fallbeispiel heraus, das von dem bekannten Heilpädagogen Paul Moor beschrieben worden ist:

> René, 13 Jahre alt, der anfangs in einem Heim und später in weiteren desolaten Verhältnissen aufgewachsen ist, hat zu seiner Lehrerin große Zuneigung entwickelt, obwohl diese ihn häufig ermahnen und zurechtweisen muss. Als es darum geht, dass er in die nächsthöhere Klasse versetzt werden soll, bietet er der Lehrerin zwei Schweizer Franken an, wenn sie dafür sorgt, dass er in ihrer Klasse bleiben kann. Bei einem Zoobesuch der Klasse interessiert er sich fürsorglich für die kleinen Vögel, die Schlangen und die Krokodile und stellt der Lehrerin die Frage, ob der Zoowärter auch wirklich gut genug für die Tiere sorge.

Leber interpretiert diese Szene dahingehend, dass René mit der Lehrerin eigentlich über sich selbst, seine unbefriedigten Bedürfnisse und seine Wünsche spricht. Seine Frage, ob der Wärter gut genug für die Tiere sorge, hieße dann übersetzt: Wird sie, die

Lehrerin, gut genug für René sorgen? Leber hebt an dieser Stelle aber auch hervor, dass René nicht weiß, dass er von sich selbst und seinen leidvollen Erfahrungen spricht. Die bevorstehende Versetzung in die höhere Klasse und der damit verbundene Verlust der Lehrerin kann als szenischer Auslösereiz im Sinne Lorenzers verstanden werden, der bei René diese Form der Wiederinszenierung bewirkt hat. René kann seine sehr schmerzlichen Erfahrungen jedoch nicht unmittelbar benennen oder sich auch nur bewusst machen (vgl. Lorenzer 1983).

Eine psychoanalytisch oder tiefenpsychologisch geschulte Lehrerin hätte dies entsprechend verstehen können, um eine geeignete Antwort zu geben und einen fördernden Dialog in Gang zu setzen.

René kann über seine unbewältigten Kindheitserfahrungen nur über den Umweg der Tiere »sprechen«. Eine direkte Konfrontation mit seinem eigenen Leid könnte verheerende Folgen für sein ohnehin labiles seelisches Gleichgewicht mit sich bringen, es könnte ihn überwältigen und ihn unerträglichen Schmerzen aussetzen. Und es könnte für ihn eine erneute Kränkung und Beschämung bedeuten, wenn er dem Dialogpartner, also in diesem Fall der Lehrerin gegenüber, gleichsam entblößt dastünde mit seinen kindlichen Wünschen und Bedürfnissen, die diese möglicherweise nicht erfüllen möchte oder kann.

Es ist daher sehr wichtig, dass die Lehrerin die von René gewählte Distanz – also den Umweg über die Tiere – akzeptiert und respektiert, auch und gerade, wenn sie verstanden hat, dass es eigentlich um ihn selbst geht. Sie muss also eine Antwort suchen, die das Kind nicht überwältigt oder überfordert, ihm aber nach Möglichkeit ein klein wenig Entlastung bei der Bewältigung seiner Ängste und seiner inneren Not bietet.

Wie hätte im hier aufgeführten Beispiel eine solche Antwort aussehen können? Leber schlägt Folgendes vor: »Du fürchtest, der Wärter könnte sich nicht genug um die Tiere kümmern und nicht merken, wie schlimm es für Vögel ist, wenn sie kein Nest haben, und wenn es für die Schlangen nicht warm genug ist, wie unangenehm es für Krokodile sein muss, wenn sie so viele Maden in ihren Augen haben und keiner macht sie ihnen heraus. Die könnten dann vor Wut ganz schön gefährlich werden« (Leber 1988, 58). Eine solche Antwort beinhaltet die Resonanz auf das, was der Junge zur Lehrerin gesagt hat, so dass er sich ernst genommen und in seinen Befürchtungen anerkannt fühlen kann. Eine Antwort in diesem Sinne hätte eine haltende Funktion, eine holding und containing function, wie sie von Winnicott (1974) und Bion (1962) beschrieben wurden. Gleichzeitig aber stellt eine solche Antwort oder Resonanz aber auch eine gewisse Zumutung dar für den Jungen – Zumutung deshalb, weil seine Bedürfnisse zum einen unerfüllt bleiben, auch bleiben müssen, Zumutung aber auch, weil der Hinweis auf die Wut, die die Tiere wahrscheinlich verspüren werden, natürlich ein Hinweis auf die unterschwellige Wut des Jungen ist, die – verständlich genug – so leicht zu entfachen ist und letztlich anderen und auch ihm selbst Schaden zufügt. Dieser Hinweis auf die Wut der Tiere ist somit durchaus geeignet, eine bewusste, auch schmerzliche Beschäftigung mit der eigenen Wut anzuregen und diese auch im Zusammenhang mit unerfüllten wichtigen Bedürfnissen nach Zuwendung, Wärme und Versorgtwerden zu sehen.

Der fördernde Dialog beinhaltet somit ein Zusammenspiel von Halten und Zumuten. Die richtige Resonanz, die richtige Antwort zu finden und in einen fördernden Dialog einzubringen, ist aber keineswegs einfach und stellt unser psychoanalytisch-pädagogisches Können im Alltag immer wieder vor große Herausforderungen.

Und hiermit möchte ich meine Ausführungen schließen. Ich hoffe sehr, mit dieser kleinen Replik dem Werk von Prof. Leber, seiner Bedeutung als Heilpädagoge, Psychoanalytiker und Hochschullehrer und seiner Person gerecht geworden zu sein. Diejenigen von Ihnen, die Prof. Leber persönlich kennen, weil Sie selbst bei ihm studieren durften oder mit ihm zusammengearbeitet haben, werden sich vielleicht auch, wie ich selbst bei der Ausarbeitung dieser Laudatio, zurückversetzt gefühlt haben in eine längst vergangene, aber doch unglaublich aufregende und lebendige Zeit, eine Zeit, in der wir uns selbst als Pioniere sahen und uns mit großem Engagement, mit Zuversicht und mit Zukunftsvisionen der Psychoanalytischen Pädagogik in der Praxis, in der theoretischen Weiterentwicklung und in der Vermittlung an Hochschulen oder hier im FAPP bis heute gewidmet haben. Dafür gebührt Prof. Leber mein aufrichtiger Dank!

Literatur

Adorno, T. (1971): Erziehung zur Mündigkeit. Vorträge und Gespräche mit Hellmut Becker 1959-1969. Suhrkamp: Frankfurt/M.

Adorno, T. (1972): Zum Verhältnis von Soziologie und Psychologie (1955). In: Adorno, T.: Gesammelte Schriften. Bd. 8. Suhrkamp: Frankfurt/M., 42-85

Balint, M. (1968): Therapeutische Aspekte der Regression. Klett: Stuttgart

Bion, W. (1962): Learning from Experience. Heinemann: London

Finger-Trescher, U., Krebs, H. (2001): Pädagogische Qualifikation auf psychoanalytischer Grundlage. In: Sozial Extra. Zeitschrift für Soziale Arbeit 25 (Heft 9), 47-51

Finger-Trescher, U., Krebs, H., Müller, B. (Hrsg.) (2002): Professionalisierung in sozialen und pädagogischen Feldern. Psychosozial-Verlag: Gießen

Habermas, J. (1968): Erkenntnis und Interesse. Suhrkamp: Frankfurt/M.

Kohut, H. (1966): Formen und Umformungen des primären Narzißmus. In: Psyche – Z psychoanal 20 (Heft 8), 561-587

Kohut, H. (1975): Die Zukunft der Psychoanalyse. Suhrkamp: Frankfurt/M.

Leber, A. (1972): Psychoanalytische Reflexion. Ein Weg zur Selbstbestimmung in Pädagogik und Sozialarbeit. In: Leber, A., Reiser, H. (Hrsg.): Sozialpädagogik, Psychoanalyse und Sozialkritik. Luchterhand: Neuwied, Berlin, 13-52

Leber, A. (1976): Rückzug oder Rache. In: Jb. d. Psa. IX, 123-137

Leber, A. (1979): Terror, Teufel und primäre Erfahrung. Psychoanalytische Überlegungen zu einer Form der Sozialisation. In: Kindheit. Zeitschrift zur Erforschung der psychischen Entwicklung 1 (Heft 1), 37-50

Leber, A. (1985): Wie wird man psychoanalytischer Pädagoge? In: Bittner, G., Ertle, C. (Hrsg.): Pädagogik und Psychoanalyse. Königshausen & Neumann: Würzburg, 151-165

Leber, A. (1987): Psychoanalyse in der Ausbildung von Pädagogen. In: Büttner, C., Trescher, H.-G. (Hrsg.): Chancen der Gruppe. Grünewald: Mainz, 113-122

Leber, A. (1988): Zur Begründung eines fördernden Dialogs in der psychoanalytischen Heilpädagogik. In: Iben, G. (Hrsg.): Das Dialogische in der Heilpädagogik. Grünewald: Mainz, 41-61

Leber, A. (1995): Ein Schlüssel zum Verständnis menschlichen Verhaltens. Die Aktualität der Sorbonne-Vorlesung Jean Piagets für Theorie und Praxis. In: Piaget, J: Intelligenz und Affektivität in der Entwicklung des Kindes, herausgegeben von Aloys Leber. Suhrkamp: Frankfurt/M., 152-181

Leber, A., Gerspach, M. (1996): Geschichte der Psychoanalytischen Pädagogik in Frankfurt am Main. In: Plänkers, T., Laier, M., Otto, H.-H. (Hrsg.): Psychoanalyse in Frankfurt am Main. Zerstörte Anfänge, Wiederannäherung, Entwicklung. edition discord: Tübingen, 489-541

Lorenzer, A. (1970): Sprachzerstörung und Rekonstruktion. Suhrkamp: Frankfurt/M.

Lorenzer, A. (1974): Die Wahrheit der psychoanalytischen Erkenntnis. Suhrkamp: Frankfurt/M.

Lorenzer, A. (1980): Die Sozialität der Natur und die Natürlichkeit des Sozialen. Zur Interpretation der psychoanalytischen Erfahrung jenseits von Biologismus und Soziologismus. In: Görlich, B., Lorenzer, A., Schmidt, A. (Hrsg.): Der Stachel Freud. Beiträge und Dokumente zur Kulturismus-Kritik. Suhrkamp: Frankfurt/M., 297-394

Lorenzer, A. (1983): Sprache, Lebenspraxis und szenisches Verstehen in der psychoanalytischen Therapie. In: Psyche – Z psychoanal 37 (Heft 2), 97-115

Spitz, R. (1976): Vom Dialog. Klett: Stuttgart

Trescher, H.-G. (1979): Sozialisation und beschädigte Subjektivität. Fachbuchhandlung für Psychologie: Frankfurt/M.

Trescher, H.-G. (1985): Theorie und Praxis der Psychoanalytischen Pädagogik. Campus: Frankfurt, New York

Trescher, H.-G. (1988): Erziehungswissenschaft und Psychoanalyse. In: neue praxis 18 (Heft 6), 455-464

Trescher, H.-G. (1993): Handlungstheoretische Grundlagen der Psychoanalytischen Pädagogik. In: Muck, M., Trescher, H.-G. (Hrsg.): Grundlagen der Psychoanalytischen Pädagogik. Grünewald: Mainz, 167-204

Trescher, H.-G., Finger-Trescher, U. (1992): Setting und Holding Function. Über den Zusammenhang von äußerer Struktur und innerer Strukturbildung. In: Finger-Trescher, U., Trescher, H.-G. (Hrsg.): Aggression und Wachstum. Grünewald: Mainz, 90-116

von Hackewitz, W. (1990): Zum Verhältnis von Psychoanalyse und Sozialarbeit. In: Büttner, C., Finger-Trescher, U. (Hrsg.): Psychoanalyse und soziale Arbeit. Grünewald: Mainz, 20-28

Winnicott, D.W. (1974): Vom Spiel zur Kreativität. Klett-Cotta: Stuttgart

Das Konzept der projektiven Identifizierung lehren
Ein interaktives didaktisches Modell

Catherine Schmidt-Löw-Beer & Wilfried Datler[1]

1. Vorbemerkungen

In den letzten Jahrzehnten hat die Zahl der Veröffentlichungen, die sich mit dem Aspekt des Lehrens von Psychoanalyse befassen, deutlich zugenommen. Thematisiert wurden dabei

- Vor- und Nachteile der Institutionalisierung von psychoanalytischen Ausbildungsgängen (etwa durch Kernberg 1986, 1998),
- die Konzeption psychoanalytischer Curricula (etwa durch Trescher 1993a; Rustin 1999; Figdor 2000; Finger-Trescher, Krebs 2001; Jaeggi et al. 2003)
- oder Überlegungen zur Gestaltung und Bedeutung einzelner Aus- und Weiterbildungselemente (vgl. Simenauer 1984; Sternberg 2005; Rustin, Bradley 2008).

In diesem Kontext haben sich einige Autorinnen und Autoren besonders intensiv mit der Frage befasst, in welcher Weise das Verstehen des Zusammenspiels von Übertragung und Gegenübertragung im Sinn eines aktuellen Verständnisses von Psychoanalyse gelehrt werden kann (vgl. Salzberger-Wittenberg 1993; Stanton, Reason 1996).

In der Folge wird ein Modell vorgestellt, das von Beginn an in der Absicht entwickelt wurde, Interessierte bei der Entwicklung der Fähigkeit zu unterstützen, die innerpsychische und interaktionelle Dynamik von Menschen zu verstehen, die eine Borderline-Persönlichkeitsstörung ausgebildet haben (vgl. Kernberg 1986, 2001). In weiterer Folge bewährte sich dieses Modell generell in der Vermittlung von ausgewählten psychoanalytischen Begriffen, Konzepten und Theorien, zu denen insbesondere die folgenden zählen:

---

[1] Das Seminarmodell, das im Zentrum dieses Artikels steht, wurde von Catherine Schmidt-Löw-Beer entwickelt und unter ihrer Leitung bereits mehrfach in unterschiedlichen institutionellen Kontexten angeboten. Wilfried Datler war in die Ausarbeitung der vorliegenden Textfassung und dabei insbesondere in die Einbettung der Darstellung des Seminarmodells in ausgewählte Diskussionen involviert, in denen die Vermittlung psychoanalytischer Kompetenzen in unterschiedlichen Kontexten thematisiert wird.

- das Konzept des potentiellen Raums (Ogden 1985, 1995, 203ff.);
- der Begriff der »zweiten Haut« (»second skin«) von Esther Bick (1968);
- das Konzept des Containings nach Bion (1962);
- der Begriff des Holdings nach Winnicott (1965, 56ff., 317);
- die Theorie der paranoid-schizoiden und depressiven Position in Anlehnung an Melanie Klein (Hinshelwood 1993, 199ff.)
- sowie ein einfaches Diagnoseschema.

Im Zentrum des Seminars steht allerdings die Vermittlung des Konzepts der projektiven Identifizierung. Da dieses Konzept – ebenso wie die oben genannten Begriffe, Konzepte und Theorien – nicht nur für die psychiatrische oder psychotherapeutische Arbeit von Relevanz ist (vgl. etwa Finger-Trescher 2000, 2006), kann das didaktische Modell, das hier vorgestellt wird, dazu dienen, Angehörigen unterschiedlicher psychosozialer Berufe erste Zugänge zur Besonderheit des psychoanalytischen Verstehens im Allgemeinen und zum Verstehen schwieriger Situationen im Besonderen zu eröffnen. In diesem Sinn wurde nach dem Seminarkonzept, das im Folgenden vorgestellt wird, im universitären wie außeruniversitären Kontext nicht nur mit (angehenden) Psychotherapeutinnen und Psychotherapeuten gearbeitet, sondern auch mit Personen, die in unterschiedlichen medizinischen oder pädagogischen Feldern tätig sind. Dabei ist freilich auf zwei Aspekte Bedacht zu nehmen:

(1.) Im Seminar wird der Anspruch verfolgt, Interessierten das Konzept der projektiven Identifizierung in Grundzügen nahezubringen. Solch ein Seminar kann den Besuch von Aus- und Weiterbildungen nicht ersetzen, in denen psychoanalytisches Denken und Arbeiten in umfassender Weise vermittelt wird.

(2.) In welcher Weise die Fähigkeit des psychoanalytischen Verstehens und Nachdenkens in einzelnen Berufsfeldern zum Tragen kommen kann, hängt von den berufsfeldspezifischen Qualifikationen der professionell tätigen Personen ab, darüber hinaus aber auch von weiteren Faktoren. Zu diesen zählen etwa die spezifischen beruflichen Aufgaben, die es zu erfüllen gilt, sowie die Besonderheiten der Personen, mit denen professionell gearbeitet wird, oder die institutionellen Rahmenbedingungen, die großen Einfluss auf die Handlungsspielräume der professionell Tätigen nehmen. Dass im Seminar auf das Arbeitsfeld von Psychotherapeutinnen und Psychotherapeuten Bezug genommen wird, hängt mit der beruflichen Tätigkeit der Autorin dieses Artikels sowie damit zusammen, dass die genuine Ausarbeitung des Konzepts der projektiven Identifizierung über weite Strecken aus der Analyse therapeutischer Situationen heraus erwachsen ist. Es bedarf weiterer Anstrengungen, um im Rahmen berufsfeldspezifischer Handlungstheorien die Relevanz verschiedener psychoanalytischer Konzepte zu beschreiben (vgl. Trescher 1993b) und gegebenenfalls darzustellen, in welcher Weise es dabei auch zur Modifikation oder Weiterentwicklung bestehender Konzepte kommt (vgl. Trescher, Finger-Trescher 1992). Der Besuch eines Seminars, in dem nach dem hier skizzierten Konzept gearbeitet wird, stellt für manche Angehörige verschiedener – auch pädagogischer – Berufsfelder allerdings oft einen ersten Anstoß zur Entwicklung der Fähigkeit dar, Bezüge zwischen ihren beruflichen

Alltagserfahrungen und psychoanalytischen Konzepten herzustellen und regt mitunter zu einer intensiveren Auseinandersetzung mit dem Überschneidungsbereich von Psychoanalyse und Pädagogik an[2].

Das Seminarmodell zeichnet sich durch eine Mischung von Lernen durch eigenes Erleben und dessen theoretischer Vertiefung unter Bezugnahme auf einen klinischen Fall aus, der im ersten Teil des Seminars von der Seminarleiterin Stück für Stück vorgestellt wird. Während des Seminarverlaufs wird in diesem Teil des Seminars versucht, die emotionalen Reaktionen der Teilnehmerinnen und Teilnehmer in den Prozess der Bearbeitung des Fallmaterials miteinzubeziehen, um so der Lerngruppe die Gelegenheit zu geben, psychoanalytische Theorien und Konzepte – zumindest ansatzweise – an sich zu erfahren und die Art, in der sie im Seminar eingeführt werden, aktiv mitzugestalten. Ein Rollenspiel eröffnet dabei spezielle Möglichkeiten, die eigenen Emotionen als Informationsquelle und als Arbeitsinstrument zu begreifen. Überdies werden Alternativen zu jenen Interventionen diskutiert, die im Zuge der Präsentation des Fallmaterials vorgestellt werden. Im zweiten Teil des Seminars rückt dann die Vorstellung des weiteren Fallverlaufs durch die Seminarleiterin stärker in den Vordergrund.

Im Folgenden wird in exemplarischer Absicht der Verlauf eines Seminars nachgezeichnet, das nach diesem Modell in Gestalt eines Blockseminars an der Universität Wien angeboten wurde und an dem Studierende teilnahmen, die im Regelfall zumindest eine Lehrveranstaltung zuvor besucht hatten, die in Psychoanalyse einführte. Es wird gezeigt, in welcher Weise im ersten Teil des Seminars schrittweise kleinste Fallsequenzen vorgestellt und dann mit dem weiter gearbeitet wird, was die präsentierten Fallsequenzen in der Gruppe auslösen. Die einzelnen Arbeitsschritte werden im Folgenden nummeriert und die Reaktionen der Seminarteilnehmerinnen und Seminarteilnehmer auf das präsentierte Fallmaterial durch Kursivsetzung markiert. Dieses stammt aus der Arbeit mit Herrn M., der die Autorin dieses Beitrags in ihrer Funktion als Mitarbeiterin der Universitätsklinik für Psychoanalyse und Psychotherapie der Medizinischen Universität Wien kontaktiert hatte.

---

2 Dies konnte die Autorin dieses Beitrags mehrfach beobachten, als sie an der Klinik für Psychoanalyse und Psychotherapie der medizinischen Fakultät der Universität Wien Seminare anbot, an denen zahlreiche Studierende der Erziehungswissenschaft teilnahmen. Dies wurde durch die damals institutionalisierte Kooperation zwischen der medizinischen Fakultät der Universität Wien und dem Institut für Erziehungswissenschaft der Universität Wien besonders begünstigt.

2. Der erste Teil des Seminarverlaufs

2.1 Arbeitsschritt 1: Die Besprechung des telefonischen Erstkontakts und ein erster Theorieexkurs

Im Seminar berichte ich (Catherine Schmidt-Löw-Beer)[3] zunächst davon, auf welche Weise mich Herr M. kontaktierte:

> Im meinem Zimmer in der Klinik läutet das Telefon. Ich hebe ab. Herr M. meldet sich und ersucht um einen Termin: »Ich möchte eine Psychotherapie bei Ihnen machen.«

Ich erzähle im Seminar, dass Patienten, die sich wegen Psychotherapie an der Klinik melden, von einer Sozialarbeiterin zu einem Erstgesprächstermin eingeteilt werden. Der Patient hat sich also nicht an die übliche Vorgangsweise gehalten, sondern mich direkt kontaktiert. Ich ersuche die Gruppe, sich an meine Stelle zu versetzen und ihre Assoziationen und Emotionen mitzuteilen. Die Einfälle der Gruppenmitglieder schreibe ich auf ein Flipchart. Dort steht unter anderem:

> *Ich fühle mich sehr unter Druck. - Ich bin geschmeichelt, dass er gerade zu mir will. - Grenzüberschreitend. - Verführerisch. - Kontrollierend. - Idealisierend. - Narzisstisch. - Bedürftig. - Aggressiv. - Hilflos.*

An dieser Stelle erfolgt ein kleiner Theorieexkurs. Er dient dazu, diese Gefühle im Kontext des folgenden therapeutischen Prozesses verständlich zu machen. Ich umreiße unter Einbeziehung einer Skizze (Abbildung 1) den Vorgang, der im Sinn von Ogden (1985) zur Entwicklung von »psychischem Raum« führt. Dabei wird davon ausgegangen, dass sich ein Kind nach seiner Geburt in einer engen Beziehung zu seinen frühen Bezugspersonen befindet. Aus Gründen der Übersicht und aufgrund der Tatsache, dass überwiegend Mütter die meiste Zeit mit ihren neugeborenen Kindern verbringen, wird in diesem Zusammenhang von Mutter und Kind gesprochen:
Nach der Geburt, so wird erläutert, befindet sich das Kind in einer »Mutter-Kind-Einheit« (Winnicott 1974). Diese kann als Synthese von reifen, von der Mutter ausgehenden »seelischen Handlungen« und damit korrespondierenden primitiven Handlungsvorläufern des Säuglings begriffen werden. Wir nehmen in dieser Konstruktion an, dass es zwischen Säugling und Mutter keine »psychischen Grenzen« gibt. Etwa ab dem 4. Lebensmonat beginnt das Kind, diese Einheit ganz allmählich zu beobachten (vgl. Abbildung 1).

---

3 Um den Charakter des Berichts zu wahren, der von Catherine Schmidt-Löw-Beer verfasst wurde und den folgenden Kapiteln zugrunde liegt, werden die nächsten Abschnitte über weite Strecken in der Ich-Form verfasst. »Ich« steht dabei für die Autorin dieses Beitrags.

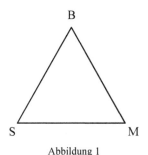

Abbildung 1

S = Säugling, M = Mutter, B = Beobachter

Dabei werden zwei für die weitere Entwicklung zentrale Elemente im Keim stärker wirksam, als sie sichtbar werden. Erstens beginnt das Kind, sich und die Mutter in seiner Wahrnehmung voneinander zu unterscheiden. Und dazu ist das Kind zweitens in der Lage, weil es sich erstmals in eine Position des Dritten begibt: in die Position eines Beobachters. Diese Position kann das Kind als solche zwar noch nicht bewusst wahrnehmen. Das Einnehmen dieser Position ist aber ungeheuer wirksam, weil das Kind nur aus dieser Position heraus beginnen kann, sich und die Mutter zugleich als miteinander verbunden und voneinander unterschieden zu erleben.

Im Seminar gehe ich auf das Konzept der präödipalen Triangulierung oder auf entwicklungspsychologische Theorien wie jene von Mahler u.a. (1975) oder Stern (1992) auf Anfrage näher ein. Bleiben entsprechende Nachfragen aus, belasse ich es bei knappen Hinweisen. Denn mit meinem Exkurs möchte ich vor allem hervorheben, dass der Beziehungsaspekt für die seelische Entwicklung von primärer Bedeutung ist und dass das Realisieren von Differenz Hand in Hand geht mit dem Aufkommen einer neuen Qualität des Erlebens von Verbundenheit. Der Nachhall dieses seelischen »Schöpfungsprozesses« ist lebenslang wahrnehmbar. Es entsteht die Grundstruktur eines psychischen Raumes, in dem alle kreativen Prozesse – wie etwa Spielen, Denken, Symbolisieren, Reflektieren, das Herstellen von Beziehungen, das Gelingen therapeutischer Prozesse – stattfinden. Ist dies – zumindest in Grundzügen – herausgearbeitet, kann ich wiederum auf den Erstkontakt mit Herrn M. zurückzukommen.

Ich erinnere an meinen Bericht über den Beginn des Telefonats sowie an die dadurch hervorgerufenen Reaktionen, die in der Seminargruppe entstanden waren. Ich erläutere, dass solch ein »psychischer Raum« im Augenblick des Telefonats sowohl beim Patienten als auch bei mir als Therapeutin nicht vorhanden gewesen sein dürfte: Dies führte zum Entstehen von Druck, was – den Reaktionen im Seminar zufolge – auch die Seminargruppe wahrgenommen hat.

Die Beobachtungen und Wahrnehmungen, welche die Gruppe in Zusammenhang mit der Darstellung des Beginns des Erstkontakts mit dem Patienten bei sich selbst machen konnten, werden sich im Folgenden als höchst relevant herausstellen und der Seminargruppe die eindrucksvolle Erfahrung sowie Erkenntnis vermitteln, dass sich eine genaue Analyse des allerersten Kontakts mit dem Patienten als sinnvoll und hilfreich für das dynamische Verständnis des Falls erweist. Zunächst setze ich aber im Seminar mit meinem Bericht fort:

> Vom Patienten überrollt, frage ich ihn, wie er überhaupt auf mich kommt, und sage ihm auch gleich, dass ich voraussichtlich keinen freien Therapieplatz habe, also zunächst nur Erstgespräche führe, um Patienten dann weiterzuvermitteln.

Als ich diese Passage referiere, fällt der Seminargruppe auf, dass ich nun versuche, für mich Distanz und psychischen Raum zu gewinnen. Ich setze meinen Bericht fort:

> Ich erfahre von Herrn M., dass er schon bei mehreren Analytikern war, sich herumgeschickt fühlt (er klingt missmutig und gekränkt) und endlich eine Therapie möchte. Ich betone, dass ich verhindern möchte, dass er sich weiterhin herumgeschickt fühlt, und frage, ob es nicht klüger wäre, gleich einen Analytiker zu finden, der ihm einen Therapieplatz anbieten könne. Ich sage zu ihm:»Ich kann Ihre Sorge verstehen und ich spreche gerne mit Ihnen, aber es ist natürlich mit dem Risiko verbunden, dass Sie sich wieder weitergeschickt fühlen.« Herr M. lässt sich nicht abweisen, und schließlich gebe ich ihm einen Termin.

Als ich die Seminarteilnehmerinnen und Seminarteilnehmer wiederum nach ihren Eindrücken und Einfällen frage, äußern sie:

> *Der Patient zeigt der Therapeutin gegenüber Kränkung und Frustration. - Die Therapeutin bekommt Angst, dass der Patient sie verschlingen will, und versucht – zunächst unbewusst –, eine gewisse Distanz zu bekommen: »Nur« ein Erstgespräch – wie frustrierend für den Patienten. - Es wird unmöglich sein, ihm das zu geben, was er will; daher wird er auf jeden Fall frustriert sein. - Die Übertragungsbeziehung ist bereits sichtbar.*

Wir besprechen im Seminar, dass der weitere Verlauf des kurzen Telefonats ebenso wie die Reaktionen der Seminargruppe darauf den Eindruck zu erhärten scheinen, dass während des Telefongesprächs sowohl die Therapeutin als auch der Patient viel Druck verspürten und wenig Raum zur Verfügung hatten, um dem Geschehen mit einer gewissen reflexiven Distanz zu begegnen. Ich erwähne, wie wichtig es ist, solche Telefonate möglichst kurz zu halten, um sich im Anschluss daran nochmals der Dynamik zuzuwenden, die sich in solch einer telefonischen Erstbegegnung ergibt.

2.2. Arbeitsschritt 2: Das Erstgespräch

Im Seminar berichte ich nun vom Erstgespräch:

> Als Herr M. zum vereinbarten Termin kommt, erfahre ich, dass er 28 Jahre alt und Lehrer ist. Er ist groß, mittelschlank, trägt eine Brille und ist sportlich gekleidet. Im

Gespräch wirkt er etwas frustriert und verärgert. Er setzt mir eindringlich, aber ohne inhaltliche Details zu nennen, auseinander, wie dringend er eine Therapie bräuchte und wie sehr es ihm auf die Nerven gehe, seine Probleme immer wieder darlegen zu müssen. Eigentlich könne er das nur, wenn er zu jemandem Vertrauen fasse, aber wie solle er das tun, wenn er den Therapeuten nicht kenne. Er beklagt sich über seine bisherigen therapeutischen Erfahrungen. Er lacht etwas verlegen, als er erzählt: »Dr. S. war bereit, mich zu sehen. Als ich zum vierten Mal hinkam, schien er noch immer nicht zu wissen, wer ich bin. Er konnte sich offensichtlich nicht an mich erinnern, und erst, als er seine Karteikarte zur Hand nahm, gab er ein wissendes ›Aha‹ von sich.« Der Patient wirkt empört. »Da ging ich nicht mehr hin. Der andere fand, dass ich meinen Beruf als Widerstand verwende (weil ich behauptet habe, ich könne am Vormittag nicht kommen). Frau N., naja, gebracht hat es mir nichts, es kam mir ein bisschen wie ein Kaffeehaustratsch vor. Und Dozent L. ...«

Die Seminargruppe assoziiert dazu Folgendes:

Der Patient wandert von einem Therapeuten zum anderen. - Er scheint immer unzufrieden zu sein. - Die Wahrscheinlichkeit, dass er bei einem Therapeuten bleibt, ist gering. - Er setzt den Therapeuten unter großen Druck. - Die Therapeutin muss sich anstrengen, besser als die bisherigen Therapeuten zu sein.- Der Patient ist sehr misstrauisch, verführerisch – die Therapeutin soll besser sein als die zuvor kontaktierten. - Der Patient ist sehr bedürftig, enttäuscht, gekränkt und aggressiv.

Wir stellen im Seminar fest, dass der Patient auch zu Beginn des Erstgesprächs unter Druck stehen und über geringe Möglichkeiten verfügen dürfte, über sich und seine Anteile am Scheitern der bisherigen Therapieversuche nachzudenken. Ich setze meinen Bericht fort:

Die Zeit vergeht, ich habe noch keine Ahnung von Herrn M.s Problemen, sieht man davon ab, dass es für ihn ein Problem zu sein scheint, über seine Probleme zu sprechen. Ich sage, dass es ihm vielleicht schwer fällt, nach seiner bisherigen Unzufriedenheit mit Therapeuten auch mir von seinen Problemen zu erzählen. Er scheint sich oft unverstanden gefühlt zu haben. »Ja eben«, meint er, und ein schwacher Hoffnungsschimmer durchzuckt ihn.
  Langsam erfahre ich, dass er sich sehr schlecht fühlt. Er sieht keine Perspektive im Leben und »das ist ja jetzt auch real«. Es gibt keine Aufstiegschancen in seinem Beruf, er weiß nicht, was er machen soll. Außerdem ist er schrecklich eifersüchtig. Er wohnt mit einem »Mädchen« zusammen, das er Dada nennt und heiraten möchte. Jedes Mal, wenn sie weggeht, quält ihn der Gedanke, sie könnte mit jemand anderem zusammen sein, obwohl sie ihm immer glaubwürdig den Tagesablauf in Minuten schildert.

Etwas später erfahre ich etwas mehr über diese Beziehung:

»Eigentlich ist sie furchtbar langweilig; wir machen nichts, jeder sitzt nur da und Dada lernt ununterbrochen. Nie gehen wir aus, nie treffen wir jemanden.« Die Beschreibung gleicht der eines alten Mannes, dessen Leben hoffnungslos fad und schon vorüber ist. Der Tag ist mit Arbeit, d.h. Pflicht, erfüllt, die noch tausend Mal der sonstigen totalen Langeweile vorzuziehen ist.

2.3 Arbeitsschritt 3: Die Einführung des Konzepts der »second skin formation« nach Esther Bick

An dieser Stelle überlege ich mit der Gruppe, wie sich diese Beziehung zur Freundin psychologisch verstehen lässt. Wir besprechen Esther Bicks (1968) Theorie, der zufolge ein Baby erst dann beginnt, seine äußeren Grenzen in Gestalt seiner Haut zu spüren, wenn es von der Mutter festgehalten wird und sich dabei auch in wohltuender Weise als gehalten erlebt. Dann erst kommt es zur Ausbildung eines inneren Raumes, in dem sich innere Prozesse entwickeln können. Dies stellt eine wesentliche Voraussetzung für die Entfaltung der Fähigkeit dar, körperliche Empfindungen (und somit auch Teile des eigenen Körpers), Gefühle oder Phantasien als zu sich gehörig zu erleben, was seinerseits wiederum eine Voraussetzung für die Entwicklung der Fähigkeit darstellt, bedrohliche Erlebnisinhalte als zu sich gehörig wahrzunehmen, innerpsychisch zu »verdauen« und zum Gegenstand des Nachdenkens zu machen.

Fehlt eine solche frühe »äußere Umrandung«, dann kann beim Säugling das Gefühl des Sich-Auflösens entstehen. Bick (1968) beschreibt, dass der Säugling in einem solchen Fall z.B. durch starke Muskelanspannung eine »zweite Haut« (second skin) bildet, die ihm eine gewisse Struktur verleiht, ihm aber bloß in notdürftiger Weise erlaubt, ein Gefühl von Zusammenhalt und Umschlossensein zu empfinden. Mit fortschreitendem Alter kann dies dazu führen, dass Menschen das Gefühl haben, innerlich leer zu sein, zu zerfließen oder ohne bestimmte Rituale und Objekterfahrungen nicht überleben zu können. Dies ist oft von massiven Ängsten, Kontrollwünschen oder der Tendenz begleitet, in sozialen Situationen schnell und inhaltslos dahinzureden.

Als ich vor diesem Hintergrund die Seminargruppe bitte, zur Beziehung zu assoziieren, die Herr M. zu seiner Freundin unterhält, fallen im Seminar folgende Bemerkungen:

Es handelt sich bei der beschriebenen Beziehung zwischen Dada und meinem Patienten wahrscheinlich um eine existenzielle Bedrohung des Patienten. - Eifersucht und Misstrauen: Hat Dada andere Beziehungen? - Die Freundin ist ein Teil von ihm, den er unter Kontrolle halten muss, ein Teil seiner Haut. - Es geht für ihn um Leben oder Tod: Ohne sie hat er Angst zu zerfließen. - Möglicherweise braucht er seine Freundin, um seine äußere Grenze aufrechtzuerhalten. Sie bildet eine Art »Stöpsel«, der verhindern soll, dass der Patient das Gefühl hat, sich aufzulösen.

Ich erläutere in einer späteren Phase des Seminars, dass sich in der Therapie viele Situationen ergaben, die diese Eindrücke stützten. In diesem Zusammenhang ist auch bedeutsam, wie Herr M. die Beziehung zu seiner Therapeutin beschrieb: »Sie sind mein Anker, ohne Sie fühle ich mich wie ein kleines Boot auf hoher See. Ich habe immer Angst unterzugehen und mich aufzulösen.«

2.4 Arbeitsschritt 4: Fortsetzung des Fallberichts

Ich setze im Seminar den Fallbericht fort:

»An meine Kindheit kann ich mich kaum erinnern«, wehrt Herr M. trocken ab und beginnt dennoch zu erzählen. Er scheint sich niemals wohlgefühlt zu haben. Er ist der Sohn eines Volksschuldirektors und einer Hausfrau. Seine Familie lebt am Land einige Stunden von Wien entfernt. Der Vater wird als ewig nörgelnd und unzufrieden beschrieben, die Mutter als schwach und dem Vater gegenüber unterwürfig, ihm jeden Wunsch erfüllend. Mit seinem um zwei Jahre jüngeren Bruder gab es besonders als Kind große Raufereien; so groß, dass der Patient von seinen Eltern, als er zwölf Jahre alt war, in ein Internat geschickt wurde. Vorher war er in einer Hauptschule, da man ihm das Gymnasium nicht zutraute. Zum Glück war er in den unteren Klassen des Internats ein ausgezeichneter Schüler.

Über seine Beziehung zu Mädchen sagt er: »Ich könnte nie ein Mädchen aufreißen, sie muss mich ansprechen.« Und er setzt fort: »Aber wie geht das jetzt mit mir weiter? Ich möchte auch lernen, meine Aggressionen auszudrücken. Alle finden mich so lieb und sanft, wie so ein Bubi«, sagt er mit leicht spöttischer Stimme.

Ich halte ihn zunächst für eine klassische Analyse ungeeignet und sage ihm, dass ich in sechs Wochen wissen werde, ob ich zwei Stunden für ihn frei habe. In diesem Augenblick erfahre ich, dass er eigentlich die Möglichkeit hätte, eine vierstündige Analyse bei einer Psychoanalytikerin zu machen, der er allerdings nicht vertraut. Sie habe ihn schon beim ersten Gespräch nicht verstanden. Außerdem sei ihm vier Mal in der Woche zu viel, es wäre vielleicht gut, aber vielleicht doch nicht. Er fürchte sich auch vor der Couch. Außerdem müsse er noch viele Weiterbildungsseminare ablegen und müsste sowieso dauernd absagen. Aber ich müsse schnell entscheiden, ob er bei mir beginnen könne, denn er wolle ja der anderen Analytikerin nicht vorschnell absagen und Gefahr laufen, weder den einen noch den anderen Therapieplatz zu bekommen.

Ich frage die Seminarteilnehmerinnen und Seminarteilnehmer, wie sie sich fühlen, wenn sie sich in die Position von Herrn M. oder in meine Position versetzen, und was sie an meiner Stelle jetzt gesagt hätten:

Einige Gruppenmitglieder sagen, dass sie sich hineingelegt und unter Druck gesetzt gefühlt hätten. - Andere Gruppenmitglieder vermuten, dass Herr M. Angst hat, von mir zurückgewiesen zu werden. Vielleicht hat er auch das Gefühl, in seinem Leben nichts ändern zu können: Vergangenheit, Gegenwart und Zukunft sind für ihn gleich. - Es kommen viele Vorschläge, wie man mit dieser Situation umgehen könne und dass es naheliegend wäre, sie als Ausdruck einer tiefen inneren unbewussten Aggression zu verstehen.

Ich greife die Bemerkungen der Gruppe auf:

Tatsächlich fühlte ich mich hineingelegt und unter Druck gesetzt. Am Ende der Stunde sage ich ihm, dass er selbst entscheiden muss, was er will und welches Risiko er eingehen möchte. Ich sage: »Ich habe den Eindruck, dass Sie mir sagen wollen, dass Sie sich vor einer Psychotherapie sehr fürchten. Daher ist es für Sie wichtig, die Kontrolle über mich zu haben.« Ich sage ihm auch, dass ich verstehe, dass er, der ja von zu Hause in ein Internat weggeschickt wurde, Angst davor hat, auch von mir weggeschickt zu werden. Einerseits hat er den Wunsch nach einer Therapie, aber andererseits fürchtet er sich davor, auch von mir enttäuscht zu werden. Noch in dieser Stunde entschließt er sich, zu mir zu kommen, falls ich Zeit habe.

2.5 Arbeitsschritt 5: Ein einfaches Diagnoseschema wird vorgestellt

Ich spreche im Seminar darüber, wie wichtig es ist, an dieser Stelle des Arbeitsprozesses zu entscheiden, in welchem Setting mit welcher Stundenfrequenz gearbeitet werden soll und wie eng die Entscheidung darüber mit einer gut begründeten diagnostischen Einschätzung zu verknüpfen ist. In Anlehnung an Kernbergs Auffassung, dass neurotische Strukturniveaus, Borderline-Strukturniveaus und psychotische Strukturniveaus unter Bezugnahme auf die drei Dimensionen »Identität«, »Abwehr« und »Realitätsprüfung« voneinander unterschieden werden können (vgl. Kernberg 1992, 2001), führe ich eine geringfügige Modifikation dieses Diagnoseschemas ein. Ich erläutere, dass sich die Persönlichkeitsorganisation von neurotisch erkrankten Menschen durch Ängste auszeichnet, die auf einen begrenzten Ausschnitt ihrer Lebenswelt bezogen sind (also z.B. darauf, bestimmte Leistungen nicht erbringen zu können), während Menschen, die an Borderline-Störungen oder Psychosen leiden, mit Ängsten zu kämpfen haben, in denen es – ihrem Erleben zufolge – in umfassender Weise um Leben und Tod geht. Ich führe aus, wie die Aussage zu verstehen ist, dass bei neurotisch erkrankten Menschen vor allem »reife Abwehrmechanismen« zu finden sind, während Menschen, die an Borderline-Störungen oder Psychosen leiden, auf so genannte unreife oder »primitive Abwehrmechanismen« zurückgreifen müssen. Schließlich führe ich aus, was unter dem Aspekt der »Realitätsprüfung« in Sinne Kernbergs (ebd.) zu verstehen ist. Ich erläutere, in welcher Weise unter diesem Aspekt nach gravierenden Formen des Realitätsverlusts gesucht und eventuell nach Halluzinationen oder Wahnvorstellungen gefragt wird, wie sie vor allem für psychotisch erkrankte Menschen charakteristisch sind. Dies führt zur Präsentation des folgenden Diagnoseschemas:

	Neurose	Borderline-Persönlichkeitsstörung	Psychose
Ängste	Auf begrenzte Lebensbereiche bezogene Ängste, z.B.: - Leistungsversagensängste - Kastrationsangst - Verletzungsängste	Vernichtungsängste und existenzielle Ängste	
Abwehrmechanismen	Reife Abwehrmechanismen: - Verdrängung - Projektion - Identifikation mit dem Aggressor - Intellektualisierung - Verkehrung ins Gegenteil - Ungeschehen machen etc.	Primitive Abwehrmechanismen: - Spaltung - Projektive Identifizierung - Idealisierung - Entwertung - Verleugnung	
Realitätsprüfung	vorhanden	vorhanden	nicht vorhanden

Abbildung 2: Diagnoseschema

Als ich die Seminargruppe frage, wie sie die Persönlichkeitsstruktur von Herrn M. einschätzt und wie sie eine entsprechende Einschätzung begründet[4], sind sich die Seminarteilnehmerinnen und Seminarteilnehmer schnell darin einig, dass Herr M. keine unmittelbaren Hinweise auf das Vorhandensein psychotischer Zustände zeigt. Bezüglich der Frage, ob Herr M. an neurotischen Symptomen oder an einer Borderline-Störung leidet, wird hingegen kontrovers diskutiert. Die meisten Seminarteilnehmerinnen und Seminarteilnehmer teilen zwar die Auffassung, dass die Ängste, mit denen Herr M. zu kämpfen hat, nicht bloß auf begrenzte Lebensbereiche bezogen sind und durchaus der Kategorie der »existenziellen Ängste« zugeordnet werden können – was für eine Persönlichkeitsorganisation auf Borderline-Niveau spräche. In

---

[4] An dieser Stelle des Seminars neigen Seminargruppen mitunter dazu, aus der Art der Seminarankündigung, manchen bereits gefallenen Zwischenbemerkungen oder dem Wissen um die Arbeitsschwerpunkte der Seminarleiterin dazu, sich in emphatischer Weise für die Einschätzung »Borderline-Persönlichkeitsorganisation« auszusprechen. Deshalb ist es besonders wichtig, der Seminargruppe abzuverlangen, erste diagnostische Einschätzungen unter Bezugnahme auf das bislang präsentierte kasuistische Material und das vorgestellte Diagnoseschema zu begründen – auch wenn dies für die Seminargruppe in diesem frühen Stadium des Erwerbs psychoanalytischer Kompetenz zumeist eine erhebliche Herausforderung darstellt.

der Diskussion der Frage, ob Herr M. eher unreife oder doch eher reifere Abwehraktivitäten setze, macht sich allerdings Unsicherheit breit.

Letzteres ist nicht überraschend, da das fallbezogene Nachdenken über unbewusste Abwehr im Regelfall ein höheres Maß an psychoanalytischem Verständnis voraussetzt. Ich mache daher der Seminargruppe den Vorschlag, Ausschnitte aus dem weiteren Therapieverlauf vorzustellen und zu besprechen, um dann etwas später nochmals auf den Aspekt der unbewussten Abwehr zurückzukommen.

2.6 Arbeitsschritt 6: Der Bericht über die erste Phase der therapeutischen Arbeit und ein Rollenspiel

Ich erzähle zunächst, weshalb ich Herrn M. – entgegen meiner Ankündigung, ihn weiterschicken zu müssen – doch in Therapie genommen habe und welche Reflexionen mich dabei begleiteten:

Ich berichte, dass ich es für wichtig erachtete, Herrn M. die Möglichkeit zu geben, die Serie abgebrochener und frühzeitig beendeter Therapien mit jemandem zu stoppen. In mir war weiters der Eindruck entstanden, dass ihm dies mit mir gelingen könnte, da er mir vermittelte, sich von mir verstanden zu fühlen. Dies hing auch damit zusammen, dass manche biographischen Berichte, auf die ich hier nicht näher eingehen kann, auf psychodynamische Muster verwiesen, die sein Immer-davonlaufen-Müssen erklärbar machten.

Dass ich mit ihm zu arbeiten beginnen wollte, hing allerdings auch mit dem teilweise unbewussten Impuls zusammen, zeigen zu wollen, dass ich »die Beste« aller Therapeutinnen und Therapeuten wäre und eine Therapie nur bei mir gelingen würde. In diesem Sinn war ich von der Vorstellung verführt, ihn retten zu können, ja retten zu müssen, und dass Herr M. nach seinen bislang gemachten therapeutischen Erfahrungen auch nur zu mir kommen würde.

In dieser Situation war mir allerdings auch klar, dass diese Gedanken, Gefühle und Phantasien den Ausdruck einer starken Selbstidealisierung meinerseits darstellten und im Dienst der Abwehr meiner Gefühle der Unsicherheit und der Ungewissheit standen. Würden diese Gedanken, Gefühle und Phantasien unreflektiert weiterbestehen, würde dies einen erfolgreichen Verlauf der Therapie behindern, da es mir dann unmöglich wäre, die Auseinandersetzung mit meinen beunruhigenden Gegenübertragungsreaktionen zu nutzen, um die tieferliegenden bedrohlichen Erlebnisinhalte zu verstehen, die Herrn M. bedrängten. Ich musste mich auch vom Druck befreien, den Patienten unter allen Umständen in der Therapie behalten zu müssen. Nur die Freiheit, eine Therapie verlassen zu können, gibt Patientinnen und Patienten die Freiheit, in einer Therapie bleiben zu können. Aus diesem Grund, so erläutere ich im Seminar, hatte ich auch nicht versucht, Herrn M. nach den ersten Gesprächen dazu zu bewegen, eine Therapie bei mir zu beginnen, sondern es dabei belassen, ihm die Möglichkeit zu eröffnen, sich selbst für oder gegen eine Therapie bei mir zu entscheiden.

Diesem Bericht füge ich einige knappe Bemerkungen hinzu, welche die erste Phase der therapeutischen Arbeit betreffen:

In den ersten Stunden hatte Herr M. das Gefühl, es gehe ihm schon etwas besser: Ich hätte für ihn Zeit gefunden und würde ihm helfen. Das Material, das er brachte, beschränkte sich allerdings auf Klagen über seine Unfähigkeit, etwas Produktives zu leisten. Nach einigen Stunden begann er zunehmend darüber zu klagen, dass sich in seinem Leben nichts verändere.

Ich stoppe an dieser Stelle den Bericht, wende mich der Seminargruppe zu und beginne mit einem Rollenspiel. Ich sage zur Gruppe: »Sie sind jetzt alle Therapeutinnen und Therapeuten. Ich bin der Patient.« Daraufhin entwickelt sich ein Dialog der folgenden Art:

> Patient: »Ich komme jetzt schon seit eineinhalb Jahren zu Ihnen. Mir geht es viel schlechter als zuvor. Es gelingt mir gar nichts.« *Patient schweigt und schaut in die Runde. Dann räuspert er sich und sagt mit frustrierter Stimme:* »Sie sitzen ja nur da und schweigen. Sagen Sie doch etwas, sonst gehe ich gleich! Ich weiß überhaupt nicht mehr, warum ich hierher komme. Ich hätte schon längst gehen sollen.«
>
> Therapeut 1: »Wie kann ich Ihnen helfen?«
>
> Patient: »Das fragen Sie mich? Sie sind doch die Therapeutin, Sie müssen doch wissen, wie Sie mir helfen können. Sind Sie nicht dafür zuständig?«
>
> Therapeut 1 *zieht sich hilflos zurück.*
>
> Therapeut 2: »Ich habe den Eindruck, es geht Ihnen schlecht.«
>
> Patient: »Das sage ich Ihnen sowieso schon die ganze Zeit. Das, was Sie mir sagen, hilft mir gar nicht, ich kann mit dem nichts anfangen. Ich fühle mich von Ihnen überhaupt nicht verstanden.«
>
> Therapeut 2 *zieht sich hilflos zurück.*
>
> Therapeut 3: »Ich habe den Eindruck, Sie wollen heute nicht mit mir sprechen.«
>
> Patient *sehr verärgert*: »Hören Sie zu, ich komme seit eineinhalb Jahren regelmäßig zu Ihnen, ich habe nie eine Stunde versäumt und komme immer pünktlich. Oder? Aber es hat sich nichts in meinem Leben verändert. Sagen Sie mir doch, was ich tun soll, ich bin bereit, alles zu tun, was Sie mir sagen, aber sagen Sie es mir doch!«
>
> Therapeut 4: »Sie fühlen sich im Augenblick von mir gar nicht verstanden.«
>
> Patient *erleichtert*: »Ja, das stimmt.«
>
> Therapeut 4 *hat Hoffnung geschöpft*: »Und Sie haben das Gefühl, dass sich in Ihrem Leben nichts verändert.«
>
> Patient (*wieder sehr verärgert*): »Das sage ich Ihnen ja schon die ganze Zeit ..., und Sie sind offenbar unfähig, es zu verändern ...«
>
> Therapeut 4 *seufzt und gibt auf.*

Nachdem der Dialog in dieser Weise eine Zeit lang verlaufen ist, und als sich im Seminar in spürbarer Weise Ratlosigkeit breit macht, beende ich nach etwa 20 Minuten das Rollenspiel.

2.7 Arbeitsschritt 7: Die Einführung des Konzepts der projektiven Identifizierung und eine nochmalige Diskussion der diagnostischen Einschätzung

Ich frage nun die »Therapeuten«, was sie während des Gesprächs verspürt haben und welche Gefühle das Gespräch bei ihnen ausgelöst hat. Die Antworten werden stichwortartig auf einem Flipchart festgehalten.

Anschließend ersuche ich die Gruppenmitglieder, sich daran zu erinnern, was der »Patient« zum Ausdruck gebracht hat, und gemeinsam darüber nachzudenken, was er innerhalb und außerhalb der Therapiestunden zurzeit wohl empfinden dürfte. Auch das wird auf das Flipchart geschrieben. Auf diesem ist letztlich zu lesen (Abbildung 3):

Therapeutin	Patient
hilflos	hilflos
hoffnungslos	hoffnungslos
Druck	Druck
ohnmächtig	ohnmächtig
Ärger	wütend
ratlos	ratlos
verwirrt	verwirrt
inkompetent	abhängig
Erschöpfung	Kontrolle
Traurigkeit	Triumph
Denkhemmung	leer
kein Raum	kein Raum
»ausgesaugt«	verloren
innere Leere	Neid
Gefühl, kontrolliert zu werden	im Stich gelassen werden
diffuse Ängste	verächtlich
Lähmung	Gefühl, keine Hilfe zu bekommen
Handlungsunfähigkeit	ausgeliefert sein
Sinnlosigkeit	unsicher
Kontrollverlust	
Wunsch, aufzugeben	
Gefühl, gequält zu werden, mit dem Verlangen, den »Patienten« zurechtzuweisen, sich zu wehren, mit Gegenvorwürfen zu reagieren, die den Patienten emotional treffen (sado-masochistisch)	Gefühl, hingehalten zu werden, mit dem Verlangen, der »Therapeutin« die Wut darüber spüren zu lassen, sie spüren zu lassen, wie furchtbar ihr Versagen ist (sado-masochistisch)

Abbildung 3: Inhalte der Reflexion des Rollenspiels

Bereits im Lauf des Sammelns der einzelnen Bemerkungen der Gruppenmitglieder bildet sich im Seminar eine gewisse Überraschung darüber aus, dass sich die Gefühle, welche die Patienten und Therapeuten in solchen Situationen empfinden, oft sehr ähnlich sein könnten. Ich bestätige dies und merke an, dass das, was im Seminar unter Bezugnahme auf das Rollenspiel erarbeitet wurde, über weite Strecken auch den Gefühlen und Gedanken entspricht, die ich in der therapeutischen Arbeit mit Herrn M. verspürte. Ich ergänze, dass es überdies gute Gründe für die Annahme gibt, dass sich damals auch Herr M. häufig so fühlte, wie es von den Seminarmitgliedern beschrieben wurde.

Dies erlaubt mir, die Frage aufzuwerfen, wie dieses Phänomen des ähnlichen Empfindens von Patienten und Therapeuten verstanden werden kann, und ich füge hinzu, dass ich selbst keine Antwort auf diese Fragen hatte, als ich Herrn M. gegenübersaß. Ich erzähle der Seminargruppe, dass ich Herrn M. als junge Therapeutin in einer Zeit kennenlernte, als viele Konzepte, die heute gelehrt werden, noch verhältnismäßig jung waren und in Österreich kaum diskutiert wurden. Ich fühlte mich daher in den Stunden mit Herrn M. häufig verwirrt, unter Druck gesetzt und ratlos. Dann stieß ich wie zufällig auf Ogdens (1979) Schrift, in der ein Konzept namens »projektive Identifizierung« vorgestellt wurde, das mir bis dahin völlig unbekannt war. Ich gewann sehr schnell den Eindruck, dass mir dieses Konzept neue Dimensionen des Verstehens der schwierigen Beziehungsdynamik eröffnen könnte, die sich zwischen mir und Herrn M. ergeben hatte, und begann mich mit diesem Konzept intensiver zu beschäftigen (vgl. Schmidt-Löw-Beer 1987).

An dieser Stelle des Seminars skizziere ich das Konzept der projektiven Identifizierung. Ich erwähne, dass dieser Begriff auf Melanie Klein (1946) zurückgeht, ich mich im Folgenden allerdings vornehmlich an den Ausführungen Ogdens (1979)[5] orientiere, demzufolge unbewusste Prozesse der projektiven Identifizierung drei Phasen umfassen:

1. Die projizierende Person (Baby, Patient) verspürt unbewusst ein unerträgliches Gefühl sowie das Verlangen, dieses Gefühl zu lindern sowie vom Bereich des bewusst Wahrnehmbaren fernzuhalten. Sie folgt diesem Verlangen, indem sie versucht, dieses Gefühl bei einer anderen Person unterzubringen (bzw. in eine andere Person hineinzuverlegen). Im Versuch, diese Wunschphantasie zu

---

5 Um im Seminar nicht zu große Verwirrung zu erzeugen, würdige ich nur mit einer kurzen Bemerkung den Umstand, dass in der Fachliteratur die Begriffe der »projektiven Identifizierung« und der »projektiven Identifikation« verwendet werden, was nicht zuletzt damit zusammenhängt, dass die englischsprachige Bezeichnung »projective identification« beide Übersetzungsvarianten erlaubt. Weiters erwähne ich, dass in Fachpublikationen verschiedene Konkretisierungen dieses Konzepts zu finden sind, die sich im Detail in manchen Punkten unterscheiden. Interessenten empfehle ich den von Joseph Sandler (1987) herausgegebenen Sammelband zu diesem Thema und betone, dass sich Ogdens (1979) Beschreibung von »projektiver Identifizierung« durch ein hohes Maß an Präzision auszeichnet.

realisieren, werden diese Gefühle zunächst auf eine andere Person (Mutter, Therapeutin) projiziert und somit dieser Person zugeschrieben.
2. Die projizierende Person übt auf die andere Person Druck aus, sich mit den Gefühlen, die auf sie projiziert werden, auch zu identifizieren und sich somit so zu fühlen, wie es den Inhalten der Projektion entspricht. Dies hat zur Folge, dass z.B. Patienten Gefühle der Wut nicht nur auf Therapeuten projizieren, sondern sich in Therapiestunden auch so verhalten, dass Therapeuten dann selbst Wut verspüren. Dies ermöglicht es der projizierenden Person, an der Person, die sich nun mit diesen Projektionen identifiziert, das zu steuern und zu kontrollieren, was die projizierende Person bei sich selbst kaum steuern und kontrollieren kann.
3. Falls es dem Empfänger der Projektionen (Mutter, Therapeutin) gelingt, diese innerpsychisch so zu verarbeiten, dass in einer verständnisvollen Weise reagiert werden kann, vermittelt dies der projizierenden Person (Baby, Patient) neue Erfahrungen, die von ihr reinternalisiert werden können. Die projizierende Person (Baby, Patient) lernt auf solche Weise, dass die Gefühle, die für sie zunächst unerträglich sind, durch »Verdauen und Aushalten« erträglich werden können. Kommt es jedoch dazu, dass eine Therapeutin nicht nur Wut über ihren Patienten verspürt, sondern diese nicht verarbeitet und auch zeigt, stärkt dies die Einschätzung des Patienten, dass er beständig an Personen gerät, für die er unerträglich ist und die ihm folglich auch nicht weiterhelfen können.

Im Seminar wird nun versucht, dieses Konzept der projektiven Identifizierung auf das präsentierte kasuistische Material aus der Arbeit mit Herrn M. zu beziehen und nachzuvollziehen, in welcher Weise das Aufkommen der Gefühle der Therapeutin, die auf dem erarbeiteten Flipchartpapier festgehalten wurden, das Ergebnis von Prozessen der projektiven Identifizierung darstellen könnten. Vor diesem Hintergrund wenden wir uns nochmals der Frage der diagnostischen Einschätzung der Persönlichkeitsstruktur von Herrn M. zu. Die meisten Seminarteilnehmerinnen und Seminarteilnehmer können am Beispiel der Unterscheidung zwischen »Projektion« und »projektiver Identifizierung« nun besser begreifen, was unter »primitiven Abwehrmechanismen« zu verstehen ist und können auch der Überlegung folgen, dass bei Herrn M. mit großer Wahrscheinlichkeit eine Persönlichkeitsorganisation auf Borderline-Niveau anzunehmen ist – sofern die Überlegungen zum Thema »projektive Identifizierung« zutreffend sind, die im Seminar angestellt wurden.

2.8 Arbeitsschritt 8: Bezüge zu den Konzepten »holding« und »containment« werden hergestellt

Im Seminar vertiefe ich den Gedanken, dass es laut Ogden (1979) oft nur dann zu einem psychischen und strukturellen Wachstum kommen kann, wenn die Person, auf die projiziert wird, in der Lage ist, die intensiven Gefühle, die auf sie projiziert werden, so in sich aufzunehmen, dass sie innerpsychisch »verdaut« und für ein tieferes Verstehen der projizierenden Person genutzt werden können. Die Person, welche die

Projektionen empfangen hat, so wird ergänzt, ist nun in der Lage, der projizierenden Person die Erfahrung des Verstandenwerdens zu eröffnen.

In Anknüpfung daran wird nun erläutert, dass weitere psychoanalytische Konzepte ähnliche Vorgänge beschreiben. In diesem Zusammenhang wird gezeigt, in welcher Weise Bion (1962) zur Erfassung dieser Prozesse die Begriffe »container-contained« in die Fachdiskussion eingeführt hat. Weiters wird ausgeführt, in welch enger Weise gelingende Prozesse von Containment mit der Erfahrung verbunden sind, im Sinne Winnicots (1974) Halt zu geben und Halt zu erfahren[6]. In diesem Zusammenhang wird im Seminar auf hilfreiche Erfahrungen Bezug genommen, die Kleinkinder mit ihren engsten Bezugspersonen benötigen, aber auch dargestellt, wie vor diesem Theoriehintergrund präzisiert werden kann, worin die Aufgabe von psychoanalytisch arbeitenden Therapeutinnen und Therapeuten bestehen. Damit leite ich zum zweiten Teil des Seminars über.

3. Der zweite Teil des Seminarverlaufs

Im Zentrum des zweiten Teils des Seminars steht die Darstellung des weiteren Verlaufs der therapeutischen Arbeit. Ich lade die Seminargruppe dazu ein, meine Ausführungen jederzeit mit Kommentaren zu ergänzen oder zu vertiefen. Ich ermutige die Gruppe überdies, die Relevanz ihrer Einfälle und Kommentare einzuschätzen, die sie im ersten Teil des Seminars zum präsentierten Fallmaterial von sich gegeben haben, und Überlegungen darüber anzustellen, in welcher Hinsicht Seminarteilnehmerinnen und Seminarteilnehmer mit ihren Kommentaren richtig oder falsch lagen. Um den Umfang der Darstellung des Seminarverlaufs in Grenzen zu halten, wird im Folgenden vor allem das Fallmaterial umrissen, das im Seminar präsentiert wird, ehe im 4. Kapitel dieser Aspekt nochmals im Hinblick auf die Zielsetzung des Seminars thematisiert wird.

3.1 Der weitere Verlauf des Therapiebeginns

Ich berichte der Seminargruppe zunächst nochmals ausführlicher, in welcher Weise sich Herr M. knapp nach Therapiebeginn über den – aus seiner Sicht unzulänglichen – Fortgang der Therapie beklagt:

»Sie sitzen nur da und schweigen, anstatt mir Ratschläge zu geben. Mir wird klar, dass Sie sich gar nicht für mich interessieren. Sie haben zwar abends zwei Stunden für mich angehängt, aber wenn ich wegen einem meiner Seminare absagen muss, gibt es keinen Ersatztermin. Eigentlich wären vier Mal pro Woche besser gewesen, obwohl so, wie das jetzt läuft, ist es sinnlos, überhaupt noch zu kommen. Es geht mir schlecht, noch

---

6 An dieser Stelle lohnt es sich, Interessierten Ogdens (2004) Arbeit über »holding und containing« zu empfehlen.

viel schlechter als vorher, und Sie sitzen nur da und schweigen, oder eigentlich sagen Sie schon etwas, aber was Sie sagen, hilft mir nicht.«

Diese Klagen und Kritiken an mir als Therapeutin werden abgelöst durch eine griesgrämige Beschreibung der Arbeitssituation, in der alle gemein und unfähig seien. Die Beziehung zu seiner Freundin sei tödlich langweilig. Dann folgen Vorwürfe an mich, ich rate ihm nicht, sich von ihr zu trennen, wie das ein anderer Analytiker sehr wohl gemacht habe. Was ich mache, bringe ihm rein gar nichts, dabei komme er doch regelmäßig und pünktlich zu seinen Stunden.

Ich erläutere der Seminargruppe, dass diese Stunden für mich äußerst anstrengend sind. Er provoziert mich, aktiver zu sein, aber alles, was ich sage, wird von ihm gleich als das in dieser Situation Falsche entwertet. Ich fühle mich sehr hilflos. Überdies gehe ich nochmals darauf ein, wie sehr meine anfänglichen Gefühle und Wünsche – nämlich zeigen zu wollen, dass ich es schaffen kann, so einen Patienten überhaupt zu halten – den Fortgang der Analyse erschwert hätten. Ich hätte mich nun unter großem Druck gefühlt, ihn nicht verlieren zu wollen. Erst die Befreiung von diesen Gefühlen und Wünschen (in Verbindung mit dem Trost, dass mir Einiges erspart bliebe, wenn er ginge) haben den Druck verringert, den er auf mich ausübt.

Ich führe weiters im Seminar aus, dass mir in dieser Phase der therapeutischen Arbeit auch andere Gefühle bewusst werden, vor allem der enorme Ärger, den Herr M. in mir hervorruft. Im Wissen darum, in welcher Weise seine Beziehung zu seiner Freundin inzwischen zu Ende gegangen ist, deute ich ihm, dass er mich so lange böse machen möchte, bis ich ihn hinausschmeiße, so wie er das bei seinen Freundinnen und in seinen bisherigen Therapien gemacht hat.

Der Patient hört nur einen Aspekt meiner Deutung. »Sie sind böse? Dann sind Sie ja ein Mensch«, sagt er befriedigt. Der Charakter der Stunden ändert sich, er fühlt sich vorübergehend besser, ich erfahre Einiges aus seinem Leben. Das Thema des wachsenden Vertrauens zu mir spielt eine immer größer werdende Rolle, wo er doch »ein so misstrauischer Mensch« sei.

3.2 Die Erhöhung des Stundenfrequenz

Anschließend berichte ich im Seminar, dass ich gemeinsam mit Herrn M. nach einigen Überlegungen entschieden habe, die zweistündige psychoanalytische Psychotherapie in eine vierstündige Analyse umzuwandeln. Ich gehe im Seminar darauf ein, dass daraufhin seine Ängste wieder steigen. Er berichtet, dass es für ihn schwierig sei, mich nicht zu sehen. Sein Leben bestehe hauptsächlich aus der Analyse und seiner Arbeit.

Nachdem er anfänglich gehofft hat, jetzt werde sich doch endlich was tun – und es tut sich auch Einiges (er beginnt zu lesen, setzt sich in der Schule durch) –, verfällt er wieder in eine tiefe Depression. Ich berichte den folgenden Ausschnitt aus der therapeutischen Arbeit etwas ausführlicher:

Herr M. erzählt, dass es ihm besser gehe: Am Vortag habe er am Nachmittag studiert, und es sei sogar interessant gewesen.
In der Stunde darauf berichtet Herr M., dass es ihm furchtbar schlecht gehe. Er fühle sich wie gelähmt. In seiner tiefen Hoffnungslosigkeit macht er sich Vorwürfe, die ich (im Sinne Gills 1982) als Anspielung auf die abgewehrten Übertragungsgefühle auffasse. Da mir aber mein Beitrag zu seinem Stimmungsumschwung nicht verständlich ist, frage ich den Patienten, ob ich ihm in der vergangenen Stunde einen Anlass gegeben hätte, auf mich böse zu sein. Zögernd fällt ihm ein, dass er einer Bemerkung von mir entnommen habe, dass ich ihm nichts zutraue. Er sei demnach ohnehin ein hoffnungsloser Fall, der immer wieder zurückfallen werde. In der Stunde wird deutlich, dass er seine Wut aus Angst, mich zu verlieren, nicht äußern konnte. Sein einziges Objekt, das ihm zurzeit eine überlebenswichtige Stütze ist, darf nicht zerstört werden, sodass er seine Aggression gegen sich selbst richten muss.

3.3 Der therapeutische Prozess führt keineswegs dazu, dass es dem Patienten kontinuierlich besser geht

Ich berichte den Seminarteilnehmerinnen und Seminarteilnehmern, dass es Herrn M. in den folgenden Wochen gelingt, seine Hilflosigkeit und in Ansätzen auch seinen Ärger zum Ausdruck zu bringen. Trotzdem bekomme ich den Eindruck, dass der therapeutische Prozess zum Stillstand gekommen ist, und ich gehe im Seminar darauf ein, weshalb Veränderungen in therapeutischen Prozessen sehr oft viel Zeit in Anspruch nehmen und im Regelfall davon begleitet sind, dass sich das Befinden von Patientinnen und Patienten phasenweise verbessert und dann wiederum phasenweise verschlechtert.

An dieser Stelle bringe ich im Seminar ein detaillierteres Beispiel von den anstrengenden Stunden, die für die Arbeit mit Herrn M. charakteristisch sind, um in Verbindung damit nochmals auf den Prozess der projektiven Identifizierung eingehen zu können. Ich beginne, indem ich zusammenfassend die Klagen referiere, die Herr M. wiederum verstärkt äußert:

»Es geht mir so schlecht wie noch nie. Ich fühle mich alleine. Früher hatte ich wenigstens noch ein Mädchen, aber mit der Analyse ist alles noch schlechter geworden. Jetzt komme ich schon 90 Stunden her, und es hat sich nichts geändert. Ich bekomme keine Ratschläge, spüre kein Vertrauen und habe nicht das Gefühl, dass Sie sich für mich interessieren. Ich denke mir immer öfter, dass es das Beste wäre, mich umzubringen, aber ich habe einfach keine Energie, um damit ernst zu machen.«

Herr M. erzählt, dass er viel Alkohol trinke und keine Menschen treffe. Und er setzt fort:

»Was soll's, es hat alles keinen Sinn. Soll ich vielleicht weitere fünf Jahre herkommen und warten, ob sich etwas tut? Eigentlich sollte ich mit der Analyse aufhören, es kostet nur Zeit und Geld. Auf das käme es mir ja nicht an, wenn nicht alles so sinnlos wäre. Die Therapie bei Ihnen war meine letzte Hoffnung – naja, ich darf eben nicht hoffen und mich nicht auf die Analyse verlassen. Es war mein Fehler, auf etwas zu hoffen und mich auf jemanden zu verlassen, denn letztlich muss ich es selbst schaffen. Aber wie? Soll ich die zehnte oder 14. oder 50. Stunde wiederholen? Es ist sowieso egal, die Stunden sind ohnehin alle gleich – alle gleich sinnlos.«

An dieser Stelle gehe ich im Seminar einmal mehr auf meine starken Gegenübertragungsgefühle ein. Ich berichte, dass ich mich jedes Mal erleichtert fühle und mich freue, wenn es Herrn M. besser geht. Obwohl ich Rückfälle erwartet habe, sind nun die Stunden, in denen es Herrn M. schlecht geht, besonders quälend. Oft liegt er da und schweigt minutenlang. Wenn ich mich entschließe, sein Schweigen zu unterbrechen, werde ich mit Bemerkungen wie *»Das gibt mir nichts.«* zurückgewiesen. Alles, was ich sage, wird entwertet, und doch scheint es so, als ob eine schlechte Beziehung für ihn noch immer besser sei als gar keine.

Ich erzähle überdies, wie müde, hilflos, mutlos und böse ich mich oft fühle und meinen Ärger mitunter – zumindest unterschwellig – zum Ausdruck bringe: Ich ertappe mich in dieser Phase der Therapie einige Male dabei, dass ich mit Herrn M. in einen vorwurfsvollen Clinch gerate, obgleich ich mich immer wieder bemühe, genau das zu vermeiden. Ich bemerke zusehends, wie schwierig es in diesen Situationen für mich ist, darüber nachzudenken, was in Herrn M. vorgeht. Nach einiger Zeit beginne ich allerdings zu verstehen, dass es Herrn M. immer wieder gelingt, seine Angst vor dem Entdecken von noch tiefer liegenden Gefühlen bei mir unterzubringen und mich in emotionale Zustände zu versetzen, in denen es mir unmöglich ist, Herrn M.s unbewusste Gefühle und deren Einfluss auf den therapeutischen Prozess eingehender zu verstehen. An dieser Stelle erinnere ich im Seminar an das Konzept der projektiven Identifizierung und erläutere, dass Herr M. mich allem Anschein nach dazu gebracht hat, mich unbewusst mit jenen Seiten seiner inneren Welt zu identifizieren, die zwar vordergründig zum Verspüren von heftigen Emotionen der Unzufriedenheit führen, gerade auf diese Weise aber ein Weiterkommen im Verstehen seiner inneren Welt verhindern. Damit versuche ich auch deutlich zu machen, was mich veranlasst, zu Herrn M. zu sagen:

»Ist Ihnen klar, wie stark Sie sind? Sie machen mich ganz hilflos, indem Sie alles, was ich sage, abwerten. So brauchen Sie keine Angst davor zu haben, dass Sie die Analyse beeinflusst. Sie schalten mich und die Analyse damit einfach aus, so große Angst haben Sie, auf Ihre tieferliegenden Gefühle draufzukommen.«

Nach dieser Deutung kommt es zur sofortigen Änderung seines Affekts. Er staunt ganz freundlich: »Das ist ja ganz grotesk!«

In den nächsten Stunden wird deutlich, welche starken Gefühle der Abhängigkeit Herr M. der Analyse (und somit mir) entgegenbringt und welche unrealistischen Größenwünsche er in sich trägt. Er spricht davon, wie unendlich wichtig ihm die Analyse ist und wie sehr er sich wünscht, gleich ganz hier bleiben zu können.

Zugleich wird deutlich, wie stark der Wunsch nach unendlicher Zuwendung von mir und aller Welt für Herrn M. ist. In der nächsten Stunde erzählt er von seinen Allmachtsphantasien: Er möchte der Größte und Beste sein, Popsänger oder Professor, und alle sollen ihn bewundern.

3.4 Einige Bemerkungen zum weiteren Therapieverlauf

In den nächsten Stunden, so setze ich meinen Bericht fort, zeigt sich, dass das Vertrauen, das Herr M. mir entgegenbringt, wächst. Er berichtet, dass er drei Wochen lang sehr depressiv gewesen sei. Es sei ihm so schlecht gegangen, dass er das Gefühl gehabt habe, von einem inneren Dämon beherrscht zu sein. Er erzählt, wie böse er auf mich gewesen sei, da ich nicht in der Lage gewesen sei, mich zu ändern, obwohl er diesbezüglich alles versucht habe. Trotz all seiner Bemühungen habe ich die Stunden weiterhin »zack nach 50 Minuten beendet« und sei »ganz korrekt« geblieben.

Ich erläutere im Seminar, dass Herr M. in bewusster Weise gegen mein Verhalten angekämpft hat, unbewusst genau dies aber vermutlich als ein Verhalten erlebt hat, das ihm Halt und Sicherheit gegeben hat, da er erfahren konnte, dass ich innerhalb des vereinbarten Rahmens für ihn unabhängig von all dem, was er mir erzählt und zeigt, verfügbar bin und verfügbar bleibe. Hätte ich mich nach seinen Wünschen verändert, hätte ihn dies vermutlich verängstigt, und er wäre davongelaufen. Überdies berichte ich im Seminar, dass Herr M. auch meine Deutung (vgl. Kapitel 3.3) kommentiert und in Anspielung auf meine Bemerkung, er mache mich hilflos, gemeint habe: »Sie waren da, ich habe das Gefühl gehabt, ich kann Sie doch ein bisschen beeinflussen, das war irgendwie beruhigend.«

Zusammenfassend berichte ich den Seminarteilnehmerinnen und Seminarteilnehmern, dass es in den darauf folgenden Wochen zu einer deutlichen Veränderung im Verhalten des Patienten mir gegenüber, in seinem Verhalten in der Schule und in seinem subjektiven Erleben kommt. Die Grundstimmung des starren, passiven Klagens und der Nörgelei wird von einem freundlichen Affekt sowie davon abgelöst, dass er sich genau darüber immer wieder wundert. Seine Besserung, die er lebendig erlebt, wird der Analyse zugeschrieben. Er fühlt sich zufriedener, isst nicht mehr so maßlos in sich hinein, betreibt Sport, nimmt dabei erfolgreich ab, liest ab und zu und trifft sich mit Freunden. Überdies erzählt er, dass er ein Mädchen kennengelernt hat, das sehr schön ist. Aber nach dem Motto der Marx Brothers »*I don't want to belong to any club that will accept me as a member.*« findet er, das Mädchen müsse »einen Huscher[7] haben, sonst würde ja gerade ich ihr nicht gefallen«. In der Arbeit traut er sich kompetenter aufzutreten, und er wird erstmalig vom Direktor seiner Schule und einzelnen Kollegen anerkannt und gelobt.

---

[7] Es handelt sich hierbei um eine umgangssprachliche Formulierung, die bedeutet, es müsse einen Dachschaden haben und könne nicht voll zurechnungsfähig sein.

3.5 Vertiefende Bemerkungen zur diagnostischen Einschätzung, zum Umgang mit Gegenübertragungsreaktionen und zur Deutung der projektiven Identifizierung

Abschließend komme ich im Seminar nochmals auf die diagnostische Einschätzung der Persönlichkeitsstruktur von Herrn M. zurück und erläutere, weshalb ich meine, dass er zu Beginn der Therapie über eine narzisstische Persönlichkeitsstörung auf Borderline-Niveau mit starken sado-masochistischen Zügen verfügt hat (vgl. Kernberg 2001, 51). In diesem Zusammenhang zeichne ich nochmals die verschiedenen Prozesse der projektiven Identifizierung nach, in die ich während des therapeutischen Prozesses involviert worden bin.

In diesem Zusammenhang erinnere ich auch an Bions Containment-Konzept und erläutere abschließend nochmals, in welcher Weise das Verstehen der Prozesse der projektiven Identifizierung auf Seiten der Therapeutin zu therapeutischen Beziehungserfahrungen führten, deren Reinternalisierung durch Herrn M. strukturelles Wachstum ermöglichten. In Ergänzung dazu mache ich darauf aufmerksam, dass es entscheidend ist, die Gegenübertragungsgefühle nicht bloß als irgendeine Folge seiner Stimmung zu begreifen, sondern als Erfolg seiner unbewussten Wünsche und Strategien, in bestimmter Weise auf mich Einfluss zu nehmen.

Da manche Seminarteilnehmerinnen und Seminarteilnehmer meinten, dass ich in den besagten Stunden dem Patienten mitteilen hätte können, dass ich mich aufgrund seiner Klagen hilflos und wütend fühlte, greife ich auch diesen technischen Aspekt auf. Ich erläutere, dass diese Art der Mitteilung meiner Gegenübertragungsgefühle vermutlich seiner unbewussten Angst Nahrung gegeben hätte, mich durch seine Gefühle zerstören zu können. Darüber hinaus wäre solch eine Äußerung meinerseits ab einem gewissen Zeitpunkt auch gar nicht ganz ehrlich gewesen, da sich mit der Zunahme meines Verständnisses der emotionalen Lage des Patienten auch meine Stimmung ihm gegenüber zu ändern begonnen hatte. Aus all diesen Gründen erachtete ich es als sinnvoll, ihm zu deuten, dass er mit einem gewissen Erfolg Einfluss auf mich nimmt, dass es mir dabei aber auch möglich ist, mir über die Bedeutung dieser Bemühungen Gedanken zu machen und sie auszusprechen. Indem der Patient merkt, dass er innerhalb einer stabilen therapeutischen Beziehung emotional wirkungsvoll ist, erhält er das Gefühl einer getrennten Existenz: »Ich bin da, ich existiere mit Wünschen und Strebungen, die auf Seiten eines anderen auf eine Form von emotionaler Resonanz stoßen, die nicht bedrohlich ist, sondern Wachstum ermöglicht.« Diese freundliche Art der Aufnahme seiner emotionalen Signale ermöglicht es ihm, seine Abwehr zu lindern. Ich betone im Seminar, dass sich der Analytiker in solch einer Situation auf einem schmalen Grad bewegt: Man muss einerseits das Verlangen, die aufgebürdete emotionale Last abzuschütteln, ausschlagen; denn sie anzunehmen hieße ja, den Patienten um die entscheidende emotionale Erfahrung zu bringen, innerhalb der therapeutischen Beziehung zu erfahren, wie man mit starken Gefühlen anders umgehen kann, als sie abzuschieben und abzuwehren. Andererseits darf der Analytiker seine emotionale Betroffenheit nicht leugnen und so tun, als würde er emotionslos verstehen, was der Patient mit untauglichen Mitteln am emotional unerreichbaren Objekt zu manipulieren versucht; denn dies hieße, den Patienten in die Hölle der Beziehungslosigkeit zurückzustoßen, in der er sich bewusst ohnehin wähnt. Vielmehr gilt es, die mir »zugeschickten« Gefühle, die sowohl seine als auch meine sind, als solche zu begreifen und möglichst gelassen zu verarbeiten. Aus dieser Perspektive, so erläutere ich, stellen Aggressionen, Ängste, Wünsche und Phantasien, die in ihrer zwischenmenschlichen Bedeutung und Berechtigung verstanden werden, weder einen beeinträchtigenden noch einen zu verleugnenden Persönlichkeitsanteil dar. Im Gegenteil, das Verleugnen dieser Persönlichkeitsanteile würde keinen Möglichkeitsraum eröffnen, sondern ginge mit einem Verlust an Lebendigkeit, mit dem Verhindern eines tiefgehenden Verstehens unbewusster Prozesse und somit auch mit dem Verunmöglichen von Wachstum einher.

Diese Ausführungen wecken das Interesse der Studierenden an weiteren Aspekten, welche die Deutung von Prozessen der projektiven Identifizierung betreffen. Dies veranlasst mich, auf Diskussionen hinzuweisen, die in der jüngeren Fachliteratur zu finden sind:

- Ich betone, wie viele Autoren sich mit diesem Thema beschäftigt haben und verweise z.B. auf die Arbeit von Kernberg et al. (1989), in der primitive Objektbeziehungen bei Patienten mit einer Persönlichkeitsstörung auf Borderline-Niveau beschrieben werden und darauf eingegangen wird, dass sich zwischen Therapeuten und Patienten immer wieder unterschiedliche Beziehungsdynamiken – wie etwa die zwischen hilflosem Kind versus sadistischem Vater – entwickeln, die sich oft umkehren oder in anderer Weise schnell verändern. Ich erläutere die Ausführungen der Autoren, denen zufolge es vom Patienten oft als sehr hilfreich erlebt wird, wenn es Therapeuten gelingt, Patienten diese »Qualität« der Interaktion bewusst zu machen.
- Ich führe weiters in Anlehnung an Joseph (1989) aus, wie wichtig es ist, in Zusammenhang mit dem »Containen« der Gefühle von Patienten manchmal zu sagen: »Sie erwarten, dass ich jetzt böse bin.« Patienten können auf diese Weise erfahren, dass sie von Therapeuten, so wie sie sind, ertragen werden, ohne dass Therapeuten auf sie böse sind.
- Ich verweise knapp auf Steiner (1993), der beschreibt, dass es bei Borderline-Patienten in bestimmten Situationen angebracht ist, so genannte »Analytikerzentrierte Deutungen« – wie etwa *»Sie erleben mich als einen strengen kritischen Lehrer.«* – zu geben.
- Zum Schluss erzähle ich der Seminargruppe, weshalb ich Patienten in schwierigen Situationen oft sage, dass sie mich fühlen lassen und mir auch zeigen, wie unerträglich es ist, sich so hoffnungslos, hilflos und ohnmächtig zu fühlen, und wie schwierig es für sie ist, dies auszuhalten.

4. Rückblick und Ausblick

Im Seminar wird aus mehreren Gründen relativ ausführlich auf die umrissenen Phasen der therapeutischen Arbeit mit Herrn M. sowie auf die damit verbundenen technischen Herausforderungen eingegangen. Ein wesentlicher Grund dafür besteht darin, dass das Seminar auch für Personen konzipiert ist, die erst am Beginn ihrer Auseinandersetzung mit Psychoanalyse stehen und die noch keine Praktika absolvieren, um die dort gemachten Erfahrungen im Rahmen einer supervisorischen Begleitung kontinuierlich zu reflektieren. Eben deshalb ist es wichtig, Seminarteilnehmerinnen und Seminarteilnehmern adäquate Vorstellungen davon zu vermitteln, was es bedeutet, über erste Einblicke in Psychoanalyse zu verfügen, und in welcher Weise sich davon die Kompetenz unterscheidet, mit psychoanalytischem Anspruch auch tatsächlich professionell arbeiten zu können. Wie schwierig ein solches Arbeiten ist, wird den Seminarmitgliedern zumeist spätestens dann deutlich, wenn im Seminar die diagnostische Einschätzung von Patienten diskutiert wird, und erfährt nochmals eine erhebliche Vertiefung, wenn Studierende mit den dynamischen Prozessen in Kontakt kommen, in die Therapeutinnen und Therapeuten in ihrer Arbeit tagtäglich verstrickt werden und die in der Fallschilderung auch besonders fokussiert werden. Vor diesem Hintergrund wird Seminarteilnehmerinnen und Seminarteilnehmern besonders nachvollziehbar, weshalb eine fundierte psychoanalytische Aus- und Weiterbildung eine unabdingbare Voraussetzung für professionelles psychoanalytisches Arbeiten darstellt.

Aus dieser Perspektive liegt es auch nahe, Seminare anzubieten, in denen – ähnlich wie im hier skizzierten Seminar – in psychoanalytische Grundgedanken und Konzepte eingeführt, in weiterer Folge aber nicht nur auf *eine* besondere Form des psychoanalytischen Arbeitens eingegangen wird. Berichte über den herausfordernden Umgang mit Kindern, Jugendlichen oder Erwachsenen in unterschiedlichen Kontexten wie Psychotherapie, Schule, Beratung oder Jugendhilfe könnten dann nicht nur im Hinblick auf die Ausarbeitung kontextspezifischer psychoanalytischer Handlungstheorien (vgl. Trescher 1993b), sondern auch im Hinblick auf die Frage diskutiert werden, in welcher Weise bereits existierende oder noch zu konzipierende psychoanalytische Aus- und Weiterbildungsgänge den Besonderheiten der jeweiligen Arbeitsfelder gerecht werden und in welcher Hinsicht es noch entsprechender Curricula – oder einschlägiger Spezifizierungen innerhalb bestehender Curricula – bedarf.

Literatur

Bick, E. (1968): Das Hauterleben in frühen Objektbeziehungen. In: Bott Spillius, E. (Hrsg.): Melanie Klein Heute. Bd. 1: Beiträge zur Theorie. Verlag Internationale Psychoanalyse: Stuttgart, 1990, 236-240 (Wiederabgedruckt in: Diem-Wille, G., Turner, A. (Hrsg.) (2009): Einblicke in die Tiefe. Die Methode der psychoanalytischen Säuglingsbeobachtung und ihre Anwendung. Klett-Cotta: Stuttgart, 37-40)

Bion, W. (1962): Lernen aus Erfahrung. Suhrkamp: Frankfurt/M., 1992

Figdor, H. (2000): Psychoanalytische Erziehungsberatung. Der Ausbildungslehrgang. APP-Schriftenreihe Bd. 3, Wien

Finger-Trescher, U. (2000): Trauma und Re-Inszenierung in professionellen Erziehungsverhältnissen. In: Finger-Trescher, U., Krebs, H. (Hrsg.): Misshandlung, Vernachlässigung und sexuelle Gewalt in Erziehungsverhältnissen. Psychosozial-Verlag: Gießen, 123-138

Finger-Trescher, U. (2006): Nicht-Wissen, Ent-Fremdung und Sinn-Konstruktion in der psychoanalytisch-pädagogischen Beratung traumatisierter Kinder. In: Eggert-Schmid Noerr, A., Pforr, U., Voss-Davies, H. (Hrsg.): Lernen, Lernstörungen und die pädagogische Beziehung. Psychosozial-Verlag: Gießen, 144-161

Finger-Trescher, U., Krebs, H. (2001): Pädagogische Qualifikation auf psychoanalytischer Grundlage. In: Sozial Extra. Zeitschrift für Soziale Arbeit 25 (Heft 9), 47-51

Gill, M. (1982): Analysis of Transference (Vol. 1, Vol. 2). International Universities Press: Boston

Hinshelwood, R. (1993): Wörterbuch der kleinianischen Psychoanalyse. Verlag Internationale Psychoanalyse: Stuttgart

Jaeggi, E., Gödde, G., Hegener, W. et al. (Hrsg.) (2003): Tiefenpsychologie lehren – Tiefenpsychologie lernen. Klett-Cotta: Stuttgart

Joseph, B. (1987): Projective Identification – some clinical aspects. In: Bott Spillius, E. (Ed.): Melanie Klein today. Vol. 1. Routledge: London, 1988, 138-150

Kernberg, O.F. (1986): Institutional Problems of Psychoanalytic Education. In: Journal of the American psychoanalytic Association 34 (Heft 4), 799-834

Kernberg, O.F. (1992): Schwere Persönlichkeitsstörungen. Klett-Cotta: Stuttgart, 1996

Kernberg, O.F. (1998): Zerstörung der Psychoanalyse im Ausbildungssystem. In: Psyche – Z psychoanal 52 (Heft 3), 199-213

Kernberg, O.F. (2001): Borderline-Persönlichkeitsorganisation und Klassifikation der Persönlichkeitsstörungen. In: Kernberg, O., Dulz, B., Sachsse, U. (Hrsg.): Handbuch der Borderline-Störungen. Schattauer: Stuttgart u.a., 45-56

Kernberg, O.F., Selzer, M.A., Koenigsberg, H.W. et al. (1989): The Early Phase: Coalescing Part Self and Part Object Representations. In: Kernberg, O.F., Selzer, M.A., Koenigsberg, H.W. et al.: Psychodynamic Psychotherapy of Borderline Patients. Basic Books: New York, 91-120

Klein, M. (1946): Notes on some schizoid mechanisms. In: The Writings of Melanie Klein. Vol. 3. Hogarth Press: London, 1975, 1-24

Ogden, T. (1979): On Projective Identification. In: International Journal of Psychoanalysis 60, 357-373 (In deutscher Sprache erschien der Artikel 1988 unter dem Titel »Die projektive Identifikation« In: Forum Psa. 4, 1-21)

Ogden, T. (1985): On potential space. In: International Journal of Psychoanalysis 66 (Heft 2), 129-141

Ogden, T. (1995): Frühe Formen des Erlebens. Springer: Wien u.a.

Ogden, T. (2004). On Holding and Containing: Being and Dreaming. In: International Journal of Psychoanalysis 85 (Heft 6), 1349-1364

Mahler, M., Bergmann, A., Pine, F. (1975): Die psychische Geburt des Menschen. Fischer: Frankfurt/M.
Rustin, M. (1999): The Training of Child Psychotherapists at the Tavistock Clinic: Philosophy and Practice. In: Psychoanalytic Inquiry 19, 125-141
Rustin, M., Bradley, J. (2008) (Eds.): Work Discussion. Learning from Reflective Practice in Work with Children and Families. Karnac: London
Salzberger-Wittenberg, I. (1993): Die emotionale Bedeutung des Lehrens und Lernens. In: Jahrbuch für Psychoanalytische Pädagogik 5, 43-53
Sandler, J. (Ed.) (1987): Projection, Identification, Projectiv Identification. Karnac: London
Schmidt-Löw-Beer, C. (1987): Die Handhabung einer projektiven Identifizierung in einer Analyse. In: Springer-Kremser, M., Ekstein, R. (Hrsg.): Wahrnehmung, Phantasie, Wirklichkeit. Deuticke: Wien, 28-41
Simenauer, E. (1984): Aktuelle Probleme der Lehranalyse. In: Psyche – Z psychoanal 38 (Heft 4), 289-306
Stanton, M., Reason, D. (Eds.) (1996): Teaching Transference. Rebus Press: London
Steiner, J. (1993): Problems of Psychoanalytic Technique: Patient Centered and Analyst Centered Interpretations. In: Steiner, J.: Psychic Retreats. Routledge: London, 131-146
Stern, D. (1992): Die Lebenserfahrung des Säuglings. Klett-Cotta: Stuttgart
Sternberg, J. (2005): Infant Observation on the Heart of Training. Karnac: London
Trescher, H.-G. (1993a): Postgraduale Weiterbildung in Psychoanalytischer Pädagogik. Konzept und Erfahrungen mit einem dreijährigen Weiterbildungslehrgang. In: Jahrbuch für Psychoanalytische Pädagogik 5, 14-28
Trescher, H.-G. (1993b): Handlungstheoretische Aspekte der Psychoanalytischen Pädagogik. In: Muck, M., Trescher, H.-G. (Hrsg.): Grundlagen der Psychoanalytischen Pädagogik. Grünewald: Mainz, 167-201
Trescher, H.-G., Finger-Trescher, U. (1992): Setting und Holding-Function. Über den Zusammenhang von äußerer Struktur und innerer Strukturbildung. In: Finger-Trescher, U., Trescher, H.-G. (Hrsg.): Aggression und Wachstum. Grünewald: Mainz, 90-116
Winnicott, D.W. (1965): Reifungsprozesse und fördernde Umwelt. Kindler: München, 1974
Winnicott, D.W. (1974): Vom Spiel zur Kreativität. Klett-Cotta: Stuttgart, 2006

Literaturumschau

Das Jahrbuch für Psychoanalytische Pädagogik im Schnelldurchlauf.

Eine Rückschau auf die ersten 19 Bände

Barbara Neudecker

»Versuche, die Psychoanalyse für die pädagogische Praxis und die Erziehungswissenschaft fruchtbar zu machen, haben eine etwa 80-jährige, durchaus wechselvolle Tradition.« Mit diesen Worten eröffneten die Herausgeber den ersten Band des *Jahrbuchs für Psychoanalytische Pädagogik*, um in weiterer Folge daran zu erinnern, dass in den 1920er und 1930er Jahren die »Zeitschrift für psychoanalytische Pädagogik« existierte, in der regelmäßig zu Fragen der psychoanalytischen Pädagogik publiziert wurde (Trescher, Büttner 1989, 7). Angesichts des Umstandes, dass die »Diskussion um die Psychoanalytische Pädagogik« in den 1970er und 1980er Jahren wiederum erstarkte und an Qualität sowie fachöffentlichem Interesse gewonnen hatte, hielten es die Herausgeber für angemessen, wiederum ein periodisch erscheinendes Publikationsorgan ins Leben zu rufen, das der kontinuierlichen Auseinandersetzung mit Psychoanalytischer Pädagogik gewidmet ist. Im Speziellen sollte das *Jahrbuch* dazu dienen,

- »die wissenschaftliche Fundierung der Psychoanalytischen Pädagogik im Dialog zwischen Erziehungswissenschaft, pädagogischer Praxis und Psychoanalyse weiter voranzutreiben,
- Bedingungen und Methoden (Techniken) professionellen Handelns in den Praxisfeldern der Pädagogik aufzuzeigen,
- die Geschichte und damit auch die Ergebnisse der historischen Psychoanalytischen Pädagogik aufzuarbeiten,
- die Diskussion psychoanalytischer Sozialisationstheorie und Entwicklungspsychologie zu fördern,
- die politischen und sozialisationstheoretischen Implikationen von (institutionalisierten) Erziehungsverhältnissen zu thematisieren und darüber hinaus,
- das psychoanalytische Verständnis von pädagogischen Beziehungsverläufen in ihren Besonderheiten in der Fachöffentlichkeit zur Diskussion zu stellen« (ebd., 8).

In den 19 Bänden, die bisher erschienen sind, wurden 200 Arbeiten zu diesen Schwerpunktthemen versammelt. Der Umstand, dass das *Jahrbuch* damit einen wesentlichen

Beitrag zur aktuellen Geschichte und Entwicklung der Psychoanalytischen Pädagogik beigetragen hat, ist daher ein willkommener Anlass, um im 20. Band des *Jahrbuchs* auf all diese Beiträge im Rahmen eines Umschauartikels zurückzublicken. In Anlehnung an die oben angeführten thematischen Schwerpunktsetzungen werden die Beiträge den folgenden Kategorien zugeordnet:

1. Grundlegung der Psychoanalytischen Pädagogik
2. Geschichte und Entwicklung der Psychoanalytischen Pädagogik
3. Psychoanalytische Sozialisationstheorie und Entwicklungspsychologie
4. Professionelles Handeln in pädagogischen Praxisfeldern
5. Kasuistische Darstellung psychoanalytisch-pädagogischer Beziehungsverläufe
6. Psychoanalytisch-pädagogische Diskussion politischer und soziokultureller Einflüsse auf Erziehung und Bildung

Da die Dokumentation von einschlägigen Veröffentlichungen in Übersichtsarbeiten, die unter der Kategorie »Literaturumschau« erscheinen, im *Jahrbuch für Psychoanalytische Pädagogik* Tradition hat, sollen auch diese Beiträge in einem abschließenden Abschnitt gewürdigt werden:

7. Eine Rückschau auf die Beiträge der Literaturumschau

Diese Gliederung ist natürlich nicht trennscharf, und der Großteil der im *Jahrbuch* veröffentlichten Beiträge ist mehr als einer Kategorie zuordenbar. Die Gliederung des Artikels nach den angeführten sieben Kategorien soll aber dazu dienen, anhand eines ausgewiesenen »roten Fadens« ein anschauliches Bild der Themen und Fragen zu vermitteln, die in den ersten 19 *Jahrbüchern für Psychoanalytische Pädagogik* behandelt wurden[1].

1. Beiträge zur Grundlegung der Psychoanalytischen Pädagogik

In den Bänden des *Jahrbuchs* wird die Frage nach dem Verhältnis zwischen Pädagogik (respektive Erziehungswissenschaft) und Psychoanalyse immer wieder thematisiert. Dasselbe gilt für die Auseinandersetzung mit der Frage, ob und wie sich Psychoanalytische Pädagogik wissenschaftstheoretisch, gegenstandstheoretisch und methodologisch legitimieren lässt. Eine erste Phase der intensiven Auseinandersetzung mit

---

[1] An dieser Stelle sei darauf hingewiesen, dass sich im Abschnitt 3.4 des Artikels von Büttner, Datler und Finger-Trescher (in diesem Band) detaillierte Informationen darüber finden, auf welchen Homepages übersichtliche Auflistungen der einzelnen *Jahrbücher*, die Abstracts aller bislang erschienenen Beiträge sowie manche Artikel in Volltextversion zu finden sind. Vgl. dazu überdies den Abschnitt »Lieferbare Bände des Jahrbuchs für Psychoanalytische Pädagogik« am Ende dieses Bandes, der die Inhalte der Bände 8 bis 19 enthält.

diesen Themen ist vor allem in den ersten fünf Bänden in einer Reihe aufeinander Bezug nehmender Arbeiten auszumachen.

Bereits im ersten Band diskutiert Müller (1989) die Beziehung zwischen Psychoanalytischer Pädagogik und Sozialpädagogik und erörtert vier Varianten, wie die Psychoanalyse auf Theorie und Praxis der Sozialpädagogik Einfluss nehmen kann. Im selben Band legt Figdor (1989) den Entwurf einer systematischen Fundierung Psychoanalytischer Pädagogik vor, in dem er u.a. untersucht, ob grundlegende Konzepte der Psychoanalyse auch in pädagogischen Handlungsfeldern ihre Gültigkeit bewahren. Anknüpfend an Autoren wir Bittner, Leber oder Trescher, die das Setting der psychoanalytischen Therapie lediglich als *eine* Anwendungsform der Psychoanalyse betrachten, vertritt Figdor die These, dass psychoanalytisches Handeln unter bestimmten Voraussetzungen nicht nur im therapeutischen Setting, sondern auch im pädagogischen Feld möglich sei. Daher könne Psychoanalytische Pädagogik mehr als nur die »pädagogische Anwendung« der Psychoanalyse umfassen.

Im zweiten Band des *Jahrbuchs* folgt eine kritische Auseinandersetzung mit diesem Entwurf, deren Beiträge (Datler 1990; Figdor 1990; Körner 1990; Müller 1990; Schmid 1990) auf einer Diskussion beruhen, die 1990 auf dem DGfE-Kongress in Bielefeld geführt wurde. Schmid plädiert,»ein kooperatives Verhältnis von Pädagogik und Psychoanalyse favorisierend« (1990, 127), dafür, die Klärung dieses Verhältnisses nicht auf eine Theoriediskussion zu beschränken. Körner (1990) führt aus, warum er Figdors Anliegen, die prinzipielle Möglichkeit einer Psychoanalytischen Pädagogik aufzuzeigen, als misslungen ansieht. Auch er spricht sich dafür aus, die »psychoanalytische Pädagogik als Form einer bestimmten Praxis reflektiert fortzuentwickeln und schrittweise sich ihrer Methodologie zu versichern« (ebd., 138), bevor man den Versuch unternimmt, ihre Theorie zu formulieren. Im vierten *Jahrbuch* werden diese Gedanken ausführlicher dargestellt (Körner 1992), und es wird eine Konzeptualisierung der psychoanalytischen Methode formuliert, die auch als Grundlage (sozial-) pädagogischen Handelns dienen könne. Dabei behandelt Körner insbesondere den Rahmen der analytischen bzw. pädagogischen Situation und kommt zu dem Schluss, dass sowohl Psychoanalytiker als auch Psychoanalytische (Sozial-)Pädagogen – in unterschiedlichem Ausmaß – es zulassen, dass ihre Klienten versuchen, den Rahmen der gemeinsamen Arbeitssituation zu sprengen. Ein gradueller aber nicht qualitativer Unterschied besteht darin, dass der pädagogische Rahmen stärker als Voraussetzung der Arbeit gesichert sein muss, während der analytische stärker zum Inhalt der Arbeit werden kann. Die Anregung Körners, sowohl psychoanalytisch-pädagogisches als auch psychoanalytisch-therapeutisches Handeln als Arbeiten am Rahmen zu verstehen, wird von Müller (1993a) aufgegriffen und am Beispiel eines Falls sozialpädagogischer Praxisberatung zur Anwendung gebracht.

Im Anschluss an problemgeschichtliche Erörterungen zum Verhältnis zwischen psychoanalytischer Praxis, pädagogischem Handeln und psychoanalytischer Therapie fordert Datler (1992, 40) eine »*postmoderne Kultivierung des Diskurses* um Psychoanalytische Pädagogik«. Im selben Band warnt Winterhager-Schmid (1992) vor einer voreiligen Verschmelzung von Pädagogik und Psychoanalyse in einer »Psychoanalytischen Pädagogik« und spricht sich für eine kooperative Partnerschaft aus. Um aber mit der Psychoanalyse eine solche auf Wechselseitigkeit beruhende gemeinschaftliche Identität erleben zu können, ohne sich in der Psychoanalyse zu verlieren – Winterhager-Schmid verwendet dafür Eriksons Begriff der »wählerischen Liebe« –, müsse die Pädagogik erst ihre wissenschaftliche Identität klären.

Während also in den ersten fünf Ausgaben des *Jahrbuchs* regelmäßig Beiträge zur Standortbestimmung Psychoanalytischer Pädagogik zu finden sind, lässt sich im Anschluss daran eine längere Phase ausmachen, in der die *Jahrbücher* keine Arbeiten enthalten, die sich schwerpunktmäßig mit der theoriebezogenen Fundierung der Psychoanalytischen Pädagogik befassen. Erst in Band 13 wird das Thema im Zusammenhang mit dem Themenschwerpunkt »Professionalisierung in pädagogischen und sozialen Feldern« wieder aufgegriffen, wenn aufgezeigt wird, dass eine Positionierung der Psychoanalytischen Pädagogik notwendig ist, um die Frage ihrer Professionalität bzw. ihres Beitrags zur Professionalisierung pädagogischen Handelns klären zu können. In diesem Zusammenhang sehen Müller, Krebs und Finger-Trescher (2002) die Psychoanalyse nicht als Hilfswissenschaft und Reflexionsinstrument für die Pädagogik, sondern betrachten die Psychoanalytische Pädagogik umgekehrt »als Teil einer (auch) psychoanalytisch reflektierenden Sozialwissenschaft, als eines ihrer Anwendungsgebiete« (Müller, Krebs, Finger-Trescher 2002, 18).

In Band 14 geht es erneut um die Grundlegung Psychoanalytischer Pädagogik. Körner und Müller (2004) führen aus, wie sich die psychoanalytische Methode (und auch pädagogisches Handeln) des Instruments der Virtualisierung bzw. Fiktionalisierung von Realität bedienen und beschreiben vier pädagogische Handlungsfelder (Beratung, Lehren, elternersetzende Erziehungstätigkeit, Ressourcenverwaltung), die sich in der Festlegung ihres Rahmens unterscheiden und daher auch eine Virtualisierung der pädagogischen Situation in unterschiedlichem Ausmaß erlauben.

In der Einleitung zum kasuistischen Themenschwerpunkt des Jahrbuchs 17 stellen das Herausgeberteam zusammenfassend fest, dass in den erwähnten frühen Beiträgen die Debatte zum einen als Grundsatzdiskussion geführt und auf kasuistische Bezüge weitgehend verzichtet wurde, und dass zum anderen trotz unterschiedlicher Resultate allen Beiträgen »das Ringen um eine favorisierte Bestimmung des Verhältnisses von Psychoanalyse und Pädagogik als Theorie und Praxis zu entnehmen« sei (Datler et al. 2009, 10). Ein neuer Weg, das Selbstverständnis der Psychoanalytischen Pädagogik zu klären, könne darin bestehen, über die Darstellung psychoanalytisch-pädagogischer Praxis zu untersuchen, wie »psychoanalytische und pädagogische Aspekte miteinander verbunden« werden (ebd., 15). Dieser Weg wurde mit den Beiträgen zum Schwerpunkt des Bandes »Der pädagogische Fall und das Unbewusste. Psychoanalytische Pädagogik in kasuistischen Berichten« auch beschritten.

In Band 18 findet sich wiederum eine theoretisch angelegte Standortbestimmung Psychoanalytischer Pädagogik (Dörr 2010), in der die Grundannahmen Psychoanalytischer Pädagogik jenen der konstruktivistisch-systemtheoretischen Pädagogik mit dem

Resultat gegenübergestellt wurden, dass sie – zumindest über weite Strecken – als miteinander nicht kompatibel betrachtet werden können.[2]

2. Beiträge zur Geschichte und Entwicklung der Psychoanalytischen Pädagogik

Neben der Diskussion der wissenschaftlichen Fundierung von Psychoanalytischer Pädagogik hat auch die Beschäftigung mit ihrer Geschichte und Entwicklung einen festen Platz im *Jahrbuch*, das somit auch auf diese Weise zur Festigung des Selbstverständnisses Psychoanalytischer Pädagogik beiträgt.

Den Anfang macht ein Beitrag von Göppel (1989) im ersten Band, der die Rezeption psychoanalytischer Erkenntnisse in der heilpädagogischen Bewegung der Weimarer Republik untersucht.

In den folgenden Jahren wird in verschiedenen Arbeiten das Leben und Werk von Pionieren der Psychoanalytischen Pädagogik aufgegriffen und zum Ausgangspunkt für weitere Überlegungen gemacht. So wird etwa auf Erik H. Erikson (Wartenberg 1991), Bruno Bettelheim (Kaufhold 1992) oder Siegfried Bernfeld (Müller 1991) eingegangen. Ein Schwerpunkt des Bandes 5 ist aus einem Symposium hervorgegangen, das am 13. DGfE-Kongress anlässlich des 100. Geburtstags von Siegfried Bernfeld abgehalten wurde (siehe Fatke 1993; Göppel 1993; Müller 1993b, 1993c; Sander 1993; Schmid 1993; Wolff 1993).

Ernst Federn ist ein Beitrag in Band 6 (Kaufhold 1994) sowie, anlässlich seines 80. Geburtstags, ein Themenschwerpunkt in Band 7 gewidmet (Finger-Trescher 1995; Plänkers 1995). In diesem Band findet sich auch ein Aufsatz des Jubilars, in dem Federn (1995) auf die Anfänge der Psychoanalytischen Pädagogik und ihre Entwicklung nach dem Zweiten Weltkrieg zurückblickt und zukünftige Herausforderungen skizziert. Ein Nachruf auf Federn, der 2007 verstorben war, ist in Band 17 enthalten (Kaufhold 2009).

In demselben Band des *Jahrbuchs* findet sich auch der Nachruf auf Rudolf Ekstein, einen weiteren Wegbereiter der Psychoanalytischen Pädagogik (Gstach 2009; zu seinem Vermächtnis siehe Schaukal-Kappus 2009). Jahre zuvor hatte Müller (2002a) Rudolf Eksteins und Fritz Redls Ansätze der Theorie professionalisierten pädagogischen Handelns gegenübergestellt, die Ulrich Oevermann vorgelegt hat.

Ein Nachruf ist auch dem früh verstorbenen Mitbegründer und Herausgeber des *Jahrbuchs für Psychoanalytische Pädagogik* Hans-Georg Trescher gewidmet (Datler, Büttner 1993), dem ein Jahr später eine Werkübersicht folgte (Datler, Eggert-Schmid Noerr 1994).

---

2 Dieser Beitrag bildet mit anderen Arbeiten den Themenschwerpunkt »Psychoanalyse und Systemtheorie in Jugendhilfe und Pädagogik« des 18. Bandes (vgl. auch Ahrbeck, Willmann 2010; Eggert-Schmid Noerr 2010; Hermsen, Schmid 2010; Kastner 2010; Krebs 2010; Schwabe 2010).

Rückblicke auf Beiträge der frühen Psychoanalytischen Pädagogik, die sich mit infantiler Sexualität und dem pädagogischen Umgang damit beschäftigen, können bei Aigner (1990) und Groenendijk (1998) nachgelesen werden (siehe dazu auch Abschnitt 6.3).

Über neuere Entwicklungen, welche die Institutionalisierung der Psychoanalytischen Pädagogik betreffen, wird in zwei Beiträgen berichtet. Datler, Fatke und Winterhager-Schmid (1994) zeichnen nach, auf welchen Wegen es 1993 zur Gründung der ständigen Kommission für »Psychoanalytische Pädagogik« der Deutschen Gesellschaft für Erziehungswissenschaft kam. Schrammel und Wininger (2009) präsentieren eine empirische Studie, in der die Verbreitung Psychoanalytischer Pädagogik an deutschsprachigen Universitäten und Hochschulen erhoben wurde.

Schließlich findet sich auch ein Beitrag, der Einblicke in den Stand der Verbindung von Psychoanalyse und Pädagogik in Frankreich und der romanischen Schweiz gibt (Cifali, Moll 1995).

3. Beiträge zur psychoanalytischen Sozialisationstheorie und Entwicklungspsychologie

Dass zahlreiche Fragen und Themen, mit denen sich die Psychoanalytische Pädagogik beschäftigt, eng mit Überlegungen zu Entwicklung und Sozialisation verbunden sind, zeigt sich auch im *Jahrbuch für Psychoanalytische Pädagogik* an mehreren Beiträgen. Diese befassen sich nicht nur mit Entwicklungsprozessen in verschiedenen Lebensabschnitten, wie im Folgenden noch detaillierter dargestellt wird, sondern auch mit konzeptionellen Fragen, welche die Theorie menschlicher Entwicklung betreffen. So plädiert etwa Bittner (2011) im Jahrbuch 19, das dem Themenschwerpunkt »Reifungsprozesse und Entwicklungsaufgaben im Lebenszyklus« gewidmet ist, dafür, Entwicklung nicht nur im Rahmen psychosozialer Modelle zu begreifen, wie etwa Erikson eines vorgelegt hat, sondern verstärkt die Bedeutung leiblicher Prozesse im Lebenszyklus im Sinne eines »naturalistischen Paradigmas« zu berücksichtigen.

3.1 Frühe Kindheit

Der »Bedeutung der frühen Erfahrungen« (Göppel 1999) für die Persönlichkeitsentwicklung wird im *Jahrbuch* in verschiedener Hinsicht Rechnung getragen. So bildet die psychoanalytisch-pädagogische Betrachtung der ersten drei Lebensjahre den Themenschwerpunkt des 10. Bandes. Die Herausgeber geben einen Überblick darüber, wie sich die »boomende« Befassung mit frühkindlicher Entwicklung seit Beginn der 1990er Jahre verändert hat (Datler, Büttner, Finger-Trescher 1999). Göppel (1999) befasst sich mit der Frage, ob die zentrale psychoanalytische Annahme, dass die Erfahrungen der ersten Lebensjahre determinierende Wirkung für den weiteren Entwicklungsverlauf haben, angesichts neuer Forschungsergebnisse noch aufrecht erhalten werden kann. Aufbauend auf Erkenntnissen der modernen Säuglingsforschung beschäftigt sich Dornes (1999) mit der Bedeutung von Affektspiegelung für die Entstehung von Selbst-Bewusstsein und Identitätsgefühl.

Einen besonderen Fokus auf die Berücksichtigung frühkindlicher Entwicklungsprozesse in der Bildungsdiskussion legt Schäfer (1999). Er verbindet psychoanalytisch-pädagogische Überlegungen mit Forschungsergebnissen aus der Kognitionsforschung und entfaltet die These, dass (Selbst-)Bildung bereits mit der Geburt beginnt (vgl. dazu auch Schäfer 1990, 2002, 2006).

Ein besonderer Aspekt frühkindlicher Erfahrungen wird in Band 6 in zwei Beiträgen behandelt, die sich mit prä- und perinatalen Einflüssen auf die weitere Entwicklung und die Entstehung von Verhaltensauffälligkeiten beschäftigen (Büttner, Pfeil 1994; Janus 1994). Diese Arbeiten führen zu einer methodenkritischen Diskussion im darauf folgenden *Jahrbuch* (Datler 1995; Janus 1995). Diese Kontroverse wird in Band 10 nochmals aufgegriffen (Janus 1999) und mit der Frage verbunden, welche Relevanz Erkenntnisse aus der Prä- und Perinatalen Psychologie für die Pädagogik haben können.

Verschiedene Beiträge beschäftigen sich mit der Frage, wie Erkenntnisse über frühkindliches Erleben für einen förderlichen Umgang mit Kleinkindern in Kinderkrippen und Kindertagesstätten im Zusammenhang mit Trennung und Eingewöhnung genutzt werden können (etwa Datler, Ereky, Strobel 2002; M. Datler et al. 2011).

Auch in mehreren Literaturumschauartikeln (vgl. dazu auch Abschnitt 7) zeigt sich die intensive Befassung mit den ersten Lebensjahren: in der Dokumentation von Publikationen zur Säuglingsforschung (Datler, Steinhardt 1993), zur präödipalen Triangulierung (Ereky 2002), zur Betreuung von Kleinkindern in Krippen (Hover-Reisner, Funder 2009) oder zur Infant Observation (Trunkenpolz, Funder, Hover-Reisner 2010).

3.2 Kindheit

Über die ersten Lebensjahre hinaus wird der Lebensabschnitt der Kindheit in zwei Bänden des *Jahrbuchs* schwerpunktmäßig behandelt.

In Jahrbuch 12 wird aus verschiedenen Perspektiven betrachtet, wie sich gesellschaftliche Wandlungsprozesse auf das Bild vom »selbständigen Kind« auswirken. »Selbständigkeit ist nicht nur eine erzieherische Norm, die heute ... viel mehr Gewicht hat als noch vor wenigen Jahrzehnten, sie ist auch zu einem Strukturprinzip der theoretischen Erklärung kindlicher Entwicklung und Weltbewältigung avanciert« (Eggert-Schmid Noerr 2002a, 10). Winterhager-Schmid stellt »das optimistische Bild vom *modernen Kind* als dem kompetenten Akteur seiner Lebenswelt« (2002, 20) dem modernisierungskritischen Bild des durch die Beschleunigung der Kindheit in seinem Recht auf Kindlichkeit gefährdeten Heranwachsenden gegenüber. Sie warnt davor, aus empirischen Befunden neuer Kindheitsmuster neue Kindheitsnormen abzuleiten. Göppel (2002) diskutiert den vielschichtigen Begriff der »Selbständigkeit« und unterscheidet zwischen »produktiver«, »funktionaler« und »resignativer« Selbständigkeit, um sich dann der Frage anzunähern, ob Kinder heute mehr oder weniger selbständig seien als früher.

Jahrbuch 15 behandelt den Themenschwerpunkt »Kinder zwischen drei und sechs«. Darin geht es nicht nur um spezifische Aspekte dieses Lebensalters, wie etwa die Bedeutung des magischen Denkens für die Verarbeitung traumatischer Erfahrungen (Bogyi 2006) oder »Chuffedness«, ein Gefühl stolzer Zufriedenheit nach der Bewältigung herausfordernder Aufgaben (Tait 2006), sondern vor allem um das Erleben von Kindern in Kindergärten sowie um Anregungen für professionelles Arbeiten in der Vorschulerziehung (Figdor 2006; Göppel 2006; Kobelt Neuhaus 2006; Steinhardt 2006; Textor 2006). Auch auf Forschungsergebnisse aus Großbritannien wird dabei Bezug genommen (Arnold 2006; Siraj-Blatchford et al. 2006).

Weitere Beiträge zu diesem Lebensabschnitt behandeln etwa die Bedeutung von Geschwisterbeziehungen für die kindliche Entwicklung (Hoanzl 2002) oder die Frage, wie sich frühkindliche Deprivation bei Kindern im Kindergarten bemerkbar macht (Beyersmann 1991). Die besondere Funktion des kindlichen Spiels wird bei Eggert-Schmid Noerr (2011) sowie im Literaturumschauartikel von Gartner (2004) untersucht.

3.3 Adoleszenz

Für die Psychoanalytische Pädagogik stellt die Adoleszenz nicht nur einen Lebensabschnitt mit weitreichender Bedeutung für den weiteren Entwicklungsverlauf dar, sondern auch eine Phase, die mit großen Herausforderungen für die pädagogische Praxis verbunden ist.[3]

Gottschalch (1992) untersucht Determinanten, die eine »endliche« Adoleszenz ermöglichen bzw. zur »unendlichen« Adoleszenz führen, in der das Erwachsenwerden scheitert. Dieser Beitrag, der auf die Differenz der Geschlechter nicht näher eingeht, ist Teil eines Themenschwerpunkts im 4. Band des *Jahrbuchs*, der sich mit der psychoanalytischen Betrachtung weiblicher Adoleszenz befasst (Müller, Winterhager-Schmid 1992; vgl. dazu auch den Literaturumschauartikel von Messerer und Sengschmied 1995 im Jahrbuch 7). Flaake (1992) behandelt die Frage, wie Mädchen körperliche Erfahrungen und Veränderungen in der Adoleszenz verarbeiten und wie gesellschaftliche Zuschreibungen diesen Prozess beeinflussen. Becker-Schmidt (1992) zeigt unter Bezugnahme auf Nancy Chodorow auf, dass die feministische Psychoanalysekritik, die problematisiert, dass sich klassische psychoanalytische Konzepte der psychosexuellen Entwicklung einseitig an männlichen Entwicklungsverläufen orientieren, ebenfalls Defizite aufweist. Helsper (1992) diskutiert anhand von drei Fallbeispielen den Konflikt adoleszenter Mädchen zwischen Autonomie und Verbundenheit.

Rose (1991) setzt mit Überlegungen zur Theorie des adoleszenten Narzissmus bei einer besonderen Gruppe junger Frauen an, nämlich bei jungen Kunstturnerinnen im Leistungssport. Leuzinger-Bohleber und Garlichs (1991) stellen anhand einer

---

3 Siehe dazu auch die Abschnitte 4, 5 und 6, in denen Beiträge Erwähnung finden, in denen Adoleszenz im Zusammenhang mit spezifischen pädagogischen Settings oder gesellschaftlichen Aspekten wie Migration oder Rechtsradikalismus thematisiert wird.

empirischen Studie dar, wie sich erschwerte Berufschancen auf spätadoleszente Identitätsbildungsprozesse bei jungen Lehrerinnen und Lehrern auswirken. Müller (2011) stellt dar, wie in psychoanalytischen Konzepten die Adoleszenz aus der Perspektive der Generationenabfolge und zugleich der Generationendifferenz betrachtet wird. Er greift auf »klassische« psychoanalytische Theorien der Adoleszenz zurück, um sich dann der Frage der Adoleszenz unter heutigen gesellschaftlichen Bedingungen zuzuwenden.

3.4 Entwicklungsprozesse nach Abschluss der Adoleszenz

Auch Fragen von Entwicklung und Sozialisation im Erwachsensenalter sind Gegenstand der Psychoanalytischen Pädagogik. Bereits im Eröffnungsband des *Jahrbuchs* wird eine Studie vorgestellt, die Entwicklungsverläufen von beruflich erfolgreichen Frauen und Männern nachgeht (Diem-Wille 1989). Göppel (2011) setzt sich mit der Lebensphase zwischen 20 und 30 Jahren auseinander, die von der zunehmend schwieriger werdenden Herausforderung geprägt ist, einen Einstieg in das Berufsleben zu finden und Vorstellungen von einem »guten Leben« verwirklichen zu können. Finger-Trescher (2011) beschäftigt sich mit veränderten gesellschaftlichen Bedingungen von Elternschaft und damit verbundenen Erwartungen und bezieht eine kritische Position gegenüber Elterntrainingskursen und Erziehungsratgebern. Dörr (2011) widmet sich den Entwicklungsaufgaben und Krisen des mittleren Erwachsenenalters. Datler und Trunkenpolz (2011) richten den Blick auf das späte Erwachsenenalter und verweisen unter Bezugnahme auf eine Studie über die Lebensqualität alter Menschen im Pflegeheim auf die Notwendigkeit, Bildung im hohen Alter als Unterstützung in »Trauerarbeit« zu begreifen (vgl. dazu auch die Literaturumschau von Kinast-Scheiner 2000).

4. Beiträge zu professionellem Handeln in pädagogischen Praxisfeldern

Im 1. Abschnitt dieses Artikels wurde darauf verwiesen, wie unterschiedlich Versuche ausfallen, Psychoanalytische Pädagogik wissenschaftstheoretisch zu fundieren. Mehrere Autorinnen und Autoren vertreten die Auffassung, dass es sinnvoller sei, sich einer Positionierung der Psychoanalytischen Pädagogik über eine Reflexion ihrer Praxis anzunähern. Tatsächlich findet sich in den *Jahrbüchern* eine Vielzahl an Beiträgen, in deren Mittelpunkt psychoanalytisch-pädagogische Praxisgestaltung steht. Sie geben zum einen Aufschluss darüber, was die Spezifität psychoanalytisch-pädagogischen Verstehens und Handelns ausmacht, zeigen aber zum anderen auch auf, wie vielgestaltig die Anwendungsgebiete und wie unterschiedlich die Zugänge zu psychoanalytisch-pädagogischem Handeln sind. Einzelne Arbeiten lassen sich als Beiträge zu einer handlungstheoretischen Fundierung der Psychoanalytischen Pädagogik lesen.

Vereinzelt finden sich Beiträge, die von bestimmten methodischen Konzepten der Psychoanalytischen Pädagogik ausgehen – etwa eine kritische theoretische Analyse des Konzepts des Szenischen Verstehens (Petrik 1992). Häufiger kommen jedoch Arbeiten vor, in denen psychoanalytisch-pädagogische Ansätze im Kontext bestimmter Handlungsfelder thematisiert werden. So greift Heinemann (1991) die Konzepte des Szenischen Verstehens und des Fördernden Dialogs auf und bezieht sie auf die Arbeit in einer Sonderschule für Erziehungshilfe. Der Großteil der Beiträge erörtert psychoanalytisch-pädagogische Überlegungen in verschiedenen pädagogischen Settings. Die Bandbreite der Praxisfelder reicht von der Vorschulerziehung über die Institution Schule und sozial- bzw. heilpädagogische Einrichtungen bis hin zur Anwendung psychoanalytisch-pädagogischen Denkens im Bereich der Kinder- und Jugendpsychiatrie (Dörr 1994), der Supervision (Steinhardt 1994, 1997) oder der Tätigkeit von gerichtlichen Sachverständigen (Figdor 2009). Auf Fragen im Zusammenhang mit der Betreuung von Kindern in Krippen und Kindergärten wurde bereits in Abschnitt 3.1 und 3.2 hingewiesen. Auf die Bereiche Schule, Jugendhilfe bzw. Sozialpädagogik, (Erziehungs-)Beratung und Heilpädagogik wird im Folgenden noch ausführlicher eingegangen. Viele Beiträge enthalten nicht nur theoretische Abhandlungen, sondern auch kasuistisches Material (dazu mehr in Abschnitt 5).

Ein besonderer Blickwinkel auf berufliches pädagogisches Handeln wird in Jahrbuch 13 eingenommen, dessen Themenschwerpunkt die Frage behandelt, welchen Beitrag die Psychoanalytische Pädagogik zur »Professionalisierung in sozialen und pädagogischen Feldern« leisten kann. Müller, Krebs und Finger-Trescher nennen zum einen die »Reflexion der bewusstseins-verborgenen Motive und Selbstauffassungen des Klienten als auch des professionell Handelnden selbst, der nur unter dieser Prämisse sich selbst als Erkenntnisinstrument nutzbar machen kann« (2002, 18), sowie das Verstehen von und den professionellen Umgang mit der in der Klient-Helfer-Beziehung entstehenden Dynamik. Müller (2002b) setzt sich mit der Professionalisierung sozialer Arbeit (auch) aus historischer Perspektive auseinander. Sowohl Hirblinger (2002) als auch Krebs (2002) beschäftigen sich mit Aspekten der Professionalisierung von Lehrerinnen und Lehrern. Anhand des Curriculums für die Ausbildung psychoanalytisch-pädagogischer Erziehungsberater (siehe auch 4.3) erörtert Figdor (2002) die Frage, wie psychoanalytisch-pädagogische Handlungskompetenz jenseits der klassischen psychoanalytischen Ausbildung vermittelt werden kann (vgl. dazu auch die Darstellung des Weiterbildungsgangs in Psychoanalytischer Pädagogik des Frankfurter Arbeitskreis für Psychoanalytische Pädagogik bei Trescher 1993). Krumenacker (2002) zeichnet das Verständnis von Professionalisierung in Bettelheims Orthogenic School in Chicago nach, wo pädagogisch-therapeutische Kompetenz mit der Persönlichkeitsentwicklung der Mitarbeiter »im Dienst« junktimiert wurde. Eggert-Schmid Noerr (2002b) schließlich erinnert daran, dass dem Humor früher in der geisteswissenschaftlichen Pädagogik viel Platz eingeräumt wurde und plädiert für eine Neuformulierung dieses vergessenen Konzepts in Verbindung mit dem aktuellen Konzept des Witzes, damit in der Ausbildung von Pädagoginnen und Pädagogen nicht nur Fragen »der rollenspezifischen Distanz, sondern auch Fragen nach der

Persönlichkeit der Erzieher wieder stärker ins Spiel kommen können« (Eggert-Schmid Noerr 2002b, 139).

4.1 Psychoanalytische Pädagogik im Kontext von Schule[4]

Mauthe-Schonig (1995) berichtet, wie Geschichten, die im Rahmen des »Erzähl-Unterrichts« vermittelt werden, Kindern im ersten Schuljahr helfen, die neue Erfahrung des Schuleintritts zu integrieren. Mit Hilfe der Geschichten von der »kleinen weißen Ente« wird Kindern in der Schule ein intermediärer Raum im Sinne Winnicotts eröffnet, der emotionale Lernerfahrungen ermöglicht.

Die emotionale Bedeutung schulischer Lernerfahrungen ist Gegenstand mehrerer Beiträge. Prazak und Steinhardt (2011) veranschaulichen anhand von Stundenprotokollen, wie sich entwicklungsbedingte Gefühle von Scham und Stolz bei Jugendlichen im Mathematikunterricht auswirken können. Auch Hoanzl (2008) behandelt den Zusammenhang von Emotionen und Kognitionen beim Lernen. Sie betrachtet Lernprozesse bei »Problemkindern« in der Schule unter dem Aspekt des inneren Erlebens der Kinder und fragt nach der Bedeutung des »Eigenen« bzw. »Eigenwilligen«, des »Fremden« und des »Befremdlichen«.

Aus der Sicht der Lehrerbildung diskutiert Steitz-Kallenbach (1992) die Bedeutung von unbewussten Wünschen der Lehrpersonen, unbewussten Reinszenierungen der Schülerinnen und Schüler, die auf Übertragung und Gegenübertragung basierende Dynamik des Unterrichts sowie die Dynamik des Gegenstands für das Unterrichtsgeschehen und damit verbundene Konsequenzen für die Ausbildung von Lehrerinnen und Lehrern. Mit Gegenübertragungsprozessen von Lehrerinnen und Lehrern befasst sich Hirblinger (1990) und entwirft ein Konzept der Gegenübertragungsreaktion im Unterricht in mehreren Phasen. Auch Ermer (1990) setzt sich mit der Gegenübertragung von Lehrpersonen auseinander, indem er das Beispiel eines »Lehrertagebuchs« analysiert. Über Verstrickungen in der pädagogischen Beziehung und deren Abwehr durch distanzierende Maßnahmen berichtet Cifali (1998).

Salzberger-Wittenberg (1993) schildert, wie Lehrpersonen in einem Fortbildungskurs an der Londoner Tavistock Clinic die emotionale Bedeutung von Lehren und Lernen näher gebracht wird. Am Tavistock Center wurde auch das Modell der »educational therapy« entwickelt, das Schulkindern bei der Bewältigung von emotional bedingten Lernschwierigkeiten hilft (Beaumont 1995).

Therapeutisches Arbeiten im schulischen Kontext wird auch in den Arbeiten von Neuhaus (1997) und Schubert (2004) dargestellt. Neuhaus berichtet von einer Psychodrama-Gruppe an einer Schule für Erziehungshilfe, Schubert von einem Projekt, in dem sie als Lehrerin mit einer Schulklasse gruppenpsychoanalytisch arbeitete. Der Anspruch, innerhalb der Institution Schule eine analytische Gruppe durchzuführen, wird in einem anschließenden Beitrag von Finger-Trescher und Datler (2004) in einigen Anmerkungen kritisch hinterfragt. Einen Einblick in die Einrichtungen der »Pédagogie Institutionelle« in Frankreich gewährt ein Artikel von Imbert, der die Arbeit

---

4 Vgl. zu diesem Thema auch die Literaturumschau von Steinhardt und Spindler (1992).

mit so genannten »Bolid-Kindern«, die sich »von jedwedem symbolischen Funktionskreis abgekoppelt haben« (Imbert 1998, 122), darstellt. Einen tiefenpsychologischen Zugang zum Verständnis aggressiver Kinder eröffnen die Beiträge von Heinemann (1991) und Ahrbeck (1992), die zeigen, wie theoretische Konzepte – bei Heinemann etwa Szenisches Verstehen, Fördernder Dialog oder Objektbeziehungstheorie, bei Ahrbeck die Ansätze von Fritz Redl, Melanie Klein und Wilfred Bion – helfen können, die pädagogische Praxis förderlicher zu gestalten.

4.2 Psychoanalytische Pädagogik im Kontext der Jugendhilfe

Auch dem Handlungsfeld der Sozialpädagogik bzw. Jugendhilfe wurde ein eigener Themenschwerpunkt gewidmet (und zwar in Band 9). Unter diesem Begriff subsumiert das Herausgeberteam vieles von dem, »was Erziehung ist, aber von Familie und Schule nicht geleistet werden kann« (Müller, Finger-Trescher, Krebs 1998, 9). Krebs und Müller (1998) untersuchen die Begriffe des »Rahmens« sowie des »Settings« als »Optimalstrukturierung« pädagogischen Handelns (Krebs, Müller 1998, 15) und charakterisieren die »Arbeit am Rahmen« und den »Kampf um das Setting« (ebd., 36) als Merkmale psychoanalytisch-pädagogischen Handelns. Dohmen-Burk (1998) schildert die Arbeit in einer Beratungsstelle für Jugendliche und junge Erwachsene ohne Ausbildung mit dem Ziel, ihre berufliche und soziale Integration zu fördern. Szypkowski (1998) beschreibt das Angebot der Sozialpädagogischen Familienhilfe (siehe dazu auch die Falldarstellung bei Eggert-Schmid Noerr 2010). Müller (1998) befasst sich anhand des Beispiels der Schuldnerberatung mit dem alltagstheoretischen Begriff der »Authentizität« und formuliert als grundlegende Anforderung an professionelles sozialpädagogisches Arbeiten die Fähigkeit, das kompetente Ausüben sachbezogener Funktionen mit psychoanalytisch-pädagogischem Verstehen und Interagieren verbinden zu können.

Datler und Bogyi (1989) behandeln die Arbeit in sozialpädagogischen Wohngemeinschaften, die in Wien seit den 1980er Jahren als Alternative zur Fremdunterbringung von Kindern und Jugendlichen in Großheimen errichtet wurden. Sie thematisieren Probleme, die sich aus dem Anspruch, »therapeutisch« zu arbeiten, und dem langen und intensiven Kontakt zwischen den Kindern und den Betreuungspersonen ergeben, sowie jene Dynamik, die auf Gruppenprozesse der WG und der Burnout-Gefahr im Team zurückzuführen sind.

Weitere vorgestellte Praxisbereiche umfassen die Arbeit eines freien Trägers, der straffällig gewordene Jugendliche betreut (Müller 1993a), oder die Leitung sozialpädagogischer Einrichtungen am Beispiel einer Erziehungsberatungsstelle unter dem Gesichtspunkt des gesetzlichen Schutzauftrags bei Kindeswohlgefährdung (Finger-Trescher 2009).

4.3 Psychoanalytische Pädagogik im Kontext von (Erziehungs-) Beratung

Das Praxisfeld der (Erziehungs-)Beratung soll hier als gesonderter Bereich angeführt werden, obwohl es zumindest teilweise in das Feld der Sozialpädagogik hineinreicht. Erziehungsberatung steht im *Jahrbuch für Psychoanalytische Pädagogik* im Zentrum mehrerer Beiträge (vgl. auch die Literaturumschau zum Thema Erziehungsberatung von Natschläger 1997), allerdings wird der Begriff für zwei unterschiedliche Handlungsfelder verwendet:

- In der Bundesrepublik Deutschland wird mit institutioneller Erziehungsberatung vorwiegend eine staatlich finanzierte Maßnahme der Erziehungshilfe verbunden, die hauptsächlich in Erziehungsberatungsstellen angeboten wird. Sie kann psychoanalytisch(-pädagogisch) orientiert sein, aber auch anderen Zugängen folgen und methodisch unterschiedlichste Formen annehmen. »Erziehungsberatung« in diesem Sinne kann sich entweder eher als Beratungsangebot verstehen und dabei mehr oder weniger bestimmten methodischen Konzepten von Beratung folgen oder aber stärker (psycho-)therapeutisch ausgerichtet sein. Unterschiedlich werden auch Dauer, Frequenz und Betreuungssetting gehandhabt, beispielsweise »Elternberatung im Einzel- bzw. Mehrpersonensetting, beraterische und therapeutische Hilfen für Kinder und Jugendliche im Einzel- und Gruppensetting« u.v.m. (Krebs 2010, 124).

  Im *Jahrbuch* betrachtet Eggemann-Dann (1998) institutionelle Erziehungsberatung von einem narrativen Ansatz aus: In der Erziehungsberatung können Geschichten erzählt werden, und aus erstarrten oder isolierten Geschichten entsteht in der Beratung eine neue, die Weiterentwicklung ermöglicht. Mit den Veränderungen familiärer Strukturen und den Auswirkungen auf Beratung und Therapie beschäftigen sich Buchholz (2000) und Finger-Trescher (2000). Buchholz widmet sich dabei auch der Frage, wie psychoanalytisches Verständnis eine Bereicherung für Familientherapie darstellen kann. Ebenso wie Eggemann-Dann thematisiert auch Finger-Trescher Probleme, die mit der institutionellen Erziehungsberatung verbunden sind. Krebs (2010) untersucht psychoanalytisch-pädagogische und systemische Zugänge in der Erziehungsberatung auf Gemeinsamkeiten und Unterschiede. Aktuelle Veränderungen in der Erziehungsberatung aufgrund von neuen gesetzlichen Regelungen und damit verbundene Fragen der Qualitätssicherung diskutiert Finger-Trescher (2009).
- Psychoanalytisch-pädagogische Erziehungsberatung steht aber auch für spezifische methodische Konzepte der Beratung von Erziehungspersonen. Ein solches Konzept wurde von Figdor im Rahmen der Wiener Arbeitsgemeinschaft Psychoanalytische Pädagogik (APP) entwickelt. Die theoretischen Grundlagen dieses Konzepts und die professionellen Kompetenzen, über die psychoanalytisch-pädagogische Erziehungsberater verfügen müssen, sind bei Figdor (2002) nachzulesen. Barth-Richtarz (2009) illustriert das Vorgehen in der psychoanalytisch-pädagogischen Erziehungsberatung anhand eines Fallbeispiels und geht dabei

besonders auf das diagnostische Procedere ein. Überlegungen zur Generierung und Interpretation von diagnostischem Material finden sich auch bei Figdor (2009, 63ff.).

Im Grenzbereich zur psychoanalytisch-pädagogischen Erziehungsberatung siedelt Diem-Wille (1999) das Konzept der Eltern-Kleinkind-Therapie an, das an der Londoner Tavistock Clinic als »Under Five Counselling« entwickelt wurde. Anhand eines Fallbeispiels schildert sie, wie die Anwesenheit des Babys bzw. Kleinkinds während der Sitzungen für den therapeutischen Prozess genutzt wird. Salzberger-Wittenberg (1999) beschreibt eine Variante dieser kurztherapeutischen Intervention mit Eltern, bei der das Kind nicht anwesend ist, und verdeutlicht die fokussierend-deutende Vorgehensweise anhand eines ausführlichen Fallbeispiels. Messerer (1999) stellt die Arbeit der »Mobilen Frühförderung« vor, die im Grenzbereich zwischen Erziehungsberatung und Heilpädagogik Familien mit behinderten, entwicklungsverzögerten oder -auffälligen Kleinkindern betreut, und führt aus, wie Elemente der psychoanalytisch-pädagogischen Erziehungsberatung sowie andere psychoanalytisch-pädagogische Modellvorstellungen in diese Arbeit integriert werden können.

4.4 Psychoanalytische Pädagogik im Kontext von Heilpädagogik

Auch die psychoanalytisch-pädagogische Arbeit in heilpädagogischen Settings wurde in verschiedenen Beiträgen sowie in einem Themenschwerpunkt (Band 8) behandelt (vgl. die Literaturumschau zu diesem Thema bei Preiß 2008). Im Schwerpunkt beschreiben Kupper-Heilmann und Kleemann (1997) heilpädagogisches Reiten mit einer Gruppe von Kindern von zehn bis zwölf Jahren in einer Schule für Erziehungshilfe. In derselben Schule wurde auch die – schon in Abschnitt 4.1 erwähnte – Psychodrama-Gruppe mit Schülerinnen und Schülern durchgeführt (Neuhaus 1997). Schaab (1997) schildert anhand der Arbeit mit einem geistig behinderten jungen Mann, wie psychoanalytische Heilpädagogik praktiziert werden kann und wie die psychoanalytische Reflexion eine dialogische Beziehung ermöglicht, die störendes Verhalten als »subjektiv sinnvolle Befindlichkeitsäußerung« verstehbar macht (ebd., 82).

In weiteren Beiträgen berichtet Hofmann (1993) über eine gruppenanalytisch orientierte Gesprächsgruppe mit Frauen und Männern mit geistiger Behinderung, die in einer Werkstatt für Behinderte arbeiten. Auch Ciobanu-Oberegelsbacher (1995) geht in ihrem Überblick über die Aktivitäten des Londoner »Tavistock Clinic Mental Handicap Workshop« auf die Möglichkeiten psychoanalytischer Psychotherapie mit Menschen mit geistiger Behinderung ein. In Zusammenhang mit integrativen Schulklassen untersucht Gerspach (1990) Abwehrmechanismen bei Eltern, die Schule für ihre Kinder in besonderer Weise »aufbereiten« möchten. Schnoor (1992) plädiert für einen Ich-psychologischen Ansatz in der Arbeit mit Menschen mit geistiger Behinderung. Wenn geistige Behinderung als Ich-Schwäche konzipiert werden kann, bestehe die zentrale pädagogische Aufgabe für Eltern, Betreuungspersonen und Institutionen in der Ich-Förderung bzw. der Nachreifung des Ichs sowie in der Übernahme von Hilfs-Ich-Funktionen. Katzenbach (1999) verbindet psychoanalytische

Entwicklungstheorien mit den Konzepten Piagets, um sich dem Phänomen »Lernbehinderung« anzunähern. An der Genese von Abwehrmechanismen zeigt er den Zusammenhang zwischen affektiver und kognitiver Entwicklung am Übergang zum Stadium der konkreten Operationen, das Kinder mit Lernbehinderung später erreichen als gleichaltrige Kinder. Er geht davon aus, dass die Einschränkung der Fähigkeit zur Verdrängung dabei eine bedeutsame Rolle spielt und formuliert Konsequenzen, die sich daraus für Schule und Lernen ergeben.

5. Kasuistische Beiträge über psychoanalytisch-pädagogische Beziehungsverläufe

In Abschnitt 1 wurde bereits erwähnt, dass verschiedene Vertreterinnen und Vertreter der Psychoanalytischen Pädagogik vorschlagen, sich einer Standortbestimmung von Psychoanalytischer Pädagogik nicht (nur) auf theoretisch-systematischem Wege anzunähern, sondern über die Reflexion von Praxisvollzügen eine Methodologie der Psychoanalytischen Pädagogik zu entwickeln. In diesem Sinne finden sich – wie im vorigen Abschnitt bereits angedeutet – in vielen Beiträgen zu bestimmten Handlungsfeldern der Psychoanalytischen Pädagogik nicht nur allgemeine Überlegungen, sondern Darstellungen konkreter praktischer Situationen und Fallbeispiele. Dabei wird kasuistisches Material entweder vor dem Hintergrund psychoanalytisch-pädagogischer Theorien und Konzepte interpretiert oder zur Verdeutlichung dessen verwendet, was psychoanalytisch-pädagogisches Handeln ausmacht. Falldarstellungen sind nicht nur generell ein Bestandteil vieler psychoanalytisch-pädagogischer Publikationen (vgl. Datler 2004, 9ff.), sondern werden darüber hinaus in zwei Themenschwerpunkten (Band 14 und Band 17) ins Zentrum des *Jahrbuchs* gerückt.

In der Einleitung zum Themenschwerpunkt »Sie sind wie Novellen zu lesen ...« führt Datler (2004) aus, dass Falldarstellungen dem spezifischen Gegenstand von Psychoanalytischer Pädagogik entsprechen. Er unterscheidet Fallstudien, die der Weiter- oder Neuentwicklung von Theorie dienen, von Falldarstellungen, die bereits Erforschtes exemplarisch verdeutlichen. Er spricht sich überdies dagegen aus, die Funktion von Falldarstellungen abzuwerten, denn wenn »psychoanalytisch-pädagogisches Verstehen zum Tragen kommt, dann reichern Fallbeispiele das öffentlich verfügbare Wissen darüber an, wie einzelne Autorinnen und Autoren aus psychoanalytischer Sicht über bestimmte Personen und Beziehungen nachdenken, und tragen auf diese Weise zu einer ›kasuistisch gestützten Anreicherung‹ der Verstehenskompetenz auf Seiten der Leserinnen und Leser bei« (ebd., 38). Im selben Band kommt Bittner (2004) – auf den Biographienansatz als pädagogische Forschungsrichtung und auf die Krankengeschichten Sigmund Freuds zurückgreifend – zu dem Schluss, Psychoanalyse und Pädagogik stünden »in ihrem Umgang mit menschlichen Lebensgeschichten an einem Scheideweg: Beide Wissenschaften müssen sich entscheiden zwischen einer subsumptiven, theoriebestätigenden Verwendung von und einem hermeneutischen Zugang zu Geschichten, der deren verborgener Poetik und Metaphorik auf die Spur kommen, sich von ihr affizieren und bereichern lassen will« (Bittner 2004, 49). Geschichten bereichern die psychoanalytische bzw. pädagogische Kompetenz dadurch, dass die Kenntnis vieler Geschichten und der zugrunde liegenden Imaginationen den »Vorrat« eigener Imaginationen nährt. King (2004) baut ihre Überlegungen zur Funktion von Fallgeschichten auf Freuds Fallstudie »Dora« auf. Sie führt verschiedene Funktionen an, die Falldarstellungen erfüllen, hebt aber unter Bezugnahme auf Freuds frühe Fallgeschichten hervor, dass sie »Zeugnisse der Theoriebildungsprozesse« sind und das »ursprüngliche Ringen um Erkenntnis« nachzeichnen (ebd., 56). In der Darstellung von Praxis tritt die Dynamik von Erkenntnisprozess und Abwehrbewegungen deutlicher zutage als in theoretischen Abhandlungen, die bereits Fixierungen darstellen. Boothe (2004) verweist darauf, dass psychoanalytische »Fallnovellen« vor allem inneres Leben thematisieren, rätselhaft wirken und beim Leser Neugier und emotionales Engagement erzeugen. Anhand eines Falls verdeutlicht sie, wie Schilderungen von Träumen den Rätselcharakter des Narrativs noch verstärken können.

In Band 17 wird die Auseinandersetzung mit Kasuistischem erneut aufgenommen, um die Diskussion um das Selbstverständnis von Psychoanalytischer Pädagogik im Sinne einer »Kultivierung des Dissenses« (Datler et al. 2009, 14) voranzutreiben. In den Beiträgen werden verschiedene Formen psychoanalytisch-pädagogischer Praxis dargestellt, und es wird gezeigt, wie psychoanalytische und pädagogische Aspekte miteinander verbunden werden bzw. welches Verständnis von Psychoanalytischer Pädagogik dabei zum Tragen kommt. Die Falldarstellungen des Schwerpunkts »Der pädagogische Fall und das Unbewusste« umfassen neben den bereits erwähnten Arbeiten von Barth-Richtarz (2009), Figdor (2009) und Finger-Trescher (2009) die Arbeit in einer psychoanalytisch-pädagogisch orientierten Babygruppe (Niedergesäß 2009) oder die Schilderung eines psychoanalytisch-heilpädagogischen Förderprozesses mit einem zwölfjährigen Burschen (Traxl 2009). Bittner (2009) greift die Frage auf, in welcher Form es möglich ist, Psychoanalyse an Hochschulen zu lehren. Am Beispiel eines Seminars zum Thema »Das Märchen und die Phantasie des Kindes« illustriert er seine Haltung, derzufolge das »Psychoanalytische« darin besteht, sich in der Lehre eine Offenheit für begleitende Prozesse auf der unbewussten Ebene zu erhalten (zur Frage der Vermittlung von Psychoanalyse an der Universität vgl. auch die Anmerkungen bei Steinhardt 1994; Seemann, Möller 2008, 121f.).

Beiträge zu Falldarstellungen fallen nicht nur sehr unterschiedlich aus, was den präsentierten Praxisbereich betrifft, sondern auch im Hinblick auf das zugrunde liegende Verständnis von Psychoanalytischer Pädagogik. So ist bereits in Band 1 neben einer an einem kurzen Fallausschnitt ansetzenden Arbeit über hyperkinetische Verhaltensstörungen (Mattner 1989) eine ausführlich gehaltene Beschreibung eines Kindes mit der Diagnose »Minimale Cerebrale Dysfunktion« zu finden (von Lüpke 1989), allerdings wird nicht näher ausgeführt, inwiefern die Falldarstellung als psychoanalytisch-pädagogisch zu begreifen ist, und auch bei der Lektüre des Beitrags wird nicht ohne weiteres deutlich, inwieweit unbewusste Prozesse im Fall bzw. bei seiner Interpretation Berücksichtigung erfahren. Hirblinger (1991) hingegen ermöglicht seinen Lesern, bei der Darstellung seiner Arbeit mit Adoleszenten einer elften Schulstufe an seinen Gegenübertragungsreaktionen, an deren psychoanalytisch geprägter Reflexion und am Bemühen teilzuhaben, die Verhaltensweisen der Jugendlichen unter Rückgriff auf psychoanalytische Theorien zur Adoleszenz besser zu verstehen (ähnlich beim unter 4.1 bereits genannten Beitrag: Hirblinger 1990). In einem Kommentar bezeichnet Schmid den Text als »große kasuistische Studie zum Bildungsprozess unter psychoanalytischen Gesichtspunkten« (Schmid 1991, 118). Prazak und Steinhardt (2011) stellen ebenfalls einen Ausschnitt aus der schulischen Arbeit mit Jugendlichen vor, legen ihren Ausführungen aber nicht wie Hirblinger die Gegenübertragung der Lehrperson zugrunde, sondern nähern sich einem vertieften psychoanalytischen Verständnis über die Analyse eines deskriptiv gehaltenen »work discussion« Protokolls, das sie mit psychoanalytischen Überlegungen zu Entwicklungsabläufen in der Adoleszenz und Gruppenprozessen in Verbindung bringen. Schmid (1994) referiert Fallausschnitte aus der pädagogischen Einzelfallarbeit mit einem achtjährigen Mädchen, das wegen schulischer Schwierigkeiten betreut wird. In seine Analyse bezieht Schmid psychoanalytische und bildungstheoretische Aspekte ein. Er hält eine Zusammenschau in dieser Form für wichtig, »weil sich immer wieder zeigt, dass sich die Beziehungsdimension ganz in den Vordergrund schiebt, wenn pädagogische Prozesse psychoanalytisch betrachtet werden. Erziehung bleibt im Blick und Bildung verschwindet im Dunkel« (ebd., 9).

Kraft und Perner (1997) nützen, um ein weiteres Beispiel der Bearbeitung kasuistischen Materials herauszugreifen, die Falldarstellung der Arbeit mit einer jungen Frau, um anhand dieses Beziehungsverlaufs das Konzept psychoanalytischer Sozialarbeit und die Bedeutung einer flexiblen Handhabung von Rahmen und Setting zu verdeutlichen. Einen ungewöhnlichen Zugang zu kasuistischem Material wählt Eggert-Schmid Noerr (2010): Ein gescheiterter Fall sozialpädagogischer Familienhilfe ist die Grundlage, um über die latente Dynamik des Fallverlaufs nachzudenken.

6. Beiträge zur psychoanalytisch-pädagogischen Diskussion politischer und soziokultureller Einflüsse auf Erziehung und Bildung

Neben den bereits referierten Themenbereichen stellt das *Jahrbuch für Psychoanalytische Pädagogik* auch ein Forum dar, in dem zu aktuellen politischen und gesellschaftlichen Entwicklungen Stellung genommen und die Frage behandelt wird, wie diese Entwicklungen psychoanalytisch-pädagogisch verstanden werden können. In Verbindung damit wird auch diskutiert, welche Antworten die Psychoanalytische Pädagogik auf soziale und kulturelle Fragen und Phänomene der Gegenwart hat. Mitunter findet dies in pointierter und unterhaltsamer Form statt, wie Füchtner (2006) in der Glosse »Ich-AG Dreikäsehoch« zeigt. Manche dieser Beiträge fanden bereits an anderer Stelle Erwähnung, so etwa jene, die sich mit den veränderten Ansprüchen an den Kindergarten im Zusammenhang mit Bildungsplänen und Pisa-Studie befassen (etwa Göppel 2006; Kobelt Neuhaus 2006; Textor 2006).

Zwei Themenbereiche sollen hier besonders hervorgehoben werden: Zum einen die Herausforderungen, die Migration und Multikulturalität an die pädagogische Praxis stellen, und zum anderen der Wandel traditioneller Familienbilder, der weitreichende Konsequenzen für die Pädagogik hat.

6.1 Migration aus psychoanalytisch-pädagogischer Perspektive

Mit dem »Fremden« beschäftigt sich der Themenschwerpunkt des Jahrbuchs 17. Obwohl der Begriff des »Fremden« hier weit verstanden wird und etwa auch Fremdes im Kontext von Sexualkunde, Organisationsanalyse oder Rechtsradikalismus umfasst (siehe dazu 6.3), behandelt der Großteil der Beiträge Fremdes im Zusammenhang mit Interkulturalität (vgl. zu diesem Thema auch den Literaturumschauartikel von Stieber und Peric 2011). Dörr (2008) erörtert die besonderen Herausforderungen, die sich jungendlichen Migrantinnen und Migranten in der Adoleszenz stellen, am Beispiel eines jungen russischen Spätaussiedlers und verknüpft diese Falldarstellung mit dem sozialpädagogischen Angebot des »Jugendmigrationsdienstes«. Büttner (2008) präsentiert das Konzept interkultureller Sensibilität des Soziologen Bennet, das sechs Stadien der interkulturellen Sensibilität zwischen den Polen »Verleugnung« und »Integration« unterscheidet. Daran schließen Überlegungen zur Bedeutung des Fremden für die Identitätsentwicklung und den Umgang mit Differenz in informellen und formellen Gruppen an. Dem pädagogischen Leiter einer Gruppe wird dabei die Rolle eines »Entwicklungshelfers« zugedacht (ebd., 82). Büttner greift den Begriff der »synthetischen Identität«, die als neue innere Kultur entsteht, wenn im Prozess der Akkulturation Eigenes und Fremdes miteinander verbunden werden, aus einem *Jahrbuch*-Beitrag über besondere Dynamiken in Migrationsfamilien auf (Khalik 2000). Über einen Workshop für Mitarbeiterinnen und Mitarbeiter eines entwicklungspolitischen Programms in Guatemala berichtet Rohr (2008). Aus ethnopsychoanalytischer Sicht geht sie davon aus, dass es nicht nur in inter- oder fremdkulturellen Situationen, sondern in jeder psychoanalytischen und pädagogischen Situation sinnvoll ist, Wahrnehmungsverzerrungen und kulturelle Übertragungen als Erkenntnisquelle zu erschließen, indem man die Irritationen, in denen sie zum Ausdruck kommen, nicht abwehrt, sondern sie einer verstehenden Reflexion zugänglich macht. Schmidt-Löw-Beer (2008) schildert ein international angelegtes Forschungsprojekt, das sich durch qualitative Interviews mit Jugendlichen der Frage annäherte, wie sich Persönlichkeit und Identität von Menschen unterscheiden, die in kommunistischen bzw. demokratischen Ländern aufgewachsen sind. Sie gibt Einblick in die emotionalen Reaktionen und Konflikte, die das Thema in und zwischen den Forschenden in Ost und West auslöste, und in die Bemühungen des Teams, mit diesen projektiven Identifizierungen umzugehen.

Ein Vergleich zwischen Heranwachsenden in Ost und West liegt auch einer früheren Studie (Garlichs, Leuzinger-Bohleber 1995) zugrunde, in der zur Zeit der deutschen Wiedervereinigung erforscht wurde, wie sich die gesellschaftlichen Umwälzungen auf die psychische Befindlichkeit von Kindern und Jugendlichen in Ost- und Westdeutschland und auf ihre Zukunftshoffnungen und -ängste auswirken. Wenngleich die Untersuchung mittlerweile mehr als 20 Jahre zurückliegt, gilt ihr Fazit wohl heute noch: »Auf beiden Seiten gibt es spezifische gesellschaftlich geprägte Stärken und Defizite im Autonomie- und Beziehungsbereich, die – allerdings in verhüllter Form ... – wohl noch lange unbemerkt ihre Wirkung entfalten können« (Garlichs, Leuzinger-Bohleber 1995, 98).

Im selben *Jahrbuch* ist ein Aufsatz Erdheims (1995) über »ethnische Identität« zu lesen, in dem sich der Autor auf den von Freud postulierten Antagonismus von Familie und Kultur beruft, um den Begriff des »Ethnischen« zu rehabilitieren. Die ethnische Identität vermittle in multikulturellen Gesellschaften zwischen der Familie als Ort der Tradition, die das Eigene bewahren möchte, und der Kultur, die aus der Auseinandersetzung mit dem Fremden entsteht. Erdheim schließt mit dem Postulat, dass die ethnische Identität für das Selbstverständnis eines Individuums eine ebenso hohe Relevanz wie die Geschlechtsidentität hätte. Diese Ausführungen führten zu einer kontrovers geführten Debatte zwischen Erdheim und Füchtner, die sich im Jahrbuch 8 verfolgen lässt (Erdheim 1997; Füchtner 1997a, 1997b). Füchtner widerspricht Erdheim sowohl in der Frage, ob man bei Freud tatsächlich den besagten Antagonismus von Familie und Kultur findet, als auch bezüglich des herausragenden Stellenwerts der kulturellen Identität für das Individuum. Er stellt diesen Annahmen entgegen, dass aus psychoanalytischer Sicht eine Überhöhung des Ethnischen eher kritisch zu betrachten sei, und wirft Erdheim Ungenauigkeiten und Widersprüche in der Argumentation vor.

6.2 Der Wandel der Familie aus psychoanalytisch-pädagogischer Perspektive

Veränderte familiäre Sozialisationsbedingungen und ihre Implikationen für pädagogisches Handeln bilden den Hintergrund vieler Beiträge des *Jahrbuchs*. Darüber hinaus wurden in Band 11 schwerpunktmäßig Arbeiten versammelt, die sich mit »Gestalten der Familie – Beziehungen im Wandel« befassen. Die zunehmende Vielfalt familialer Lebensformen wird darin aus verschiedenen Blickwinkeln betrachtet.

Lange und Lüscher (2000) nähern sich dem Thema aus familiensoziologischer Perspektive an. Sie versuchen, den Begriff »Familie« in einer Form zu bestimmen, die dem aktuellen Bedeutungswandel von Familie Rechnung trägt, und geben einen Überblick über die Demographie verschiedener Familienformen. Sie prognostizieren, dass die »aufgabenbezogene Gestaltung der Beziehungen zwischen den Generationen und den Geschlechtern zu einem zentralen Thema für die Analyse von Familie« (ebd., 24) werden und die Fokussierung auf Pluralisierung und Individualisierung ablösen wird. Rauchfleisch (2000) greift das heikle Thema »Familien mit gleichgeschlechtlichen Elternpaaren« auf und hinterfragt das Argument, dass das Aufwachsen in diesen Familien die Identitätsentwicklung der Kinder beeinträchtige. Er analysiert positive und negative Aspekte von »Regenbogen-Familien« und kommt zu dem Schluss, dass für eine ungestörte Entwicklung vor allem das Vorhandensein einer konstanten Bezugsperson wichtig ist, die dem Kind die Zuwendung zu einem dritten Objekt ermöglicht, und dass dies auch bei lesbischen Müttern und schwulen Vätern möglich ist. Dammasch (2000) nimmt das Phänomen der »offensichtlichen oder verborgenen

Suche des Kindes nach dem Vater bei einem gleichzeitigen Übergewicht mütterlicher Präsenz« zum Ausgangspunkt seines Beitrags, um in weiterer Folge anhand des Fallbeispiels eines Mädchens das innere Erleben von Kindern, die weitgehend ohne väterliche Bezugspersonen heranwachsen, darzustellen. Er betont, wie wichtig es für Kinder ist, die nur mit einem Elternteil aufwachsen, einen bedeutungsvollen Dritten im kulturellen Umfeld zu finden. Das deutsche Kindschaftsrecht bestätigt den Anspruch des Kindes auf Sorge und Pflege beider Elternteile nach einer Trennung oder Scheidung. Rummel (2000) thematisiert die Konsequenzen, die dies für Fachleute in Beratung und Therapie mit sich bringt, da auch sie verpflichtet sind, diese ethische Haltung Ratsuchenden gegenüber aktiv zu vertreten.

6.3 Weitere Beiträge

Ein kurzer Überblick über weitere Beiträge, die gesellschaftliche und politische Entwicklungen aufgreifen, zeigt, wie vielfältig auch hier die Bandbreite der behandelten Themen ist.

Nicht nur dem psychoanalytisch-pädagogischen Verstehen des Umgangs mit dem Fremden wurde in mehreren Beiträgen Rechnung getragen, sondern auch damit in Verbindung stehenden Phänomenen wie Rassismus oder Rechtsradikalismus. Raue (1991) versucht, ausgehend von einem Fallbeispiel mit einem jugendlichen Patienten, Neonazismus bei Adoleszenten unter Anwendung der Konzepte der Identifizierung, Verleugnung und Spaltung zu verstehen. Wagner-Winterhager (1989) stellt eine Verbindung zwischen dem intensiven Konsum von Gewaltvideos und rechtsradikalen Tendenzen dar. Sie deutet die Bedeutung der mythischen Helden dieser Filme und ihre Funktion für die Jugendlichen unter psychoanalytischen Gesichtspunkten und charakterisiert die Konsumenten dieser Videos als narzisstisch Wütende, denen es an fürsorglicher Geborgenheit und einem »ehrenvollen Auftrag« ihrer Familie mangelt (ebd., 35f.). Sie zeigt nicht nur die repressiv-entsublimierende Wirkung der Videos auf, sondern weist auch kritisch darauf hin, dass die Gesellschaft diesen Jugendlichen wenig Erfahrungen sozialer Wertschätzung und Unterstützung bei der Stärkung ihrer Sublimierungsfähigkeit zukommen lässt. Eisenbach-Stangl und Stangl (2008) untersuchen die Bekennerschreiben der Bajuwarischen Befreiungsarmee, die in den 1990er Jahren in Österreich eine Reihe rechtsradikal motivierter Anschläge verübte, mit der Methode der psychoanalytischen Textinterpretation auf zugrunde liegende psychosoziale Konflikte.

Ein anderer Themenbereich bezieht sich auf die Vermittlung von Sexualität und damit verbundenen kulturellen Normen. Aigner (1990) analysiert Aussagen über kindliche Sexualität und Sexualerziehung von frühen Vertretern der Psychoanalytischen Pädagogik und konstatiert, dass diese mitunter von einer Liberalität und Sexualfreundlichkeit getragen waren, die auch am Ende des 20. Jahrhunderts noch keine Selbstverständlichkeit darstellen. Er fordert von der Erziehungswissenschaft eine »neue Offensive in sexualpädagogischen Belangen« (Aigner 1990, 98) und erachtet die Psychoanalytische Pädagogik aufgrund ihrer Geschichte als besonders prädestiniert dafür. Auch Groenendijk (1998) untersucht psychoanalytische Aussagen über sexuelle Aufklärung, die in der Zwischenkriegszeit – viele davon in der Zeitschrift für Psychoanalytische Pädagogik – publiziert wurden und zeichnet nach, inwiefern sich manche der Annahmen noch während dieser frühen Phase der Psychoanalytischen Pädagogik verändert haben. Müller (2008) erörtert anhand von Forschungsgesprächen mit Mitarbeiterinnen und Mitarbeitern sozialpädagogischer Einrichtungen die Schwierigkeiten beim Versuch, Sexualkunde in der Jugendarbeit zu vermitteln.

Vor allem viele Beiträge der frühen *Jahrbuch*-Bände, die sich mit gesellschaftlichen Phänomenen beschäftigen, lesen sich zum heutigen Zeitpunkt zwar einerseits wie historische Texte, bleiben aber andererseits nach wie vor relevant für das Verstehen aktueller Entwicklungen. Das gilt nicht nur für allgemein-gesellschaftliche Strömungen wie den Rechtsradikalismus, sondern etwa auch für berufspolitische Entwicklungen. So enthält Band 3 des *Jahrbuchs* einen Beitrag über das 1991 in Österreich verabschiedete Psychotherapie-Gesetz, das es – anders als in Deutschland – u.a. auch Pädagoginnen und Pädagogen ermöglicht, als vollwertige Psychotherapeuten anerkannt zu werden (Biedermann 1991). Nun, mehr als 20 Jahre später, steht das Gesetz erneut zur Diskussion.

Mit einem gesellschaftlichen »Trend« anderer Art, der Analyse von Unternehmenskulturen, beschäftigen sich Seemann und Möller (2008). Sie berichten über ein Forschungsprojekt mit dem Titel »Rethinking Business Ethics«, das sich der »Phantasy-Word-Methode« bedient, die auf die psychohistorischen Studien von Lloyd deMause zurückgeht.

7. Eine Rückschau auf die Beiträge zur Literaturumschau

Als ein Markenzeichen des *Jahrbuchs für Psychoanalytische Pädagogik* können mittlerweile die so genannten »Literaturumschau-Artikel« gelten, die in komprimierter Form eine umfassende Übersicht über psychoanalytisch-pädagogische Publikationen zu allgemeinen und speziellen Fragestellungen bieten. Bereits im ersten Band wurden einschlägige Publikationen seit dem Jahr 1983 im Rahmen einer Literaturumschau aufgearbeitet (Horvath, Scheidl-Trummer 1989). Das Jahr 1983 wurde gewählt, um einschlägige Veröffentlichungen zu erfassen, die in den letzten fünf Jahren vor dem Erscheinen des ersten *Jahrbuchs* erschienen sind. Zum anderen fällt in die Zeitspanne zwischen 1983 und 1989 auch das Jahr 1984, in dem auf dem DGfE-Kongress in Kiel das Symposion »Psychoanalyse – Grundlagenwissenschaft für die Pädagogik?« stattfand, in dem starke Impulse zur Wiederbelebung und Weiterentwicklung der Psychoanalytischen Pädagogik gesetzt wurden.

Im zweiten Band des *Jahrbuchs* wurde die Literaturdokumentation fortgeführt, indem die Liste der Veröffentlichungen, die man im ersten Band besprochen findet, ergänzt wurde und überdies Neuerscheinungen vorgestellt wurden. Darüber hinaus wurde mit der Darstellung individualpsychologischer Beiträge zur Psychoanalytischen Pädagogik (Gstach 1990) die Tradition begründet, einer allgemein gehaltenen Umschau auch die Vorstellung von Veröffentlichungen anzuschließen, die einem speziellen thematischen Schwerpunkt zuzuordnen sind. In den folgenden Jahren waren dies die Themenbereiche Supervision (Steinhardt 1991), Schule (Steinhardt, Spindler 1992) und Säuglingsforschung (Datler, Steinhardt 1993).

In weiterer Folge wurde es üblich, die Literaturumschau auf jeweils zwei Beiträge aufzuteilen, von denen ein Beitrag eine allgemeine Darstellung jüngerer psychoanalytisch-pädagogischer Publikationen lieferte, während der andere einen speziellen Schwerpunkt Psychoanalytischer Pädagogik behandelte. Bei diesen Schwerpunkten handelte es sich etwa um das Werk Hans-Georg Treschers (Datler, Eggert-Schmid Noerr 1994), die weibliche psychosexuelle Entwicklung (Messerer, Sengschmied 1995), Erziehungsberatung (Natschläger 1997), Lernschwierigkeiten in Form von Lese- und Rechtschreibproblemen (Studener, Datler 1998), Geschwisterbeziehungen (Kinast-Scheiner 1999), den Prozess des Alterns (Kinast-Scheiner 2000), Präödipale Triangulierung (Ereky 2002), psychoanalytisch-pädagogische Konzepte der Aus- und Weiterbildung (Datler et al. 2002), die Bearbeitung kindlicher Erlebnisinhalte im Spiel (Gartner 2004), geistige Behinderung (Preiß 2008), außerfamiliäre Betreuung von Kleinkindern (Hover-Reisner, Funder 2009), Beobachten als Forschungsinstrument (Trunkenpolz, Funder, Hover-Reisner 2010) und Migration (Stieber, Peric 2011).

Da die Zahl an psychoanalytisch-pädagogischen Veröffentlichungen kontinuierlich zunahm und in den letzten Jahren kaum noch vollständig zu überblicken ist, finden sich ab dem 16. Band des *Jahrbuchs* nur mehr Umschauartikel zu spezifischen Themenstellungen.[5]

Der Durchsicht aller Arbeiten, die in den ersten 19 Bänden des *Jahrbuchs* erschienen sind, ist zu entnehmen, dass sich Autorinnen und Autoren auf Umschauartikel mitunter im Bemühen beziehen, ihre Aussagen zu begründen – man denke etwa an Büttner und Pfeil (1994), die in ihrer Arbeit zur Bedeutung (vor-)geburtliche Erfahrungen die bisher erschienenen Literaturumschau-Artikel als Belege für ihre Aussage anführen, dass die Auseinandersetzung mit prä- und perinatalen Erfahrungen innerhalb der Psychoanalytischen Pädagogik bis dahin keine Berücksichtigung erfahren hat. Zumeist werden die Umschauarbeiten, die insgesamt mehr als 3.650 Publikationen erfassen, aber wohl als thematisch aufbereitete Bibliographien Verwendung finden.

Sie sind durchwegs so sorgfältig gestaltet, dass selbst ältere Umschau-Artikel eine wertvolle Quelle für Literaturrecherchen zu den verschiedensten psychoanalytisch-pädagogischen Themenbereichen darstellen. Es ist zu hoffen, dass die Redaktion auch weiterhin dafür Sorge trägt, dass einschlägig gehaltene Literaturumschau-Artikel verfasst und im *Jahrbuch für Psychoanalytische Pädagogik* veröffentlicht werden.

---

5 Siehe dazu auch Anmerkung 4 im einleitenden Beitrag von Büttner, Datler und Finger-Trescher in diesem Band.

Literatur

Redaktionelle Vorbemerkung: Aus Platzgründen werden die *Jahrbücher für Psychoanalytische Pädagogik* im nachfolgenden Literaturverzeichnis nur mit *Jahrbuch* samt Angabe der *Bandnummer* zitiert. Detailliertere Quellenangaben finden sich auf den folgenden Internetseiten:
http://www.fapp-frankfurt.de/publik_jahrbuch.html
http://bildungswissenschaft.univie.ac.at/psychoanalytischepaedagogik/publikationen/

Ahrbeck, B. (1992): Aggressivität als pädagogisches Problem. Ich-psychologische und objektbeziehungstheoretische Beiträge. In: Jahrbuch 4, 220-237

Ahrbeck, B., Willmann, M. (2010): »Verhaltensstörungen« als Konstruktion des Beobachters? Kritische Anmerkungen zu systemisch-konstruktiven Perspektiven in der »Pädagogik bei Verhaltensstörungen«. In: Jahrbuch 18, 103-123

Aigner, J.C. (1990): Psychoanalyse und Sexualerziehung. In: Jahrbuch 2, 87-100

Arnold, C. (2006): Die pädagogische Haltung von Betreuungspersonen und Eltern im Umgang mit Vorschulkindern. In: Jahrbuch 15, 139-151

Barth-Richtarz, J. (2009): Diagnostik im Kontext psychoanalytisch-pädagogischer Erziehungsberatung. In: Jahrbuch 17, 37-60

Beaumont, M. (1995): Zur Bedeutung psychoanalytischer Konzepte für Kindergarten, Schule und »Erziehungstherapie«. Ein Beitrag aus Großbritannien. In: Jahrbuch 7, 33-48

Becker-Schmidt, R. (1992): Defizite in psychoanalytischen Konzepten weiblicher Entwicklung. In: Jahrbuch 4, 149-162

Beyersmann, I. (1991): Deprivation als Folge gestörter frühkindlicher Beziehungen zu Mutter, Vater und Umwelt. In: Jahrbuch 3, 139-162

Biedermann, I. (1991): Das Jahrhundertmodell. Mit einem in Europa einzigartigen Gesetz gehen die Österreicher auf dem Gebiet der Psychotherapie neue Wege. In: Jahrbuch 3, 231-237

Bittner, G. (2004): Was kann man »aus Geschichten lernen«? In: Jahrbuch 14, 42-53

Bittner, G. (2009): Psychoanalyse an der Universität? – oder: Aschenputtel versus »dogmatische Form« (S. Freud). In: Jahrbuch 17, 124-137

Bittner, G. (2011): Das Rätsel der Sphinx. Oder: psychosoziale vs. naturalistische Paradigmen der Lebensspanne. In: Jahrbuch 19, 11-29

Bogyi, G. (2006): Magisches Denken und die Verarbeitung von traumatischen Ereignissen. In: Jahrbuch 15, 39-56

Boothe, B. (2004): Die Fallgeschichte als Traumnovelle: Eine weibliche Erzählung vom Erzählen. In: Jahrbuch 14, 76-98

Buchholz, M. (2000): Wie kann Familienberatung und Familientherapie auf die sich ändernden Familienprobleme antworten? In: Jahrbuch 11, 53-67

Büttner, C. (2008): Differenzen aushalten lernen. Grundsätzliches und Kasuistisches zur Entwicklung von interkultureller Sensibilität. In: Jahrbuch 16, 72-91

Büttner, C., Pfeil, J. (1994): Perinatale Aspekte von Verhaltensstörungen am Beispiel eines Kindergartenkindes. In: Jahrbuch 6, 69-90

Cifali, M. (1998): Das pädagogische Verhältnis: Zwischen Verstrickung und Distanzierung. In: Jahrbuch 9, 138-146

Cifali, M., Moll, J. (1995): Zur Begegnung zwischen Pädagogik und Psychoanalyse in Frankreich und in der romanischen Schweiz. In: Jahrbuch 7, 63-71

Ciobanu-Oberegelsbacher, S. (1995): Geistige Behinderung und unbewusste Abwehr. Annäherungen des Londoner Tavistock-Centers an die psychoanalytische Arbeit mit Geistig- und Mehrfachbehinderten. In: Jahrbuch 7, 49-62

Dammasch, F. (2000): Das Kind, seine alleinerziehende Mutter und der virtuelle Vater. In: Jahrbuch 11, 98-116

Datler, M., Datler, W., Fürstaller, M. et al. (2011): Hinter verschlossenen Türen. Über Eingewöhnungsprozesse von Kleinkindern in Kindertagesstätten und die Weiterbildung pädagogischer Teams. In: Jahrbuch 19, 30-54

Datler, W. (1990): Pädagogik und/oder Psychoanalyse und/oder Psychoanalytische Pädagogik? In: Jahrbuch 2, 120-121

Datler, W. (1992): Psychoanalytische Praxis, Pädagogik und psychoanalytische Kur: Einige problemgeschichtliche und systematische Anmerkungen über unklare Grenzen als Krise, Aufgabe und Chance. In: Jahrbuch 4, 11-51

Datler, W. (1995): Über frühestes Erleben und späteres Wiedererinnern: Rückfragen an Christian Büttner, Jutta Pfeil und Ludwig Janus. In: Jahrbuch 7, 144-154

Datler, W. (2004): Wie Novellen zu lesen ...: Historisches und Methodologisches zur Bedeutung von Falldarstellungen in der Psychoanalytischen Pädagogik. In: Jahrbuch 14, 9-41

Datler, W., Bogyi, G. (1989): Zwischen Heim und Familie. In: Jahrbuch 1, 10-31

Datler, W., Büttner, C. (1993): Nachruf auf Hans-Georg Trescher (1950-1992). In: Jahrbuch 5, 10-13

Datler, W., Büttner, C., Finger-Trescher, U. (1999): Psychoanalyse, Pädagogik und die ersten Lebensjahre. Zur Einführung in den Themenschwerpunkt. In: Jahrbuch 10, 9-14

Datler, W., Datler, M., Sengschmied, I. et al. (2002): Psychoanalytisch-pädagogische Konzepte der Aus- und Weiterbildung. Eine Literaturübersicht. In: Jahrbuch 13, 141-171

Datler, W., Eggert-Schmid Noerr, A. (1994): Hans-Georg Treschers Veröffentlichungen über Psychoanalyse und Pädagogik. Zur Würdigung seines wissenschaftlichen Werkes. In: Jahrbuch 6, 162-182

Datler, W., Ereky, K., Strobel, K. (2002): Alleine unter Fremden. Zur Bedeutung des Trennungserlebens von Kleinkindern in Kinderkrippen. In: Jahrbuch 12, 53-77

Datler, W., Fatke, R., Winterhager-Schmid, L. (1994): Zur Institutionalisierung der Psychoanalytischen Pädagogik in den 80er und 90er Jahren: Die Einrichtung der Kommission »Psychoanalytische Pädagogik« in der Deutschen Gesellschaft für Erziehungswissenschaft. In: Jahrbuch 6, 132-161

Datler, W., Gstach, J., Steinhardt, K. et al. (2009): Was ist unter Psychoanalytischer Pädagogik zu verstehen? Zur Einleitung in den Themenschwerpunkt. In: Jahrbuch 17, 9-18

Datler, W., Steinhardt, K. (1993): Psychoanalyse, Pädagogik und Säuglingsforschung. Über jüngere Diskussionen zur psychoanalytischen Theorie der frühen Kindesentwicklung und weitere Neuerscheinungen zur Psychoanalytischen Pädagogik. In: Jahrbuch 5, 175-210

Datler, W., Trunkenpolz, K. (2011): Trauerarbeit als Bildungsaufgabe im hohen Alter? Anmerkungen über Alter und Abwehr, Bildung und Forschung. In: Jahrbuch 19, 175-190

Diem-Wille, G. (1989): Karrierefrauen und Karrieremänner im Management. In: Jahrbuch 1, 101-119

Diem-Wille, G. (1999): »Niemand hat mir jemals etwas gesagt ...« Die Falldarstellung einer Eltern-Kleinkind-Therapie aus der Tavistock Clinic. In: Jahrbuch 10, 101-115

Dohmen-Burk, R. (1998): An der Schwelle zum Berufsleben: Aus der Arbeit einer Beratungsstelle für Jugendliche und junge Erwachsene ohne Ausbildung. In: Jahrbuch 9, 58-80

Dornes, M. (1999): Spiegelung – Identität – Anerkennung: Überlegungen zu kommunikativen und strukturbildenden Prozessen der frühkindlichen Entwicklung. In: Jahrbuch 10, 48-62

Dörr, M. (1994): »Hier findet das satte Leben statt« – Berufliche Identität in der Institution einer Kinder- und Jugendpsychiatrie. In: Jahrbuch 6, 55-68

Dörr, M. (2008): »Jo ei, ich bin halt in Russland geboren, Kaukasus«. Biographische Deutungsmuster eines jugendlichen Spätaussiedlers und ihre Passung zu sozialpädagogischen Handlungsmustern eines Jugendmigrationsdienstes. In: Jahrbuch 16, 53-71

Dörr, M. (2010): Analogien und Differenzen zwischen psychoanalytischer Pädagogik und konstruktivistisch-systemtheoretischer Pädagogik. In: Jahrbuch 18, 80-102

Dörr, M. (2011): »Erwachsene«. Eine psychoanalytisch-pädagogische Perspektive. In: Jahrbuch 19, 154-174

Eggemann-Dann, H.-W. (1998): Was zählt, kann man (er)zählen. Die Bedeutung der institutionellen Erziehungsberatung für die Kinder- und Jugendhilfe. In: Jahrbuch 9, 41-59

Eggert-Schmid Noerr, A. (2002a): Das modernisierte Kind. Einleitung in den Themenschwerpunkt. In: Jahrbuch 12, 9-14

Eggert-Schmid Noerr, A. (2002b): Über Humor und Witz in der Pädagogik. In: Jahrbuch 13, 123-140

Eggert-Schmid Noerr, A. (2010): Zwangsvermütterlichung. Vom Nutzen des psychoanalytischen Blicks auf den Fall einer gescheiterten Sozialpädagogischen Familienhilfe. In: Jahrbuch 18, 27-50

Eggert-Schmid Noerr, A. (2011): Mensch, ärgere dich nicht, spiele! Psychoanalytische und psychoanalytisch-pädagogische Perspektiven auf das kindliche Spiel. In: Jahrbuch 19, 55-73

Eisenbach-Stangl, I., Stangl, W. (2008): Das innere und äußere Ausland. Manifeste und latente Botschaften in rechtsradikalen Texten. In: Jahrbuch 16, 145-158

Erdheim, M. (1995): Ethnische Identität und multikulturelle Gesellschaft. In: Jahrbuch 7, 101-118

Erdheim, M. (1997): Erwiderung auf Hans Füchtners Kritik »Für ›Ethnische Identität‹ – gegen Freud. Kritische Anmerkungen zu Erdheims Thesen über Familie, Kultur und Ethnizität«. In: Jahrbuch 8, 126-139

Ereky, K. (2002): Präödipale Triangulierung: Zur psychoanalytischen Diskussion um die Frage des Entstehens der frühen familiären Dreiecksbeziehungen. In: Jahrbuch 12, 151-177

Ermer, R. (1990): Die Sehnsucht des Lehrers nach Wohlbefinden. In: Jahrbuch 2, 27-53

Fatke, R. (1993): »Rationalisierung der Erziehung«? Siegfried Bernfelds Programm einer Psychoanalytischen Pädagogik. In: Jahrbuch 5, 78-94

Federn, E. (1995): Die psychoanalytische Pädagogik: Gestern, heute und morgen. In: Jahrbuch 7, 139-143

Figdor, H. (1989): »Pädagogisch angewandte Psychoanalyse« oder »Psychoanalytische Pädagogik«? In: Jahrbuch 1, 136-172

Figdor, H. (1990): Wer nicht erkennen will, muss glauben. Nachträgliches zu Jürgen Körner und Volker Schmid. In: Jahrbuch 2, 141-148

Figdor, H. (2002): Psychoanalytisch-pädagogische Erziehungsberatung. Theoretische Grundlagen. In: Jahrbuch 13, 70-90

Figdor, H. (2006): Psychoanalytische Pädagogik und Kindergarten: Die Arbeit mit der ganzen Gruppe. In: Jahrbuch 15, 97-126

Figdor, H. (2009): Im Namen des Kindes. Zur Kritik herkömmlicher Sachverständigen-Praxis aus psychoanalytisch-pädagogischer Sicht. In: Jahrbuch 17, 61-84

Finger-Trescher, U. (1995): Einleitende Bemerkungen. In: Jahrbuch 7, 120-121

Finger-Trescher, U. (2000): Psychosoziale Beratung von Familien im institutionellen Kontext. Allgemeine Fragen und konzeptionelle Überlegungen. In: Jahrbuch 11, 68-83

Finger-Trescher, U. (2009): Leitung einer (sozial-)pädagogischen Einrichtung. Das Prinzip der »offenen Tür«. In: Jahrbuch 17, 103-123

Finger-Trescher, U. (2011): Eltern. Anmerkungen zu einer denkwürdigen Lebensform. In: Jahrbuch 19, 139-153

Finger-Trescher, U., Datler, W. (2004): Gruppenanalyse in der Schule? Einige Anmerkungen zum Beitrag von Inge Schubert. In: Jahrbuch 14, 121-131

Flaake, K. (1992): Weibliche Adoleszenz und Einschreibungen in den Körper. Zur Bedeutung kultureller Definitionen von körperlicher Weiblichkeit für die Entwicklungsmöglichkeiten von Mädchen. In: Jahrbuch 4, 137-148

Füchtner, H. (1997a): Für »Ethnische Identität« – gegen Freud. Kritische Anmerkungen zu Erdheims Thesen über Familie, Kultur und Ethnizität. In: Jahrbuch 8, 105-125

Füchtner, H. (1997b): Nachbemerkung. In: Jahrbuch 8, 140-142

Füchtner, H. (2006): Ich-AG Dreikäsehoch. Über das Versagen der Psychoanalytischen Pädagogik in Zeiten der Globalisierung. In: Jahrbuch 15, 174-186

Garlichs, A., Leuzinger-Bohleber, M. (1995): Aufwachsen in zwei Deutschlands: Eine angewandte psychoanalytische Pilotstudie mit Kindern in Jena und Kassel. In: Jahrbuch 7, 72-100

Gartner, K. (2004): Warum der kleine Ernst eine Holzspule schleudert. Oder: Die psychoanalytische Theorie der Bearbeitung von Erlebnisinhalten im Spiel. In: Jahrbuch 14, 152-179

Gerspach, M. (1990): Vom falschen Pathos der Fraternisierung. Oder: Wie Integration an ihren inneren Widersprüchen zu scheitern droht. In: Jahrbuch 2, 54-74

Göppel, R. (1989): Die Rezeption der Psychoanalyse in der heilpädagogischen Bewegung der Weimarer Republik. In: Jahrbuch 1, 56-73

Göppel, R. (1993): Sankt Bernfeld? Anmerkungen zum Siegfried-Bernfeld-Gedächtnisjahr 1992. In: Jahrbuch 5, 124-145

Göppel, R. (1999): Die Bedeutung der frühen Erfahrungen oder: Wie entscheidend ist die frühe Kindheit für das spätere Leben. In: Jahrbuch 10, 15-36

Göppel, R. (2002): Frühe Selbständigkeit für Kinder – Zugeständnis oder Zumutung. In: Jahrbuch 12, 32-52

Göppel, R. (2006): »Kinder denken anders als Erwachsene ...« Die Frage nach dem »magischen Weltbild des Kindes« angesichts der These von der »Kindheit als Konstrukt« und angesichts der neuen Bildungsansprüche an den Kindergarten. In: Jahrbuch 15, 15-38

Göppel, R. (2011): Das frühe Erwachsenenalter – auf der Suche nach dem »guten Leben«. In: Jahrbuch 19, 113-138

Gottschalch, W. (1992): Die endliche und die unendliche Adoleszenz. In: Jahrbuch 4, 89-103

Groenendijk, L.F. (1998): Psychoanalytisch orientierte Sexualaufklärung vor dem Zweiten Weltkrieg. In: Jahrbuch 9, 147-158

Gstach, J. (1990): Psychoanalyse – Individualpsychologie – Pädagogik. Weiteres zur psychoanalytisch-pädagogischen Literatur seit 1983 unter besonderer Berücksichtigung der Bedeutung individualpsychologischer Studien. In: Jahrbuch 2, 153-191

Gstach, J. (2009): Rudolf Ekstein – Ein Leben zwischen den Welten. Zum Tod von Rudolf Ekstein. In: Jahrbuch 17, 145-149

Heinemann, E. (1991): Szenisches Verstehen und fördernder Dialog im Unterricht der Sonderschule für Erziehungshilfe. In: Jahrbuch 3, 127-138

Helsper, W. (1992): Individualisierung, Individuation, Idealität: Rekonstruktion einer Fallstruktur »fiktionaler Individuierung« in Mädchenbiographien. In: Jahrbuch 4, 104-136

Hermsen, T., Schmid, M. (2010): Luhmanns Systemtheorie, Psychoanalyse und Familienhilfe. Ein Systematisierungs- und Abgrenzungsversuch. In: Jahrbuch 18, 51-79

Hirblinger, H. (1990): Die Gegenübertragungsreaktion im Unterricht. In: Jahrbuch 2, 7-26

Hirblinger, H. (1991): Über Symbolbildung in der Adoleszenz. In: Jahrbuch 3, 90-117

Hirblinger, H. (2002): Ein »Organ für das Unbewusste« auch für Lehrer? Der Beitrag der psychoanalytischen Pädagogik zur Frage der Professionalisierung in der Lehrerbildung. In: Jahrbuch 13, 91-110

Hoanzl, M. (2002): Vom Land, in dem es keine Eltern gibt. Geschwisterliche Themen und deren mögliche Bedeutung im Prozess des Heranwachsens. In: Jahrbuch 12, 78-101

Hoanzl, M. (2008): Befremdliches, Erstaunliches und Rätselhaftes. Schulische Lernprozesse bei »Problemkindern«. In: Jahrbuch 16, 16-35

Hofmann, C. (1993): Gruppenanalytisch orientierte Arbeit mit geistig behinderten Männern und Frauen. In: Jahrbuch 5, 146-174

Horvath, M., Scheidl-Trummer, E. (1989): Psychoanalytische Pädagogik seit 1983. Eine Literaturübersicht. In: Jahrbuch 1, 173-200

Hover-Reisner, N., Funder, A. (2009): Krippenbetreuung im Fokus der Psychoanalytischen Pädagogik. Psychoanalytisch-pädagogische Beiträge zum Thema »Außerfamiliäre Betreuung von Kleinkindern«. In: Jahrbuch 17, 169-200

Imbert, F. (1998): »Bolid-Kinder« und die Arbeit des Pädagogen. In: Jahrbuch 9, 121-137

Janus, L. (1994): Psychoanalytische und pränatalpsychologische Aspekte zur lebensgeschichtlichen Bedeutung vorgeburtlicher und geburtlicher Erfahrung. In: Jahrbuch 6, 91-107

Janus, L. (1995): Versuch einer Antwort auf die »Rückfragen« von Wilfried Datler. In: Jahrbuch 7, 155-158

Janus, L. (1999): Zur Thematisierung vorgeburtlicher und geburtlicher Erfahrungen in pädagogischen Zusammenhängen – Ideen und Vorstellungen. In: Jahrbuch 10, 116-123

Kastner, P. (2010): Geschichte(n) verstehen oder systemisch denken. Veränderte Wahrnehmungen in der Sozialpädagogik. In: Jahrbuch 18, 13-26

Katzenbach, D. (1999): Kognition, Angstregulation und die Entwicklung der Abwehrmechanismen. Ein Beitrag zum Verständnis behinderter Lernfähigkeit. In: Jahrbuch 10, 124-145

Kaufhold, R. (1992): Werkübersicht zu Bruno Bettelheim. In: Jahrbuch 4, 270-278

Kaufhold, R. (1994): Ernst Federn: Sozialist, Psychoanalytiker, Pädagoge. Eine Annäherung an sein Leben und Werk. In: Jahrbuch 6, 108-131

Kaufhold, R. (2009): Abschied von Ernst Federn, Pionier der Psychoanalytischen Pädagogik. In: Jahrbuch 17, 138-144

Khalik, F. (2000): Leben in zwei Heimatländern. Erfahrungen aus der psychotherapeutischen Arbeit mit Mitgliedern aus Migrantenfamilien. In: Jahrbuch 11, 117-126

Kinast-Scheiner, U. (1999): Geschwisterbeziehungen: Ein Bericht über tiefenpsychologische und psychoanalytisch-pädagogische Veröffentlichungen. In: Jahrbuch 10, 146-171

Kinast-Scheiner, U. (2000): Psychoanalytische Beiträge zum Prozess des Alterns. Eine Literaturübersicht. In: Jahrbuch 11, 145-183

King, V. (2004): Generationen- und Geschlechterbeziehungen in Freuds »Fall Dora«. Ein Lehrstück für die Arbeit mit Adoleszenten. In: Jahrbuch 14, 54-75

Kobelt Neuhaus, D. (2006): Kindertageseinrichtungen der Zukunft: Aufgaben und Chancen. Ein Essay aus der Perspektive von Fort- und Weiterbildung. In: Jahrbuch 15, 162-173

Körner, J. (1990): Welcher Begründung bedarf die psychoanalytische Pädagogik? In: Jahrbuch 2, 130-140

Körner, J. (1992): Auf dem Wege zu einer Psychoanalytischen Pädagogik. In: Jahrbuch 4, 66-84

Körner, J., Müller, B. (2004): Chancen der Virtualisierung – Entwurf einer Typologie psychoanalytisch-pädagogischer Arbeit. In: Jahrbuch 14, 132-151

Kraft, E., Perner, A. (1997): Vom Objekt der Betreuung zum Subjekt des Wunsches. Über psychoanalytische Sozialarbeit mit einer achtzehnjährigen Frau. In: Jahrbuch 8, 10-26

Krebs, H. (2002): Emotionales Lernen in der Schule – Aspekte der Professionalisierung von Lehrerinnen und Lehrern. In: Jahrbuch 13, 47-69

Krebs, H. (2010): Psychoanalytisch-pädagogische und systemische Perspektiven in der institutionellen Erziehungsberatung. Differenzen und Übereinstimmungen. In: Jahrbuch 18, 124-149

Krebs, H., Müller, B. (1998): Der psychoanalytisch-pädagogische Begriff des Settings und seine Rahmenbedingungen im Kontext der Jugendhilfe. In: Jahrbuch 9, 15-40

Krumenacker, F.-J. (2002): Professionalisierung im pädagogisch-therapeutischen Milieu. In: Jahrbuch 13, 111-122

Kupper-Heilmann, S., Kleemann, C. (1997): Heilpädagogische Arbeit mit Pferden. In: Jahrbuch 8, 27-46

Lange, A., Lüscher, K. (2000): Vom Leitbild zu den Leistungen. Eine soziologische Zwischenbilanz des aktuellen Wandels von Familie. In: Jahrbuch 11, 22-52

Leuzinger-Bohleber, M., Garlichs, A. (1991): Lehrerausbildung für die Arbeitslosigkeit. Spätadoleszente Identitätsbildungsprozesse unter erschwerten Berufsperspektiven. In: Jahrbuch 3, 7-48

Mattner, D. (1989): Vom Sinn des Unsinnigen – Überlegungen zum hyperkinetischen Verhalten. In: Jahrbuch 1, 90-100

Mauthe-Schonig, D. (1995): »Die kleine weiße Ente hat einen Traum ...« Psychoanalytische Anmerkungen zu einem Grundschulunterricht, in dem regelmäßig Geschichten erzählt werden. In: Jahrbuch 7, 13-32

Messerer, K. (1999): Ein psychoanalytisch-pädagogischer Blick in die Praxis der Mobilen Frühförderung: Ausschnitte aus der Geschichte von Natalie und ihrer Familie. In: Jahrbuch 10, 63-83

Messerer, K., Sengschmied, I. (1995): »Weibsbilder«. Psychoanalytische Diskussionsbeiträge zur weiblichen psychosexuellen Entwicklung in der Literatur der frühen 90er Jahre. In: Jahrbuch 7, 159-188

Müller, B. (1989): Psychoanalytische Pädagogik und Sozialpädagogik. In: Jahrbuch 1, 120-135

Müller, B. (1990): »Pädagogisch angewandte Psychoanalyse« oder »Psychoanalytische Pädagogik« – Eine Kontroverse. In: Jahrbuch 2, 149-152

Müller, B. (1991): Multiperspektivität als Aufgabe Psychoanalytischer Pädagogik. Zur Aktualität Siegfried Bernfelds. In: Jahrbuch 3, 163-177
Müller, B. (1993a): Kleiner Grenzverkehr. Ein Beitrag zur sozialpädagogischen Praxisberatung. In: Jahrbuch 5, 29-42
Müller, B. (1993b): Bernfeld, die Psychoanalyse und die Pädagogik. Einleitung in den Themenschwerpunkt. In: Jahrbuch 5, 54-59
Müller, B. (1993c): Bernfelds Beitrag zur Psychoanalytischen Pädagogik: Multidisziplinär – nicht unsystematisch. In: Jahrbuch 5, 114-123
Müller, B. (1998): Authentizität als sozialpädagogische Aufgabe – erläutert am Beispiel Schuldnerberatung. In: Jahrbuch 9, 101-120
Müller, B. (2002a): Wie der »aktive Schüler« entsteht. Oder: »From learning for love to the love of learning«. Ein Vergleich von Ansätzen Fritz Redls, Rudolf Eksteins und Ulrich Oevermanns. In: Jahrbuch 12, 102-119
Müller, B. (2002b): Beziehungsarbeit und Organisation. Erinnerung an eine Theorie der Professionalisierung sozialer Arbeit. In: Jahrbuch 13, 27-46
Müller, B. (2008): Sexualkunde in der Jugendarbeit. Ein Beitrag zu einer ethnopsychoanalytisch inspirierten Ethnographie. In: Jahrbuch 16, 36-52
Müller, B. (2011): Jugend und Adoleszenz in psychoanalytisch-pädagogischer Perspektive. In: Jahrbuch 19, 74-91
Müller, B., Finger-Trescher, U., Krebs, H. (1998): Jugendhilfe und Psychoanalytische Pädagogik. Zur Einführung in den Themenschwerpunkt. In: Jahrbuch 9, 9-14
Müller, B., Krebs, H., Finger-Trescher, U. (2002): Professionalisierung in sozialen und pädagogischen Feldern. Impulse der Psychoanalytischen Pädagogik. In: Jahrbuch 13, 9-26
Müller, B., Winterhager-Schmid, L. (1992): Einleitung in den Themenblock. In: Jahrbuch 4, 85-88
Natschläger, B. (1997): Erziehungsberatung als Gegenstand psychoanalytischpädagogischer Veröffentlichungen. Ein Literaturbericht. In: Jahrbuch 8, 143-177
Neuhaus, B. (1997): Das Psychodramaspiel mit Kindern an einer Schule für Erziehungshilfe. In: Jahrbuch 8, 47-68
Niedergesäß, B. (2009): Die Regulationsstörungen der Zwillinge Jelena und Stephan. Der Umgang mit Regulationsstörungen in einem psychoanalytisch-pädagogischen Setting einer Babygruppe. In: Jahrbuch 17, 19-36
Petrik, R. (1992): Szenisches Verstehen – Forschungsinstrument und/oder Handlungskonzept Psychoanalytischer Pädagogik? In: Jahrbuch 4, 163-178
Plänkers, T. (1995): »Ihr G'schau geht mir durch und durch!« Ernst Federn zum 80. Geburtstag. In: Jahrbuch 7, 122-138
Prazak, R., Steinhardt, K. (2011): Adoleszenz und Mathematikunterricht. Die Bedeutung des Erlebens von Scham und Stolz für Jugendliche im schulischen Kontext. In: Jahrbuch 19, 92-112
Preiß, H. (2008): Psychoanalyse und geistige Behinderung. Entwicklungen und pädagogische Impulse. In: Jahrbuch 16, 159-188
Rauchfleisch, U. (2000): Familien mit gleichgeschlechtlichen Paaren. Probleme und Chancen. In: Jahrbuch 11, 84-97

Raue, J. (1991): Jugendliche und Neonazismus – Psychoanalytische Anmerkungen zu einem Zeitphänomen. In: Jahrbuch 3, 49-58

Rohr, E. (2008): Ethnopsychoanalytische Erfahrungen in Guatemala. Über das Lehren und Lernen von interkultureller Kommunikation und die Bedeutung der Ethnopsychoanalyse für die Pädagogik. In: Jahrbuch 16, 92-103

Rose, L. (1991): Junge Kunstturnerinnen – ein Fall »genialischer Pubertät«? In: Jahrbuch 3, 59-89

Rummel, C. (2000): Die Freiheit, das Chaos der Liebe und die Notwendigkeit einer neuen Generationenethik. In: Jahrbuch 11, 127-144

Salzberger-Wittenberg, I. (1993): Die emotionale Bedeutung des Lehrens und Lernens. In: Jahrbuch 5, 43-53

Salzberger-Wittenberg, I. (1999): Kurztherapeutische Arbeit mit Eltern von Kleinkindern. In: Jahrbuch 10, 84-100

Sander, G. (1993): Die »wundersame« Bernfeld-Kritik in der DDR. In: Jahrbuch 5, 108-113

Schaab, U. (1997): Psychoanalytische Pädagogik als Möglichkeit einer dialogischen Heilpädagogik in der Arbeit mit geistig behinderten Menschen. In: Jahrbuch 8, 69-84

Schäfer, G. (1990): Bildungsprozesse und Symbolisierung im frühen Kindesalter. In: Jahrbuch 2, 75-86

Schäfer, G. (1999): Bildung beginnt mit der Geburt. In: Jahrbuch 10, 37-47

Schäfer, G. (2002): Selbst-Bildung als Verkörperung präreflexiver Erkenntnistheorie. In: Jahrbuch 12, 120-150

Schäfer, G. (2006): Die Bildungsdiskussion in der Pädagogik der frühen Kindheit. In: Jahrbuch 15, 57-80

Schaukal-Kappus, H. (2009): Eine Karte von Moritz Schlick an Rudolf Ekstein. Zur Eröffnung der Rudolf-Ekstein-Sammlung am Institut für Bildungswissenschaft der Universität Wien. In: Jahrbuch 17, 150-156

Schmid, V. (1990): Einige Bemerkungen in kritischer Absicht zu H. Figdor: »Pädagogisch angewandte Psychoanalyse« oder »Psychoanalytische Pädagogik«? In: Jahrbuch 2, 122-129

Schmid, V. (1991): Georg Büchner ein Adoleszenter? Anmerkungen zu einem Unterrichtsprojekt und dessen symboltheoretischer Ausrichtung. In: Jahrbuch 3, 118-126

Schmid, V. (1993): »Aufklärung des Gefühls« zwischen Individualisierung und Tradition. Zur Widerständigkeit des Dialogs zwischen Psychoanalyse und Pädagogik bei Siegfried Bernfeld. In: Jahrbuch 5, 60-77

Schmid, V. (1994): Bildung als Präsentation und Repräsentation. Analysen von Episoden einer pädagogischen Einzelfallarbeit unter den Gesichtspunkten von kommunikativen Mustern, unbewussten Phantasien und Bildungsprozessen. In: Jahrbuch 6, 9-24

Schmidt-Löw-Beer, C. (2008): Verschiedene Welten, verschiedene Wahrnehmungen. Das »unpersönliche Selbst«, der Überlebensmodus der Verleugnung und die An-

näherung an die psychischen Strukturen von Jugendlichen in Ost und West. In: Jahrbuch 16, 124-144
Schnoor, H. (1992): Aspekte einer psychoanalytisch orientierten Pädagogik für Personen mit einer geistigen Behinderung. Geistige Behinderung als Ich-Schwäche. In: Jahrbuch 4, 200-219
Schrammel, S., Wininger, M. (2009): Psychoanalytische Pädagogik in der deutschsprachigen Erziehungswissenschaft. Ausgewählte Ergebnisse einer empirischen Studie. In: Jahrbuch 17, 157-168
Schubert, I. (2004): Die *Offene Klassenrunde* – ein gruppenanalytisches Setting in der Schule. »Meine Mutter sagt, ich bin genau wie meine Mutter.« In: Jahrbuch 14, 99-120
Schwabe, M. (2010): Mit »psychoanalytischen« und »systemischen« »Stämmen« und »Geschichten« unterwegs in der Jugendhilfe. In: Jahrbuch 18, 150-166
Seemann, S., Möller, H. (2008): Die Psychohistorie von Lloyd deMause als Schlüssel zur Organisationskultur. In: Jahrbuch 16, 104-123
Siraj-Blatchford, I., Sylva, K., Taggart, B. et al. (2006): Was kennzeichnet qualitativ gute Vorschulbildung? Ergebnisse von Einzelfallstudien in britischen Vorschuleinrichtungen. In: Jahrbuch 15, 127-138
Steinhardt, K. (1991): Supervision – ein Anwendungsgebiet Psychoanalytischer Pädagogik? Eine Literaturumschau zu Balintgruppenarbeit, Supervision und Psychoanalytischer Pädagogik seit 1983. In: Jahrbuch 3, 188-230
Steinhardt, K. (1994): Supervision im Rahmen des Pädagogikstudiums. Zur Bedeutung der Reflexion universitärer Bedingungen als konstitutives Element von Ausbildungssupervision. In: Jahrbuch 6, 25-54
Steinhardt, K. (1997): Supervision als Ort der Reflexion des beruflichen Selbstverständnisses von Heilpädagogen. In: Jahrbuch 8, 85-104
Steinhardt, K. (2006): Kinder zwischen drei und sechs – eine »neue« Herausforderung für die Psychoanalytische Pädagogik? In: Jahrbuch 15, 9-14
Steinhardt, K., Spindler, M. (1992): Schulisches aus psychoanalytisch-pädagogischer Perspektive. Aktuelle Schwerpunkte in der psychoanalytisch-pädagogischen Auseinandersetzung mit schulpädagogischen Fragestellungen und weitere Publikationen zur Psychoanalytischen Pädagogik seit 1983. In: Jahrbuch 4, 238-269
Steitz-Kallenbach, J. (1992): Lehrerinnen und Lehrer im Beziehungsgeflecht des Unterrichts. Überlegungen zu Aufgaben und Perspektiven der Lehrerausbildung. In: Jahrbuch 4, 179-199
Stieber, J., Peric, A. (2011): Jeder Mensch erlebt Migration anders, nämlich auf eine einmalig individuelle Weise (Möhring). Psychoanalytisch orientierte Beiträge zum Thema des Erlebens von Migration. In: Jahrbuch 19, 191-227
Studener, R., Datler, W. (1998): Lese- und Rechtschreibschwierigkeiten als eine spezifische Form von Lernschwierigkeiten – ein Thema Psychoanalytischer Pädagogik? In: Jahrbuch 9, 159-184
Szypkowski, B. (1998): Vor Ort und hautnah – Sozialpädagogische Familienhilfe. In: Jahrbuch 9, 81-100

Tait, C. (2006): Emotionales Wohlbefinden und Resilienz des Kindes: die Bedeutung von »Chuffedness«. In: Jahrbuch 15, 152-161

Textor, M.R. (2006): Die Vergesellschaftung der Kleinkindheit. Kindertageseinrichtungen im Spannungsfeld kontroverser Erwartungen. In: Jahrbuch 15, 81-96

Traxl, B. (2009): Psychoanalytisch-pädagogische Anmerkungen zur Bedeutung affektiv-interaktioneller Prozesse in der heilpädagogischen Praxis. Aus der Arbeit mit dem zwölfjährigen Martin. In: Jahrbuch 17, 85-102

Trescher, H.-G. (1993): Postgraduale Weiterbildung in Psychoanalytischer Pädagogik. Konzept und Erfahrungen mit einem dreijährigen Weiterbildungsgang. In: Jahrbuch 5, 14-28

Trescher, H.-G., Büttner, C. (1989): Editorial. In: Jahrbuch 1, 7-9

Trunkenpolz, K., Funder, A., Hover-Reisner, N. (2010): »If one wants to ›see‹ the unconscious, one can find it in the setting of Infant Observation ...« Beiträge zum Einsatz des Beobachtens nach dem Tavistock-Konzept im Kontext von Forschung. In: Jahrbuch 18, 167-208

von Lüpke, H. (1989): Psychodynamische Aspekte bei der »Minimalen Cerebralen Dysfunktion« (»MCD«) – dargestellt an einem Fallbeispiel. In: Jahrbuch 1, 74-89

Wagner-Winterhager, L. (1989): Heroische Mythen – Repressive Entsublimierung durch Gewalt-Videos? In: Jahrbuch 1, 32-55

Wartenberg, G. (1991): Eriksons Autobiographie als Spiegel seiner Auseinandersetzung mit Ich-Identität. In: Jahrbuch 3, 178-187

Winterhager-Schmid, L. (1992): »Wählerische Liebe« – Plädoyer für ein kooperatives Verhältnis von Pädagogik, Psychoanalyse und Erziehungswissenschaft. In: Jahrbuch 4, 52-65

Winterhager-Schmid, L. (2002): Die Beschleunigung der Kindheit. In: Jahrbuch 12, 15-31

Wolff, R. (1993): Wiederentdeckung und Aktualität Siegfried Bernfelds. In: Jahrbuch 5, 95-107

Rezensionen

Jürgen Grieser: Architektur des psychischen Raumes. Die Funktion des Dritten. Psychosozial-Verlag: Gießen, 2011, 394 Seiten

Jürgen Grieser beschreibt in seinem neuen Buch die Bedingungen der Möglichkeit beim Fühlen, Denken und Handeln in einer Situation mehr als eine Perspektive einzunehmen. Was das bedeuten kann, werde ich anhand eines Beispiels aus meiner pädagogischen Praxis in einer inklusiven Kita erläutern.

> Einzelnen behinderten Kindern tropft beim Essen Speichel aus dem Mund, da es ihnen nicht möglich ist, dies zu kontrollieren. Wir erwarten von den anderen Kindern, die sich davor ekeln, nicht, dass sie dieses Gefühl vor sich und vor den anderen verbergen. Wir reden in oder vor solchen Situationen mit ihnen über ihre Gefühle, um eine sozialverträgliche Lösung mit ihnen für diese Essenssituationen zu suchen und sie so dabei zu unterstützen, dass alle am Essen teilnehmen und Freude daran haben können. Auch fragen wir sie nach weiteren, möglicherweise von anderen Gefühlen begleiteten Beziehungserfahrungen mit diesem Kind. Wichtig ist neben unseren Gesprächen mit den Kindern, mit welcher Haltung wir mit unseren oft ebenso widersprüchlichen Gefühlen vor den Kindern in diesen Situationen umgehen. Von beidem hängt es ab, ob die Kinder möglicherweise unterschiedliche Gefühle in sich in diesen Situationen spüren können oder allmählich lernen, wie sie das Verhalten des behinderten Kindes einordnen und welche Handlungsoptionen sich für sie aus dieser Verarbeitung ergeben können (vgl. Mainkrokodile 2011).

Grieser legt dar, dass die Fähigkeit, eine Situation von mehr als einer Perspektive aus zu beurteilen und die Freiheit zu erwerben, auch in schwierigen Situationen wählen zu lernen, in einem lebenslangen Lernprozess erworben wird und uns immer wieder aufs Neue vor Herausforderungen stellt. Diese Erfahrungen werden verinnerlicht und konstituieren einen psychischen Raum, der wiederum Basis für die Bewältigung weiterer solcher Erfahrungen darstellt.

Die Grunderfahrungen in diesem Raum stellen solche im Beziehungsdreieck (Triade) Vater, Mutter und Kind dar. Dazu gehören für das Kind der Erwerb der Fähigkeit zur Selbst-Objektdifferenzierung, der Verarbeitung der Abwesenheit von Personen aus der Triade durch Symbolisierungen sowie der konstruktive Umgang damit, dass eine wichtige dritte Person eine abweichende Sicht auf Geschehnisse in der Familie hat als die für das Kind wichtige zweite Person. Diese wiederkehrenden Erfahrungen werden verinnerlicht (Triangulierung) und dienen sodann als Grundmodell für eine mehrperspektivische Sichtweise in typischen Dreieckssituationen im weiteren Leben. Diese erstrecken sich von den möglichen triadischen Vorstellungen vor der Zeugung eines Kindes bis zur Auseinandersetzung mit Alter und Tod. Als wichtig wird weiterhin beschrieben, dass ein Kind die

Erfahrung macht, dass sich die Eltern über diese unterschiedlichen Perspektiven und ihr darauf basierendes Handeln verständigen können. Da diese Grundsituation von den meisten Menschen erfahren wird, stellt die Dreieckserfahrung, so Grieser, für den Umgang mit allen Situationen, in denen mehr als eine Perspektive für deren Erleben von Bedeutung ist, einen Prototyp dar. Diese Erfahrungen in der Familie stellen darüber hinaus ein Modell dafür dar, wie man zwischen Ebenen mit unterschiedlich vielen Perspektiven pendelt, wie zwischen Dyade und Triade.
Weiterhin betont Grieser die Bedeutung des gemeinsamen Bezugssystems zwischen Menschen mit unterschiedlichen Perspektiven, wie sie sich in den gemeinsamen Vorstellungen und Wertungen in einer Kultur als vierte Dimension darstellen. Als fünften Faktor nennt er die Zeit und damit die Erfahrung der Veränderbarkeit von gemeinsamen Bezugssystemen.
Ein eigenes Kapitel widmet Grieser den Triangulierungsstörungen. Diese Störungen bestehen aus seiner Sicht zum einen dann, wenn zwei der Personen sich eng zusammen- und den Dritten ausschließen, wobei jede Konstellation möglich ist. Auch ist es möglich, dass sich zwei konkurrierende Dyaden bekämpfen oder sich alle drei Personen gegen die Außenwelt abschließen. Es ist offensichtlich, dass es in allen diesen Fallen unmöglich ist, dass ein Kind in angemessener Weise triadische Erfahrungen machen und verinnerlichen kann, was Defizite in der Selbst-Objektdifferenzierung, der Symbolisierungsfähigkeit und der Einnahme unterschiedlicher Perspektiven in einer Situation nach sich ziehen kann.
Ich möchte die Fruchtbarkeit dieses Denkansatzes noch an zwei Beispielen näher erläutern.
In der frühen Triangulierung können aggressive Gefühle gegenüber der Mutter auf den Vater gerichtet und so die Mutter-Kind-Beziehung entlastet werden. Ist dies aufgrund der Nichtverfügbarkeit des Vaters nicht möglich, kann das Kind sich mit dem abwesenden Vater identifizieren und dann diese aggressiven Gefühle gegen den eigenen Körper richten, was zu psychosomatischen Erkrankungen führen kann. Grieser betont dabei jedoch die mangelnden triadischen Fähigkeiten beider Eltern und führt dazu aus: »Zu einer regressiven psychosomatischen Triangulierung kommt es nicht bereits dann, wenn der reale Dritte fehlt, sondern erst, wenn auch die primäre Bezugsperson, also die Mutter, nicht über eine genügend empathische und triadische Kompetenz verfügt, die ihr ermöglichen würde, für das Kind zugleich einfühlsam präsent und adäquat abgegrenzt zu sein« (S. 255).
Ähnlich ist sein Verstehenszugang bei der depressiven Symptomatik eines Kindes in einer unvollständigen Triade. Er betont, dass diese Symptomatik aus seiner Sicht gleichermaßen darauf beruht, dass die Mutter es nicht vermochte, den Vater in der Familie zu halten oder auf ihn zu verweisen, wie auch auf der realen Abwesenheit des Vaters (S. 267).
In einem weiteren Kapitel geht Grieser auf die Bedeutung dieses Verstehensansatzes für die Beratungspraxis ein. Er beschreibt die therapeutische Situation als einen Übergangs- oder Möglichkeitsraum, in dem Symbolisierungs- und Entwicklungsprozesse im Dreieck *Patient-Therapeut-Symbol* möglich werden (S. 292). Triangulierung geschieht aus seiner Sicht dabei weiterhin, wenn eine bisherige Sichtweise in diesen Prozessen um eine neue Perspektive erweitert werden kann, ohne jedoch die bisherige zukünftig bei Entscheidungen außer Acht zu lassen (S. 294). Dies führt zu einem Zuwachs an Freiheit. Unter dieser triadischen Perspektive diskutiert er dann weitere Bestandteile der Rahmenbedingungen der therapeutischen Situation.

Griesers Buch ist klar strukturiert, fundiert und durch viele Fallbeispiele anschaulich. Die triadische Perspektive ist in allen Kapiteln sehr deutlich herausgearbeitet. Trotz des beachtlichen Umfangs des Buchs werden manche Aspekte – wohl notwendigerweise – nur angerissen, so die Veränderungen des vierten Pols, der Kultur, und vor allem deren Bedeutung für die Praxis. Für Pädagoginnen und Pädagogen lässt das Praxiskapitel Fragen offen, regt aber zum eigenständigen Transferprozess an und macht neugierig auf die ausstehenden Antworten von Grieser selbst, womöglich an anderer Stelle.

Literatur

Mainkrokodile (2011): Rahmenkonzept. Online im Internet: URL: www.mainkrokodile.de (Zugriff 29.12.2011)

Bernd Niedergesäß

Heiner Hirblinger: Unterrichtskultur. Psychosozial-Verlag: Gießen, 2011, 894 Seiten[1]

Das vorliegende Werk von annähernd 900 Seiten thematisiert Schule, genauer: Gymnasium für adoleszente Schüler aus Sicht der Psychoanalytischen Pädagogik. Der Autor, ein Gymnasiallehrer mit 35 Jahren Berufserfahrung, entwickelt darin ein sehr detailliertes Konzept zu einer Unterrichtsgestaltung, die – was auf dem Gebiet der Schuldidaktik fast vollständig unbekannt ist – sich der unbewussten Prozesse des interaktiven Geschehens zwischen Schülern und Lehrer annimmt und diese reflektierend zu nutzen weiß. Damit zeigt er eine effektive Möglichkeit auf, einen essentiellen Beitrag zu den komplexen Bildungsprozessen junger Menschen zu leisten, welche nun erst diese Bezeichnung wirklich verdienen. In Abwendung von einer sich rein zweckrational gebenden Unterrichtstechnologie wird hier Schule als Ort emotionaler Erfahrungen aufgegriffen. Angelehnt an gruppenpsychoanalytische Konzepte von Foulkes und Bion wird die kommunikative Matrix einer Lerngruppe als bestimmender Faktor für die kritische Aneignung überlieferter Bildungsgüter sichtbar gemacht. Erst auf diese Weise erschließen sich, jetzt mit Bezug auf Winnicott, Bildungs- als potenzielle Entwicklungsräume. Unterrichten wird zur Beziehungsarbeit in einer Lebensphase des Übergangs von Familie zur Kultur, die von Irritationen, aber auch der Möglichkeit für Neubewertungen, begleitet ist. Damit, so Hirblinger, ist der Weg gezeigt zu einer wahren Unterrichtskultur.

---

1 Diese Rezension erschien erstmals am 26.8.2011 in: socialnet Rezensionen (online im Internet: URL: http://www.socialnet.de/rezensionen/11263.php [Zugriff 16.9.2011]) und wird wegen der ausführlichen Besprechung des behandelten Werks und der Relevanz der besprochenen Thematik mit Genehmigung der Redaktion von socialnet wiederabgedruckt.

Der *erste Band* macht emotionale Erfahrungen und Mentalisierungsprozesse im schulischen Alltag zu seinem Gegenstand. Denn die das Schul- als einem intensiven Beziehungsleben begleitenden Affekte sind die »Zugpferde« kognitiver Prozesse.
Im ersten Kapitel wird das Ineinander adoleszenter Identifikationsschicksale mit der Gegenübertragungsneigung des Lehrers beleuchtet. Schüler richten an die Person des Lehrers unbewusste Beziehungsappelle, die ihren eigenen Primärerfahrungen entsprechen. Gerade in der Phase der Adoleszenz sind diese Appelle von großer Ambivalenz zwischen dem Wunsch nach Nähe und jenem der Autonomie geprägt und halten daher ein massives Konfliktpotenzial parat. Dies nun führt seitens des Lehrers zu entsprechenden Gegenübertragungsreaktionen. Unbewusst gerät er zum einen in die komplementäre Rolle des ihm zugedachten Elternobjekts, zum anderen mag er auch konkordante Regungen des Adoleszenten in sich verspüren, die von innerem Aufruhr und Selbstzweifeln künden. Muss beides abgewehrt werden, kommt es beinahe unweigerlich zu sich verschärfenden Schwierigkeiten der Unterrichtsgestaltung. Abgerundet wird dieser Teil durch die Hinwendung zum Konzept der Mentalisierung. Auf Schule bezogen heißt das: Erst die Fähigkeit, die Gedanken und Empfindungen des Anderen empathisch lesen und ihm Intentionen des Denkens und Handelns zuerkennen zu können, begründet Wissenserwerb als einen Akt reflexiven Bildungsverständnisses. Findet der Lehrer allerdings keinen Zugang zu den eigenen blinden Flecken, bleibt seine Fähigkeit, Mentalisierungsprozesse bei Schülern anzuregen, begrenzt.
Im zweiten Kapitel geht es um das Zusammenspiel bestimmter Unterrichtsprinzipien mit der psychischen Strukturbildung der Schüler. Der Aufbau des symbolischen Denkens steht im Mittelpunkt der Überlegungen, oftmals erschwert durch das Wiederaufflackern narzisstischer Strebungen während der Adoleszenz. Realität in einem System triangulärer Identifizierungen, also jenseits rein dyadischer Beziehungsgestaltung als ein sachliches Drittes zu erfahren, wird damit zunächst erschwert. Insofern steht der Erwerb reifer psychischer Strukturen in einem direkten Zusammenhang mit den Sprechakten im Unterricht. Bleiben Schüler und Lehrer in einem dyadischen Machtkampf auf der Beziehungsebene befangen, ist der Weg für den Aufbau triadischer Deutungsmuster verstellt.
Das dritte Kapitel nimmt sich daher dieser Sprechakte im Unterricht an. Die Reflexion der Wechselbeziehung zwischen dem Beziehungshabitus des Lehrers und den Identifikationsweisen des adoleszenten Schülers eröffnet entscheidende sprachliche Gestaltungsmöglichkeiten. Das innere Erleben der Schüler offenbart sich beispielsweise auf der Suche nach Anerkennung im Symptom des Zwischenrufs. Nur in einem Rahmen, der offen ist für emotionale Erfahrungen, können moralische Orientierungen sinnvoll erörtert und ergo verinnerlicht werden. Da aber, wo Schule im Dienst der Zweckrationalität nur auf manische Abwehr gegen persönliches wie gesellschaftliches Leid setzt, werden kommunikative Austauschprozesse massiv beschädigt. Was bleibt, scheinen allein Überangepasstheit oder Rebellion zu sein. Unter dem diktatorischen Einfluss eines mechanischen Wissenserwerbs müssen dann alle unverständlichen Äußerungen ausgeblendet werden. Die Mentalisierungspraxis erweist sich folglich als stark reduziert.
Schließlich greift das vierte Kapitel die Entwicklung des Selbst auf und geht der Frage nach, wie es im Unterreicht zum Drama einer zweiten Individuierung kommt. Zunächst wird die den Lernprozessen innewohnende Raumbezogenheit reflektiert. Die Bedeutung

dieses potenziellen Raums für die unterrichtliche Symbolarbeit wird über das Thema der Trennung (aus dyadischen Beziehungsfusionen) sichtbar gemacht. Fungiert der Lehrer als Container der noch unverdauten Affekte und Phantasien der Schüler, wird Zeit gewonnen, die für die anstehenden Enkulturationsansprüche bitter benötigt wird. Dies alles steht für die pädagogische Arbeit an der Wechselbeziehung von Ichideal-Bildung und Beziehungsfähigkeit – die grundlegenden Voraussetzungen für den Erwerb von Selbst-Bildung.

Der *zweite Band* befasst sich mit der Didaktik als Dramaturgie im symbolischen Raum. Das Dilemma der doppelten Ungewissheit – beide, Lehrer und Schüler müssen sich mit der kränkenden Leere des eigenen Nichtwissens konfrontieren und zugleich das Misstrauen gegen ein naives, allzu schnell erworbenes Wissen wach halten – ist gleichsam als Motto auszumachen. Das (chronologisch fortgeführte) fünfte Kapitel handelt daher von Gestaltungsimpulsen und vom Gestaltungsrahmen des Unterrichts. Denken wird als Denken im intermediären Raum aufgefasst, der zwischen Innen und Außen oszilliert. Problemlösung erscheint hernach als Sinnstiftung in einem Raum zwischen zu großer Affektintensität und Affektarmut. Hierzu bedarf es der Existenz eines haltenden Rahmens und einer dritten Instanz, wofür der Lehrer die Verantwortung übernimmt. Sinnstiftung erfolgt über seine Wahrnehmung wie Mitteilung der konkordanten Gefühle und Phantasien, was notabene das Gegenteil von Konfrontation beinhaltet. Sinnstiftung erfolgt als Beziehungsarbeit im didaktischen Feld. Der Lehrer geht mit dem Unbewussten seiner Schüler empathisch um und stellt ihnen sein eigenes Unbewusstes als Organ zur Verfügung. Vermittelt durch seine Containerfunktion – qua Affektregulierung, Erinnern und Verstehen – fördert er das Werden symbolischen Denkens. Da, wo zunächst unbewusste Phantasien der Schüler zur Inszenierung drängen, fördert eine verstehende Haltung die Übersetzung des Gleichsetzungsmodus in der Übertragung (in etwa:»Sie sind mein strenger Vater«) in einen repräsentationalen Als-ob-Modus (in etwa:»Ich habe verstanden, dass ich Sie wie meinen strengen Vater erlebe«). Voraussetzung für diese Form der Versymbolisierung, die einen spielerischen Umgang mit den Affekten einschließt, ist die Reflexion der eigenen Gegenübertragung. Sie ermöglicht den Aufbau der Mentalisierungsfunktion der Schüler. Und damit ist der deutliche Unterschied zwischen einem Wissen, das als vermeintlich objektive Information jenseits jeglichen Geltungsanspruchs von Sinn aufscheint, und einem Wissen, das mit dem Selbst und der Subjektnatur des Wissenden durch emotionale Erfahrung verbunden bleibt, markiert.

Das Ganze wird abgerundet durch knapp gehaltene Schlussbemerkungen, in welchen noch einmal die Tiefendimension des pädagogischen Materials herausgestellt wird. Schließlich finden wir ein umfangreiches Glossar zu den verwendeten Fachbegriffen vor, das auch für andere pädagogische Arbeitsschwerpunkte gute Dienste leisten kann. Ich habe selten psychoanalytische Konzepte wie etwa Übertragung, Gegenübertragung oder Mentalisierung mit ihren verschiedenen Facetten so prägnant auf den Punkt gebracht gefunden.

Die beiden Bände lesen sich wie das Lebenswerk eines altgedienten Lehrers, der der nachfolgenden Generation junger Kollegen einige Warnungen und Ratschläge mit auf den Weg gibt, die sich im Mainstream der Literatur über Schule kaum finden lassen. Schule hält für Lehrer wie Schüler viele Kränkungen und Beschämungen parat. Als Ergebnis der Abwehr dieser bedrohlich erscheinenden affektiven Erfahrungen werden Holzhammerpädagogik (»Kinder brauchen Grenzen«) und die manische Suche nach Lösungen (»nicht auf die

Defizite, sondern auf die Stärken schauen«) propagiert. Dass der oftmals vom Scheitern bedrohte Schulalltag eine unbewusste Dimension sein eigen nennt, scheint das Undenkbare zu sein. Übertragungen, Gegenübertragungen, Inszenierungen von Beziehungsstörungen sind aber stets präsent und umso wirkmächtiger, je massiver sie verdrängt oder verleugnet werden müssen. Hier zeigt der Autor einen gangbaren Weg auf, über das Verstehen dieses dynamisch Unbewussten zu einer affektiven Entspannung – und damit eigentlich erst zur Fähigkeit, sich Wissen als reflexives Wissen symbolvermittelt aneignen zu können – zu gelangen. Es geht weniger um Deutung im klassischen psychoanalytischen Verständnis als vielmehr darum, sich mit Hilfe des szenischen Verstehens der affektiven Verstrickungen von Lehrer und Schülern, vermittelt über die Reflexion der eigenen Gegenübertragungsneigung, aus diesen Beziehungsfallen wieder lösen zu können und so Raum zu schaffen für wahre Bildungsprozesse. Aktuelle theoretische Erörterungen aus dem Bereich der psychoanalytischen Fachdebatte werden in diesem Sinne für die Pädagogik aufbereitet, mit vielen Fallvignetten erläutert und dadurch anschaulich und gut verwendbar gemacht. Inzwischen wissen wir, oder haben es zumindest vermutet, dass auch Gymnasiasten ihre persönlichen Themen in die Schule einbringen, und diese, wenn nicht gehört, über unbewusste Inszenierungen auf der Beziehungsebene metaphorisch verschleiert zur Sprache bringen. Nur da, wo ihre Unterwerfungsgeste übermächtig erscheint, bleiben sie scheinbar sachlich erreichbar. Hirblinger bestätigt mit seiner umfangreichen Kasusistik und deren differenzierten Interpretation die Allgegenwart dieser adoleszenten Phantasien. Werden sie nicht verstanden, gereicht dies meist zum eskalierenden Ausagieren. Hier aber werden sie konstruktiv für das Werden der eigenen Bildung nutzbar gemacht.

Das zweibändige Werk zeigt die Übertragbarkeit moderner psychoanalytischer Konzepte – wie etwa Erkenntnisse der Gruppenanalyse, der Affekt- und Mentalisierungsforschung – auf das Gebiet der Unterrichtsgestaltung auf. Das Wissen um und der kompetente Umgang mit unbewussten dynamischen Beziehungsarrangements in der Klasse wird als eine Bereicherung des Lehrerdaseins sichtbar. Anhand vieler Beispiele wird aufgezeigt, wie diese Kompetenzen zu einer substantiellen Verbesserung des Unterrichtsklimas und ergo zum Aufbau von reflexiven Bildungsprozessen beitragen können. Vielleicht wäre allein einzuwenden, dass die Zielgruppe fast durchgängig adoleszente Gymnasiasten sind. Gleichwohl wären die vorgetragenen Prinzipien ohne Not auch auf den Umgang mit anderen Schülergruppen zu übertragen. Es wird Zeit, dass die Schuldidaktik derlei Erörterungen zur Kenntnis nimmt.

Manfred Gerspach

George J. Makari: Revolution der Seele. Die Geburt der Psychoanalyse. Psychosozial-Verlag: Gießen, 2011, 648 Seiten

Das fing meinen Blick ein, zufällig. Die Dächer von Wien, gründerzeitliche Bauten, Ringstraßenarchitektur, darüber Portraits berühmter und wichtiger Psychoanalytiker. Ein gerade zurückliegender Besuch in Wien ließ es reizvoll erscheinen, sich mit der Entstehung der Psychoanalyse in dieser Stadt noch einmal zu befassen.

Mit diesem Blick war das Buch erst einmal eine Enttäuschung. Es befasst sich mit Anderem als dem Erwarteten. Schnell entpuppte es sich als so etwas wie eine Organisationsgeschichte der psychoanalytischen Vereinigungen.
Im Vorwort zur Reihe »Bibliothek der Psychoanalyse«, zu der das Buch gehört, schreibt der Herausgeber Hans-Jürgen Wirth: »Im Zuge ihrer Etablierung als medizinisch-psychologisches Heilverfahren hat die Psychoanalyse ihre geisteswissenschaftlichen, kulturanalytischen und politischen Ansätze vernachlässigt. Indem der Dialog mit den Nachbarwissenschaften wieder aufgenommen wird, soll das kultur- und gesellschaftskritische Erbe der Psychoanalyse wiederbelebt und weiterentwickelt werden.«
Wenn dieser Anspruch tatsächlich an Makaris umfangreiches Werk gelegt wird, so könnte man es relativ schnell zur Seite legen. Diesem Anspruch scheint es nicht gerecht zu werden, wahrscheinlich sogar auch gar nicht entsprechen zu wollen. Der Autor George Makari ist Rektor des Cornell-Instituts für Geschichte der Psychiatrie, er lehrt an verschiedenen medizinischen und psychologischen Instituten in den USA. Er lebt in New York. Von Beruf ist er Psychotherapeut und Historiker.
Der Autor gliedert sein Buch in einen ersten Teil »Die Entstehung der Freud'schen Theorie«, einen zweiten Teil »Die Entstehung der Freudianer«, der sich auf Wien, Zürich und die gesamte Welt bezieht, und einen dritten Teil »Die Entstehung der Psychoanalyse« bis hin zu einem Schlussunterkapitel »Die Psychopolitik der Freiheit«.
Makari ist ein außerordentlich belesener Autor, er stützt sich auf ca. 900 Literaturangaben, die das Literaturverzeichnis des Buchs zu einer reichen Fundgrube machen. Er arbeitet sehr quellenbewusst, in der amerikanischen Originalausgabe wird dies noch deutlicher als in der deutschen Übersetzung. Dort sind die Literaturangaben, Querverweise und Anmerkungen in einem Anhang gesammelt, der selbst schon nahezu 100 Seiten umfasst. Ein Namens- und Sachregister schließt sich an. Die deutsche Ausgabe macht aus den Anmerkungen im Wesentlichen Fußnoten und bringt die einfachen Literaturverweise in einem gesonderten, ebenfalls außerordentlich umfangreichen Literaturverzeichnis.
Schnell wird deutlich, dass es wirklich nicht langt, sich von den Dächern von Wien und ein paar bekannten oder weniger bekannten Portraits verlocken zu lassen, um eine Buchbesprechung zu schreiben. Darf man überhaupt ein solches Buch über die Geburt der Psychoanalyse rezensieren, wenn man selbst kein Analytiker, ja nicht einmal Psychotherapeut ist? Aber andererseits – wenn nur Psychoanalytiker Bücher über Psychoanalyse lesen würden, wäre dies sinnvoll?
Vor mir liegt nun aber wirklich ein Wälzer, will man das lesen? Es wimmelt von Namen, von Jahreszahlen, von kleinen und kleinsten Begebenheiten, von Zitaten aus Briefen, von Anmerkungen, von weiteren Zitaten. Da gibt es doch schon so viel über Freud und seine Psychoanalyse, etwa Peter Gays »Freud. Eine Biographie für unsere Zeit« (1997) oder die auch von Makari immer wieder herangezogene mehrbändige Freud-Biographie von Ernest Jones »Das Leben und Werk von Sigmund Freud« (1953-57). Wer es kürzer mag, greift zu Octave Mannonis Bildmonographie »Freud« (1971). Dann gibt es ja noch im gleichen Verlag »Freud für Anfänger« (Appignanesi, Zarate 1980), ein Sachcomic von verblüffender Prägnanz.
Was bietet dieses neu erschienene und mit großer Mühe und Sorgfalt übersetzte Buch? Mir will scheinen, dass der Autor mit seiner spezifischen historischen Ausbildung und

Ausrichtung deutliche Akzente setzt: sehr viel Quellenarbeit, intensives Archivstudium, Analyse des Schriftwechsels von Freud und anderen. Er bettet die Entstehungsgeschichte in historische Zusammenhänge, bleibt dabei allerdings im Wesentlichen auf medizinische, naturwissenschaftliche und einige sozialpolitische Aspekte beschränkt. Das Buch entwickelt sich tatsächlich sehr schnell zu einer Organisationshistoriographie. Hier wird es interessant, wenn der Autor beschreibt, wie sich eine zunächst noch eher diffuse gedankliche Konstruktion ausdifferenziert, definiert, weiterentwickelt, durch Kontroversen hindurch gestärkt hervorkommt, wie sie mit Abspaltungen umgeht, wie gewissermaßen Häresien entstehen. Das Mühen um einen ständigen Zusammenhalt, um die Abgrenzung gegenüber Scharlatanerien wird deutlich, Freud als Entwickler und Bewahrer der eigenen Tradition tritt deutlich in den Vordergrund.

Zwar möchte der Autor nach eigenen Angaben die zentrale und ausschließliche Bedeutung Freuds in Frage stellen, in dem er zeigt, wie viele intelligente Köpfe an der Entwicklung nicht nur teilgenommen, sondern sie auch mitbestimmt haben. Dennoch wird für den Leser deutlich, welche zentrale Rolle Freud ständig spielt. Freud hat etwas in Bewegung gebracht, muss aber, so eine wichtige wissenschaftliche Einsicht, nicht als der ausschließliche Autor eines Gesamtkonzepts gesehen werden.

Dies ist zweifellos interessant, bringt Neues für den, der sich für dergleichen Entwicklungen in einer historisch außerordentlich interessanten Zeit interessiert. Vielleicht ist das Buch sogar ein Muss für einen inneren Kreis der Psychoanalytiker, die über das eigene Fach bewusst und kritisch nachdenken wollen.

Und doch, mir als Rezensenten, fehlt so vieles, wenn es wirklich um eine Revolution der Seele (Englisch: Revolution in Mind: The Creation of Psychoanalysis) gehen soll.

Diese Revolution im Wien des langsam zu Ende gehenden 19. Jahrhunderts fand eben nicht nur in diesen Zirkeln statt, auch nicht nur im sozialpolitischen Bereich. Wien war vor und um die Jahrhundertwende eine exemplarische Großstadt voller Zuwanderer, voller Kulturen und Widersprüche. Die Kunst und die Musik, aber auch die Literatur, sie alle sind in heftiger Aufruhr (vgl. Schorske 1985).

Für viele, die sich eher am Rande mit Psychoanalyse befassen, ist die Frage der Sexualität immer ein Bereich, der für Aufregung sorgt. Doch ist die Beschäftigung mit der Sexualität, ja ihre »Entdeckung« wahrhaftig kein Alleinstellungsmerkmal, um es modern zu formulieren, des Doktor Freud. Aus der noch klassizistischen Darstellung von unbekleideten, üppigen, trunkenen Körpern eines Hans Makart entwickelt sich sehr schnell in der Wiener Sezession bei Klimt, Schiele und Kokoschka eine Darstellung des Geschlechtlichen, das nicht mehr heroisch verschönt, verharmlost oder überhöht wird, sondern wirklich in seiner Nacktheit und Lust präsent wird. Sexualität ist nicht nur ein Gefühl, sondern konkrete und gelebte Genitalität.

Courbets Gemälde »l'origine du monde« stellt bereits 1868 das weibliche Geschlecht als den »Ursprung der Welt« dar. Ein Skandal. Rodin wird beauftragt, eine Skulptur Victor Hugos, des berühmten Schriftstellers, zu schaffen. Er will den Dichter nackt und von Musen umgeben darstellen, dieser Entwurf wird allerdings abgelehnt. Rodin hat in seinen Zeichnungen, aber auch in seinen Skulpturen ebenfalls ganz klar Sexualität thematisiert und sichtbar gemacht. Wenn Freud in Paris bei Charcot »Phänomene der Hysterie«

studierte, so kann diese kulturhistorische Vor- und Begleitgeschichte nicht außer Acht gelassen werden. In Wien selbst gibt es von Gustav Klimt die Ausmalung des Universitätstreppenhauses und dort eine Darstellung der Medizin, die sich unmittelbar auf Sexualität und Psyche bezieht, auch hier engste Verbindungen, die allerdings von unserem Autor nicht angesprochen werden. Der einzige Bezug im Buch ist ein Brief des Schriftstellers, »Skandalautors« Arthur Schnitzler an Freud, in dem letzterer Freud bekennt, sehr stark von ihm beeinflusst zu sein. Die umgekehrte Beeinflussung, nämlich die des Doktor Freud durch die ihn umgebende Kultur Wiens, wird meines Erachtens vernachlässigt.

Zur Musikgeschichte ließen sich ebenfalls Parallelen ziehen, das soll hier jedoch unterbleiben, es sprengte den Rahmen einer Rezension völlig.

Das Buch ist ohne Zweifel reich an Informationen, außerordentlich umfangreich, was die Seitenzahl angeht, vom Stil her gut zu lesen, von der Fülle der Namen manchmal allerdings ermüdend.

Ich würde es niemandem empfehlen, der sich eine erste oder eine zweite Information über die Entstehung der Psychoanalyse, ihre Weltsicht, ihre Theorien und therapeutischen Ansätze verschaffen möchte. Ich würde es aber durchaus jenen empfehlen, die schon Einiges wissen, die ihr Wissen erweitern wollen und die vor allem daran interessiert sind, die Entwicklung der Psychoanalyse als Entwicklung eines dynamischen Kreises zu verstehen.

Literatur

Appignanesi, R., Zarate, O. (1980): Freud für Anfänger. Rowohlt: Reinbek bei Hamburg
Gay, P. (1997): Freud. Eine Biographie für unsere Zeit. Fischer: Frankfurt/M.
Jones, E. (1953-1957): Das Leben und Werk von Sigmund Freud. dtv: München, 1984
Mannoni, O. (1971): Freud. Pantheon Books. New York
Schorske, C.E. (1985): Österreichs ästhetische Kultur 1870-1914. In: Historisches Museum der Stadt Wien (Hrsg.): Traum und Wirklichkeit. Wien 1870-1930. Ausstellungskatalog.: Eigenverlag der Museen der Stadt Wien: Wien, 12-25

Andreas Fröhlich

Judit Barth-Richtarz: Gemeinsame Elternschaft nach der Scheidung. Auswirkungen der gemeinsamen und alleinigen Obsorge für die Entwicklungsbedingungen der Kinder. VS-Verlag für Sozialwissenschaften: Wiesbaden, 2012, 504 Seiten

Im Jahr 2001 trat in Österreich das sogenannte *Kindschaftsrecht-Änderungsgesetz (KindRÄG 2001)* in Kraft, das erstmals die Möglichkeit der Obsorge[2] beider Eltern nach einer

---

2 Der österreichische Begriff »Obsorge« entspricht dem deutschen Begriff »Sorgerecht«.

Scheidung gesetzlich regelte. Anders als etwa in Deutschland war in Österreich bis zu diesem Zeitpunkt lediglich vorgesehen, einem der beiden Elternteile das alleinige Sorgerecht für minderjährige Kinder zuzusprechen. (Und anders als in Deutschland ist die »gemeinsame Obsorge« nach der Scheidung nicht als Regelfall vorgesehen, sondern wird nur auf Antrag erteilt und ist an den Willen beider Eltern gebunden.)
Das zuständige Bundesministerium für Justiz gab eine Evaluationsstudie in Auftrag, um Nutzen und Erfolg dieser rechtlichen Neuerungen wissenschaftlich zu untersuchen. Die empirische Evaluation der Situation betroffener Familien wurde von der Wiener Arbeitsgemeinschaft Psychoanalytische Pädagogik durchgeführt.
Im Rahmen dieser Erhebung wurde ein umfangreicher Fragebogen an alle österreichischen Eltern mit gemeinsamen minderjährigen Kindern, deren Scheidung von September bis November 2004 rechtskräftig wurde, versandt. Diese repräsentative quantitative Untersuchung wird durch einen qualitativen Teil ergänzt, in dem 30 Familien mit gemeinsamer bzw. alleiniger Obsorge eingehender erforscht wurden: Mit den Elternteilen wurden jeweils drei Tiefeninterviews durchgeführt, mit den Kindern ab dem Schulalter fanden halbstrukturierte Gespräche, eine projektive Testung und ein Rollenspiel statt, in dem die Kinder im Rahmen einer Talkshow als Experten für die kindlichen Wünsche und Bedürfnisse im Falle einer Scheidung der Eltern auftreten konnten. Mit jüngeren Kindern wurden Spielbeobachtungen durchgeführt.
Die Ergebnisse der Studie sind bereits in zwei umfassenden Publikationen nachzulesen (Figdor, Barth-Richtarz 2006; Barth-Richtarz, Figdor 2008). Nun wurden in einer weiteren Veröffentlichung zusätzliche Untersuchungsergebnisse publiziert (Barth-Richtarz 2012).
Der erste Teil der Arbeit enthält einen äußerst ausführlichen Überblick über empirische Untersuchungen zum gemeinsamen Sorgerecht nach der elterlichen Scheidung, die bisher in den USA, in Nordeuropa, in Deutschland und in Österreich durchgeführt wurden. Die Darstellung verweist nicht nur auf die methodischen Schwierigkeiten bei der Erforschung dieses Themas, sondern zeigt auch auf, dass – mit Ausnahme von drei aktuelleren Untersuchungen – die meisten dieser Studien in den 80er und 90er Jahren des vergangenen Jahrhunderts veröffentlicht wurden. Umso wichtiger ist es, bei der oft kontroversen Diskussion um das elterliche Sorgerecht auf aktuelle wissenschaftliche Daten zurückgreifen zu können.
Der empirische Teil der Arbeit setzt sich mit drei Fragestellungen auseinander. Es wird erforscht, ob sich Unterschiede hinsichtlich der mittel- und langfristigen Entwicklungsbedingungen von Kindern, die mit gemeinsamer bzw. alleiniger elterlicher Obsorge aufwachsen, zeigen; ob allfällige Unterschiede zumindest auch auf die Obsorgeform zurückzuführen sind oder andere Ursachen haben, und welche Konsequenzen aus diesen Ergebnissen für die pädagogische Beratung von Scheidungsfamilien folgen.
Die Ergebnisse der Untersuchung sind durchaus überraschend: So zeigt sich, dass es in Familien, in denen ein Elternteil die alleinige Obsorge (aO) hat, zum Untersuchungszeitpunkt mehr Konflikte zwischen den Eltern gab als bei der Obsorge beider Eltern (ObE). Eltern mit ObE gaben häufiger an, dass sich das Beziehungsklima zum Expartner bzw. zur Expartnerin seit der Trennung wieder entspannt hat, hauptbetreuende Elternteile mit ObE fühlten sich häufiger durch den anderen Elternteil entlastet, als dies bei Alleinsorgeberechtigten der Fall war. Dies widerspricht der häufig geäußerten Annahme, dass gemeinsame

Obsorge zu höheren und persistierenden Konflikten zwischen den Eltern und somit zu einer stärkeren Belastung der Kinder führt. Mehr als 70% der Eltern mit ObE sind mit der Obsorgeregelung zufrieden. Kinder in Familien mit ObE sehen den getrennt lebenden Elternteil signifikant häufiger als bei aO, Kontaktabbrüche zu diesem Elternteil kommen wesentlich seltener vor. Überraschenderweise zeigt sich, dass die gemeinsame Obsorge keineswegs nur von Eltern gewählt wird, deren Konfliktniveau vor der Scheidung gering war, sondern dass diese Obsorgeform auch trotz massiver Konflikte der Eltern (und ohne von vornherein bestehendem Wunsch nach Weiterführung der ObE) möglich ist und gelingen kann. Bei Familien mit mittlerem bis hohem Konfliktniveau vor der Scheidung, die bei der Untersuchung die größte Gruppe darstellten, entwickelte sich das Beziehungsklima zwischen den Eltern bei gemeinsamer Obsorge signifikant positiver als bei Familien mit alleiniger Obsorge. Die Entwicklungsbedingungen von Kindern in Familien mit gemeinsamer Obsorge unterschieden sich klar von jenen, bei denen ein Elternteil das alleinige Sorgerecht hat: Bei gemeinsamer Obsorge werden Kinder vor allem durch geringere Konflikte zwischen den Eltern und die höhere Fortsetzung einer intensiven Beziehung zum getrennt lebenden Elternteil entlastet. Die Studie kommt zu dem Ergebnis, dass »die Obsorgeentscheidung tatsächlich auch – neben anderen Faktoren – Folgen für die weitere Gestaltung der Nachscheidungsfamilie und damit für die Entwicklungsbedingungen der Kinder in diesen Familien zeitigt und die ObE diesbezüglich die günstigeren Bedingungen bereitstellt« (S. 415).

Im letzten Teil der Arbeit führt die Autorin, basierend auf ihren Erfahrungen als psychoanalytisch-pädagogische Erziehungsberaterin und als »Kinderbeistand« bei Gericht, aus, welche Bedeutung den Untersuchungsergebnissen für die Beratung von Scheidungsfamilien zukommt. Sie stellt fest, dass die gemeinsame Obsorge in vielen Fällen dem Kindeswohl eher dient als die alleinige Obsorge und daher »aus pädagogisch-entwicklungspsychologischer Perspektive in Zukunft als Standardmodell gesehen« werden sollte (S. 418). In der Beratung sei es wichtig, Eltern über diese Zusammenhänge aufzuklären. Sie weist auch auf die Bedeutung von Information und Aufklärung hinsichtlich der rechtlichen Rahmenbedingungen und faktischen Gestaltungsmöglichkeiten gemeinsamer Obsorge hin, da bei den Eltern der Untersuchungsgruppe teilweise enorme Wissensdefizite – auch bezüglich der von ihnen gewählten Obsorgeform – vorlagen. Da die Motive für die Obsorgeentscheidung und die Gestaltung der Elternschaft nach der Scheidung aber zum Teil wenig reflektiert und nur teilweise bewusst sind, geht es in der Beratung nicht nur um Wissensvermittlung, sondern auch um die Bewusstmachung und Veränderung unbewusster Anteile.

Sowohl die Methodik als auch die Untersuchungsergebnisse werden ausführlich und nachvollziehbar dargestellt. Ergänzende Anmerkungen an entsprechenden Stellen und Zusammenfassungen erleichtern es der Leserin bzw. dem Leser, die Teile der Arbeit auch einzeln zu lesen. Nicht nur die Untersuchungsergebnisse an sich, sondern auch die Anregungen für die beraterische Praxis machen das Buch zu einer Bereicherung für alle, die beruflich mit Scheidungsfamilien zu tun haben. Sowohl dem empirischen als auch dem »pädagogischen« Teil der Arbeit liegen psychoanalytische Überlegungen zugrunde. So kann die Studie als gelungenes Beispiel für die Verknüpfung von psychoanalytisch-pädagogischem Gedankengut mit empirischen Forschungsdesigns gelten. Wie jede Studie wirft auch diese

Erhebung weitere Fragen auf, vor allem die Frage, wie sich die beobachteten Tendenzen und Unterschiede langfristig weiterentwickeln (die Befragung fand 9 bis 11 Monate nach der Scheidung statt), bleibt offen und weckt den Wunsch nach einer Follow-up-Studie. Dennoch ist zu hoffen, dass diese Evaluationsstudie dazu beiträgt, dass wissenschaftliche Befunde und differenzierte Sachargumente in der oft politisch und ideologisch geprägten Diskussion um die verschiedenen Sorgerechtsformen mehr Berücksichtigung finden werden.

Literatur

Barth-Richtarz, J., Figdor, H. (2008): Was bringt die gemeinsame Obsorge? Studie zu den Auswirkungen des KindRÄG 2001. Manz Verlag: Wien

Figdor, H., Barth-Richtarz, J. (2006): Evaluationsstudie über die Auswirkungen der Neuregelungen des KindRÄG 2001, insbesondere der Obsorge beider Eltern. Unveröffentlichter Projektbericht: Wien

Barbara Neudecker

Fitzgerald Crain: »Ich geh ins Heim und komme als Einstein heraus«. Zur Wirksamkeit der Heimerziehung. VS Verlag für Sozialwissenschaften: Wiesbaden, 2012, 271 Seiten

In Zeiten von Super-Nanny und Anti-Agressions-Training (AAT) einerseits, mit denen alle Erziehungsprobleme in kurzer Zeit regulierbar seien, von Inklusion und Integration andererseits, die das Verschwinden von Stigmatisierungen und Ausschließungsprozessen und den damit verbundenen negativen Erfahrungen und Folgen für die Betroffenen versprechen – in solchen Zeiten verfasst Fitzgerald Crain ein Buch, in dem er die Heimerziehung nicht rundweg als ineffizient und stigmatisierend ablehnt, sondern vorsichtig abwägend Vor- und Nachteile einer solchen Einrichtung für die Entwicklung von ehemaligen Heimbewohnern untersucht. Ist so ein Buch noch zeitgemäß?

Der Titel des Buchs scheint zunächst Größenphantasien von Befürwortern einer Heimerziehung zu befriedigen: Schickt man Kinder ins Erziehungsheim, so kommen sie als Einsteins heraus. Die Allmacht von Erziehung scheint vollkommen zu sein – doch genau dies ist Crains Position nicht. Der Titel ergibt sich aus dem selbstironischen Ausspruch eines Kindes, das seinen Eintritt in das von Crain untersuchte Heim in dieser Weise kommentierte. Für Crain selbst ist das »Heim« ein Ort, »der Lebenschancen zur Verfügung stellt, die vom Jugendlichen ergriffen oder nicht ergriffen werden« (S. 17). Crain und seine Mitarbeiterinnen und Mitarbeiter haben in einem mehrjährigen Projekt versucht, herauszufinden, welche Bedingungen und Einflussfaktoren zusammentreffen müssen, damit ein Jugendlicher diese Chancen ergreift – oder eben nicht ergreift. Das vorliegende Buch ist eine Zusammenschau der Ergebnisse eines Forschungsvorhabens, das am Schulheim »Schillingsrain« bei Basel in der Schweiz durchgeführt wurde, an dem Crain auch als

Heimpsychologe tätig war. Ziel war es, die *psychodynamischen Bedingungen* von Erfolg oder Misserfolg der dort erfolgten Heimerziehung zu erkunden, die an den Heimbiographien und Lebensgeschichten von 78 *ehemaligen* Heimbewohnern untersucht wurden. Das zu diesem Zweck analysierte Aktenmaterial wurde ergänzt durch 35 Interviews, die mit ehemaligen Bewohnern des Schulheims durchgeführt wurden.

Crains Untersuchungsergebnisse ranken sich um zwei zentrale Konzepte. Das eine Konzept bezeichnet er als »Figuren der Veränderung während des Heimaufenthalts« (S. 94ff.), das andere als »Figuren der Entwicklung nach dem Heimaufenthalt« (S. 155ff.).

Dabei stellen die »Figuren der Veränderung« bestimmte, typische Formen des Umgangs der Jugendlichen mit der Heimsituation dar. Vier Typen konnten eruiert werden, die sich in den folgenden Problembereichen voneinander unterscheiden:

- Stellte der Heimaufenthalt eine Zäsur i.S. einer Unterbrechung von sich anbahnenden delinquenten Karrieren und von sich zuspitzenden Familien- und Schulkrisen dar?
- Konnten während des Heimaufenthalts psychische Veränderungen in der emotionalen Offenheit, im Selbstvertrauen, in der Affektregulation etc. erzielt werden?
- Konnte der Heimaustritt noch während der Zeit der Heimunterbringung durch Anbahnung von Entwicklungen im beruflichen Bereich, Schulabschluss, Freundschaften außerhalb des Heims, einer Entspannung im Familiensystem etc. vorbereitet werden?

Diese vier »Figuren der Veränderung« werden dann von Crain weiter analysiert im Hinblick auf die Bedeutung von weiteren Einflussfaktoren, die über Erfolg oder Misserfolg des Heimaufenthalts mitentscheidend waren: die Rolle der Angehörigen, die Bedeutung bereits vorangegangener Fremdplatzierungen, von Migrationshintergrund und Peergroup etc.

Nehmen die »Figuren der Veränderung« die Entwicklung Jugendlicher während des Heimaufenthalts in den Blick, so skizzieren die »Figuren der Entwicklung« insgesamt sechs typische Formen der Entwicklung ehemaliger Heimjugendlicher nach dem Heimaufenthalt. Aufschluss über diese sechs »Figuren der Entwicklung« erzielte Crain in 35 Interviews, die mit »Ehemaligen« durchgeführt und mithilfe folgender Kriterien analysiert wurden:

- Kann die berufliche, familiäre, soziale Integration der »Ehemaligen« als erfolgreich bezeichnet werden oder nicht?
- Mit welchen »Formen der Veränderungen«, die diese Jugendlichen während des Heimaufenthalts entwickelten, stehen diese Integrationsprozesse in Verbindung?

Im Anschluss an die Unterscheidung dieser sechs Formen beschäftigt sich Crain mit der Frage, welche Faktoren zu der spezifischen Art der Integration beigetragen haben, wobei er schließlich dem Gefühl der Autonomie und der Selbstwirksamkeit, über das die »Ehemaligen« mehr oder weniger verfügten, eine herausragende Bedeutung beimisst. Der Heimaufenthalt kann demnach dort als wirksam angesehen werden, wo es gelang, bei den Jugendlichen das Gefühl der Autonomie und Selbstwirksamkeit zu stärken.

Abschließend diskutiert Crain noch Szenarien der möglichen Zukunft der Heimerziehung, die er angesichts von sonderpädagogischen Inklusionsdebatten, für die Heime nicht mehr in die pädagogische Landschaft passen, und der zunehmend ökonomistischen Ausrichtung des Staats eher skeptisch betrachtet:

- Die Öffentlichkeit drängt auf eine Verkürzung des Heimaufenthalts.
- Die Heimerziehung wird technokratisch i.S. eines Verhaltenstrainings organisiert.
- Die Erziehung wird repressiver, um die unerwünschte Identität problematischer Jugendlicher zu zerstören und eine erwünschte Identität aufbauen zu können.

Jedes Szenario sei notwendig mit einem Rückgang der Bedeutsamkeit von psychodynamischen Konzepten verknüpft, da unbewusste Beweggründe für menschliches Verhalten nicht mit Effizienz- und Dressurvorstellungen korrelieren. Eine Erziehung, für die das Bedürfnis der Jugendlichen nach einer »haltenden Umwelt« und der Entwicklung von Autonomie und Selbstwirksamkeit nicht zählt, werde jedoch nur den aggressiven Widerstand, den inneren Rückzug oder die Scheinanpassung der Jugendlichen vermehren. Das bedeutet umgekehrt jedoch nicht, dass Crain davon ausgeht, dass die existierende Heimerziehung keiner Verbesserungen mehr bedarf.

Ist so ein Buch noch zeitgemäß? Vielleicht ist es das, gerade wenn man Crains abschließender Argumentation folgen will, nicht (mehr): Inklusion und Effizienzforderungen lassen an der Sinnhaftigkeit einer Heimerziehung zweifeln – aus jeweils unterschiedlichen Motiven. Allerdings droht bei diesen politischen Debatten doch v.a. eines verloren zu gehen: der Mensch mit seinen grundlegenden Bedürftigkeiten, mit seiner individuellen Geschichte und Gewordenheit, mit seinem Ringen um Anerkennung und Angenommensein, mit seinem oft rätselhaften Verhalten in der Erziehungssituationen, der Mensch mit seinen jeweils besonderen Beziehungsgestaltungen. Auch wenn aus psychoanalytisch-pädagogischer Sicht da und dort eine Vertiefung der »psychodynamischen« Analyse und eine Präzisierung der Psycho- und Beziehungsdynamik der untersuchten Jugendlichen wünschenswert gewesen wäre, so kann die Frage, ob das vorliegende Buch noch zeitgemäß ist, klar beantwortet werden: Ja, es ist zeitgemäß, denn es behandelt pädagogische Probleme, ohne ihnen mit einem rasch verordneten Patentrezept oder mit einem moralisch-politischen Urteil zu begegnen. Heimerziehung ist nicht per se schlecht, aber auch nicht per se gut. Sie kann ein Angebot für Jugendliche in einer kritischen Lebensphase darstellen, mit dem zugleich eine gefährdete Entwicklung unterbrochen wird. Doch wie auch immer dieses Angebot von den Jugendlichen angenommen wird – Autonomie und Selbstwirksamkeit des Jugendlichen stehen für Crain an oberster Stelle.

Johannes Gstach

Abstracts

Christian Büttner, Wilfried Datler, Urte Finger-Trescher
Das Jahrbuch für Psychoanalytische Pädagogik wird 20. Oder: Das Jahrbuch als Ort des Nachdenkens über psychoanalytisch-pädagogisches Können
Im Beitrag wird das Erscheinen des 20. Bandes des Jahrbuchs für Psychoanalytische Pädagogik zum Anlass genommen, um die Entstehung dieses Jahrbuchs im wissenschaftlichen Umfeld der späten 1980er Jahre nachzuzeichnen sowie auf Veränderungen einzugehen, die das Jahrbuch seither erfahren hat. In diesem Zusammenhang wird die Bedeutung des Jahrbuchs für die jüngere Entwicklung der Psychoanalytischen Pädagogik gewürdigt und darauf verwiesen, dass im Jahrbuch immer wieder Arbeiten erschienen sind, welche die Frage behandeln, wie psychoanalytisch-pädagogische Kompetenzen vermittelt werden können, wie der Prozess der Ausbildung entsprechender Kompetenzen beschrieben werden kann und in welcher Weise diese Kompetenzen in der pädagogischen Arbeit zum Tragen kommen können. Im Anschluss daran wird nachgezeichnet, in welcher Weise Themen der psychoanalytischen Qualifizierung von Pädagoginnen und Pädagogen bereits in der Frühzeit der Psychoanalyse geführt wurden, weshalb diese Diskussionen im deutschsprachigen Raum zu einem Ende kamen und erst in den letzten Jahrzehnten wiederaufgekommen sind. Dies führt zum Themenschwerpunkt »Psychoanalytisch-pädagogisches Können: Vermitteln – Aneignen – Anwenden« und der Vorstellung der dazu versammelten Artikel hin.

Urte Finger-Trescher
Psychoanalytisch-pädagogisches Können und die Funktion gruppenanalytischer Selbsterfahrung
In diesem Beitrag erörtert Finger-Trescher die Frage, wie schwierige Situationen im pädagogischen Alltag zu verstehen und zu handhaben sind. Dabei steht das psychoanalytisch-pädagogische Können im Zentrum der Betrachtung. Finger-Trescher vertritt die These, dass gruppenanalytische Selbsterfahrung ein substanzieller Bestandteil beim Erwerb psychoanalytisch-pädagogischer Kompetenz ist. Sie erläutert dies ausführlich anhand eines Fallbeispiels und geht hierbei auch detailliert auf theoretische Erkenntnisse gruppenanalytischer Forschung ein, u.a. auf die enge Verschränkung von horizontaler und vertikaler Ebene von Gruppenprozessen, aber auch auf stets wirksame Rivalitätskonflikte in Gruppen. Dabei wird deutlich, dass das Einnehmen einer gruppenanalytischen Perspektive gerade in schwierigen pädagogischen Situationen eindimensionale Sichtweisen auf das einzelne Kind verhindert bzw. erweitert und so zu Entlastung von Rollenzuschreibungen führt. Um eine entsprechende Kompetenz erwerben zu können, bedarf es der eigenen Erfahrung der Wirkungsweise von Gruppenprozessen in einer entsprechenden Selbsterfahrungsgruppe.

Michael Wininger
»Reflection on action« im Dienst pädagogischer Professionalisierung. Psychoanalytisch-pädagogische Überlegungen zur Vermittlung sonderpädagogischer Kompetenzen an Hochschulen
Sind angehende Sonderpädagoginnen und Sonderpädagogen vor besondere Anforderungen gestellt, aus denen sich die Notwendigkeit der Entwicklung spezifisch sonderpädagogischer Kompetenzen ableiten lässt? Wenn ja, welche Konsequenzen erwachsen daraus für die Gestaltung von Lehr- und Lernprozessen im Hochschulbereich? Dieser doppelten Fragestellung folgend wird in dem Beitrag die Position vertreten, dass differenziertes Nachdenken über Beziehungsprozesse einen zentralen Aspekt von Pädagogik schlechthin darstellt. Unter Bezugnahme auf den jüngeren Professionalisierungsdiskurs wird ausgehend davon der Gedanke verfolgt, dass dieser Anspruch aus sonderpädagogischer Perspektive aber mit besonderen Anforderungen und Schwierigkeiten verbunden ist. Da sonderpädagogische Kernkompetenzen kaum über die bloße Aneignung von theoretischem Wissen erwerb- und differenzierbar sind, müssen Lehrangebote an Universitäten und Hochschulen angehenden Sonderpädagoginnen und Sonderpädagogen wissenschaftsgestützte Zugänge zur Analyse, Reflexion und Gestaltung von pädagogischer Praxis zu eröffnen. Im Beitrag wird ein solches hochschuldidaktisches Modell in seinen Grundzügen vorgestellt und hinsichtlich ausgewählter didaktischer Elemente diskutiert. Eine Fallvignette eröffnet Einblicke in die pädagogische Arbeit innerhalb dieses Hochschulprojekts. Ausgehend davon werden abschließend einige Fragen sonderpädagogischer Professionalisierung aufgeworfen und diskutiert.

Manfred Gerspach
Das heimliche Curriculum der Psychoanalytischen Pädagogik
In den Erziehungswissenschaften werden unter dem Ausdruck des heimlichen Curriculums jene Einflussfaktoren aufgeführt, die ihre Kraft jenseits der bewusst geplanten und operationalisiert durchgeführten Lernziele entfalten. Im Hinblick auf die Lehre von Inhalten und Methodik der Psychoanalytischen Pädagogik an einer Hochschule wäre dieser Begriff dahingehend zu reflektieren und also zu erweitern, dass damit zum einen die sich unbewussten gestaltenden (Gruppen-)Prozesse verstehend in den Blick genommen und zum anderen die mögliche Wirkmächtigkeit ineinander greifender Lehrveranstaltungen mit dieser Schwerpunktsetzung untersucht werden könnten. Selbst wenn Psychoanalytische Pädagogik nicht ausdrücklich als Studienschwerpunkt im Lehrangebot zur Sozialen Arbeit ausgewiesen ist, so lässt sich doch darstellen, wie durch diese Verzahnung auf implizitem Wege ein Kompetenzzuwachs für Studierende zu erreichen ist.

Heinz Krebs, Annelinde Eggert-Schmid Noerr
Professionalisierung von Pädagogik und Sozialer Arbeit im Frankfurter Arbeitskreis für Psychoanalytische Pädagogik
Die Autoren diskutieren in ihrem Beitrag Wege und Möglichkeiten postgradualer Fort- und Weiterbildung in Psychoanalytischer Pädagogik am Beispiel der Angebote des »Frankfurter Arbeitskreises für Psychoanalytische e.V.« (www.fapp-frankfurt.de). Für die Soziale Arbeit und Pädagogik stellt die Arbeit an den manifesten und latenten

Selbstauffassungen der am professionellen Geschehen beteiligten Personen ein zentrales Anliegen dar. Im Fokus der »Psychoanalytischen Pädagogik« steht die Reflexion der »face-to-face-Interaktionen« und die daraus resultierenden bewussten und unbewussten Konflikte und Verwicklungen. Die Angebote des FAPP stellen die Vermittlung von emotionaler Bewusstheit, Beziehungsfähigkeit und kommunikativer und interaktiver Kompetenzen, die Verstehen und Verständigung gewährleisten sollen, in den Vordergrund. Der Ansatz knüpft an den beruflichen Erfahrungen der Fachkräfte an, rekurriert auf wissenschaftliches Wissen der Psychoanalyse und Pädagogik und richtet sein Augenmerk auf die arbeitsfeldübergreifenden Methoden der Fallrekonstruktion und -konstruktion.

Helmuth Figdor
Wie werden aus Pädagogen »Psychoanalytische Pädagogen«?
Im Artikel werden vier Fähigkeiten beschrieben, über die Pädagoginnen und Pädagogen verfügen müssen, wenn sie in ihrer pädagogischen Alltagsarbeit psychoanalytisch-pädagogischen Ansprüchen gerecht werden wollen: die Fähigkeiten, zwischen Alltags- und Entwicklungsbedürfnissen zu unterscheiden; eine Haltung der verantworteten Schuld einzunehmen; Neugierde auf das sich entwickelnde Kind zu verspüren; und Kinder in ihrem Sosein zu akzeptieren, ohne dabei darauf zu verzichten, ihnen förderliche Beziehungserfahrungen und Erfahrungsmöglichkeiten eröffnen zu wollen. Die Begründung und Erläuterung dieser Auffassung erfolgt unter Bezugnahme auf psychoanalytische Theorien, der Diskussion einer Fallvignette und dem Nachzeichnen eines Seminars, in dem diese Themenbereiche behandelt wurden. Der Artikel schließt mit Ausführungen darüber, wie Aus- und Weiterbildungen zu gestalten sind, damit die erwähnten Fähigkeiten so ausgebildet werden, dass sie in der pädagogischen Alltagspraxis zum Tragen kommen.

Urte Finger-Trescher
Die Frankfurter Schule der Psychoanalytischen Pädagogik. Laudatio für Prof. Dr. Aloys Leber zum 90. Geburtstag
Bei diesem Beitrag handelt es sich um einen leicht überarbeiteten Festvortrag, der von Urte Finger-Trescher im Auftrag des Frankfurter Arbeitskreis für Psychoanalytische Pädagogik e.V. anlässlich des 90. Geburtstags von Aloys Leber in der Universität Frankfurt gehalten wurde. Er zeigt auf, wie Psychoanalytische Pädagogik in Frankfurt nach 1945 maßgeblich durch Leber wieder belebt wurde, wie sie in der universitären Lehre zur damaligen Zeit verankert wurde und wo sie sich außerhalb der Universität bis heute weiter entwickeln konnte. Dabei wird das wissenschaftstheoretische Selbstverständnis der Frankfurter Schule der Psychoanalytischen Pädagogik als kritische Theorie des Subjekts und als Sozialwissenschaft ebenso beleuchtet wie Lebers Konzept des fördernden Dialogs und das szenische Verstehen.

Catherine Schmidt-Löw-Beer, Wilfried Datler
Das Konzept der projektiven Identifizierung lehren. Ein interaktives didaktisches Modell
Im Artikel wird das Modell eines Seminars vorgestellt, in dem Studierenden sowie Angehörigen unterschiedlicher psychosozialer Berufe das Konzept der projektiven

Identifizierung sowie damit verwandte psychoanalytische Begriffe, Konzepte und Theorien nahegebracht werden. Das Seminar zeichnet sich durch eine Mischung von Lernen durch eigenes Erleben und dessen theoretischer Vertiefung unter Bezugnahme auf einen klinischen Fall aus. Während des Seminarverlaufs werden die emotionalen Reaktionen der Gruppenmitglieder in den Prozess der Bearbeitung des Fallmaterials miteinbezogen, um so den Lernenden die Gelegenheit zu geben, psychoanalytische Theorien und Konzepte – zumindest ansatzweise – an sich zu erfahren. Ein Rollenspiel eröffnet dabei spezielle Möglichkeiten, die eigenen Emotionen als Informationsquelle und als Arbeitsinstrument zu begreifen. Der Bericht über den Verlauf eines solchen Seminars wird mit Diskussionen in Verbindung gebracht, welche die Vermittlung von Kompetenzen betreffen, die auch für die pädagogische Arbeit außerhalb des Bereiches von Psychotherapie von Relevanz sind.

Barbara Neudecker
Das Jahrbuch für Psychoanalytische Pädagogik im Schnelldurchlauf. Eine Rückschau auf die ersten 19 Bände
Der Beitrag enthält eine Literaturumschau, die den Artikeln der ersten 19 Bände des Jahrbuchs für Psychoanalytische Pädagogik gewidmet ist. Anhand eines Rückblicks auf Einzelarbeiten und Themenschwerpunkte wird nachgezeichnet, welche Themen, Fragen und Problembereiche im Jahrbuch für Psychoanalytische Pädagogik bislang behandelt wurden. Auf Beiträge zur (1.) Fundierung der Psychoanalytischen Pädagogik, (2.) ihrer Geschichte und Entwicklung, (3.) zur psychoanalytischen Sozialisationstheorie und Entwicklungspsychologie, (4.) zu professionellem Handeln in verschiedenen pädagogischen Praxisfeldern, (5.) zur Darstellung psychoanalytisch-pädagogischer Beziehungsverläufe und (6.) zur psychoanalytisch-pädagogischen Sicht auf politische und soziokulturelle Einflüsse auf Erziehung und Bildung wird näher eingegangen. Weiters werden (7.) die bisher erschienenen Artikel zusammengefasst, die in der Rubrik »Literaturumschau« publiziert wurden.

Die Autorinnen und Autoren des Bandes

Christian Büttner, Prof., Dr. phil., Dipl.-Psych.; Studium der Psychologie, Promotion in Erziehungswissenschaften, Gruppenanalytische Weiterbildung; ehem. Leiter des Arbeitsbereichs »Friedenspädagogik/Konfliktpsychologie« an der Hess. Stiftung Friedens- und Konfliktforschung (Frankfurt); Honorarprofessor an der Evangelischen Fachhochschule Darmstadt; Arbeitsschwerpunkte: Aggressionsforschung, Medien, Erwachsenenbildung.

Wilfried Datler, Dr. phil., Univ.-Prof., leitet den Arbeitsbereich Psychoanalytische Pädagogik am Institut für Bildungswissenschaft der Universität Wien. Er ist Lehranalytiker im Österreichischen Verein für Individualpsychologie, stv. Vorsitzender der Arbeitsgemeinschaft für Psychoanalytische Pädagogik (APP) Wien und zurzeit Vorsitzender der Kommission »Psychoanalytische Pädagogik« der Deutschen Gesellschaft für Erziehungswissenschaft (DGfE) sowie Präsident der »International Association of Individual Psychology (IAIP)«. Er arbeitet zu Fragen im Grenz- und Überschneidungsbereich von Psychoanalyse, Pädagogik und Psychotherapie.

Annelinde Eggert-Schmid Noerr, Dr. phil., Dipl.-Päd., Professorin für Sozialpädagogik an der Katholischen Fachhochschule Mainz mit den Arbeitsschwerpunkten: Kinder und Jugendliche in besonderen Problemlagen, Rekonstruktive Sozialarbeit, Professionalisierungsprozesse; Kinder- und Jugendlichenpsychotherapeutin, Gruppenanalytikerin (IGHD) und Supervisorin (DGSv); erste Vorsitzende des Frankfurter Arbeitskreises für Psychoanalytische Pädagogik.

Helmuth Figdor, Univ.-Doz., Dr. phil., Lehrbeauftragter an der Universität Wien und an der Universität für Musik und Darstellende Kunst, Wien; Psychoanalytiker (WPV/IPA), Kinderpsychotherapeut und Erziehungsberater in freier Praxis; Vorsitzender der APP (Arbeitsgemeinschaft Psychoanalytische Pädagogik); Leiter der Ausbildung zum psychoanalytisch-pädagogischen Erziehungsberater.

Urte Finger-Trescher, Priv.-Doz., Dr. phil., Dipl.-Päd., Gruppenanalytikerin; Kinder- und Jugendlichenpsychotherapeutin; Psychotherapist European Registered; Leiterin der Beratungsstelle für Eltern, Kinder und Jugendliche der Stadt Offenbach; Privatdozentin an der Universität Kassel; Gastprofessorin an der Universität Wien. Arbeitsschwerpunkte: Psychotraumatologie im Kindes- und Jugendalter, Psychosoziale Beratung und Jugendhilfe, Gruppenanalyse.

Manfred Gerspach, Dr. phil., Professor für Behinderten- und Heilpädagogik am Fachbereich Gesellschaftswissenschaften und Soziale Arbeit der Hochschule Darmstadt. Schwerpunkte in Lehre und Forschung: Elementarpädagogik, Arbeit mit so genannten verhaltensauffälligen Kindern und Jugendlichen, Psychoanalytische Pädagogik, integrative Pädagogik.

Heinz Krebs, Dr. phil., Dipl.-Päd., Supervisor (DGSv), Kinder- und Jugendlichenpsychotherapeut, Psychoanalytischer Pädagoge (FAPP), Mitarbeiter einer Beratungsstelle für Eltern, Kinder und Jugendliche und Tätigkeit in freier Praxis mit den Schwerpunkten Beratung, Kinder- und Jugendlichenpsychotherapie, Supervision und Fortbildung;

zweiter Vorsitzender des Frankfurter Arbeitskreises für Psychoanalytische Pädagogik e.V.; Veröffentlichungen zu den genannten Fachgebieten.

Barbara Neudecker, Mag. phil., MA, ist psychoanalytisch-pädagogische Erziehungsberaterin (APP Wien) und in Ausbildung zur Psychotherapeutin beim Österreichischen Verein für Individualpsychologie (ÖVIP). Sie ist u.a. Referentin in verschiedenen pädagogischen Weiterbildungsprojekten, Lehrbeauftragte an den Universitäten Wien und Innsbruck und in eigener Praxis sowie bei der Beratungsstelle Tamar für sexuell missbrauchte Mädchen und Frauen in Wien tätig.

Catherine Schmidt-Löw-Beer, Dr. phil., Dr. med., Ass.Prof., Fachärztin für Psychiatrie und Neurologie, Psychoanalytikerin und Gruppenpsychoanalytikerin, Lehranalytikerin (WPV/IPA), Lehrtherapeutin in der Sektion Gruppenanalyse des ÖAGG, Mitglied des Lehrkörpers des Psychoanalytical Institute of Eastern Europe (PIEE), Mitglied der Infant Observation Study Group Vienna. Arbeitsschwerpunkte: Psychoanalytische Arbeit mit Borderline-Patienten, der Einfluss gesellschaftlicher Strukturen und Prozesse auf die Psyche in unterschiedlichen Kulturen.

Michael Wininger, Mag., Dr. phil, Vertretungsprofessor am Institut für Sonderpädagogik an der J.W. Goethe-Universität Frankfurt/M. und Gastwissenschaftler am Arbeitsbereich Psychoanalytische Pädagogik des Instituts für Bildungswissenschaft der Universität Wien. Er beschäftigt sich schwerpunktmäßig mit Fragen psychoanalytisch orientierter Sozial- und Sonderpädagogik, psychodynamisch orientierten Ansätzen psychosozialer Beratung, Aspekten der Psychoanalyserezeption innerhalb der akademischen Pädagogik sowie mit bildungsrelevanten Implikationen der Mentalisierungstheorie. Er ist Mitglied im Vorstand der Kommission »Psychoanalytische Pädagogik« der Deutschen Gesellschaft für Erziehungswissenschaft (DGfE) und provisorisches Mitglied der Wiener Psychoanalytischen Vereinigung (WPV).

Die Mitglieder der Redaktion

Bernd Ahrbeck, Prof. Dr. phil. habil., Leiter der Abteilung Verhaltensgestörtenpädagogik am Institut für Rehabilitationswissenschaften der Humboldt-Universität zu Berlin. Erziehungswissenschaftler, Diplom-Psychologe, Psychoanalytiker (DGP, DGPT). Aktuelle Arbeitsschwerpunkte: Analyse von Beziehungsstrukturen und pädagogischen Wirkmechanismen bei verhaltensgestörten Kindern und Jugendlichen, Analyse des Wandels von Erziehungskonzepten, Hyperaktivität.

Wilfried Datler, Dr. phil., Univ.-Prof., leitet den Arbeitsbereich Psychoanalytische Pädagogik am Institut für Bildungswissenschaft der Universität Wien. Er ist Lehranalytiker im Österreichischen Verein für Individualpsychologie, stv. Vorsitzender der Arbeitsgemeinschaft für Psychoanalytische Pädagogik (APP) Wien und zurzeit Vorsitzender der Kommission »Psychoanalytische Pädagogik« der Deutschen Gesellschaft für Erziehungswissenschaft (DGfE) sowie Präsident der »International Association of Individual Psychology (IAIP)«. Er arbeitet zu Fragen im Grenz- und Überschneidungsbereich von Psychoanalyse, Pädagogik und Psychotherapie.

Margret Dörr, Prof. Dr. phil., Dipl.-Soz., Dipl. Soz.-Päd., Professorin an der Katholischen Fachhochschule für Soziale Arbeit in Mainz. Im Sommersemester 2009 Gastprofessur am Institut für Bildungswissenschaft der Universität Wien. Ehem. Vorsitzende der Kommission »Psychoanalytische Pädagogik« der Deutschen Gesellschaft für Erziehungswissenschaft (DGfE). Arbeitsschwerpunkte: Theorien Sozialer Arbeit, Biographie- und Sozialisationstheorie, Klinische Sozialarbeit, Psychoanalytische Sozialpädagogik, Psychopathologie und abweichendes Verhalten.

Annelinde Eggert-Schmid Noerr, Dr. phil., Dipl.-Päd., Professorin für Sozialpädagogik an der Katholischen Fachhochschule Mainz mit den Arbeitsschwerpunkten: Kinder und Jugendliche in besonderen Problemlagen, Rekonstruktive Sozialarbeit, Professionalisierungsprozesse; Kinder- und Jugendlichenpsychotherapeutin, Gruppenanalytikerin (IGHD) und Supervisorin (DGSv); erste Vorsitzende des Frankfurter Arbeitskreises für Psychoanalytische Pädagogik.

Urte Finger-Trescher, Priv.-Doz., Dr. phil., Dipl.-Päd., Gruppenanalytikerin; Kinder- und Jugendlichenpsychotherapeutin; Psychotherapist European Registered; Leiterin der Beratungsstelle für Eltern, Kinder und Jugendliche der Stadt Offenbach; Privatdozentin an der Universität Kassel; Gastprofessorin an der Universität Wien. Arbeitsschwerpunkte: Psychotraumatologie im Kindes- und Jugendalter, Psychosoziale Beratung und Jugendhilfe, Gruppenanalyse.

Rolf Göppel, Dr. phil. habil., Dipl.-Päd., Professor für Allgemeine Pädagogik an der Pädagogischen Hochschule Heidelberg. Ehem. Vorsitzender der Kommission »Psychoanalytische Pädagogik« der Deutschen Gesellschaft für Erziehungswissenschaft (DGfE), Arbeitsschwerpunkte: Psychoanalytische Pädagogik, Kindheits- und Jugendforschung, Risiko- und Resilienzforschung, biographisch orientierte Pädagogik, Pädagogik und Zeitgeist.

Johannes Gstach, Mag., Dr. phil., Assistenzprofessor im Arbeitsbereich Psychoanalytische Pädagogik des Instituts für Bildungswissenschaft der Universität Wien. Er arbeitet zur Geschichte der Psychoanalytischen Pädagogik, zur Erziehungsberatung sowie zur Geschichte der Heilpädagogik und des Fürsorgewesens.

Dieter Katzenbach, Prof. Dr. phil., Dipl.-Päd., Professor am Institut für Sonderpädagogik an der J.W. Goethe-Universität Frankfurt/M. mit dem Schwerpunkt Pädagogik bei geistigen Behinderungen. Arbeitsschwerpunkte: Zusammenhänge zwischen kognitiver und emotionaler Entwicklung und deren Störungen, Gemeinsamer Unterricht behinderter und nichtbehinderter Kinder/Inklusion.

Heinz Krebs, Dr. phil., Dipl.-Päd., Supervisor (DGSv), Kinder- und Jugendlichenpsychotherapeut, Psychoanalytischer Pädagoge (FAPP), Mitarbeiter einer Beratungsstelle für Eltern, Kinder und Jugendliche und Tätigkeit in freier Praxis mit den Schwerpunkten Beratung, Kinder- und Jugendlichenpsychotherapie, Supervision und Fortbildung; zweiter Vorsitzender des Frankfurter Arbeitskreises für Psychoanalytische Pädagogik e.V.; Veröffentlichungen zu den genannten Fachgebieten.

Kornelia Steinhardt, Mag., Dr. phil., wissenschaftliche Mitarbeiterin in der Forschungseinheit Psychoanalytische Pädagogik am Institut für Bildungswissenschaft der Universität Wien, Supervisorin (ÖVS) und Gruppenanalytikerin (ÖAGG), Psychotherapeutin. Arbeitet über frühe Entwicklung und Entwicklungsprobleme, Beratung und Supervision.

Redaktionssekretariat

Antonia Funder, Mag. phil., Assistentin im Arbeitsbereich Psychoanalytische Pädagogik am Institut für Bildungswissenschaft der Universität Wien. Schwerpunktmäßig beschäftigt sie sich in Forschung und Lehre mit frühpädagogischen Konzepten sowie forschungsmethodischen Zugängen zur Analyse von Beziehungsprozessen.

Lieferbare Bände des Jahrbuchs für Psychoanalytische Pädagogik
Psychosozial-Verlag – Gießen

Band 8 (1997)

Themenschwerpunkt: Arbeit in heilpädagogischen Settings. *Elfriede Kraft und Achim Perner:* Vom Objekt der Betreuung zum Subjekt des Wunsches. Über psychoanalytische Sozialarbeit mit einer achtzehnjährigen Frau. - *Susanne Kupper-Heilmann und Christoph Kleemann:* Heilpädagogische Arbeit mit Pferden. - *Bernadette Neuhaus*: Das Psychodramaspiel mit Kindern an einer Schule für Erziehungshilfe. - *Ulrike Schaab*: Psychoanalytische Pädagogik als Möglichkeit einer dialogischen Heilpädagogik in der Arbeit mit geistig behinderten Menschen. - *Kornelia Steinhardt:* Supervision als Ort der Reflexion des beruflichen Selbstverständnisses von Heilpädagogen.
Psychoanalytische Reflexionen über Ethnie, Kultur und Identitätsentwicklung: Eine Diskussion. *Hans Füchtner:* Für »Ethnische Identität« – gegen Freud. Kritische Anmerkungen zu Erdheims Thesen über Familie, Kultur und Ethnizität. - *Mario Erdheim:* Erwiderung auf Hans Füchtners Kritik. - *Hans Füchtner:* Nachbemerkung.
Literaturumschau: *Bernhard Natschläger:* Erziehungsberatung als Gegenstand psychoanalytisch-pädagogischer Veröffentlichungen. Ein Literaturbericht. - *Bernhard Natschläger:* Über weitere jüngere Veröffentlichungen zu speziellen Praxisfeldern und Fragestellungen Psychoanalytischer Pädagogik. - **Rezensionen.**

Band 9 (1998)

Themenschwerpunkt: Jugendhilfe und Psychoanalytische Pädagogik. *Burkard Müller, Urte Finger-Trescher und Heinz Krebs:* Jugendhilfe und Psychoanalytische Pädagogik. Zur Einführung in den Themenschwerpunkt. - *Heinz Krebs und Burkhard Müller:* Der psychoanalytisch-pädagogische Begriff des Settings und seine Rahmenbedingungen im Kontext der Jugendhilfe. - *Hans-Werner Eggemann-Dann:* Was zählt, kann man (er)zählen. Die Bedeutung der institutionellen Erziehungsberatung für die Kinder- und Jugendhilfe. - *Renate Dohmen-Burk:* An der Schwelle zum Berufsleben: Aus der Arbeit einer Beratungsstelle für Jugendliche und junge Erwachsene ohne Ausbildung. - *Beate Szypkowski:* Vor Ort und hautnah – Sozialpädagogische Familienhilfe. - *Burkard Müller:* Authentizität als sozialpädagogische Aufgabe – erläutert am Beispiel Schuldnerberatung. -
Beiträge aus nicht-deutschsprachigen Ländern: *Francis Imbert:* »Bolid-Kinder« und die Arbeit des Pädagogen. - *Mireille Cifali:* Das pädagogische Verhältnis: Zwischen Verstrickung und Distanzierung. - *Leendert Frans Groenendijk:* Psychoanalytisch orientierte Sexualaufklärung vor dem Zweiten Weltkrieg.
Literaturumschau: *Regina Studener, Wilfried Datler:* Lese- und Rechtschreibschwierigkeiten als eine spezifische Form von Lernschwierigkeiten – ein Thema Psychoanalytischer Pädagogik? *Bernhard Natschläger:* Über weitere aktuelle Publikationen zu verschiedenen Fragestellungen Psychoanalytischer Pädagogik. - **Rezensionen.**

Band 10 (1999)

Themenschwerpunkt: Die frühe Kindheit. Psychoanalytisch-pädagogische Überlegungen zu den Entwicklungsprozessen der ersten Lebensjahre. *Wilfried Datler, Christian Büttner, Urte Finger-Trescher:* Psychoanalyse, Pädagogik und die ersten Lebensjahre. Zur Einführung in den Themenschwerpunkt. - *Rolf Göppel:* Die Bedeutung der frühen Erfahrungen oder: Wie entscheidend ist die frühe Kindheit für das spätere Leben. - *Gerd E. Schäfer:* Bildung beginnt mit der Geburt. - *Martin Dornes:* Spiegelung – Identität – Anerkennung: Überlegungen zu kommunikativen und strukturbildenden Prozessen der frühkindlichen Entwicklung. - *Karin Messerer:* Ein psychoanalytisch-pädagogischer Blick in die Praxis der Mobilen Frühförderung: Ausschnitte aus der Geschichte von Natalie und ihrer Familie. - *Isca Salzberger-Wittenberg:* Kurztherapeutische Arbeit mit Eltern von Kleinkindern. - *Gertraud Diem-Wille:* »Niemand hat mir jemals etwas gesagt ...« Die Falldarstellung einer Eltern-Kleinkind-Therapie aus der Tavistock Clinic. - *Ludwig Janus:* Zur Thematisierung vorgeburtlicher und geburtlicher Erfahrungen in pädagogischen Zusammenhängen – Ideen und Vorstellungen.
Psychoanalytische Aspekte von Lernen und Lernbehinderung: *Dieter Katzenbach:* Kognition, Angstregulation und die Entwicklung der Abwehrmechanismen. Ein Beitrag zum Verständnis behinderter Lernfähigkeit.
Literaturumschau: *Ulrike Kinast-Scheiner:* Geschwisterbeziehungen: Ein Bericht über tiefenpsychologische und psychoanalytisch-pädagogische Veröffentlichungen. - *Ulrike Kinast-Scheiner:* Über aktuelle Publikationen zu verschiedenen Fragestellungen Psychoanalytischer Pädagogik. - **Rezensionen.**

Band 11 (2000)

Themenschwerpunkt: Gestalten der Familie – Beziehungen im Wandel. *Christian Büttner, Heinz Krebs, Luise Winterhager-Schmid:* Einführung in den Themenschwerpunkt. - *Andreas Lange, Kurt Lüscher:* Vom Leitbild zu den Leistungen. Eine soziologische Zwischenbilanz des aktuellen Wandels von der Familie. - *Michael B. Buchholz:* Wie kann Familienberatung und Familientherapie auf die sich ändernden Familienprobleme antworten? - *Urte Finger-Trescher:* Psychosoziale Beratung von Familien im institutionellen Kontext. Aktuelle Fragen und konzeptionelle Überlegungen. - *Udo Rauchfleisch:* Familien mit gleichgeschlechtlichen Paaren. Probleme und Chancen. - *Frank Dammasch:* Das Kind, seine alleinerziehende Mutter und der virtuelle Vater. - *Fakhri Khalik:* Leben in zwei Heimatländern. Erfahrungen aus der psychotherapeutischen Arbeit mit Mitgliedern aus Migrantenfamilien. - *Carsten Rummel:* Die Freiheit, das Chaos der Liebe und die Notwendigkeit einer neuen Generationenethik.
Literaturumschau: *Ulrike Kinast-Scheiner:* Psychoanalytische Beiträge zum Prozeß des Alterns. - *Katharina Ereky, Judit Richtarz:* Über aktuelle Publikationen zu verschiedenen Fragestellungen Psychoanalytischer Pädagogik. - **Rezensionen.**

Band 12 (2001)

Themenschwerpunkt: Das selbständige Kind. *Annelinde Eggert-Schmid Noerr:* Das modernisierte Kind. Einleitung in den Themenschwerpunkt. - *Luise Winterhager-Schmid:* Die Beschleunigung der Kindheit. - *Rolf Göppel:* Frühe Selbständigkeit für Kinder – Zugeständnis oder Zumutung. - *Wilfried Datler, Katharina Ereky, Karin Strobel:* Alleine unter Fremden. Zur Bedeutung des Trennungserlebens von Kleinkindern in Kinderkrippen. - *Martina Hoanzl:* Vom Land, in dem es keine Eltern gibt: Geschwisterliche Themen und deren mögliche Bedeutung im Prozess des Heranwachsens. - *Burkhard Müller:* Wie der »aktive Schüler« entsteht. Oder: »For learning for love to the love of learning«. Ein Vergleich von Ansätzen Fritz Redls, Rudolf Eksteins und Ulrich Oevermanns. - *Gerd E. Schäfer:* Selbst-Bildung als Verkörperung präreflexiver Erkenntnistheorie.
Literaturumschau: *Katharina Ereky:* Präödipale Triangulierung: Zur psychoanalytischen Diskussion um die Frage nach des Entstehens der frühen familiären Dreiecksbeziehungen. - *Natascha Almeder und Barbara Desch:* Über aktuelle Publikationen zu verschiedenen Fragestellungen Psychoanalytischer Pädagogik. - **Rezensionen.**

Band 13 (2002)

Themenschwerpunkt: Professionalisierung in sozialen und pädagogischen Feldern. Impulse der Psychoanalytischen Pädagogik. *Burkhard Müller, Heinz Krebs, Urte Finger-Trescher:* Professionalisierung in sozialen und pädagogischen Feldern. Impulse der Psychoanalytischen Pädagogik. - *Burkhard Müller:* Beziehungsarbeit und Organisation. Erinnerung an eine Theorie der Professionalisierung sozialer Arbeit. - *Heinz Krebs:* Emotionales Lernen in der Schule – Aspekte der Professionalisierung von Lehrerinnen und Lehrern. - *Helmuth Figdor:* Psychoanalytisch-pädagogische Erziehungsberatung. Theoretische Grundlagen. - *Heiner Hirblinger:* Ein »Organ für das Unbewußte« auch für Lehrer? Der Beitrag der psychoanalytischen Pädagogik zur Frage der Professionalisierung in der Lehrerbildung. - *Franz-Josef Krumenacker:* Professionalisierung im pädagogisch-therapeutischen Milieu. - *Annelinde Eggert-Schmid Noerr:* Über Humor und Witz in der Pädagogik.
Literaturumschau: *Wilfried Datler, Margit Datler, Irmtraud Sengschmied, Michael Wininger:* Psychoanalytisch-pädagogische Konzepte der Aus- und Weiterbildung. Eine Literaturübersicht. - *Natascha Almeder, Barbara Desch:* Über aktuelle Publikationen zu verschiedenen Fragestellungen Psychoanalytischer Pädagogik. - **Rezensionen.**

Band 14 (2004)

Themenschwerpunkt: Sie sind wie Novellen zu lesen ... Zur Bedeutung von Falldarstellungen in der Psychoanalytischen Pädagogik. *Wilfried Datler:* Wie Novellen zu lesen ...: Historisches und Methodologisches zur Bedeutung von Falldarstellungen in der Psychoanalytischen Pädagogik. - *Günther Bittner:* Was kann man »aus Geschichten lernen«? - *Vera King:* Generationen- und Geschlechterbeziehungen in Freuds Fall ›Dora‹. Ein Lehrstück für die Arbeit mit Adoleszenten. - *Brigitte Boothe:* Die Fallgeschichte als

Traumnovelle: Eine weibliche Erzählung vom Erziehen. - *Inge Schubert:* Die *Offene Klassenrunde* – ein gruppenanalytisches Setting in der Schule. - *Urte Finger-Trescher, Wilfried Datler:* Gruppenanalyse in der Schule? Einige Anmerkungen zum Beitrag von Inge Schubert. - *Jürgen Körner, Burkhard Müller:* Chancen der Virtualisierung – Entwurf einer Typologie psychoanalytisch-pädagogischer Arbeit.
Literaturumschau: *Katharina Gartner:* Warum der kleine Ernst eine Holzspule schleudert. Oder: Die psychoanalytische Theorie der Bearbeitung von Erlebnisinhalten im Spiel. - *Andrea Tober, Michael Wininger:* Jüngere Publikationen zu speziellen Praxisbereichen und Fragestellungen der Psychoanalytischen Pädagogik. - **Rezensionen.**

Band 15 (2006)

Themenschwerpunkt: Kinder zwischen drei und sechs. Bildungsprozesse und Psychoanalytische Pädagogik im Vorschulalter. *Kornelia Steinhardt*: Kinder zwischen drei und sechs – eine »neue« Herausforderung für die Psychoanalytische Pädagogik? - *Rolf Göppel*: »Kinder denken anders als Erwachsene ...« Die Frage nach dem »magischen Weltbild des Kindes« angesichts der These von der »Kindheit als Konstrukt« und angesichts der neuen Bildungsansprüche an den Kindergarten. - *Gertrude Bogyi*: Magisches Denken und die Verarbeitung von traumatischen Ereignissen. - *Gerd E. Schäfer*: Die Bildungsdiskussion in der Pädagogik der frühen Kindheit. - *Martin R. Textor*: Die Vergesellschaftung der Kleinkindheit: Kindertageseinrichtungen im Spannungsfeld kontroverser Erwartungen. - *Helmuth Figdor*: Psychoanalytische Pädagogik und Kindergarten: Die Arbeit mit der ganzen Gruppe. - *Iram Siraj-Blatchford, Kathy Sylva, Brenda Taggart, Edward Melhuish, Pam Sammsons & Karen Elliot*: Was kennzeichnet qualitativ gute Vorschulbildung? Ergebnisse von Einzelfallstudien in britischen Vorschuleinrichtungen. - *Cath Arnold*: Die pädagogische Haltung von Betreuungspersonen und Eltern im Umgang mit Vorschulkindern. - *Colette Tait*: Emotionales Wohlbefinden und Resilienz des Kindes: die Bedeutung von »Chuffedness«. - *Daniela Kobelt Neuhaus*: Kindertageseinrichtungen der Zukunft: Aufgaben und Chancen. Ein Essay aus der Perspektive von Fort- und Weiterbildung. - *Hans Füchtner*: Ich-AG Dreikäsehoch. Über das Versagen der Psychoanalytischen Pädagogik in Zeiten der Globalisierung.
Literaturumschau: *Kathrin Fleischmann, Elisabeth Vock*: Aktuelle Publikationen zu speziellen Praxisbereichen und Fragestellungen der Psychoanalytischen Pädagogik. - **Rezensionen.**

Band 16 (2008)

Themenschwerpunkt: Annäherungen an das Fremde. Ethnographisches Forschen und Arbeiten im psychoanalytisch-pädagogischen Kontext. *Martina Hoanzl*: Befremdliches, Erstaunliches und Rätselhaftes. Schulische Lernprozesse bei »Problemkindern«. - *Burkhard Müller*: Sexualkunde in der Jugendarbeit. Ein Beitrag zu einer ethnopsychoanalytisch inspirierten Ethnographie. - *Margret Dörr*: »Jo ei, ich bin halt in Russland geboren, Kaukasus«. Biographische Deutungsmuster eines jugendlichen Spätaussiedlers und ihre Passung zu sozialpädagogischen Handlungsmustern eines Jugendmigrationsdienstes. - *Christian Büttner*: Differenzen aushalten lernen. Grundsätzliches und Kasuistisches zur Entwicklung von interkultureller Sensibilität. - *Elisabeth Rohr*: Ethnopsychoanalytische

Erfahrungen in Guatemala. Über das Lehren und Lernen von interkultureller Kommunikation und die Bedeutung der Ethnopsychoanalyse für die Pädagogik. - *Silke Seemann, Heidi Möller*: Die Psychohistorie von Lloyd deMause als Schlüssel zur Organisationskultur. - *Catherine Schmidt-Löw-Beer*: Verschiedene Welten, verschiedene Wahrnehmungen. Das »unpersönliche Selbst«, der Überlebensmodus der Verleugnung und die Annäherung an die psychischen Strukturen von Jugendlichen in Ost und West. - *Irmgard Eisenbach-Stangl, Wolfgang Stangl*: Das äußere und innere Ausland. Manifeste und latente Botschaften in rechtsradikalen Texten.
Literaturumschau: *Holger Preiß*: Psychoanalyse und geistige Behinderung. Entwicklungen und pädagogische Impulse. - **Rezensionen.**

Band 17 (2009)

Themenschwerpunkt: Der pädagogische Fall und das Unbewusste. Psychoanalytische Pädagogik in kasuistischen Berichten. *Wilfried Datler, Johannes Gstach, Kornelia Steinhardt, Bernd Ahrbeck*: Was ist unter Psychoanalytischer Pädagogik zu verstehen? Zur Einleitung in den Themenschwerpunkt. - *Bernd Niedergesäß*: Die Regulationsstörungen der Zwillinge Jelena und Stephan. Der Umgang mit Regulationsstörungen in einem psychoanalytisch-pädagogischen Setting einer Babygruppe. - *Judit Barth-Richtarz*: Diagnostik im Kontext psychoanalytisch-pädagogischer Erziehungsberatung. - *Helmuth Figdor*: Im Namen des Kindes. Zur Kritik herkömmlicher Sachverständigen-Praxis aus psychoanalytisch-pädagogischer Sicht. - *Bernd Traxl*: Psychoanalytisch-pädagogische Anmerkungen zur Bedeutung affektiv-interaktioneller Prozesse in der heilpädagogischen Praxis. Aus der Arbeit mit dem zwölfjährigen Martin. - *Urte Finger-Trescher*: Leitung einer (sozial-)pädagogischen Einrichtung. Das Prinzip der »offenen Tür«. - *Günther Bittner*: Psychoanalyse an der Universität? – oder: Aschenputtel versus »dogmatische Form« (S. Freud).
Zur Geschichte und Entwicklung der Psychoanalytischen Pädagogik: *Roland Kaufhold*: Abschied von Ernst Federn, Pionier der Psychoanalytischen Pädagogik. - *Johannes Gstach*: Ein Leben zwischen den Welten. Zum Tod von Rudolf Ekstein. - *Helga Schaukal-Kappus*: Eine Karte von Moritz Schlick an Rudolf Ekstein. Zur Eröffnung der Rudolf-Ekstein-Sammlung am Institut für Bildungswissenschaft der Universität Wien. - *Sabrina Schrammel, Michael Wininger*: Psychoanalytische Pädagogik in der deutschsprachigen Erziehungswissenschaft. Ausgewählte Ergebnisse einer empirischen Studie zur Situation der Psychoanalytischen Pädagogik als Gegenstand von Lehre und Forschung im Hochschulbereich.
Literaturumschau: *Nina Hover-Reisner, Antonia Funder*: Krippenbetreuung im Fokus der Psychoanalytischen Pädagogik. Psychoanalytisch-pädagogische Beiträge zum Thema »Außerfamiliäre Betreuung von Kleinkindern«. - **Rezensionen.**

Band 18 (2010)

Themenschwerpunkt: Psychoanalyse und Systemtheorie in Jugendhilfe und Pädagogik. *Peter Kastner*: Geschichte(n) verstehen oder systemisch denken. Veränderte Wahrnehmungen in der Sozialpädagogik. - *Annelinde Eggert-Schmid Noerr*: Zwangsvermütterlichung. Vom Nutzen des psychoanalytischen Blicks auf den Fall einer gescheiterten Sozialpädagogischen Familienhilfe. - *Thomas Hermsen, Martin Schmid*: Luhmanns

Systemtheorie, Psychoanalyse und Familienhilfe. Ein Systematisierungs- und Abgrenzungsversuch. - *Margret Dörr*: Analogien und Differenzen zwischen psychoanalytischer Pädagogik und konstruktivistisch-systemtheoretischer Pädagogik. - *Bernd Ahrbeck, Marc Willmann*: »Verhaltensstörungen« als Konstruktion des Beobachters? Kritische Anmerkungen zu systemisch-konstruktivistischen Perspektiven in der »Pädagogik bei Verhaltensstörungen«. - *Heinz Krebs*: Psychoanalytisch-pädagogische und systemische Perspektiven in der institutionellen Erziehungsberatung. Differenzen und Übereinstimmungen. - *Mathias Schwabe*: Mit »psychoanalytischen« und »systemischen« »Stämmen« und »Geschichten« unterwegs in der Jugendhilfe.
Literaturumschau: *Kathrin Trunkenpolz, Antonia Funder, Nina Hover-Reisner*: »If one wants to ›see‹ the unconscious, one can find it in the setting of Infant Observation ...« Beiträge zum Einsatz des Beobachtens nach dem Tavistock-Konzept im Kontext von Forschung. - **Rezensionen.**

Band 19 (2011)

Themenschwerpunkt: Reifungsprozesse und Entwicklungsaufgaben im Lebenszyklus. *Günther Bittner*: Das Rätsel der Sphinx. Oder: psychosoziale vs. naturalistische Paradigmen der Lebensspanne. - *Margit Datler, Wilfried Datler, Maria Fürstaller, Antonia Funder*: Hinter verschlossenen Türen. Über Eingewöhnungsprozesse von Kleinkindern in Kindertagesstätten und die Weiterbildung pädagogischer Teams. - *Annelinde Eggert-Schmid Noerr*: Mensch, ärgere dich nicht, spiele! Psychoanalytische und psychoanalytisch-pädagogische Perspektiven auf das kindliche Spiel. - *Burkhard Müller*: Jugend und Adoleszenz in psychoanalytisch-pädagogischer Perspektive. - *Renate Prazak, Kornelia Steinhardt*: Adoleszenz und Mathematikunterricht. Die Bedeutung des Erlebens von Scham und Stolz für Jugendliche im schulischen Kontext. - *Rolf Göppel*: Das frühe Erwachsenenalter – auf der Suche nach dem »guten Leben«. - *Urte Finger-Trescher*: Eltern. Anmerkungen zu einer denkwürdigen Lebensform. - *Margret Dörr*: »Erwachsene«. Eine psychoanalytisch-pädagogische Perspektive. - *Wilfried Datler, Kathrin Trunkenpolz*: Trauerarbeit als Bildungsaufgabe im hohen Alter? Anmerkungen über Alter und Abwehr, Bildung und Forschung.
Literaturumschau: *Julia Stieber, Aleksandra Peric*: Jeder Mensch erlebt Migration anders, nämlich auf eine einmalig individuelle Weise (Möhring). Psychoanalytisch orientierte Beiträge zum Thema des Erlebens von Migration. - **Rezensionen.**

Psychosozial-Verlag

Jean-Michel Quinodoz
Freud lesen
Eine chronologische Entdeckungsreise durch sein Werk

George Makari
Revolution der Seele
Die Geburt der Psychoanalyse

2011 · 477 Seiten · Broschur
ISBN 978-3-89806-782-9

2011 · 648 Seiten · Gebunden
ISBN 978-3-8379-2039-0

Dieser Band ist eine leicht zugängliche Darstellung der gesammelten Werke Freuds. Jedes Kapitel befasst sich mit einer von Freuds Schriften und enthält wertvolle Hintergrundinformationen sowie relevante Details aus Biografie und Zeitgeschichte, eine Chronologie seiner Ideen und Beschreibungen von post-freudianischen Entwicklungen.

»Das Buch ist eine einzigartige Hilfe bei Lehre und Studium der Freud'schen Schriften. Es ist ebenso fantasievoll wie hilfreich, vor allem, was die Kontextualisierung der Werke anbelangt. Ein absolutes Muss für jeden, der sich ernsthaft mit der Psychoanalyse beschäftigt.«
Anne-Marie Sandler, Lehranalytikerin der Britischen Psychoanalytischen Vereinigung, London

Ausgezeichnet mit dem Gradiva Award 2009 als beste historische Arbeit und dem Heinz Hartmann Award 2009 als herausragendste Publikation, stellt Makari erstmals zusammenhängend die Geschichte der Psychoanalyse von ihren Anfängen 1870 bis zu ihrer Vertreibung aus Europa durch den Nationalsozialismus 1945 dar. Er erforscht gezielt die zentralen Probleme, die diese angehende Wissenschaft der Psyche in ihrer Entwicklung definierten, strukturierten und spalteten.

The New York Post: »Brilliant! Eine fesselnde, reichhaltige Geschichte voller faszinierender Charaktere und bunter Schauplätze.«

Paul Auster: »George Makari hat nichts Geringeres geschrieben als eine Geschichte des modernen Geistes.«